U0534378

本书的出版得到"吉林大学哲学社会学院一流学科建设"项目资助

吉林大学哲学社会学院一流学科建设丛书

分合之际
——儒释道三家哲学的互动与会通

ON THE OCCASION OF SEPARATION AND INTEGRATION
——THE INTERACTION AND CONNECTIVITY BETWEEN PHILOSOPHIES OF CONFUCIANISM, BUDDHISM AND TAOISM

赵海英 著

中国社会科学出版社

图书在版编目（CIP）数据

分合之际：儒释道三家哲学的互动与会通 / 赵海英著 . —北京：中国社会科学出版社，2022.11
（吉林大学哲学社会学院一流学科建设丛书）
ISBN 978-7-5227-0705-1

Ⅰ.①分… Ⅱ.①赵… Ⅲ.①儒家—研究②佛教—研究③道家—研究 Ⅳ.①B222.05②B948

中国版本图书馆 CIP 数据核字（2022）第 144831 号

出 版 人	赵剑英
责任编辑	朱华彬
责任校对	谢　静
责任印制	张雪娇

出　　版	中国社会科学出版社
社　　址	北京鼓楼西大街甲 158 号
邮　　编	100720
网　　址	http://www.csspw.cn
发 行 部	010-84083685
门 市 部	010-84029450
经　　销	新华书店及其他书店
印　　刷	北京明恒达印务有限公司
装　　订	廊坊市广阳区广增装订厂
版　　次	2022 年 11 月第 1 版
印　　次	2022 年 11 月第 1 次印刷
开　　本	710×1000　1/16
印　　张	20
插　　页	2
字　　数	294 千字
定　　价	128.00 元

凡购买中国社会科学出版社图书，如有质量问题请与本社营销中心联系调换
电话：010-84083683
版权所有　侵权必究

目　录

导　论 …………………………………………………………… 1

第一章　先秦时期儒道两家的同源与殊途 ………………… 11
　一　儒道两家产生前的文化大传统 ………………………… 11
　二　儒道两家之道器合一的意义世界 ……………………… 28
　三　儒道两家的有为与无为工夫论 ………………………… 41
　四　境界论：圣人与逍遥 …………………………………… 46
　小结　儒家与道家在初创时期的融合性和一体性 ………… 49

第二章　汉代和魏晋时期儒学和道家的关系 ……………… 51
　一　两汉魏晋时期社会政治文化与儒道两家
　　　之间的关系 ……………………………………………… 51
　二　道与器结合的本体意义世界 …………………………… 57
　三　人性与神性的辩证关联 ………………………………… 69
　四　言意之辨中的认识与方法路径 ………………………… 75
　五　圣人之性情与美学境界 ………………………………… 83
　小结　两汉魏晋时期儒道两家的关系对于各自
　　　学说的影响 ……………………………………………… 86

第三章　魏晋南北朝儒释道三家的冲突和融合 …………… 88
　一　魏晋南北朝时期社会政治文化与三教之间的关系 …… 88
　二　三教本体论的意义世界 ………………………………… 108
　三　三教方法论的工夫世界 ………………………………… 123

四　以终极之境界而论三教之融通 …………………… 128
　　小结　融合与分歧对于三家之学的结构影响 ………… 134

第四章　隋唐时期儒释道三家的鼎立和融通 ……………… 137
　　一　隋唐时期社会政治文化与三教之间的关系 ………… 137
　　二　佛学判教之方法论及其对于三教关系之影响 ……… 146
　　三　个体生命的美学精神与审美意识下的三教关系 …… 152
　　四　伦理道德视域下的三家关系 …………………………… 160
　　小结　融合与分歧对于三家之学的结构影响 ………… 170

第五章　宋元时期儒家和佛道两家的融会和区别 ……………… 172
　　一　宋元时期社会政治文化与三教之间的关系 ………… 172
　　二　本体性命之理的意义世界(天理与性理) …………… 186
　　三　工夫体证的方法途径(教理与学理) ………………… 214
　　四　境界格局中的意义世界(命理) ……………………… 222
　　小结　三教之分歧与融合对于各自的影响 …………… 230

第六章　明清时期儒释道三家的归于一心 …………………… 232
　　一　明清时期社会政治文化与三教之间的关系 ………… 232
　　二　本体意义世界归于一心 ……………………………… 238
　　三　工夫方法论归于一心 ………………………………… 278
　　四　终极境界之归于一心 ………………………………… 289
　　小结　三家归于一心的哲学史意义 ……………………… 297

总　结 …………………………………………………………… 300

参考文献 ………………………………………………………… 307

后　记 …………………………………………………………… 311

导　　论

儒释道三家构成了中国古代文化的中坚，其学说不仅仅是中国哲学与文化之既往成就，同时，更加生动鲜活地进入到中国人的生活世界，发挥着指引精神和启迪智慧的功用。三家之学作为古代的智慧之学对于理解中国文化之精神内核、透视文明对撞格局中的当下世界及其反思人类本真之生存意义，均具有指点其进路的价值。

第一，三教自身的概念和定位。儒释道在中国文化中并称为三教，构成中国文化和哲学的主干。从现代学术的立场去考察，似乎三教自身已然构成一自足的"话语体系"。然而，此"话语体系"远非清晰而明确。三教各自的自身指谓，就已经形成为一洋洋大观的话语系统。同时，三家对于其他学派的衍生和辐射，其他学派对于三家的浸入和转变，均会形成更加复杂的学术话语体系和文化实践系统。从三教的自我发展史来看，三教自身便处于不断地变动过程之中。从整体的社会历史文化的角度去看，三教之话语体系更加处于变动之中。从他者的角度去看，比如从儒家去看佛教，或从道家去看儒学，都会看到比单从自身来看更加复杂和暧昧的情况，使得其学派的样貌更加模糊不清。由此可见，儒释道三家远非三个固定不变的学术体，而是经常性地改变着自身的面貌，其学派自身亦具有相当的复杂性。

那么，在其变动之复杂性之中，如何确立其自身学派的独特性，并保持其不变的核心精神和义理结构，则成为此学派能否成立之关键。其答案是教主、教义和依托之经典吗？似乎是，却又似是而非。教主常为一权威的象征，教义和经典必需后人的阐发，故而很难作为不变的核心精神。学派自身面貌的变动不居与其精神内核的稳定持久构成一对辩证关系，在历史中展开为对于人之存在之理的探求过程。

首先，从三家对于自身的指谓系统来看，各学派的自我界定远非清晰明确。从儒家的自身指谓系统，便可见其复杂性之一斑。这里面关涉到儒家或儒学的精神内核和文化外围如何确定，儒家是从何时开始对于自身有了明确的学派意识，并用"儒家"来对自身的学术加以称谓，儒学内部的派别该如何加以分辨，儒学是否应当以及如何应对社会政治的要求，其与统治者合作的范围在哪里划定，等等一系列复杂问题。

东汉的许慎在《说文解字》人部中称："儒，柔也。术士之称。从人，需声。"（许慎《说文解字》）这是说儒字的本意是柔，其作为一个名词，是指术士。清代的段玉裁在"柔也"下有注曰："儒行者，以其记有道德所行。儒之言，优也，柔也；能安人，能服人。又儒者濡也，以先王之道能濡其身。"（段玉裁《说文解字注》）以柔解儒，说的是儒者之优柔可以安人服人，而不是以强暴待人。段氏又以为可以"濡"解儒，其义把儒理解为学通先王之道的人。在古代的辞典《玉藻》中，对儒注曰："舒儒者，所畏在前也"，就是把儒诠释为有所敬畏的人，从而应该是从事当时的祭祀活动的人，因为祭祀者必要敬畏。孔子曾有云："汝为君子儒，毋为小人儒。"（《论语·雍也》）在这里的小人，在孔子的时代可以指社会地位低下的人群，同时也具有道德意义上的内涵。小人而可以为儒，意味着儒者是从事某种职业的人，可以由具有高低不同德性的人来担当，因而它并不具有内在鲜明的道德属性，而仅仅是中性的用语。可见，儒者在当时并不具有与君子等同的含义，其内涵也许只是知礼行礼那样的职业或职位，其德性价值可以很低下。

"儒"是随着历史的发展才逐渐摆脱了治礼职业的色彩，而增加了政治上和道德伦理上的内涵，并成为孔子所开创之儒家学派的人格理想。后世史书之中的《儒林传》中所称之"儒"基本上象征了一种崇高的德性和人格。这样的"儒"的内涵的转变，是由孔子所完成，他开始反省儒之所以为儒的内在精神和义理，并以"仁"与"礼"作为其学的基本宗旨和内容，在宇宙论、本体论、工夫论以及境界论为儒学建立起根本性的框架，从而确立了"儒"

之所以为"儒"的精神内核。所以,尽管"儒"作为职业存在久远,可是"儒学"却是从孔子开端的,对于"儒家"精神的真正建构也是从孔子开始的。对于这一点,牟宗三先生以为,尽管在孔子之先已经有了上古学术的长期积累和发展,有三皇五帝文武周公的文明创制,但这些并不足以构成完整意义上的哲学系统。因为尽管形已具,但神未定;体已备,但魂未安。只有孔子之学才把上古三代的学术传承的巨龙点上神采之睛,从而踊跃升腾飞天入地,成为影响深远的系统性学说。

在孔子之后的战国时期,明确的儒家学派意识开始发端。尽管孔子对于异端或异学有了比较清晰的判别意识,他曾说,"攻乎异端,斯害也已"(《论语·为政》),但从孔子对楚狂接舆的态度以及荷蓧丈人等人的评价,可以看出,他只是把其作为一种偏颇的却又可以加以融通的处世原则,而并非在宗旨上截然分判的学术派别。"攻"亦可解释为包容性意义的"治",而并非批判性意义的"攻击"。孔子曾问礼于老子更可说明这一点。到了战国时代发生了明确的学派意识,学派之间壁垒森严,进而相互攻讦。《庄子·齐物论》中就有了儒墨并称,《庄子·天下篇》则综述当世的学问派别,"虽当世宿学不能自解免也"(《史记·老子韩非列传》),也对于学术派别有了比较清晰的认识,其学术流变固然从一个统一的整体而来,然而,"道术将为天下裂"的分门别派的分立格局已然不可避免。同时,孟子也以杨朱和墨翟为当世的势力最大的学说,说天下之言不归杨,则归墨,而以其为"邪说暴行",充分表明孟子本人对于其自身学派以及与其相对立的学派,已经有了足够的认定。到了战国中后期的荀子,此种学派意识更加的鲜明,在《解蔽》和《非十二子》篇中,体现得尤其充分。

同时,孔子去世之后,儒家哲学自身有了多元化的发展,儒学内部的学派分化也开始发生。战国晚期的韩非子对此谈道:"自孔子之死也,有子张之儒,有子思之儒,有颜氏之儒,有孟氏之儒,有漆雕氏之儒,有仲良氏之儒,有孙氏之儒,有乐正氏之儒。……故孔、墨之后,儒分为八,墨离为三,取舍相反不同,而皆自谓真孔、墨,孔、墨不可复生,将谁使定世之学乎?孔子、墨子俱道尧、舜，而取舍不同，皆自谓真尧、舜，尧、舜不复生，将谁使定儒、墨之诚乎？"(《韩非子·显学》)又《史记》载："自孔子卒后，七十子之徒散游诸侯，大者为师傅卿相，小者友教士大夫，或隐而不见。故子路居卫，子张居陈，澹台子羽居楚，子夏居西河，子贡终于齐。如田子方、段干木、吴起、禽滑釐之属，皆受业于子夏之伦，为王者师。是时独魏文侯好学。后陵迟以至于始皇，天下并争于战国，儒术既绌焉，然齐鲁之间，学者独不废也。于威、宣之际，孟子、荀卿之列，咸遵夫子之业而润色之，以学显于当世。"(《史记·儒林列传》)儒学内部之分化至于荀子而达到高峰。荀子在儒家内部划分大儒、雅儒、俗儒和俗人不同的等级，实则是在儒学内作出清晰的学派分判。"故有俗人者，有俗儒者，有雅儒者，有大儒者。……故人主用俗人则万乘之国亡，用俗儒则万乘之国存，用雅儒则千乘之国安，用大儒则百里之地久而后三年，天下为一，诸侯为臣；用万乘之国举错而定，一朝而伯。"(《荀子·儒效篇》)荀子强烈的学派意识更体现在其所著《非十二子篇》中，对于儒学内部的思孟一派给予特殊的讨论和尖锐的批评，其言曰："略法先王而不知其统，犹然而材剧志大，闻见杂博。案往旧造说，谓之五行，甚僻违而无类，幽隐而无说，闭约而无解。案饰其辞而只敬之曰：此真先君子之言也。子思唱之，孟轲和之。世俗之沟犹瞀儒，嚾嚾然不知其所非也，遂受而传之，以为仲尼、子游为兹厚于后世，是则子思、孟轲之罪也。"(《荀子·非十二子篇》)他极力地表彰仲弓一派的儒学："上则法舜、禹之制，下则法仲尼、子弓之义，以务息十二子之说。如是则天下之害除，仁人之事毕，圣王之迹著矣。"(《荀子·非十二子篇》)这些说明此时儒家已然基本完成了自我身份的确认，并形成了学派自身的内部分化。

东汉时期，班固作《汉书》对儒家之源流作了说明。《汉书·艺文志》中载："儒家者流，盖出于司徒之官，助人君顺阳阳明教化者也。游文于六经之中，留意于仁义之际，祖述尧、舜，宪章文、武，宗师仲尼，以重其言，于道最为高。"(《汉书·艺文志》)作为史学家的班固对于何为儒学作了一种王官学的判定。这也是对于儒家作为一种学术流派而考定其源流的一种早期的反思成果，这种说法把儒学源流归于王官之学。当然，班固仅从王官学的角度分析儒家的内涵，显露其对儒家理解之不足。因为即便儒家思想确实从司徒官学传统而来，孔子却绝非简单地继承其业而不作任何的改变，相反却发挥了富于创造的仁学精神，由此创立了儒家学派。

汉儒以治经为基本的儒者标准，一方面主经世致用，另一方面主训诂章句。通经是汉儒的一大基本标准，其"通"不仅仅是知识性的对于经典的系统掌握，更是对于经书精神在现实中的灵活运用。如董仲舒便受了公羊春秋学的启发，而对汉武帝提出天人三策，基于天道阴阳五行的运行模式，在整个汉帝国推行了大一统的政治文化政策，从而对整个西汉政治和文化发展起到了极大的影响。故经生不仅能治经，同时也能治世，通经的儒生才是真正的儒生。此种意见并不仅仅由个别儒者所持有，而是一种具有普遍性的看法。

从汉末直到唐朝，儒者与儒学之面貌均逐渐发生了变化，这是由于儒家自身称谓的话语系统之内容发生了变化所致。随着玄学和佛学对于儒家思想的不断渗入，儒学和儒者样貌上的变化在历史中逐渐地显现和完成。最终唐代中叶的大思想家和文学家韩愈宣告了一个新的儒学形态的产生，他明确提出了儒家的"道统说"。其实，韩愈对于何谓儒学的道统，并没有一个完整和深刻的理解，这一点从他所著的《原道》等篇对于儒家若干重要概念的阐释就可以看出来。但是，他所提出的"道统说"所具有的精神上的启示作用，则远远大于他所揭示的"道统说"的时代内容。与其说"道统说"是对于历史上儒学发展的正统谱系的编纂，不如说"道统说"重新树立了一个儒学如何理解和定义自身的标准，凡是符合这样精神价值标准的就是儒学，否则就排除在外。在此种精神的驱使之下，排斥佛老之学，接续孔孟之传统，并最终得到一个纯化的天理宗旨，便成为儒者的新的身份特征，这便是宋代儒学的精神。

然而，宋代儒学并非统一的学术派别，其中分化严重，派别林立。有浙东事功学派，有关中气论学派，有湖湘学派，更有程朱理学一系与陆氏心学一系蔚为大者,更不用提近于禅学的蜀学和荆学一派,其中林林总总之细小派别更是举不胜举,由清人黄宗羲及其弟子全祖望所著《宋元学案》便可见一斑。宋儒中的程朱理学与象山心学在长期的融合会通之后,更加吸收了释老之学的精华,在明代中叶孕育出阳明心学。然而,阳明心学对于儒学自身指谓系统的确认,亦非一劳永逸。不要说与阳明同时便存在与心学主张相对垒的理学见解,比如罗钦顺、湛若水等人,即便是在阳明学内部,在阳明辞世之后,便发生了诸多的分化,形成了诸如浙中王门、江右王门、泰州学派等王门分派,对于何为师门正宗争论不休。

儒学之情况并非三家之中的特例,而是三家所共有的历史面貌。可见,三家对于自身的指谓系统均存在着复杂而暧昧的情况,远非一简单而清晰的现成事实。

其次,从自身指谓系统拓展到整个文化史和哲学史,各家之情况就更为复杂。再以儒学为例,在文化史的话语中该如何界定真儒和伪儒呢?孔子和朱熹被历史认定为儒家的代表和儒学的权威,那么,荀子、扬雄甚至王安石、苏轼是否属于儒家之列呢,以何种标准去辨别和判定呢?历史上复杂的情况似乎在拒斥任何一种简单的结论。如果简单地以官方的话语为标准去判定真儒和伪儒,显然是不足的。南宋时朱熹的儒学就曾被官方定为伪学,后来却成为儒学的典范。理学之中曾长期存在陆王之争,对孰为真儒争辩不休,亦难以对此下一定论。

同时,儒学也不断地受到社会政治文化的影响,在不同的时期展现出不同的历史面貌,使得儒学的情况更加的复杂。在中国历史上曾不断地出现假冒君子的伪儒,从外部不断地滋扰儒学和儒家的话语系统的外围,使得真儒与伪儒的界限更加的模糊不清。有为官之儒者,有在野之儒者,有专制的附从帮凶,亦有霸政的亢直谏诤等等。如宋代的秦桧以儒学为幌子而行功利权欲之实,当然不能归于儒者之列。而像魏晋时期的阮籍和嵇康,尽管在表面上不服礼法,却自内心保有自然纯朴之性,从而更加亲近于儒家。在当今学界也存在把庄子列为儒家门墙之内的看法,更说明了此种复杂情况。这是由于，当把儒学之理论话语推之于现实实践，其与功利、权力、道德等方面纠葛在一起，就使得儒学自身的面貌及其自身的纯洁性更加受到滋扰而模糊起来，其结果便使得儒学中看似纯粹的理论话语也逐渐地受到此种模糊性话语的侵袭。当然，儒学的话语系统也在分辨和对抗伪儒的过程中净化了自身，但此种净化与污化本为一体之两面，并不能使得儒学一劳永逸地摆脱伪儒话语的纠葛。

这种儒学之话语系统随着历史实践的不断推进，所出现的对于其话语边界不断溢出的效应，从清代小说《儒林外史》中所描写的儒者众生相，就可见一斑。《儒林外史》并非仅为一部虚构之小说，而是取材于当世，反映了明代中后期士大夫的世情风貌。《儒林外史》中作者所言的人物，均是明宪宗成化末年（公元1465—1487年）后的儒林中人，然而其所取材则是从清初实际人物而来。鲁迅先生言道："《儒林外史》所传人物，大都实有其人，而以象形谐声或廋词隐语寓其姓名，若参以雍乾间诸家文集，往往十得八九。此马二先生字纯上，处州人，实即全椒冯粹中，为著者挚友，其言真率，又尚上知春秋汉唐，在'时文士'中实犹属诚笃博通之士。但其议论，则不特尽揭当时对于学问之见解，且洞见所谓儒者之心肝者也。"① 此伪道学和假儒家必然在外围对于真儒学构成一种挑战，使得儒学更加清晰地划定自身的话语边界。如书中描写范进中举，对于读书人奔竞科场，名利熏心，毒害性情之样态的描写，可谓描摹尽形，入木三分。在历朝历代均有以儒学为幌子的趋名逐利之徒，招摇撞骗，欺世盗名，如此这般的人物本不难分辨。但是，从孔子许管仲为"仁"，朱子以象山为"禅"，阳明以朱子为"义外"，就可以看出，儒学本身与功利、释老等方面也一直纠结在一起，对其间关系的厘清工作一直也贯穿始终，殊非一目了然。

总之，儒学或儒家已然构成一复杂而多元的话语系统，这就使得清理此话语系统，使得真儒之为真儒的核心呈现出来，成为还原

---

① 鲁迅：《中国小说史略》，中国和平出版社2014年版，第183页。

本真儒学的必然要求。而这样的一种要求不只仅为儒家所有，而同时也是释老之学的共同要求。

第二，从三教之间的变动和不变中，显露出中国古代哲学的发展逻辑。从整体上把握中国古代的哲学发展，理解中国古代哲学的发展逻辑，一直是中国古代哲学的一大问题。受西方哲学的影响，从近代开始，中国学界常苦于中国古代哲学之庞杂混乱，从而在中国古代典籍之中努力寻找古代哲学发展中的"逻各斯"即理性精神，希望以此理性精神的自我展开过程来把握中国古代哲学的内在逻辑。梁漱溟先生便以为中国古代文化并无精确之概念系统，故而造成概念运用之模糊暧昧，以之为中国文明之病症。他言道："以中国文化与其他文化（例如西洋文化）相对照，令人特有'看不清楚''疑莫能明'之感。例如在宗教问题上，西洋有宗教，是很明白的，中国却像有，又像缺乏，又像很多。又如在自由问题上，西洋人古时没有自由就是没有自由，近世以来有自由就是有自由，明朗而确实。中国人于此，既像有，又像没有，又像自由太多。其他如：是国家，非国家？有阶级，无阶级？是封建，非封建？是宗法，非宗法？民主不民主？……一切一切在西洋皆易得辨认，而在中国则任何一问题可累数十百万言而讨论不完。这一面是其内容至高与至低混杂而并存，一面是其历史时进又时退往复而不定。盖暧昧不明之病与其一成不变之局，原为一事而不可分。"① 可是，这样的一种引西方哲学而治中国思想的做法常落于削足适履，与中国古代哲学的特点格格不入。其所造成的结果，常是中国古代哲学的肢解和脑梗，无助于理解中国古代哲学的真相。

如果中国古代哲学并非杂乱无序地多头发展，也并非以单一的"逻各斯"为展开的原则，那么，它的内在逻辑是什么呢？三教之间的分合关系以及不同学派之间的互动和融合，所形成的历史演进过程，为理解中国古代哲学的内在发展逻辑，提供了有益的路径。三教之间形成了一种主体间的分立融合的关系，在此主体间性的哲学场域之中，形成了相互注视和彼此阐发的学术进程。三家之学都

---

① 梁漱溟：《中国文化要义》，学林出版社1987年版，第300—301页。

是在此主体间的历史逻辑之中形成自身的哲理系统的。故而，尽管三家均有作为其源头的原初教义，但是此原初之教义并非一劳永逸地获得的原封不动者，而是需要在历史中不断地得到反思和证成的，从而形成其教义的生成和展开的逻辑系统。中国古代的哲学史是在三家之学的主体间性的逻辑空间中所形成的，此为中国古代哲学发展的一大特色。

在中国本土产生，并对后世产生巨大影响的哲学派别，以儒道两家为首。儒道两家原本并非分离的两派，而是共同脱胎于一文化之原初共同体。此原初之文化共同体从传说的三皇五帝即在考古学意义上的旧石器到新石器时代，直到夏商周即考古学意义上的青铜时代，已经颇具规模，其思想结晶往往被集中保留在史官的手里，其具体形式往往依托于祭祀、占卜、星象预言、军事与政治活动，即广义的"礼乐"文明。儒道两家均由一共同的文化母体和哲学传统孕育而来，两家分化的形成是此文化母体自我差异化的逻辑结果，实质上反映了人之整体性生存发生危机时心理与文化、自为与为他的两面相互作用时所产生的哲学格局。

从先秦到两汉中国文化所形成的哲学格局和逻辑后果，也构成了佛学进入中土的一个特定背景。此背景使得佛学在中国文化哲学中，也是作为天下学术中的一个学术派别和传承谱系得到理解和定位。在这样的理解和定位之中，佛学被吸收和引入中国文化，并终于在魏晋南北朝时期在中国站稳了脚跟。可见，对于佛教，儒道两家并不仅仅只是佛教进入中国前的既定学派，也并不仅仅是佛学必须与之相遭遇的文化主体，而且更加提供了佛学理解自身的特定视角和方法。而佛学的传入，也为儒道两家重新审视自身，进而再度规划自身未来的发展方向，提供了良好的文化契机。最终，三家之学都被纳入到一个自为与为他、心理与文化相矛盾交织的人之整体生存的内在逻辑之中。可见，在儒释道三家的互动对撞之中，在相互审视和彼此阐发过程中，三家确立起各自差异却又彼此相通的哲学内核和义理结构，在主体间的意义空间之中，历史地展开为中国古代哲学发展的逻辑体系，并不断开拓和重塑中国古代文化的共同体。

第三，儒释道三教在分合中的学理进程，揭示了人之在世生存的真相，此便是人之整体生存中之为我和为他两面的分化和统一。三家之学均致力于揭示宇宙人生的真相，基于其道而展开其教。故而，在三家之学的分合之中，把握住三家对于人生真相的揭示至关重要。

三教学说在分合中的历史演进和思想结晶为把握人生之真相提供了必要的进路。

三家之学均提供出于己可显，于人不见之"自为"之意义世界，其在孔子为"天何言哉"，在老子为"玄之又玄"，在佛学为"自性本空"。此意义世界远离于他者的关照，仅为自我生存所显明，具有超于言语、超于视听的超验性。三家共同揭示了人之为人的整体生存中的自为之一面。

同时，三家之学均提供出于人可见，于己不可私之为他的意义世界。其在孔子为"非礼勿视"，在老子为"物形势成"，在佛学为"大千世界"，其按照物理人文之规则运转，不以人之意志为转移，具有可感可思可言的经验性。三家亦共同揭示了人之为人的整体生存中的为他之一面。

此自为与为他的两面，经验与超验的意义，如何能够在人之生存中融为一体，复还其人生之真相，三家之学在其分合演进之中，对于此问题进行了详尽的探讨，其对于心性问题的论述，为此问题的解决提供了十分关键的进路。笔者以为，正是在对气、理、性、命等核心概念的体察和建构进程中，三家之学最终以"心"完成了人之整体生存的哲学归结，从而达到了人之在世存在的真相。

第一章　先秦时期儒道两家的同源与殊途

一　儒道两家产生前的文化大传统

在学派意义上的儒道两家产生之前，中国文化和哲学已经创造出了一个伟大的文化传统。正是从这个文化和哲学传统之中，儒道两家乃至其他的诸子百家之学才孕育而出。当然，对此前儒家和前道家的文化与哲学的理解，本身就极可能落入儒家的或道家的既成理路之中，比如道家之著作常把史前文明构想为素朴安宁的和谐家园，三皇五帝也都被渲染上道家人物的色彩，而按儒家的理路对于上古社会常对之构想为道德圣王所治理的大同世界，比如在《礼记·礼运篇》中所勾画的上古社会礼制等等。然而，尽管在古籍之中，难免有基于不同的诠释学立场对于上古时期文化的偏见，这是由"只缘身在此山中"而造成的"不识庐山真面目"的历史偏见。但是，离开这些由不同时期的偏见所构成的视域，现代学者将无从把握和了解当时的世界。从现代的哲学诠释学来看，所谓的偏见并不是一个诠释实践中的缺点，而恰恰相反，偏见构成了所有理解的起点和前提。所以，上古的文化和哲学书写，无论其基于何种角度和立场，都为现代的研究者提供了宝贵的第一手材料，只不过，它们都需要通过恰当的方法，把其中所蕴含的意义重新释放出来，与现代学者的研究视域交叉融合，如此，才会把前人学术思想的火炬传承下来，去伪存真，并加以发扬光大。

现代考古学和人类学等现代科学方法为还原和理解上古文明提

供了新的可能。神话与巫术及其内在转化，成为理解中国文化源头的一个重要途径。然而，其与上古典籍的视角相比的弱点是，现代科学方法常具有肢解和臆测古代文明的外在性缺点，缺乏真正地进入到古代文明的哲学精神和方法。故而，从科学视角所揭示的文明内涵，常有削足适履之嫌，不能真正地进入上古文化的内核之中。

笔者以为从客观的科学方法与主观的精神体验两个方面共同进入，达于对于上古文化现象的整体式把握，可以更好地接近其本真性的源头。由此出发可以观察到，儒道两家在其原初的文化形态中，并非截然分离，而是融为一体。正是从原初世界经验的一体性与思想文化的一体性中，孕育出了趋向不同的对于此一体性的反思结晶，由之而构成运思不同的哲学体系和文化模式，即以儒道为代表的诸子百家哲学。可见，儒道两家本非是截然对立的哲学传统和文化传统，而是从一个哲学和文化整体性而来，具有深刻的原初一体性。因此，后世所言的儒道融合，无论在历史上还是在逻辑上，都并非是源于儒道二分的发展结果，而是基于儒道一体性的动态复归。只是，这种复归并非是简单的复归，而是在二家分立的过程中，进一步丰富了儒道一体性的内容，是在逻辑上一而二二而一的生存之意义世界的展开过程和结果。如果把儒道之原初一体性比喻为一棵大树之本根的话，儒道之二分便是充分展开的分枝，而儒道之再度融合便是此棵大树结出的果实。儒道两家之分立和融合，实质上表征了中国文化的自我展开与自我反思的过程，也表征了人类进行哲学反思的基本方式，同时，也更加表征了人类生存之意义世界的展开方式。

（一）五经之传统及其意义世界

中国文明发展到孔子以前，并无私人著作。今人所见之《诗》《书》《春秋》《仪礼》等古籍，尽管经由孔子所删定，可是它们都源自上古史官所存留下来的第一手文献史料。当然，今人所能见到的一些材料，大概孔子本人也未必见到，比如甲骨文和金文中的一些资料。可是，这并不表明今人研究儒家思想更具优势，因为孔子在当时所见到的材料，一定在后世有大量的散佚和遗失，是我们今人所无法见到的。中国的上古时代，蕴含了所有后起思想的萌芽，而作为其世界经验的记述者《五经》则是中国文化和哲学的总源头，尤其是对于周代的制度和观念的记述对于中国后世思想发展的影响是巨大的。

古时经书本有六部，即《诗》《书》《礼》《乐》《易》《春秋》，因《乐》经于秦后失传，就剩下五经。在汉代，五经立于学官。唐代有"九经"，也立于学官，并用以取士。所谓"九经"包括《易》《诗》《书》《周礼》《仪礼》《礼记》和《春秋》三传。唐文宗开成年间于国子学刻石，所镌内容除"九经"外，又益以《论语》《尔雅》《孝经》。五代时蜀主孟昶刻"十一经"，排除《孝经》《尔雅》，收入《孟子》，《孟子》首次跻入诸经之列。南宋硕儒朱熹以《礼记》中的《大学》《中庸》与《论语》《孟子》并列，形成了今天人们所熟知的"四书"，并为官方所认可。《易》《诗》《书》《礼》《春秋》原本即谓之"经"，《左传》《公羊传》《谷梁传》原属于《春秋经》之"传"，《礼记》《孝经》《论语》《孟子》原本均为"记"，《尔雅》则是汉代经师的训诂之作。这十三种文献，在原本的排序之中，当以"经"的地位最高，"传""记"次之，《尔雅》又次之。后来到了宋代，由于理学家的推动，"四书"的地位和价值隐然高于"五经"，成为当时学者们首要的知识内容。《十三经》的内容极为广博。其中《周易》本为卜筮之书。《尚书》是上古历史文件汇编，主要内容为君王的文告和君臣谈话记录。《诗经》是西周初至春秋中期的诗歌总集，内分"风""雅""颂"三部分，"风"为土风歌谣，"雅"为西周王畿的正声雅乐，"颂"为上层社会宗庙祭祀的舞曲歌词。《周礼》主要汇集周王室官制和战国时期各国制度。《仪礼》主要记载春秋战国时代的风俗礼制。《礼记》是秦汉以前有关各种礼仪的论著汇编。《春秋》三传是围绕《春秋》经形成的著作，《左传》重在史事的陈述，《公羊传》《谷梁传》重在讨论义理。《论语》是孔子及其门徒的言行录。《孝经》为论述孝道的专著。《孟子》专载孟子的言论、思想和行迹。《尔雅》训解词义，诠释名物，经学家多据以解经。《十三经》中的核心是五经，也是最原始的经典，是经典的重中之重。

　　五经是上古流传下来的文献，所记载的是古人之言行和事迹。故而，其可以作为历史书来读，也可作为文学书来读，也可以作为哲学书来读，它所具有的源头意义和价值，使得它可以成为诸多学科汲取养分的来源，也可以成为诸多学科对其加以利用分析的对象。然而，如果要如其本然地进入五经的世界，就需要以如其本然的方法去面对它，诠释它，而规避掉自己的先入之见，以多视角的整体性目光去面对与诠释五经的意义世界。尽管任何一个时代的学者，都不能摆脱掉自己的诠释学意义上的偏见，但是此偏见只有作为一种历史性的诠释学境遇才是合理的，若是作为一种诠释学方法来说，任何一种偏见都不具有诠释的正当性，因为只有在方法论上自觉地放弃掉自身的先入之见，才可能进入到文本所具有的历史厚度和时代精神之中。当然，作为方法论的诠释学与作为生存论的诠释学立场之间，并不是相冲突，而是相互依存的。文本总是有其述说，其所述说的意义由它的意义世界所展开和限定，同时，它并不是一个自我封闭的僵化的世界，而是在不同的历史时期，经由不同的个体从多个视角对其意义加以不断解码所形成的意义世界，这也就构成了文本自身诠释之效果历史。对于五经来说，对其诠释所形成的就是中国古代经学的历史，其所展现的是一个意义不断自我延续又不断自我更新的历史文化过程。

　　五经的内容是中国先人对于原初的世界经验和人生体验的整理和记述，到了春秋战国时期，对于此原初的世界经验和人生体验有了进一步的反思，并构建为差异化的各不相同的哲学系统。这些哲学系统常常以对于五经的反思为其基本途径，并不是偶然的。因为只有经过对于五经的反思，才能够有资格进入诸子哲学的行列。孔子哲学就是对六艺之学进行反思而后提炼出"仁"的哲思精华进而构建起儒家的哲学体系，老子哲学构建起来的是以"道"为核心的道家哲学体系。战国时期道家学派的庄子在《庄子·天下》中对五经之性质有精简的论断："诗以道志，书以道事，礼以道行，乐以道和，易以道阴阳，春秋以道名分。"其基本的哲学立场，已然是一个独特的整全之道的立场，这就是庄子在《齐物论》

中所言的:"天地与我并生,而万物与我为一。……六合之外,圣人存而不论;六合之内,圣人论而不议;春秋经世先王之志,圣人议而不辩。故分也者,有不分也;辩也者,有不辩也。"同时,《礼记·经解》假借孔子之言,说明了五经所具有的对于德性人格的教化作用,代表了对于原初世界经验的儒家反思的哲学立场。"孔子曰:入其国,其教可知也。其为人也,温柔敦厚,诗教也。疏通知远,书教也。广博易良,乐教也。絜静精微,易教也。恭俭庄敬,礼教也。属辞比事,春秋教也。故诗之失愚,书之失诬,乐之失奢,易之失贼,礼之失烦,春秋之失乱。其为人也,温柔敦厚而不愚,则深于诗者也;疏通知远而不诬,则深于书者也;广博易良而不奢,则深于乐者也;絜静精微而不贼,则深于易者也;恭俭庄敬而不烦,则深于礼者也;属辞比事而不乱,则深于春秋者也。"(《礼记·经解》)

到了西汉,司马迁在《史记·太史公自序》中又说:"《易》著天地阴阳五行,故长于变;《礼》经纪人伦,故长于行;《书》记先王之事,故长于政;《诗》记山川溪谷禽兽牝牡雌雄,故长于风;《乐》乐所以立,故长于和;《春秋》辨是非,故长于治人。是故《礼》以节人,《乐》以发和,《书》以道事,《诗》以达义,《易》以道化,《春秋》以道义。"在《史记·滑稽列传》中也有类似的记述,其言云:"孔子曰:'六艺于治一也。《礼》以节人,《乐》以发和,《书》以道事,《诗》以达意,《易》以神化,《春秋》以义。'"班固所撰《汉书·艺文志》又把六经与"五常"合一,将六经进一步引入治世之道,代表着汉代解读五经的儒家哲学立场:"乐以和神,仁之表也;诗以正言,义之用也;礼以明体,明者著见,故无训也;书以广听,知之术也;春秋以断事,信之符也。五者盖五常之道,而易为之原。"《汉书》以为此五种古代典籍正因为具有此五常之品质,所以具有如此特殊重要的作用,故被尊为"六经",以示与普通典籍之分别。经学便是以特定的儒学视角对于五经中的世界经验加以阐发的学问。"经"也由此逐渐从一般典籍之通称,演变为地位高贵、最具权威性典籍的特称。此种做法也被后来的学派所采纳,先是儒家的几部经典称经,以后道教、佛教之重要典籍也称经。

五经所开辟的原初世界经验和意义世界为各学派的产生提供了基本的理论源头和反思对象。首先，五经中所蕴含的原初世界经验表现于对于天道的感受和解释之中。这就是包含在《周易》和《尚书》中的阴阳五行的宇宙论思想，它们代表了中国先民对于天道宇宙的一种原初理解，是宇宙天道意义的初始展现，对于中国古人的哲学理念具有深远的影响。

《周易》作为卜筮之书，并没有经过秦火焚毁之灾，基本完整地被保存下来。中国很久以来就有占卜的传统，从现在学者对于原始社会的研究，可以发现占卜是原始社会中的普遍行为，中国的周易系统应当由此发端。南怀瑾先生甚至认为它是上一个冰河时期流传下来的智慧之书。是否事实如此，不能确定，但《周易》中所蕴含之思维和行为方式应当具有非常久远的源头，是毫无疑问的。殷商时代的占卜活动以骨占和甲占为主。到了周代，筮占才成为主流。《易传》中说："古者包羲氏之王天下也，仰则观象于天，俯则观法于地，观鸟兽之文与地之宜。近取诸身，远取诸物，于是始作八卦，以通神明之德，以类万物之情。"以为八卦为伏羲氏所作。司马迁也以为伏羲作八卦，"伏羲至纯厚，作易八卦"（《史记·太史公自序》）。八卦由基本的阴阳符号组成，由阴阳符号组合成三画卦，构成八种组合形态，分别象征天、地、风、雷、水、火、山、泽。相传在夏代与殷商时期，分别有《连山易》与《归藏易》，但久已失传。到了殷商末年，传说文王被商纣王囚禁于羑里期间，有"演易"的活动，形成了今天周易的符号结构，即把八卦两两相重，形成了六十四重卦。同时，文王还选用蓍草作为筮占的工具，制定了筮占的步骤和方法，并把这套筮占的方法始称为"易"。筮占的过程有许多数字的推演计算，最后得出一卦整体的结构，里面包含着古人对于数字和卦象间关系的初始理解，从其象数的推衍中包含着丰富的哲学意涵。《周易》到西周初年已经有了卦爻辞，相传文王、周公或孔子，都是卦爻辞的可能的作者，今天可以大致上认为，文王作了一部分的筮辞，但是，大部分的卦爻辞相信都是周王室的卜官，在周初经过长期地整理卜筮材料和档案，对其加以甄别、加工之后，分别系于六十四卦和三百八十四爻之下而形成的。

《周易》用阴阳作为宇宙间基本相对的两种属性来解释宇宙和人间的现象，《周易》也是中国古代系统表达阴阳观念的最早的文献。在阴阳观念的影响下，西周人常以阴阳作为天地间相反的两种力量来解释宇宙现象。如《国语·周语》载，幽王三年西周三川皆震，伯阳父曰："周将亡矣。夫天地之气，不失其序。若过其序，民乱之也。阳伏而不能出，阴迫而不能蒸，于是有地震。今三川实震，是阳失其所而镇阴也。阳失而在阴，川源必塞。"（《国语·周语》）又《左传·僖公十六年》，"六鹢退飞过宋都，风也"。周内史叔兴曰："是阴阳之事，非吉凶所出也。吉凶由人"（《左传》卷六）。这是以阴阳来解释自然现象，从而把复杂的自然现象归结到简单的阴阳之上。宇宙与自然现象是阴阳两种力量相互作用的结果，而不是由莫测的神意所安排。由阴阳两个符号组成基本的八卦图形，又由八卦两两相重而成为六十四卦，并用六十四卦和三百八十四爻的卦象和变化来解释天地宇宙间的现象。在这复杂的结构中，阴阳作为基本的构成一直贯穿其中。最能说明其基础作用的就是"乾坤"二卦，它们后来被认为是进入《周易》的门户。

《周易》经典所显示出的原初世界经验可以归纳为：（1）以繁复的筮法取代贞问，这表明周人对于宇宙的观察更加具有理性化的特征，表现出中国古人眼中的宇宙现象可以通过象数的符号系统加以解释和理解。现代德国哲学家卡西尔发现，人类了解世界总是通过某种符号系统，因而人在其本质上是符号的动物，而并非是理性的动物。可以说，正是符号使得人成为人。通过《周易》这套符号系统，表征了古代中国人独特的思维方式和世界观图景。（2）体察和认识到宇宙万物的矛盾运动，并说明了运动所以发生的基本动力原则。乾坤作为《周易》系统的起首两卦，说明了《周易》对于宇宙动力原则的基本认识。同时，泰和否，剥和复，既济和未济等卦，都体现出事物间所具有的辩证的矛盾关联。"亢龙有悔"等爻辞也表达出事物发展到一定阶段向自身反方向发展的矛盾性。（3）认识到宇宙人生的变化发展规律，并肯定了人在发展运动中的核心价值。"易"就是变易,而在此变易之中,具有不变之规律性的"易道"。一阴一阳是事物发展的内在动力,也构成了宇宙万物生成发展的基本规律。同时,《周易》之规律也是一套非决定论的符号系统,它的系统强调"吉凶由人",而不是纯由天命所决定。天道尽管具有其客观的运行规则,但是人可以参赞于其中,从而使得天道具有人文化的特质。

另一部包含中国上古文化中宇宙论经验的经典是《尚书》,其理论内容集中出现于《尚书·洪范篇》中。《尚书》又称《书》《书经》,为一部多体裁文献汇编,是中国现存最早的史书。分为《虞书》《夏书》《商书》《周书》。战国时期总称《书》,汉代改称《尚书》,即"上古之书"。因是儒家五经之一,又称《书经》。现存版本中真伪参半。一般认为《今文尚书》中《周书》的《牧誓》到《吕刑》十六篇是西周真实史料,《文侯之命》《费誓》和《秦誓》为春秋史料,所述内容较早的《尧典》《皋陶谟》《禹贡》反而是战国编写的古史资料。今本《古文尚书》总体认为是晋代梅赜伪造,但也存在争议。《尚书》所录,为虞、夏、商、周各代典、谟、训、诰、誓、命等文献。其中虞、夏及商代部分文献是据传闻而写成,不尽可靠。自汉以来,《尚书》一直被视为中国封建社会的政治哲学经典,既是帝王的教科书,又是贵族子弟及士大夫必修的"大经大法",在历史上很有影响。

《尚书·洪范篇》记载了武王克商之后,拜访殷商的遗臣箕子,箕子向武王陈述治国的九大方略,因为其规模宏伟意义深远,故为著名的"洪范九畴"。箕子首先提出的就是有关五行的方略。这说明在商代后期就已经出现了五行观念。《洪范篇》记载:"五行:一曰水,二曰火,三曰木,四曰金,五曰土。水曰润下,火曰炎上,木曰曲直,金曰从革,土爰稼穑。润下作咸,炎上作苦,曲直作酸,从革作辛,稼穑作甘。"(《尚书·洪范篇》)在其中记述了五行的基本内容和性质,并且记述了五行与五味之间的对应关系。五行思想发展到了西周末年,周的史官史伯始创"和实生物,同则不继"(《国语·郑语》)的思想,并阐发"先王以土与金木水火杂,以成百物"(《国语·郑语》)的说法,这是以五行相互配合而创生万物的宇宙论思想。在此之后，五行学说逐渐发展出五行之间相生相克的观念。古人用五行把世界中繁复的现象归于五种基本属性，并用这五种属性间的相生和相克的关系来解释世界间的联系。五行观念应当与古代之神话和巫术具有密切的关联，比如上古时期的五方之帝的神话传说。古人的时空观念与今人不同，它们均非抽象，而是有着具体的物质属性，五方与四时都可由五行加以规定。"洪范九畴"中的"皇极""三德""稽疑""庶徵"等方略，与"五行"的宇宙论主张相配合，共同形成了殷周之际治国经世的整体性原则。

其次，五经中的原初世界经验展现为对天人之间关系的经验及其解释。周代引人注目地发展出"天命"和"德性"的观念。在"祈天敬德"和"敬德保民"，"天命靡常"（《诗经·大雅·文王》），"天视自我民视，天听自我民听"（《尚书·泰誓》）这些表达之中，表明中国上古时代的原初世界经验中人居于天地宇宙的中心地位，迷信崇拜神灵的意识逐渐淡化，人文精神成为主导。现代儒学之大家唐君毅先生也认为，《诗经》中蕴含着西周早期社会对于"天"与"德"的深切体认。他总结道，《诗经》中的天道观具有三个主要的方面：首先是天命靡常的观念，基于殷周之际的巨变而发生。"侯服于周，天命靡常"（《诗经·大雅·文王》）。其次是"天生烝民，有物有则，民之秉彝，好是懿德"（《诗经·大雅·烝民》）的观念，而人德可与天道相参。最后是"维天之命，于穆不已"的天命流行不已的观念。

第一，是天道之于人道的天命不已的观念。天命不断地下落贯通于人，人亦不断地禀赋天之所命而生。在殷商时代的卜辞中并没有天的记载，可见，"天"之观念真正的兴盛是在周代。中国古代文明发生了从殷商之帝为至上神向以天为至高神灵的转移。在周代，天代替帝而成为至上神，尽管周人同样也使用"帝"作为神，与天一起作为崇拜的对象，但是其地位低于天，被天所容涵。据统计，《诗经》《尚书》以天为至上神的记载，共约85次，正说明了天已经取代"帝"的至高地位。在天的观念里，继承了许多殷代的帝的观念，但是其意义已然发生若干重大的变化。《诗经》中有言"惟天之命，于穆不已。于乎不显，文王之德之纯"（《周颂·维天之命》），即说明了周人对于"天命不已"的深切经验。

第二，"天"对于周人有着强大的至上神的意义，所以周人对之有着很强的敬畏心。这点与殷商人对于"帝"的敬畏是继承性的。如毛公鼎"瞀天疾畏"，大盂鼎"畏天畏（威）"，都可以作为周人敬畏天的明证，金文中这类的例子很多。因此，尽管先祖配天，但是，与更加亲切之先祖相比，"天"无疑与世人更加遥远，具有着明确的界限。

然而，尽管对于神之敬畏是一种普遍的宗教情感，可是在周人的宗教祭祀中还有特别的一面，就是强调对于神灵的"报"。报就是回报。《国语》中载："夫圣王之制祀也，法施于民则祀之，以死勤事则祀之，以劳定国则祀之，能御大灾则祀之，能扞大患则祀之。幕，能帅颛顼者也，有虞氏报焉；杼，能帅禹者也，夏后氏报焉；上甲微，能帅契者也，商人报焉；高圉、大王，能帅稷者也，周人报焉。凡禘郊祖宗报，此五者，国之典祀也。"（《国语·展禽论祀爰居》）报恩，尤其是报先王之恩，在祭祀之中具有重要意义。祭祀中对于神灵祈求福佑是一种普遍的心理，而重报则具有很明显的道德倾向。"这一点经由儒家的重视和提倡，终于使'报'成为中国社会关系的一个基础。"① 由周人之重报天，可以推知，天不再仅仅是外在的崇拜的对象，而更加是与个人内在的德相关。对于天的报答与回应，都表征着中国古人对于天命的感知和参与的经验，对于中国哲学和文化中的天人经验而言，有着深远的影响。

第三，包含着深刻的天人关系经验的观念就是"德"。德即为得，得到天之福佑，然而天命无常，因而人只有敬畏天命，才能保其德而不失；保其德而不失，即可天命永终。所以，在敬德的观念中，人成为了天命是否可保的关键和核心。在殷商时期的卜辞之中，并没有发现"德"字，到了周代才大量出现。"德"字从其字形来看，从直从心，表征着人与天直接通达的能力。由于中国上古社会中的帝王集宗教、政治、伦理等权力于一身，他不仅是氏族集

---

① 韦政通：《中国思想史》，吉林出版集团2009年版，第28页。

团的政治领袖，更是该集团的宗教巫王，因而帝王之德性必然与整个氏族的盛衰紧密相关。他在各个方面的修为必然成为整个氏族社会的焦点，他必须具有与天沟通和回应的能力和品格，即"德"，才能够具有领导的权力。可以说，以德配天的观念的产生是中国文明发展的必然结果。

由是，天不成为外在的崇拜对象，而是与人之内在之德相通的超越力量。人若失去了内在之德的支撑，则天命必将转移。由此，必然发展出天人合一而重仁德的观念。而天则发展而为超越的引导性的力量。因而，天并不是固定的、僵化的、形式的，而是与德性相关的、具体的、活动的。

周人认识到"德"的重要价值，就会发展出相应的道德性的观念。在周代青铜器的金文中就有"明德"的字样，其中的"大克鼎"中有"虚静""冲让"等词，这说明德性观念对于周人的重要性，它也必然影响中国文化未来的发展。此外，与殷代帝王的帝名由甲乙丁辛等命名不同，周王的称号基本都带有道德性的色彩，昭穆之后，有恭、懿、孝、厉等等，这也说明了周人对于道德意识的重视和道德观念的发达。《诗经》中有"天生烝民，有物有则。民之秉彝，好是懿德"（《诗经·大雅·烝民》），就表达了德所具有的沟通天人的重要意涵。

与"德"同等被重视的道德观念是"孝"。"孝"字最早出现在康王时的"周公敦"，上面有"追孝"的文字，恭王时的"颂鼎"也有相同的文字。在其他的金文中，也有许多写有"孝"的字句。"孝"的观念应该是从祖先崇拜而来，然而，到了周代，其宗教意识已经变淡，道德意识得到了强化。"孝"并不仅仅是神的安排和对神的敬畏，而且是子孙自愿自觉的道德要求，在这里，道德自我的意识开始觉醒。"德"是配天的，具有道德上的普遍性，"孝"是对于自己的祖先的，"非是族也，不在祀典"（《国语·鲁语上》），借用马克斯·韦伯的说法，"德"是道德的普遍主义，"孝"是道德的分殊主义。"孝"的经验和观念对于后世各学说，尤其是儒家的发展具有深远的影响。

（二）礼乐文明的建构

五经中所整理记述的先民的原初世界经验，其在现实中的建构就是礼乐文明，其中尤其以周代文化之"文"为代表。孔子言道："周监于二代，郁郁乎文哉，吾从周。"《礼记》中也言："周尚文。"文的意思并不仅仅是纹饰和礼节，而且是礼乐文明的制作和建构，从而具有在《易传》中所提及的"贲"卦传中所显示的"文明"意味。它既无夏代之质的愚昧，又区别于商代尚鬼的迷信，而是以礼乐的建构和实践为其基本特色。

"礼"源于上古的巫术和祭祀仪式。"礼"的本字"禮"，据《说文》就是"行礼之器，从豆，象形"。王国维指出"禮"这个字上半部是二玉在器之形，为献祭之器物。可见，礼本来就是祭祀活动，而源于古代的巫术，而行礼者就是上古的巫觋。按照孔子的说法，夏朝时代就已经有礼，一直贯穿于三代之始终，具有明确的延续性。同时，在延续性的同时，也存在着显著的差别性，"殷因于夏礼，所损益，可知也；周因于殷礼，所损益，可知也；其或继周者，虽百世，可知也"（《论语·为政》）。尽管到了孔子时代，他也并不能够完全考证三代之礼的原貌，"夏礼，吾能言之，杞不足征也；殷礼，吾能言之，宋不足征也；文献不足故也，足，则吾能征之矣"（《论语·八佾》）。然而，孔子之博学使得他得出周礼优于之前二代的判断，他说道，"我欲观夏道，是故之杞，而不足证也，吾得《夏时》焉。我欲观殷道，是故之宋，而不足证也，吾得乾坤焉。乾坤之义，夏时之等，吾是以观之"。"周监于二代，郁郁乎文哉！吾从周"（《论语·八佾》）。礼的内涵和意义被赋予了新的内容，使得其成为具有政治、伦理和宗教三方面意义的系统结构，并成为规范百姓思想和行为的标准。礼成为沟通天人的重要方式，是周人以仪式化和秩序化的方式来表达祈天敬德的重要手段。

乐是舞乐。礼主分，乐主和，礼要由乐来调节，二者相辅相成："乐以治内而为同，礼以修外而为异；同则和亲，异则畏敬；和亲则无怨，畏敬则不争。揖让而天下治者，礼、乐之谓也。二者并行，合为一体。畏敬之意难见，则著之于享献、辞受，登降、跪拜；和亲之说难形，则发之于诗歌咏言，钟石、管弦。盖嘉其敬意而不及其财贿，美其欢心而不流其声音。故孔子曰：'礼云礼云，玉帛云乎哉？乐云乐云，钟鼓云乎哉？'此礼乐之本也。故曰：'知礼乐之情者能作，识礼乐之文者能述；作者之谓圣，述者之谓明。明圣者，述作之谓也。'"（《汉书·礼乐志》）礼乐和谐一直是中国文化人所追求的和乐境界，这样的观念对中国文化的影响是巨大的。

首先，礼乐文明孕育出一套相对完善的社会制度。在上古的中国社会，呈现出宗法、宗教、政治、艺术、哲学诸方面所具有的一体性特征，礼乐文明集中体现出这一点。礼乐文明渗透在西周社会的方方面面，它在整个社会生活中是无处不在的，从而，形成了对于整个社会具有规范意义的制度。周人发现，要以一种合理的社会制度使得纷乱的社会得到秩序化，从而使得社会保持稳定的和谐状态。合理的社会制度所保证的便是在空间和时间上的人的行为的合宜性。因而，礼的范围广阔，足以把人生在空间和时间上的所有方面都囊括进去，让人生的各个方面的合宜性都得到制度化的保证。空间上指的是人的社会政治方面的生活，所涉及的主要是乡射朝聘之礼。时间上指的是人的不同时期的活动，所涉及的主要是冠婚丧祭之礼。

在人生的时间之中，其人要有适应其年龄段的言行，这才是合礼。《礼记》中载："夫礼始于冠，本于昏，重于丧祭，尊于朝聘，和于射乡，此礼之大体也。"古来儒家很重视冠礼，认为冠婚丧祭乡射朝聘诸礼，皆始于冠礼。《礼记·冠义》说："冠者，礼之始也，嘉事之重者也，是故古者重冠。"重视冠礼体现出对于成人负担起社会责任的关注。《礼记·昏义》载有："敬慎重正，而后亲之，礼之大体，而所以成男女之别，而立夫妇之义也。男女有别，而后夫妇有义；夫妇有义，而后父子有亲；父子有亲，而后君臣有正，故曰：昏礼者礼之本也。"在礼之顺序之中，婚礼为本，而冠礼为始。这体现出时间在礼之中的重要性。夫妇之义，同时也体现在《诗经》以《关雎》为首，孔子强调诗教，以《周南》《召南》

为使人不面墙而立的途径，又易经以《咸》卦为下部之首当中，均说明了家庭之稳定的重要性。

　　同时，在人生特定的时间点之中，也有着与他人所构成的社会空间关系，主要内容为长幼贵贱上下尊卑，故而其人之行为也需要适宜此社会空间的客观要求，如此方为合礼。周代在政治上实行分封制，经济上实行井田制，社会上实行宗法制，这三者紧密结合，共同构成了周代的社会制度。这些制度都为周礼的空间社会性内容。

　　周代的宗法制主要有三个方面的内容：家族制、家长制、世袭制，即嫡长子继承制。"宗"为宗庙，主祭者为宗子。宗法在一义上就是宗庙祭祖之法，把它推广到整个国家，就形成了国家的宗法制度。吕思勉《中国制度史》中载："宗与族异。族但举血统有关系之人，统称为族耳。其中无主从之别也。宗则于亲族之中，奉一人焉以为主。主者死，则奉其继世之人。夫于亲族中奉一人以为主，则男女必择其一。斯时族中之权，既在男而不在女，所奉者自必为男。此即所谓始祖。继其后者，则宗子也。《白虎通义》曰：'宗者，尊也。为先祖主者，宗人之所尊也。'是其义也。"[①] 宗法制度对于中华民族大融合具有很大的作用。在宗法制下，推行同姓不通婚，梁启超先生谓其对民族之大融合、中华民族的形成以及民族观念的造就有大意义。

　　周代的政治制度与其宗法制是一体的。周作为当时的国家，其实也是一个大家族，国即是家的扩大化，因而，国家观念与家族观念是一体的，在这个背景下，宗法制也就是国家制度。这样也就造成了政治伦理化的局面。吕思勉《中国制度史》载："宗又有大小之分。宗法之传于今者，惟周为详。盖其制实至周而备也。《礼记大传》曰：'别子为祖，继别为宗。继祢者为小宗。有百世不迁之宗，有五世则迁之宗。宗其继别子者，百世不迁者也。宗其继高祖者，五世则迁者也。'"[②] 周代初年推行分封制。经历了两次大的分

[①] 吕思勉：《中国制度史》，上海教育出版社 2005 年版，第 371 页。
[②] 吕思勉：《中国制度史》，上海教育出版社 2005 年版，第 371 页。

封过程，形成了稳定的政治结构。

梁启超先生称中国古代氏族制为政治与伦理的统一制度。其实，不仅是政治与伦理的统一，同时在宗教、经济、艺术、学术等方面也是统一的。《尚书·尧典》载："克明峻德，以亲九族；九族既睦，平章百姓。"对于百姓的内涵，《国语》有言："所谓百姓者何也？民之彻官百。王公之子弟之质能言能听彻其官者，而物赐之姓，是为百姓。"（《国语·楚语·观射父论祀牲》）可见，百姓便是由天子派遣治理民众的官员，而《尚书》所言，便是对于当时政治伦理一体性的说明。《礼记·乡射酒义》中则体现出在社会制度层面，政治、宗法、经济等方面所具有的一体性特征："民知尊长养老，而后乃能入孝弟，民入孝弟，出尊长养老，而后成教，成教而后国可安也。君子之所谓孝者，非家至而日见之也。合诸乡射，教之乡饮酒之礼，而孝弟之行立矣。孔子曰：吾观于乡，而知王道之易易也。"又说："乡饮酒之义，立宾以象天，立主以象地，设介僎以象日月，立三宾以象三光，古之制礼也。经之以天地，纪之以日月，参之以三光，政教之本也。"（《礼记·乡射酒义》）

其次，礼乐文明囊括进古人对于天地万物的原初经验。周礼具有融摄天地万物之道的意义。凡物与人，都因为礼获得了其相应的意义。它不仅仅是一种制度和仪式，同时更加是一种价值秩序的确认。通过繁密的节文，礼明确了人与天之间的关系，人与人之间的关系，人与物之间的关系。而人在这些礼的规定中也实现着对于自身的规定。故而，从礼严格的规定性来说，它具有"类"的功能，即《易传》中所云"方以类聚，物以群分"。"类"就是确立其客观的规定和秩序，礼把"类"所具有的意义确立起来。然而其意义的确立，亦来源于一个作为整体的意义场域，离开了这个场域的建立，任何的一种意义都是无法辨认的，也是无法得到确立的。在明确自身与其他人与物的关系之后，自身的规定性才能得到确立，所以，孔子后来才说："兴于诗，立于礼，成于乐。"（《论语·泰伯》）这是中国先人在历史实践中开创出来的智慧果实，对于维系千年来的家国天下，起到了根本性的作用。

"周监于二代，郁郁乎文哉"（《论语·八佾》），周礼继承夏商两代文明而来，蕴含着两代的精华，并打开了一个丰富的人文世界。正因为如此，所以孔子讲，"吾从周"。此人文世界由道而赋予，并由之而见道的伟大，它也会进入一个历史的命运变迁之中，它是迷人的、壮阔的、深邃的和久远的。道赋形为礼，器由道成礼，从而成为赋予万物以意义的伟大作品，由这个伟大的作品，天地神人一起进入到相互辉映的格局之中。孔子认为，这个伟大的事业由周公所完成，并由后代所继承发扬，以此而见天地之道与人道格局之恢宏。

礼作为道之制作，是任何一个时代都不可避免的。然而，在中国文化之中，它被制作得如此雍容华美，具有真善美的光辉，使得道之善性得到了充分的体现。在周礼之中，道之创生力得到了极大的释放。在这个意义上，孔子对周礼推崇备至。

再次，礼乐文明体现出人性之觉醒和教化经验。

周礼意味着人的地位的提升与中心化。周代的礼制继承殷商而来，但同时也做出了许多革新。在周人对于礼的改造中，周公是其中一个非常重要的人物。史书常不吝辞藻颂扬周公制礼作乐的功绩，尽管未必尽数合于史实，但是周公一定是在周初制定礼乐制度的关键人物。史书称周公是武王的弟弟，武王死后，辅佐年幼的成王平定武庚、管叔、蔡叔的叛乱，营建东都洛邑，创立周代的礼乐制度，为西周的富强奠定基础。《尚书周书》中的《大诰》《多方》《诏诰》《多士》《康诰》《酒诰》《梓材》《无逸》等多篇均为周公所作。其政治思想以敬德保民为主，强调明德慎罚，其伟大的功绩即在于推行礼乐制度。

周公对祭祀殷人祖先的礼制进行了改革。周公以后的祭祀制度更加强调人文性，使用人牲的情况基本消失，而且祭祀时用牲的数量也大为降低。《国语·楚语下》中称："郊禘不过茧栗，烝尝不过把握。"周人祭祀的原则是："夫神以精明临民者也，故求备物，不求丰大。"（《国语·楚语下》）同时，西周的祭祀制度也发生了由简入繁，更加细密化、等级化、制度化的转变。各级各层都具有了相应的祭祀制度，而不可僭越。这种制度对于中国古代的礼乐制度产生了重大的影响。古代有"礼仪三百，威仪三千"的说法，可见当时的礼法的繁复和细密。

总之，经过周公的整合，西周的礼乐制度呈现出"文"之特色。周人的礼乐文化以祖先为崇拜的中心，产生出孝的伦理。它的礼乐文化也具有鲜明的文明化和人文化的特点，随着礼乐文明的不断推广，使得整个社会都实现了伦理化和人文化。"礼仪三百，威仪三千"，却需得其人而后行。其由礼所彰显的意义世界，在其创立之初，就具有被遮蔽的危险。这就需要一种澄明的光亮，去照亮变得昏暗的意义世界，这就是孔子所强调的"仁道"。只有踏上"仁道"，人才能够重新获得失落的由周礼所开启出来的意义世界。所谓仁道，不外是《中庸》所论的"教"之道。孔子对于颜回的教导，"克己复礼为仁"，是从仁道所开启出来的完成形态来揭示仁。

礼所开启的意义世界的创立，才形成了对于人性的确认和定位。也是在这个意义上，人才可以把这个意义世界加以颠倒——人颠倒的并不是意义的格局，而是由格局而来的秩序等级关系。高的可以变成低的，低的可以变成高的，才会有造反和背叛，而如果并不存在一种上下贵贱的意义格局，就不会有造反和背叛。正是在礼的意义格局之中，才会有是非善恶的出现。孔子《春秋》之作，也是基于此。礼可崩乐可坏，然而由礼所开辟的意义世界并没有损毁，在不同的时代又重新得到了建构，只要社会可以踏上孔子所开辟的"仁"道。另一种相反的情况是，礼未崩，乐未坏，而其中之意义可能业已死亡，如今天可见的各种形式的所谓国学的复归活动。在西周六艺之学的教育活动中，"礼乐射御书数"蕴含着对于人性之理解以及对于人之最高规定原则的确立。在此时或许已经产生所谓大人之学的教育理念。也可以把之理解为对于人之内在之德的培养。以改造过的礼乐文化为核心，周人实现了"德治"的目的。

最后，礼乐文明是古人之道器合一的整体化和本真性的生存方式的体现。对于此种生存方式，战国时的庄子不无憧憬而感慨地说道："古之人其备乎！配神明，醇天地，育万物，和天下，泽及百姓，明于本数，系于末度，六通四辟，小大精粗，其运无乎不在。

其明而在数度者,旧法、世传之史尚多有之;其在于《诗》、《书》、《礼》、《乐》者,邹鲁之士、缙绅先生多能明之。《诗》以道志,《书》以道事,《礼》以道行,《乐》以道和,《易》以道阴阳,《春秋》以道名分。其数散于天下而设于中国者,百家之学时或称而道之。"(《庄子·天下篇》)在庄子看来,礼乐文明的生存方式,使得人获得了彻上彻下、无所偏失的整全生命,《六经》便是从多角度对此整全生命的记述。

至于春秋战国时期,随着礼崩乐坏的深入,不同的哲学家基于不同的理论视角和实践立场,对六经文化和礼乐文明中的原始经验进行了深刻的反思,从而形成了不同的哲学派别,其中之大者为儒道墨三家。从对于后世影响深远的角度来说,无疑,儒道是其中最重要的派别。

二 儒道两家之道器合一的意义世界

原始儒家和原始道家均对于五经中所蕴含之原初世界经验进行反思,其反思的立场是在世生存的,其建构的学说是彻上彻下、无界不入的,其思想体系融涵形上和形下的道器两面,贯通自为与为他的双重意义世界。其对于本体意义世界的揭示是全面而具体的,而并非抽象而割裂的。原始儒家看似仅关注着可见的、为他的意义世界,主张对于礼教的遵从。实则,其内在关联着一超越而自为的意义向度。孔子以"仁"为核心重新构建起一礼乐文化的意义世界,具有道器合一的鲜明特色。同时,原始道家看似仅留意不可见、不可名的自为的意义世界,一个常道的本体意义世界,主张对于世俗礼教的破除,以复归自然之性。实则,其内在关联着一个经验而为他的现实向度。原始的儒道两家都表现出回归整全之人性的指向,其学说体系是道器合一的意义世界。只是,道家哲学以空间性的语言范畴为路径来破除文化偏见而回归此本真世界,儒家哲学则是以时间性的在世生存为路径来重构礼乐文化而回归此本真世界,从而有儒道两家之哲学建构的不同。此不同不足以说明两家有根本的差异，而是显示出二家所具有的互补性关联，共同反映了人类进行哲学反思时所具有的人性立场。

（一）孔子与孟子的道器合一的圆融本体世界

孔子反对以离群索居的方式求道，以为道需要通过一种不离于社会文化的方式，才能够得到揭示。故而，孔子对于隐逸之士，多有批评，指出隐士离群索居不愿入世，于礼法多有破坏，不能承担社会责任，有"鸟兽不可与同群"之语，实则孔子所反对者为一抽象的生活方式和哲学反思立场，以为只有通过具体而圆融的反思立场出发，才能够识得道体。《论语·微子》载："长沮、桀溺耦而耕，孔子过之，使子路问津焉。'长沮曰："夫执舆者为谁？"子路曰："为孔丘。"曰：'是鲁孔丘与？'曰：'是也。'曰：'是知津矣。'问于桀溺。桀溺曰：'子为谁？'曰：'为仲由。'曰：'是鲁孔丘之徒与？'对曰：'然。'曰：'滔滔者天下皆是也，而谁以易之？且尔与其从避人之士也，岂若从避世之士哉？'耰而不辍。子路行以告，夫子怃然曰：'鸟兽不可与同群，吾非斯人之徒与而谁与？天下有道，丘不与易也。'"长沮、桀溺为当世的隐士，避世而居，过着自给自足的生活。孔子以自然与文化相结合的在世之哲学立场出发去面对道，故而对此加以驳斥。《论语》又载："子路从而后，遇丈人，以杖荷蓧。子路问曰：'子见夫子乎？'丈人曰：'四体不勤，五谷不分，孰为夫子？'植其杖而芸。子路拱而立。止子路宿，杀鸡为黍而食之，见其二子焉。明日，子路行以告。子曰：'隐者也。'使子路反见之。至则行矣。子曰：'不仕无义。长幼之节，不可废也；君臣之义，如之何其废之？欲洁其身，而乱大伦。君子之仕也，行其义也。道之不行，已知之矣。'"（《论语·微子》）孔子以为荷蓧丈人为"洁其身，乱大伦"之无义之士，以为通过"义"道，才可以揭示和彰显"道"本身，相反，以自洁其身的方式而欲明大道，则为南辕北辙，其基本的哲学立场和根本途径是错误的。

基于此在世生存的哲学反思立场，孔子开显出一个道器合一的本体意义世界，此本体意义世界兼具自为与为他两个层面。孔子以

"道"为寻求目标，故言"志于道，据于德，依于仁，游于艺"（《论语·述而》），以道为志向，以艺为所游。孔子又言，"朝闻道，夕死可也"（《论语·里仁》），表明孔子对于道的企慕。对于天道的内容，孔子所提甚少，故有子贡之感慨，"夫子之文章可得而闻也，夫子之言性与天道，不可得而闻也"。孔子也自言："天何言哉？四时行焉，百物生焉，天何言哉！"（《论语·阳货》）以为天道不落于言诠，却又无处不彰显自身。只是此彰显简易而直截，处于日用而不知的状态，就好像天之四时与万物一般，缺少人对之深切的体察和感悟。对此，孔子只能寄予每一个学者个体的觉醒，即为"仁者见之谓之仁，智者见之谓之智，百姓日用而不知，故君子之道鲜也"（《周易·系辞传》）。孔子也言其道"无隐"而"无行不与二三子"，这些都说明了天道之亲切与直接，却又艰涩而隐秘。故而，孔子以为天道既不可见不可说不可知，却又至可见至可说至可知，天道正因为其简易直截而成讳莫如深，因为其既自为又为他而成对此两方面的遮蔽。

在《论语》中，孔子大多以其所言所行而透显天道，并非以天道为叙述对象。相反，在《易传》之中，孔子对于天道本体则多有表述。孔子以为天道本体贯通经验与超验世界，不可遗失任何一边。孔子在《易传》中言，"形而上者谓之道，形而下者谓之器"（《周易·系辞传》），明确表达天道本体所具有的圆融意涵。天道本体之自为与为他的两个层面，可见器物之意义与不可见之无形无象之意义，相互贯通，不可割裂，故孔子言道，"范围天地之化而不过，曲成万物而不遗，通乎昼夜之道而知，故神无方而《易》无体"，"《易》无思也，无为也，寂然不动，感而遂通天下之故。非天下之至神，其孰能与于此。夫《易》，圣人之所以极深而研几也。唯深也，故能通天下之志"（《周易·系辞传》）。均表达了天道本体世界所具有的彻上彻下的圆融性。正因为此道器合一的圆融性，孔子认为不可知不可见者不能离开可知可感者，故而有"穷理尽性以至于命"（《周易·说卦传》）之说。

同时，**孔子以仁道贯通天道和人道，以在世之生存为基本立场贯通道器一体的本体世界**。孔子以为，人安居于此天道格局之中，并非仅作为一被动之依顺天命的存在。人可对天命之内容加以觉知，并主动地承载和顺应之，从而获得由本体意义世界而来的无限圆满性，故而孔子说，"天生德于予，桓魋其如予何？"（《论语·述而》）又说："文王既没，文不在兹乎？天之将丧斯文也，后死者，不得与于斯文也。天之未丧斯文也，匡人其如予何？"（《论语·子罕》）

孔子以为，通过一种"仁"的方式，可以把道器之本体意义在人之在世生存之中凝集起来，把自然与文化、历史与未来、蛮夷与华夏，一起汇聚成为一整体性的生存之道。在现实世界之中，人之在世生存所面对者，不外即是人文教化的意义世界。凭借仁学的具体实践，易理的阴阳数理之术，春秋的历史研读等方法，是可以觉知彻上彻下的本体之道的。所以，尽管道之于器具有超越性，但它并不是空无的纯粹的超越性，而是具有可感可知之意义层面，不离于有形有象之名与器，是通过学习的积累可以达致的。

孔子之后儒学发生了分化，《史记》中称："自孔子卒后，七十子之徒散游诸侯，大者为师傅卿相，小者友教士大夫，或隐而不见。"（《史记·儒林列传》）《韩非子》中称孔子之后，儒分为八派，其文曰："自孔子死后，有子张之儒，有子思之儒，有颜氏之儒，有孟氏之儒，有漆雕氏之儒，有仲梁氏之儒，有孙氏之儒，有乐正氏之儒。"（《韩非子·显学》）其确切的传续史实究竟为何，在今天很难下一定论，然而有一点可以确定的是，孔子之后的儒学已然与其原初形态有所区别，其分化之学派中有得其真者，也有入于偏者。思孟一路的儒学在后来的历史发展中，脱颖而出，成为儒学正统。这一历史史实并非偶然，而是具有逻辑上的必然性。笔者以为，在诸家哲学之中，思孟学派具有对于孔子儒家哲学圆融性的继承和发扬，使得孔子之精神延续下来。因而，其最终被确立为儒学正统，正是现实与逻辑双重选择的必然结果。

《中庸》相传为孔子之孙即子思所作，其哲学思想亦以在世之生存为基本立场，合内外，通物我，究天人，从而构成一整全的彻上彻下的本体意义世界。《中庸》首载："天命之谓性，率性之谓道，修道之谓教。道也者不可须臾离也，可离非道也。是故君子戒慎乎其所不睹，恐惧乎其所不闻。莫见乎隐，莫显乎微，故君子慎其独也。喜怒哀乐之未发，谓之中；发而皆中节，谓之和。中也者，天下之大本也；和也者，天下之达道也。致中和，天地位焉，万物育焉。"此章把天人性命贯通为一，隐微与显现相即不离，共同凝汇于"慎独"之在世生存之中。此不睹不闻之"独"，与老子的"视之不见""听之不闻""搏之不得"之"混而为一"，具有内在的互补性和相通性。此未发之"中"与老子之"虚而不屈，动而愈出"之"守中"，也有内在的相通性。

此慎独之独的本体，亦为《中庸》之不妄的"诚"体，具有与孔子所主张相一致的本体论上的圆融性。其言曰："诚者，自成也，而道自道也。诚者，物之终始，不诚无物。是故君子诚之为贵。诚者，非自成己而已也，所以诚物也。成己仁也，成物知也，性之德也，合内外之道也，故时措之宜也。"（《中庸》）君子以"诚"而通达此本体的意义世界，把此意义世界凝结于己身，此即为"德"，故其中言道："君子尊德行而道问学，致广大而尽精微，极高明而道中庸，温故而知新，敦厚以崇礼。是故居上不骄，为下不倍。国有道，其言足以兴，国无道，其默足以容。"又言："故君子之道，本诸身，征诸庶民，考诸三王而不谬，建诸天地而不悖，质诸鬼神而无疑，百世以俟圣人而不惑。质诸鬼神而无疑，知天也；百世以俟圣人而不惑，知人也。是故君子动而世为天下道，行而世为天下法，言而世为天下则。"超越之鬼神、现实之民众、古代之圣王、当今之自身、未来之圣人，在此时此刻之在世生存之"诚"中，一起得以汇聚和贯通，这样才会真正地实现孔子之所谓"仁"德。

孟子以心为本体对于孔子本体论的继承和发扬。孟子所论的本体之"心"与《中庸》中之"独"体和"诚"体是一致的。孟子之心体，指出了在世存在之自我发端、自我觉知、自我决断和自我完满，天道之本体意义即在此生存之当下显露无遗。此作为本体意义世界之心，把物、气、情、意一体贯通，构成一个天人合一的完整本体结构。故而，孟子说道："尽其心者，知其性也；知其性，则知天矣。存其心，养其性，所以事天也。"（《孟子·尽心上》）

孟子认为，人之本体世界即是天人合一。人只要尽自己的道德本心去行事，就可以认识了解到自己的本性是善的。尽自己的道德本心行事，知本性与"本心"乃至与外发之"情"是同一的，故而知人性是善的。而认识和了解到自己的本性是善的，也就是"知天"，了解到一个超越性天道的实在性。此"天"具有实质道德内容，与人之现实生存实践是一体的。

孟子以为，人之在世存在所呈显而出的本体意义世界即"心"具有内在的善"性"。此善性便是此在世存在能够把自身筹划为一受超越意义指引的存在者，这样的筹划是在世存在的自我觉知和自我决断，具有本体意义。孟子强调，此种引导意义便是"理义"，由在世生存自身觉醒和决断而来，而并非仅为外在之律令或教化，故孟子说道："所以谓人皆有不忍人之心者，今人乍见孺子将入于井，皆有怵惕恻隐之心。非所以内交于孺子之父母也，非所以要誉于乡党朋友也，非恶其声而然也。由是观之，无恻隐之心，非人也；无羞恶之心，非人也；无辞让之心，非人也；无是非之心，非人也。恻隐之心，仁之端也；羞恶之心，义之端也；辞让之心，礼之端也；是非之心，智之端也。人之有是四端也，犹其有四体也。有是四端而自谓不能者，自贼者也；谓其君不能者，贼其君者也。凡有四端于我者，知皆扩而充之矣，若火之始然，泉之始达。苟能充之，足以保四海；苟不充之，不足以事父母。"（《孟子·公孙丑上》）故而，这种本心是基于在世立场上的圆融的本体意义世界，在其中自为与为他的世界统一起来。在自为的世界之中，我之口味、聪明和思虑，一瞬即逝，永在流动之虚无化自身过程中，却又让当下的实存成为可能。在为他的世界之中，我之口味、聪明和思虑，可以成为被玩味的口味、被诊治的聪明与被反思的思虑，成为被某个主体所把握的不断构成自身的实存。在孟子看来，此自我和为他的意义世界，二者不离不即，共同统一于生存之在世，故而，他说道："口之于味，有同耆也。易牙先得我口之所耆者也。如使口之于味也，其性与人殊，若犬马之与我不同类也，则天下何耆皆从易牙之于味也？至于味，天下期于易牙，是天下之口相似也。惟耳亦然。至于声，天下期于师旷，是天下之耳相似也。惟目亦然。

至于子都，天下莫不知其姣也。不知子都之姣者，无目者也。故曰：口之于味也，有同耆焉；耳之于声也，有同听焉；目之于色也，有同美焉。至于心，独无所同然乎？心之所同然者何也？谓理也，义也。圣人先得我心之所同然耳。故理义之悦我心，犹刍豢之悦我口。"（《孟子·告子上》）我之心所具有的本体意义，与圣人之心所揭示的本体意义是一致的，它不仅仅是自为的，而且是为他的，是可以普遍化的。此即为"心之所同然"的"理义"，由在世之"悦"中自我觉醒而来。

基于以上的看法，孟子反对告子对于人性所持的无善无恶的观点。《孟子·告子上》载道："告子曰：'性犹湍水也，决诸东方则东流，决诸西方则西流。人性之无分于善不善也，犹水之无分于东西也。'孟子曰：'水信无分于东西。无分于上下乎？人性之善也，犹水之就下也。人无有不善，水无有不下。今夫水，搏而跃之，可使过颡；激而行之，可使在山。是岂水之性哉？其势则然也。人之可使为不善，其性亦犹是也。'"告子是孟子的论敌，他所主张者为"生之谓性"，以为人性本身没有固定先天的善恶的本性，而是后天形成的。孟子看到了告子思想的危险，以为告子的人性论并非建立在人之在世的自我觉醒和自我决断之上，便会使得人性彻底沦为后天习惯势力操纵的后果。人性需要靠自身的觉醒力和决断力，让其内在所具有的"理义"意义世界彰显出来，从而，孔子所揭示的圆融的本体意义世界才会显现。可见，孟子是在战国时期，这个思想混乱的年代，真正地做到拨乱反正，继承下孔子圆融本体世界的哲学家。

至于战国中后期，荀子立于整全之道的立场，主张去知性之障蔽，以大清明之认知心获得对于本体世界的了解。故而，荀子的本体世界是一知性意义所构成的世界，作为知性主体自身是无形无象而超越的，但是它作为知性主体却又是可以被理性清晰地掌控和把握的，具有为他存在的维度，这与孔子和孟子所强调本体意义世界所具有的纯粹的自为性是不同的。同时，知性之客体对象则是可见的纯然为他的存在。所以，从其总体本体世界的构成来看，荀子以为道为可知，而并非不可知。"万物为道一偏，一物为万物一偏，愚者为一物一偏，而自以为知道，无知也。慎子有见于后，无见于先；老子有见于诎，无见于信；墨子有见于齐，无见于畸；宋子有见于少，无见于多。有后而无先，则群众无门；有诎而无信，则贵贱不分；有齐而无畸，则政令不施，有少而无多，则群众不化。《书》曰：'无有作好，遵王之道；无有作恶，遵王之路。'此之谓也。"（《荀子·天论》）

荀子的本体世界的建构以为他性的"礼"的建构为其目标，所以，他的哲学强调人性之中所具有的可主宰、可控制和可知识化的方面，以之为人性之中的本质方面。而人之本体世界中的自为性的方面则被荀子自觉地排除出去，他说道，"生之所以然者谓之性。性之和所生，精合感应，不事而自然谓之性"（《荀子·正名》），"凡性者，天之就也，不可学，不可事"（《荀子·性恶》），这都说明了荀子发现人性之中的自为之方面，但是，他随即便把此方面的重要性加以弱化并加以最终的排除。他说道："心虑而能为之动谓之伪。虑积焉、能习焉而后成谓之伪"（《荀子·正名》），"礼义者，圣人之所生也，人之所学而能，所事而成者也。不可学、不可事而在人者谓之性，可学而能、可事而成之在人者谓之伪，是性、伪之分也"（《荀子·性恶》），这些都说明荀子对于人性自为性方面的观察，亦是以为他性的指向为其目标。正是因为其鲜明的为他性，具有人为控制的品质，所以荀子称之为"伪"。人为之"善"的目标是为了达到"合文通治"，形成一外化的礼教社会。故而，荀子说道："法先王，统礼义，一制度，以浅持博，以古持今，以一持万，苟仁义之类也，虽在鸟兽之中，若别白黑，倚物怪变，所未尝闻也，所未尝见也，卒然起一方，则举统类而应之，无所拟作，张法而度之，则暗然若合符节，是大儒者也。"（《荀子·儒效》）

荀子的看法与孔子和思孟儒学则有相当的差距。从圆融性的孔子和思孟哲学本体论的角度，万物作为自然之物，具有自然之性，因其本体之赋予，则本已自足。其所显现的不足，在于人的意识的偏曲作用，而其真实的存在已处于道中，故而并非不自足。然而，此种观点为荀子所反对，在于他是从一种理性的应然的角度出发去看待事物，而并不是依照存在论的模式去看待事物。正由于这样的原因，荀子也鲜明地提出对于思孟学派的反对意见，反映出两派学者对于本体世界理解的大相径庭。

在《解蔽篇》中，荀子也对道家之庄子进行了批评，以为庄子陷于天道之一曲而不能理解现实人伦社会的意义，其言曰："墨子蔽于用而不知文，宋子蔽于欲而不知得，慎子蔽于法而不知贤，申子蔽于埶而不知知，惠子蔽于辞而不知实，庄子蔽于天而不知人。……夫道者，体常而尽变，一隅不足以举之。曲知之人，观于道之一隅而未之能识也，故以为足而饰之，内以自乱，外以惑人，上以蔽下，下以蔽上，此蔽塞之祸也。孔子仁知且不蔽，故学乱术，足以为先王者也。一家得周道，举而用之，不蔽于成积也。故德与周公齐，名与三王并，此不蔽之福也。圣人知心术之患，见蔽塞之祸，故无欲无恶，无始无终，无近无远，无博无浅，无古无今，兼陈万物而中县衡焉。"（《荀子·解蔽》）他批评庄子的原因，也在于他无法理解庄子哲学所具有的自为性的意义维度。而荀子所提供出的"兼陈万物而中县衡焉"的整全之道，则兼具欲恶、始终、远近、博浅和古今，而不落于其中任何一边，显现出对于一偏之道的否定性。此种整全之道也体现出荀子哲学的为他性的知性原则，而与孔孟哲学所具有的生存论意义上的圆融性相区别。

（二）道家的超越性维度及其对于儒家现实面向的吸收和融合

老子哲学亦为一彻上彻下而贯通自为和为他两面的圆融哲学，其本体世界统摄道与器，以为"道生一，一生二，二生三，三生万物"，"道生之，德蓄之，物形之，势成之"，"人法地，地法天，天法道，道法自然"，道作用于万物，并内在于万物之中，万物与道之间并不相隔离，共同构成一整体世界。道自身无形无象，超越于经验知觉和思虑，具有纯粹的自为性，老子言道："视之不见名曰微，听之不闻名曰希，搏之不得名曰夷。此三者不可致诘，故混而为一。其上不皦，其下不昧，绳绳不可名，复归于无物。是谓无状之状，无物之像，是谓惚恍。迎之而不见其首，随之而不见其后。"（《道德经·第十四章》）又言道："孔德之容，惟道是从。道之为物，惟恍惟惚。惚兮恍兮，其中有象；恍兮惚兮，其中有物。窈兮冥兮，其中有精；其精甚真，其中有信。"（《道德经·第二十一章》）因道所具有的超越意义，老子干脆称之为"无"，"天下万物生于有，有生于无"（《道德经·第四十章》），"道可道，非常道。名可名，非常名。无名天地之始；有名万物之母。故常无，欲以观其妙；常有，欲以观其徼。此两者，同出而异名，同谓之玄。玄之又玄，众妙之门"（《道德经·第一章》）。

老子之本体世界同样具有圆融性，这与孔子所揭示之本体世界并无不同。两家之不同在于老子哲学以此本体世界去批判现实世界所具有的邪曲和偏差。此种批判又带来一个必然理论后果，使得老子哲学具有鲜明的理性反思的特点。老子在《道德经》之中，对于现实之礼教进行了批判，体现了其所具有的虚静自然的道家立场。老子批评了儒家的圣人观念，认为"大道废，有仁义；智慧出，有大伪"，并主张"为学日益，为道日损，损之又损，以至于无为"，反对儒家所倡导的力学求仁。同时，老子也攻击了儒家的核心价值即"仁义礼智"："上德不德，是以有德；下德不失德，是以无德。上德无为而无以为；下德无为而有以为。上仁为之而无以为；上义为之而有以为。上礼为之而莫之应，则攘臂而扔之。故失道而后德，失德而后仁，失仁而后义，失义而后礼。夫礼者，忠信之薄，而乱之首。"（《道德经·第三十八章》）并且把儒家所倡导之"仁义礼智"等价值，均斥之为"名"，不具有真实之"常道"与"常名"的内在意义，故而力主回归自然，返于质朴。

老子对于"仁义礼智"的批评，并非简单地针对孔子所代表的儒家的批评，而是对于现实中僵化之抽象性的"仁义礼智"的批评和解构。老子以"道"为基础，认为仁义礼智等都是"道"之失落之后，所形成的，并不足以取法。故而，老子言道，"道生之，德蓄之，物形之，势成之"（《道德经·第五十一章》），至于仁义礼智，已然到了"势成"之地步，唯有知其根本，才能贯彻始终。

战国时期的道家大师为庄子，他对儒家的批评也很多。尽管他借用儒家人物之口发表了许多意见，但大都并不是史实。他在

《逍遥游》中，就批评儒学不是至道，顶多是"行比一乡，德合一君，而徵一国者"，为一人世求名的君子，追求不朽之立德、立功、立言者，而真正的得道之人是"乘天地之正，御六气之辩，以游无穷"的"至人无己，圣人无名，神人无功"，是一纯然的因应自然之超脱名利之士。

在《齐物论》中，他以儒墨之是非，均非大道之见，应以"莫若以明"为方法通于自然大道。故而儒墨之见，虽各有所得，但当其以为自身是绝对真理时，就流于虚伪。"夫言非吹也，言者有言。其所言者特未定也。果有言邪？其未尝有言邪？其以为异于鷇音，亦有辩乎？其无辩乎？道恶乎隐而有真伪？言恶乎隐而有是非？道恶乎往而不存？言恶乎存而不可？道隐于小成，言隐于荣华。故有儒墨之是非，以是其所非而非其所是。欲是其所非而非其所是，则莫若以明。物无非彼，物无非是。自彼则不见，自知则知之。故曰：彼出于是，是亦因彼。彼是方生之说也。虽然，方生方死，方死方生；方可方不可，方不可方可；因是因非，因非因是。是以圣人不由而照之于天，亦因是也。是亦彼也，彼亦是也。彼亦一是非，此亦一是非，果且有彼是乎哉？果且无彼是乎哉？彼是莫得其偶，谓之道枢。枢始得其环中，以应无穷。是亦一无穷，非亦一无穷也。故曰：莫若以明。"儒墨常以是非彼此而相互指责，却不知自身已然落入是非彼此的格局之中，就好像乌鸦总是埋怨自己的同类是黑色的，却无有自知之明。这是天下是非淆乱的根本原因。实则，是非彼此均由对于大道之不明而来，莫不如顺应自然之道，达于天理，不滞留于名言是非，就能够摆脱荣华小成，而复返于大道之中。

庄子批评儒家"明于礼仪，陋于知人心"，不足以保身和救世。庄子提出只有以道家哲学之处世方法，才可以经世致用，实现内圣外王的理想。《大宗师》中载："颜回曰：'回益矣。'仲尼曰：'何谓也？'曰：'回忘仁义矣。'曰：'可矣，犹未也。'他日复见，曰：'回益矣。'曰：'何谓也？'曰：'回忘礼乐矣！'曰：'可矣，犹未也。'他日复见，曰：'回益矣！'曰：'何谓也？'曰：'回坐忘矣。'仲尼蹴然曰：'何谓坐忘？'颜回曰：'堕肢体，黜聪明，离形去知，同于大通，此谓坐忘。'仲尼曰：'同则无好也，化则无常也。而果其贤乎！丘也请从而后也。'"（《庄子·大宗师》）

《庄子·天下篇》对于儒道之间的关系做了充分地说明，以道为根本，儒为枝叶，形成对于天下学术的整体观念："天下之治方术者多矣，皆以其有为不可加矣！古之所谓道术者，果恶乎在？曰：'无乎不在。'曰：'神何由降？明何由出？''圣有所生，王有所成，皆原于一。'不离于宗，谓之天人；不离于精，谓之神人；不离于真，谓之至人。以天为宗，以德为本，以道为门，兆于变化，谓之圣人；以仁为恩，以义为理，以礼为行，以乐为和，熏然慈仁，谓之君子；以法为分，以名为表，以参为验，以稽为决，其数一二三四是也，百官以此相齿；以事为常，以衣食为主，蕃息畜藏，老弱孤寡为意，皆有以养，民之理也。

古之人其备乎！配神明，醇天地，育万物，和天下，泽及百姓，明于本数，系于末度，六通四辟，小大精粗，其运无乎不在。其明而在数度者，旧法、世传之史尚多有之；其在于《诗》、《书》、《礼》、《乐》者，邹鲁之士、缙绅先生多能明之。《诗》以道志，《书》以道事，《礼》以道行，《乐》以道和，《易》以道阴阳，《春秋》以道名分。其数散于天下而设于中国者，百家之学时或称而道之。

天下大乱，贤圣不明，道德不一。天下多得一察焉以自好。譬如耳目鼻口，皆有所明，不能相通。犹百家众技也，皆有所长，时有所用。虽然，不该不遍，一曲之士也。判天地之美，析万物之理，察古人之全。寡能备于天地之美，称神明之容。是故内圣外王之道，暗而不明，郁而不发，天下之人各为其所欲焉以自为方。悲夫！百家往而不反，必不合矣！后世之学者，不幸不见天地之纯，古人之大体。道术将为天下裂。……"（《庄子·天下篇》）

庄子之学以此整体之学术观为基础，实是对于原始儒道圆融精神的继承。然而因其生逢乱世，故而其构建理论的方式不得不出人意表，但其精神根底则万变不离其宗："寂漠无形，变化无常，死与？生与？天地并与？神明往与？芒乎何之？忽乎何适？万物毕罗，莫足以归。古之道术有在于是者，庄周闻其风而悦之。以谬悠之说，荒唐之言，无端崖之辞，时恣纵而不傥，不以觭见之也。以天下为沈浊，不可与庄语。以卮言为曼衍，以重言为真，以寓言为广。独与天地精神往来，而不敖倪于万物。不谴是非，以与世俗处。其书虽瑰玮，而连犿无伤也。其辞虽参差，而諔（音触）诡可观。彼其充实，不可以已。上与造物者游，而下与外死生、无终始者为友。其于本也，弘大而辟，深闳而肆；其于宗也，可谓稠适而上遂矣。虽然，其应于化而解于物也，其理不竭，其来不蜕，芒乎昧乎，未之尽者。"（《庄子·天下篇》）

战国后期的法家代表韩非亦深受道家思想的影响。他认为儒学为复古之学，不足以应对世务。从形上角度来说，儒家所守仅为名器，却遗落了道德。道家之学可以顺应时代之要求，故而"世易事异"，不可抱一复古之教条而不求变通。这是道家思想在现实中的法家式表达。

总结起来，道家对于儒家哲学的批评基于几个方面的原因：首先，是以道观之的哲学立场，儒学作为一种落于现实之学，必然有其局限性。其次，儒学哲学不足以治世，只是乱世的征兆和源头。再次，儒学有其知识论的人为立场，也是道家所不能允许的。最后，从理论的实际效果来看，儒家之学也不足以修身，适足以劳神和亡身。

孔子与老子之学均从礼乐文明之大传统而来，又都是从一整全的道器合一之哲学立场出发对之加以反思，故而其学问具有内在的相通性和一体性。只是，老庄之道家哲学基于空间性的思维方式以知性的逻辑范畴为哲学架构对于儒家之礼教多有批评，然而这并不影响老庄哲学依然要回归到道器合一的时间性的在世生存之中，也就是回归到与儒家哲学相汇合的道路上来。儒道两家固有所区别，但区别却并非根本性的，而是反映出整全人性由于不同的反思方式所形成的差异化道路。正是在此区别与差异之中，儒道两家实质上一同构成了完整的人性图景，体现出儒道两家所具有的内在的一体性和互补性。正因为如此，中国历史上的儒道两家尽管多显现出观念上的分歧，甚至彼此攻击，却总归能够相互靠近，相互融通，足以说明儒道两家哲学所具有的互补性和一体性。《史记·孔子世家》中载有孔子向老子问礼的故事,从儒道两家哲学的互补性的角度来观察,这个故事在学理上确能成立。

三　儒道两家的有为与无为工夫论

儒道两家的工夫论多有不同甚至相反的表述,儒家主为学日益与道家主为道日损,儒家主格物与道家主绝学,儒家主有为与道家主无为等等。实则,二家均主一圆融整体式的工夫论,在工夫论上二家并非对立,而是相通而互补的。

孔子之工夫论彻上彻下,贯通为他与自为之两面的工夫路径,非常充盈圆满。首先来看孔子的为学工夫。孔子之学中有为他性之学,"兴于诗,立于礼,成于乐"(《论语·泰伯》),诗礼乐都是人人可学之科目,而"孝悌"更是人人可以随时发起的功课。即便是具有超越性之知识,也是人可以通过学习而获得的。孔子说道,"五十而知天命"(《论语·为政》),"不知命,无以为君子也"(《论语·尧曰》)。又言道,"穷理尽性以至于命"(《周易·说卦传》)。这些都表明孔子把天命作为可以学习而获知的对象,尽管所用之工夫并非是感官经验性的,却也可以通过理性的方法来加以认识。

然而,孔子之学亦有超越而自为之方面。《论语》中言:"子曰:'莫我知也夫!'子贡曰:'何为其莫知子也?'子曰:'不怨天,不尤人,下学而上达,知我者,其天乎!'"(《论语·宪问》)此种方法就并非显现为可感可知的为他性的方法论原则,而是达到了不可见不可知的自为之工夫形态,故而,孔子感慨其只能由天而知,而为仁由己,并非求人所知。

其次,孔子以克己复礼为仁学之基本工夫。《论语·颜渊》载:"颜渊问'仁'。子曰:'克己复礼为仁。一日克己复礼,天下归仁焉,为仁由己,而由人乎哉?'颜渊曰:'请问其目。'子曰:'非礼勿视,非礼勿听,非礼勿言,非礼勿动。'颜渊曰:'回虽不敏，请事斯语矣！'""克己"为自为面之工夫，"复礼"是为他面之工夫，二者缺一不可，相互统一。

再次，孔子以"忠恕"为一贯之为仁之方。《论语·里仁》中载："子曰：'参乎，吾道一以贯之。'曾子曰：'唯。'子出，门人问曰：'何谓也？'曾子曰：'夫子之道，忠恕而已矣。'""忠道"作为求仁之根本是切近于自身的，并真切地发自于自身的，表现而为一种不容己之良知的发动。故而，为仁之方切近而易行，而无须自高远而无可着手处求满足。孔子说：子贡曰："如有博施于民而能济众，何如？可谓仁乎？"子曰："何事于仁！必也圣乎！尧舜其犹病诸！夫仁者，己欲立而立人，己欲达而达人。能近取譬，可谓仁之方也已。"（《论语·雍也》）

"恕道"为推己及人：《论语·卫灵公》："子贡问曰：'有一言而可以终身行之者乎？'子曰：'其恕乎？己所不欲，勿施于人。'""忠"是诚于己心，为"独"体的自我显现，具有内在的自为意义。"恕"是仁于他人，有所为有所不为，必为人所见，具有内在的为他的意义。

最后，孔子之中庸工夫。其包含这样四个基本工夫环节：非私意、非期必、非固执、非自私，即《论语》中所称的"子绝四：毋意，毋必，毋固，毋我"（《论语·子罕》）。无意必固我，必有其"时中"才可，否则便流于异端，故而孔子重义道。子曰："君子之于天下也，无适也，无莫也，义之与比。"（《论语·里仁》）无意必固我，而谨守于义道，至于无可无不可，方是孔子所达到的中庸境界。《论语》中称："逸民：伯夷、叔齐、虞仲、夷逸、朱张、柳下惠、少连。子曰：'不降其志，不辱其身，伯夷、叔齐与！'谓：'柳下惠、少连，降志辱身矣。言中伦，行中虑，其斯而已矣。'谓：'虞仲、夷逸，隐居放言。身中清，废中权。我则异于是，无可无不可。'"（《论语·微子》）隐逸无位之民中，伯夷叔齐可以做到不降志辱身，柳下惠少连做到了言中伦行中虑，虞仲夷逸可以做到身中清废中权，都是保持自身高洁的同时而不辱没礼法名教者。孔子此处所自称之"无可无不可"亦是以"义"为本之工夫，而合于中道。如后来孟子对孔子之称许为："可以仕则仕，可以止则止，可以久则久，可以速则速"(《孟子·公孙丑》)，可以做到随时适宜，而不止于隐逸而不辱没而已。

总之，在《中庸》文本之中，已经完美地概括出孔子的整体性的圆融的工夫论主张，即"尊德性而道问学"。

孟子继承了孔子圆融性的工夫论系统，他以"求放心"为根本性的工夫路径，以学问之道求取放失之本心。而求放失之本心的工夫，则以从"大体"之"思"为主要方法。"公都子问曰：'钧是人也，或为大人，或为小人，何也？'孟子曰：'从其大体为大人，从其小体为小人。'曰：'钧是人也，或从其大体，或从其小体，何也？'曰：'耳目之官不思，而蔽于物，物交物，则引之而已矣。心之官则思，思则得之，不思则不得也。此天之所与我者，先立乎其大者，则其小者弗能夺也。此为大人而已矣。'"(《孟子·告子上》)孟子认为，人不能求得本心并不是本性所致，而是因为养其小体，而忽其大体所致。若要先立其大体，则应当以"思"为基本的工夫论环节，而不可以"蔽于物"之耳目之官为工夫。此"思"之工夫，并非由我所有，而是得之于天。"思"之发动，实则即是天道之于人性的实现。如此之"思"与孟子所提出的"反身而诚"是同一工夫。无论在"思"与"反身而诚"的工夫中，都具有鲜明的自为性，也即"己所独知"而不为他人所知的特征，尽管其效应可以为世人所见。

这一点从孟子的养气说也可以看到。孟子强调以志率气的养气工夫，而达到"不动心"的境界。"公孙丑问曰：'夫子加齐之卿相，得行道焉，虽由此霸王不异矣。如此，则动心否乎？'孟子曰：'否。我四十不动心。'"(《孟子·公孙丑上》)孟子主张以志帅气，则不动心；以气统心，则心动。"曰：'敢问夫子之不动心，与告子之不动心，可得闻与？''告子曰："不得于言，勿求于心；不得于心，勿求于气。"不得于心，勿求于气，可；不得于言，勿求于心，不可。夫志，气之帅也；气，体之充也。夫志至焉，气次焉。故曰："持其志，无暴其气。"''既曰"志至焉，气次焉"，又曰"持其志无暴其气"者，何也？'曰：'志壹则动气，气壹则动志也。今夫蹶者趋者，是气也，而反动其心。'"(《孟子·公孙丑上》）于是，孟子提出修养"浩然之气"的工夫论原则。"浩然之气"尽管具有明确的为他性，即可以被他人所觉知，并推及事事物物之上，但是，它同时具有非常明显的自为性，即不为他人所知，仅为自身生存所明的性质。孟子对浩然之气说道："其为气也，至大至刚，以直养而无害，则塞于天地之间。其为气也，配义与道；无是，馁也。是集义所生者，非义袭而取之也。行有不慊于心，则馁矣。我故曰，告子未尝知义，以其外之也。必有事焉而勿正，心勿忘，勿助长也。无若宋人然：宋人有闵其苗之不长而揠之者，芒芒然归。谓其人曰：'今日病矣，予助苗长矣。'其子趋而往视之，苗则槁矣。天下之不助苗长者寡矣。以为无益而舍之者，不耘苗者也；助之长者，揠苗者也。非徒无益，而又害之。"（《孟子·公孙丑上》）在这里，孟子强调了"义道"对于培养浩然之气的方法论意义。"义"并非外在于人的强制力，而是内在于心的自然力，对此"仁义内在"的观点，告子是一无所知的，从而导致他僵硬枯寂的不动心之说。在这里也体现出孟子工夫论所具有的内在感通性，这种内在的对于义理的觉知无疑是直接和微妙的，它与本体源源不断传递而来的信息是连接在一起的。如此的工夫论便有着明确的自为性，它并非对他人呈显，而只承诺对在世之存在呈显，并坚定地把它推行出来。若无在世之存在对其呈显和充实，则其意义便隐没不见。

在这里，可以大致推断孟子的养气说确实吸收了道家的修养说。道家所主张的精气说，应该对于孟子具有很大的影响。在《管子·心术下》中提到了精气之说，其言道："形不正者，德不来；中不精者，心不治。正形饰德，万物毕得，翼然自来，神莫知其极。昭知天下，通于四极。是故曰：无以物乱官，毋以官乱心。此之谓内德。是故意气定然后反正。气者，身之充也。行者，正之义也。充不美，则心不得；行不正，则民不服。"（《管子·心术下》）"气者，身之充也"近于孟子所论"气者，体之充也"，以为人之身体由气所充实，而所充之气是否精美，决定了其人的内在德性，即"中不精者，心不治""充不美，则心不得"。孟子一定是在认同"气"对于人所具有的内在德性价值的基础上，主张人应当自觉地"养浩然之气",只是此气的培养需要由"志"来引领,凸显出孟子养气说的儒家特色。

从修养论来说,儒道之分歧在此有所体现。儒家之道,必然要落实于、履践于现实之中,其无可逃避的命运,必然是落于人道之中。孔子所确立起来的"仁"体,必然要落实于现实的社会伦理生活和政治经济生活之中,即"仁义礼智"等德性和行为,既然不可逃避,就要积极地应对。在儒家,其哲学近于西方哲学中的存在论或生存论,强调人之生存论境遇,由此而揭示人之为人与天地之为天地。道家哲学则是首先从反思中抽象而出的超越之"道"观念出发,以之为人道之基础,而后再回归于人之现实生存。

由于老子哲学所具有的充分的知性批判性,所以,老子之工夫论主张自然无为和致虚守静,以破除现实中所有之偏邪和误导。 他言道:"故道大,天大,地大,人亦大。域中有四大,而人居其一焉。人法地,地法天,天法道,道法自然。"(《道德经·第二十五章》)道对于天地万物不妄加干涉,只是让它们按其本性自由发展,其结果显示的就是道的妙用无处不在。所以圣人治国和君子修身都要以无为为原则。

其倡导致虚守静:"致虚极,守静笃。万物并作,吾以观复。夫物芸芸,各复归其根。归根曰静,静曰复命。复命曰常,知常曰明。不知常,妄作凶。知常容,容乃公,公乃全,全乃天,天乃道,道乃久,没身不殆。"(《道德经·第十六章》)进而反对为学工夫,而强调绝圣弃智。《道德经》言道:"为学日益,为道日损。损之又损,以至于无为。无为而无不为。取天下常以无事,及其有事,不足以取天下。"(《老子·第四十八章》)"是以圣人之治,虚其心,实其腹,弱其志,强其骨。常使民无知无欲。使夫智者不敢为也。为无为,则无不治。"(《道德经·第三章》)无论是"为学"还是"有为",都会在意识领域造成人为的困扰和混乱,从而阻碍人的自然生命的发动。通过对"有为""无为"和"为学""为道"的知性反思,老子提出了通达自然之道的工夫论原则。

庄子之学有"见独"之主张,而《中庸》亦有慎独之说。此工夫论均强调一自为之工夫途径,己所独知而他人不知的进路。同时，庄子之心斋强调"一汝志"与"气也者，虚而待物者也"，说明了心气物之间所具有的一体性关联，此又与孟子之养气之工夫论相通。事实上，心斋坐忘等工夫，均具有内圣外王的整体性结构，并非与世隔绝的枯寂工夫。

在先秦道家思想中，还有田骈慎到和申不害韩非为代表的一派，因此道家学派流入现实经验之方面，与刑名学相结合，成为治国者可操作之法术，故而失掉了原始道家思想所具有的圆融性，故而在此兹不赘述。

四　境界论：圣人与逍遥

孔子与天地合一的圣人境界，对于圆融之人生境界的认同。孔子自述其生平，"七十从心所欲而不逾矩"，即为达到和乐境界时的自为与为他之两面圆融和谐的状态。孔子认为人生之境界当为"礼乐"合一，最后达到"成于乐"和"游于艺"的境界。此境界亦为人性之自然性和人文性的合一，即孔子所强调的"文胜质则史，质胜文则野，文质彬彬，然后君子"。此境界即为孔子所赞赏的"中庸"境界，以随时而处于中道，贯上下，通物我，达神人，彻上彻下，无远弗届，如此才是"中庸"之境界。

其和乐的表现和气象就是"孔颜乐处"，此"乐处"并非为一主观之经验情感状态，而是一物我合一自然流行之至善境界。《论语》中载道："子路、曾晳、冉有、公西华侍坐。子曰：'以吾一日长乎尔，毋吾以也。居则曰："不吾知也。"如或知尔，则何以哉？'子路率尔而对，曰：'千乘之国，摄乎大国之间，加之以师旅，因之以饥馑，由也为之，比及三年，可使有勇，亦知方也。'夫子哂之。'求，尔何如？'对曰：'方六七十，如五六十，求也为之，比及三年，可使足民；如其礼乐，以俟君子。''赤，尔何如？'对曰：'非曰能之，愿学焉！宗庙之事，如会同，端章甫，愿为小相焉。''点，尔何如？'鼓瑟希，铿尔，舍瑟而作；对曰：'异乎三子者之撰。'子曰：'何伤乎！亦各言其志也。'曰：'暮春者，春服既成；冠者五六人，童子六七人。浴乎沂，风乎舞雩，咏而归。'夫子喟然叹曰：'吾与点也！'"（《论语·先进》）在这里，孔子所赞同曾点的，大概出于两个方面的考虑。（1）孔子所赞同曾点的是他所具有的"乐"的精神。在孔子心中，礼须与乐和，才可完满。（2）孔子所赞同的是曾点的气象，而此气象是仁学达成之后所形成的天地境界才能够具备的。在这个层次上，孔子所赞成曾点的是他所体现出来的与天道合一的心灵境界，此心灵境界具有真善美合一的特征，从而达到了一种合于本体的超越品格。

孟子以为大丈夫之境界当为一大丈夫人格的确立：孟子之境界亦贯通形上形下，经验与超验的意义世界。此境界贯通身心物我，以一气而充实宇宙上下。孟子说道："形色，天性也；惟圣人，然后可以践形。"（《孟子·尽心上》）孟子以为，人天生都有其形体，但是，只有圣人才真正地实现了人形所具有的完整意义。此即所谓"践形"而达到的"尽心知性而知天"与天地合德的境界。孟子曰："广土众民，君子欲之，所乐不存焉。中天下而立，定四海之民，君子乐之，所性不存焉。君子所性，虽大行不加焉，虽穷居不损焉，分定故也。君子所性，仁义礼智根于心。其生色也，睟然见于面，盎于背，施于四体，四体不言而喻。"（《孟子·尽心上》）此境界有其可见可知的为他方面，在身体气节都有所表现，同时，又有其自为之方面，在其性其心中有所根据。故孟子又云："居天下之广居，立天下之正位，行天下之大道；得志与民由之，不得志独行其道；富贵不能淫，贫贱不能移，威武不能屈：此之谓大丈夫。"（《孟子·滕文公下》）此种大丈夫的人格境界，不外是心体之自然流行而成，由内外合一而构成此心体境界的实在性。同样的意思，孟子又表达为："人之所以异于禽于兽者几希，庶民去之，君子存之。舜明于庶物，察于人伦，由仁义行，非行仁义也。"（《孟子·离娄下》）孟子以为，人之终极境界当由心体自然流行而发，故而"仁义"必然具有自为性，同时，"仁义"亦为可外化之普遍规范，从而具有为他之意义。

道家哲学之境界论亦具有圆融性的特色。尽管老子之境界论具有鲜明的超越性，以为"无名天地之始"，但是老子之境界亦并非离于经验世界，而是以经验世界返还于自然之境界为目标，体现出其境界论所具有的圆融性，从而体现出与孔子儒学境界相当的一致性。《道德经》言道："圣人常无心，以百姓心为心。善者，吾善之；不善者，吾亦善之；德善。信者，吾信之；不信者，吾亦信之；德信。圣人在天下，歙歙焉，为天下浑其心，百姓皆注其耳目，圣人皆孩之。"（《道德经·第四十九章》）圣人以百姓心为心，则藏天下于天下，可以行无为之道，而无不为。其无为无不为之道，则在百姓为行其无事，故而无名无誉，是以不去其名。此种无为无不为的自然之道，即为圣人之治国之道。"善行无辙迹，善言无瑕摘，善教不用筹策，善闭无关键而不可开，善结无绳约而不可解。是以圣人常善救人，故无弃人；常善救物，故无弃物。是谓袭明。故善人者不善人之师；不善人者善人之资。不贵其师，不爱其资，虽智大迷。是谓要妙。"（《道德经·第二十七章》）所以，真正的圣王境界并非隔绝于世间，而是以合于道之方法，达到救人救物之"袭明"目标。

同时，老子理论所具有的批判性又使得其境界论具有了知性反思的特点。老子言："上德不德，是以有德；下德不失德，是以无德。上德无为而无以为；下德无为而有以为。上仁为之而无以为；上义为之而有以为。上礼为之而莫之应，则攘臂而扔之。故失道而后德，失德而后仁，失仁而后义，失义而后礼。夫礼者，忠信之薄，而乱之首。"（《道德经·第三十八章》）"上德"之境界在知性的意义上构成了对于"下德"的批判，尤其是对于脱离自然之道的"礼"的批判。

庄子最终的人生境界为"逍遥"，然而，所谓逍遥并非仅为自得，而是成己成物之境界，如庄子所称之"内圣外王"。

综上可见，儒道两家之境界论实为相通而互补，共同揭示出一个至善至真的境界。孔子把此境界落实于现实实践之中，故而显示出其仁者的一面，而老子则以之作为批判现实的终极准绳和思想资源，故而显示出智者的一面。然而无论其所显现者为何，他们都立足于人之在世之生存，建构起一个圆融完满的人生境界理论，在这一点上则是相通而一致的。

小结　儒家与道家在初创时期的融合性和一体性

首先，儒道两家哲学共同源于上古社会形成的原初世界经验，此世界经验凝结于五经之中，并在礼乐文明中获得现实的全面实践。因而，儒道两家有其共同的反思对象与文化源头，其所反思的对象就是凝结原初世界经验的五经传统。故而，儒道两家哲学具有共同的文化起源，其反思的对象也具有一致性。

其次，儒道两家基于共同的哲学面向和文化源头，其进行反思的立场是整体的人性立场。儒道两家的分立，源自于差异化的对于原初经验进行反思的人性论立场，而此人性论立场的分歧也可以在一完整的人性基础上得到消弭。因而，尽管儒道两家在历史上常表现为在本体论、工夫论和境界论上的分歧和对立，然而，两家根本上具有圆融的相互互补的关系。儒家基于时间性的生存论的立场，道家基于空间性的知识论的立场，二者共同构成一整体的人性论立场。总之，儒道两家在哲学反思的人性立场上具有相互融通的一体性。

再次，为未来儒道释三家的融汇指点出一"最高位格"的构架。此最高位格就是人生的最高价值之所在。在此最高位格之中，真理、至善和至美三者相互统一起来。儒家和道家一起在先秦时期打开了这样的一个最高价值的意义世界，从而为后来的中国文化作出最高和最终的价值设定。与此最高位格的设定相配合，亦发展出相应的方法论原则。

后来的儒释道三家都致力于使得凡俗之人生发生彻底的改变，就是于此最高位格之中而见真、行善而成美。真善美三者之间的差异与相通，在儒释道三学中得到了具体的展现，并最终归于统一的"最高位格"之中。儒家指其为诚，道家称其为道，佛家论其为心，此最高位格统摄诸家之学，并使得诸家均获得由最高位格而来的意义，并受其推动和约束。

最后，无论儒家哲学还是道家哲学，其基本的操作平台除了逻辑语言之外必然要落实于生存实践之中，从而亦有与现实政治相关联的一面。儒家哲学所追求的内圣外王的理想，道家哲学所追求的自然无为的目标，都需要在社会政治的实践中得到落实。这种现实的哲学面向也是儒道两家在先秦时期所体现出来的共同之处。

第二章 汉代和魏晋时期儒学和道家的关系

先秦时期已经发展出基于上古原初世界经验而反思形成的哲学系统，其最重要的系统分为两派，一为儒家，一为道家。两汉和魏晋时期的哲学对于从先秦流传下来的儒道两家哲学有了进一步的发展，这种发展是对于先秦哲学的再反思而形成的。由原初的世界经验所构成的整体性的哲学视域，仍然发挥着基本的作用，使得此一时期的哲学仍然以此为基本的理论导向，其最高价值也由此原初经验所设定。这种整体性的哲学视域就决定了各家哲学必然要从分离的发展而归于一个哲学的整体性之中。从而，儒道两家哲学从分立各自发展，逐渐走向相互融合。在这一时期的哲学发展中，儒道两家的分立发展是过程，而两家的汇通与融合是结果。

一 两汉魏晋时期社会政治文化与儒道两家之间的关系

（一）两汉魏晋时期的儒道两家与社会现实间的一体性关联

在西汉初年，黄老思想能够满足当时社会政治的需要。汉初，国库空虚，经济凋敝，"民无盖藏，自天子不能具纯驷，将相或乘牛车"（《汉书·食货志》），需要一个休养生息的时期。黄老清静无为的思想能够适应这种需要。流风所及，产生出《淮南子》这样的道家著作。

汉武帝时期，汉政权采取了董仲舒谏议的"罢黜百家，独尊儒术"的政策，从而极大地推动了汉代儒学的发展。董仲舒主张以儒学为中心的文化大一统，老子之学仅为诸子学之一，当在罢黜之列。同时，董仲舒推衍天人感应说，强调"道之大原本于天，天不变，道亦不变"（《天人三策》）。以为人类社会当效法阴阳五行的天道秩序，重仁义，兴教化，尊君亲，形成合于天道的名教秩序。汉武帝在全国郡县推行更化，在国家建制上推行大一统，纲常名教作为一种官府推行的文化秩序就逐渐渗透整个华夏社会。个人之道德教化是统摄在大一统国家的"大叙事"伦理格局之中的。当然，此种"大叙事"的伦理格局也重视对于个体的道德教化，但是，此个体教化只有在形式化的大叙事的伦理格局即名教之中才能够被确认并获得其价值，从而在事实上使得个体的道德价值被整体性的名教秩序所笼罩。此种现象对于后世的儒家精神有巨大的影响。然而，到了东汉末年，此种大叙事的伦理规范已然受到了挑战。之所以产生挑战的原因是多元的，而其结果就是东汉时期之士人已经把道德的重心从国家社会转移到了个体。修身比治国更加重要，个体的道德操守比国家的伦理责任更加重要和根本，这不能不说是一个很醒目的转变。

东汉人常能重名节而不重仕途，重道德而不重伦理，此种现象更重要的是说明了东汉人已经从经学和国家意识形态的窠臼中超脱出来，以个体重新去面对古代的文献和当下的时代，从而重新思考真面对真，重新思考美创造美。此种思想之解放对于魏晋时期的士人高扬个性具有很大的推动作用。此种风尚的代表者有东汉末年的仲长统、王符，他们都表现出"轻世肆志"的不受名教拘束的倾向，已经不再是标准意义上的儒家士大夫。《后汉书》载王符："王符字节信，安定临泾人也。少好学，有志操，与马融、窦章、张衡、崔瑗等友善。安定俗鄙庶孽，而符无外家，为乡人所贱。自和、安之后，世务游宦，当涂者更相荐引，而符独耿介不同于俗，以此遂不得升进。志意蕴愤，乃隐居著书三十余篇，以讥当时失得，不欲章显其名，故号曰《潜夫论》。其指讦时短，讨谪物情，足以观见当时风政。"（范晔《后汉书·王充王符仲长统传》）

《后汉书》提到仲长统："仲长统字公理，山阳高平人也。少好学，博涉书记，赡于文辞。年二十余，游学青、徐、并、冀之间,与交友者多异之。……统性俶傥,敢直言,不矜小节,默语无常,时人或谓之狂生。每州郡命召,辄称疾不就。常以为凡游帝王者,欲以立身扬名耳,而名不常存,人生易灭,优游偃仰,可以自娱。欲卜居清旷,以乐其志,论之曰:'使居有良田广宅,背山临流,沟池环匝,竹木周布,场圃筑前,果园树后。舟车足以代步涉之艰,使令足以息四体之役。养亲有兼珍之膳,妻孥无苦身之劳。良朋萃止,则陈酒肴以娱之;嘉时吉日,则亨羔豚以奉之。蹰躇畦苑,游戏平林,濯清水,追凉风,钓游鲤,弋高鸿。讽于舞雩之下,咏归高堂之上。安神闺房,思老氏之玄虚;呼吸精和,求至人之仿佛。与达者数子,论道讲书,俯仰二仪,错综人物。弹《南风》之雅操,发清商之妙曲。消摇一世之上,睥睨天地之间。不受当时之责,永保性命之期。如是,则可以陵霄汉,出宇宙之外矣。岂羡夫入帝王之门哉!'"(范晔《后汉书·王充王符仲长统传》)钱穆先生认为两汉尤其是东汉时期,士人们所持有的道德精神已经发生了很大的转折。这种转折就为魏晋玄学的产生提供了思想前提。《国史大纲》载:"东汉士大夫风习,为后世所推美。他们实有尽多优点。但细为分析,似乎是东汉士大夫常见的几许美德高行,不外如下列,其间都和当时的察举制度有关系。一、久丧,二、让爵,三、推财,四、避聘,五、报仇,六、借交报仇,七、报恩,八、清节。其他高节异行不盛举。大体论之,则东汉士风,亦自有其缺点:一则在于过分看重道德。……过分看重道德之流弊,又可分两端言之:一则道德乃人人普遍所应有,并非可以争高斗胜。若专以道德来分别人高下,便造成社会上种种过高非常不近人情的行为,而其弊且导人入于虚伪。(宋苏轼谓:'上以孝取人,则勇者割股,怯者庐墓;上以廉取人,则弊车羸马,恶衣菲食。'是也。)二则道德乃事事各具的一种可循的轨辙。若做事太看重道德,便流于重形式虚名而忽略了内容与实际。(汉士人名列党锢,束手就擒,自觉心安理得,亦是同样心理。)二则东汉士人的道德似嫌偏狭。他们似乎只注重个人、家庭和朋友,而忽略了社会和国家。'孝'与'廉'为东汉士人道德之大节目,然此二者全属个人和家庭的,非国家和社会的。……因东汉士人只看重形式的道德,不看重事实的效果,所以名士势力日大,而终不能铲除宦官的恶势力。因东汉人只看重私人和家庭的道德,故王室倾覆后,再不能重建一共戴的中央,而走入魏晋以下之衰运。"①

钱先生以为东汉的士人已经从对于国家社会建制的"尽制"的王道之途中退避出来了,而留意其个体性的道德修养和内在文化生命的保持。当然,东汉人之重私人和家庭,与其关注国家社会并不冲突。在中国古代之文化中,修身作为个体的事情是与治国不可分开的,《大学》言"修身齐家治国平天下",一皆以修身为本。只是在东汉的中后时期,随着现实政治环境的恶化,治平天下之道路充满荆棘昏暗,故而士人多归于自我操守之坚持,在不随波逐流中为天下保留一丝元气。

从治学风气而论,在东汉也已经有了许多学者,对于儒家和道家典籍均加以研读,形成了儒道交融的学风。汤用彤《魏晋玄学论稿》中言道:"溯自扬子云以后,汉代学士文人即间尝企慕玄远。凡抗志玄妙者,'常务道德之实,而不求当世之名。阔略杪小之礼,荡佚人间之事'(冯衍《显志赋》),'逍遥一世之上,睥睨天地之间。不受当世之责,永保性命之期'(仲长统《昌言》)。则其所以寄迹宅心者,已与正始永嘉之人士无或异。而重玄之门,老子所游。谈玄者必上尊老子。故桓谭谓老氏其心玄远与道合。冯衍'抗玄妙之常操',而大'老聃之贵玄'。傅毅言'游心于玄妙,清思于黄老'(《七激》)。仲长统'安神闺房,思老氏之玄虚'。则贵玄言,宗老氏,魏晋之时虽称极盛,而于东汉亦已见其端矣。"②

(二)儒道两家对于与社会现实关系的反思和理论建构

阮籍(公元210—263年),三国魏人,字嗣宗,陈留尉氏(今属河南)人。阮籍出身儒学世家,是建安七子之一阮瑀的儿子。嵇康(公元223—262年)三国时谯郡铚(今宿县西南)人,字叔夜,魏晋著名思想家、文学家、音乐家。在哲学上,他认为

---

① 钱穆:《国史大纲》,商务印书馆1996年版,第191页。
② 汤用彤:《魏晋玄学论稿》,上海古籍出版社2001年版,第43页。

"元气陶铄，众生禀焉"，提出"越名教而任自然"之说，主张回到自然，排斥儒学中各种人为烦琐的礼教。景元三年（公元262年），以吕安事入狱，遭钟会陷害，被司马昭所杀。临刑前，奏《广陵散》一曲，从容赴死。

汤用彤《魏晋玄学论稿》中言："嵇康、阮籍与何晏、王弼不同。王何较严肃，有精密之思想系统；而嵇阮则表现了玄学的浪漫方面，其思想并不精密，却将玄学用文章与行为表达出来，故在社会上之影响，嵇阮反出王何之上，而常被认为是名士之楷模。嵇阮之为名士，与以前之名士不同。汉之名士讲名教，其精神为儒家的；嵇阮等反名教，其精神为道家的。此种转变之故，有四点可述：（一）汉学之穷，老庄乃兴；（二）魏武、魏文出身贫贱，故反对世家大族之名教；（三）曹家压迫汉末名才，荀彧抑郁而死，魏讽之诛，遭难之名士达数百，王粲、宋衷之子皆不免，因此名士乃趋消沉；（四）名士之倾向故主与目睹新朝廷之腐败，乃如嵇康所说'不须作小小卑恭'也。"① 以嵇康阮籍不同于汉儒的精神，的为确论，然而以他们反名教，就将之归于道家，则其中有辩。嵇阮名义上反名教，举止出人意表，但其所厌恶的是虚假之名教，或已经丧失了真精神的名教。因此，不仅是道家人士会反名教，而且真儒也会反名教。这要看其人真正所主张的精神宗旨而定。嵇阮二人都有接近道家的文章，比如阮籍有《达庄论》《大人先生论》，可是也有内容接近儒家的《乐论》。嵇康著作的思想倾向则更加复杂，《与山巨源绝交书》表达出他鄙夷名教、超拔世俗的一面，《家诫》又表现出合于名教、同于世俗的一面。在此种矛盾之中，既体现出乱世中名士所处的挣扎彷徨而激切的心态，同时，也表达出在哲学上主于道家而儒道兼综的总体倾向。

西晋灭亡之后，有儒家学者反思西晋灭亡的教训，以为其思想根源正在于不务实际之玄学，故而对其痛彻批评。干宝（公元280—336年），字令升，汝南郡新蔡县（今河南省新蔡县）人。东晋时期大臣，文学家、史学家，曾为著作佐郎，参与国史《晋纪》

---

① 汤用彤：《魏晋玄学论稿》，上海古籍出版社2001年版，第146页。

的修撰。他在《晋纪》中论玄学之弊:"是其创基立本,异于先代者也。加以朝寡纯德之人,乡乏不贰之老,风俗淫僻,耻尚失所,学者以老庄为宗而黜《六经》,谈者以虚荡为辨而贱名检,行身者以放浊为通而狭节信,进仕者以苟得为贵而鄙居正,当官者以望空为高而笑勤恪。是以刘颂屡言治道,傅咸每纠邪正,皆谓之俗吏;其倚杖虚旷,依阿无心者皆名重海内。若夫文王日昃不暇食,仲山甫夙夜匪懈者,盖共嗤黜以为灰尘矣。由是毁誉乱于善恶之实,情愿奔于货欲之涂。选者为人择官,官者为身择利,而执钧当轴之士,身兼官以十数。大极其尊,小录其要,而世族贵戚之子弟,陵迈超越,不拘资次。悠悠风尘,皆奔竞之士,列官千百,无让贤之举。子真著崇让而莫之省,子雅制九班而不得用。其妇女,庄栉织纴皆取成于婢仆,未尝知女工丝枲之业,中馈酒食之事也。先时而婚,任情而动,故皆不耻淫泆之过,不拘妒忌之恶,父兄不之罪也,天下莫之非也,又况责之闻四教于古,修贞顺于今,以辅佐君子者哉!礼法刑政于此大坏,如水斯积而决其堤防,如火斯畜而离其薪燎也。国之将亡,未必先颠,其此之谓乎!故观阮籍之行,而觉礼教崩驰之所由也。察庾纯、贾充之争,而见师尹之多僻;考平吴之功,而知将帅之不让;思郭钦之谋,而寤戎狄之有衅;览傅玄、刘毅之言,而得百官之邪;核傅咸之奏、《钱神》之论,而睹宠赂之彰。民风国势如此,虽以中庸之主治之,辛有必见之于祭祀,季札必得之于声乐,范燮必为之请死,贾谊必为之痛哭,又况我惠帝以放荡之德临之哉!怀帝承乱得位,羁于强臣,愍帝奔播之后,徒厕其虚名,天下之政既去,非命世之雄才,不能取之矣!淳耀之烈未渝,故大命重集于中宗皇帝。"(干宝《晋纪》)干宝基于一种正面政治现实的儒学立场,以为玄学之风于现实政治并无积极的构建之作用,而仅为文化上的负面的浮光虚荡,从而造成西晋政权快速地灭亡。

南北朝时期的颜之推,更言当时名士之病在其好其名而不求其实,其所论讲之道全不落实,实则并不通达,亦仅为一曲之道。颜之推《颜氏家训·勉学第八》中论:"夫老、庄之书,**盖全真养性,不肯以物累己也**。故藏名柱史,终蹈流沙;匿迹漆园,卒辞楚相，此任纵之徒耳。何晏、王弼，祖述玄宗，递相夸尚，景附草靡，皆以农、黄之化，在乎己身，周、孔之业，弃之度外。而平叔以党曹爽见诛，触死权之网也；辅嗣以多笑人被疾，陷好胜之阱也；山巨源以蓄积取讥，背多藏厚亡之文也；夏侯玄以才望被戮，无支离拥肿之鉴也；苟奉倩丧妻，神伤而卒，非鼓缶之情也；王夷甫悼子，悲不自胜，异东门之达也；嵇叔夜排俗取祸，岂和光同尘之流也；郭子玄以倾动专势，宁后身外己之风也；阮嗣宗沈酒荒迷，乖畏途相诫之譬也；谢幼舆赃贿黜削，违弃其余鱼之旨也：彼诸人者，并其领袖，玄宗所归。其余桎梏尘滓之中，颠仆名利之下者，岂可备言乎！**直取其清谈雅论，剖玄析微，宾主往复，娱心悦耳，非济世成俗之要也**。洎于梁世，兹风复阐，庄、老、周易，总谓三玄。武皇、简文，躬自讲论。周弘正奉赞大猷，化行都邑，学徒千余，实为盛美。元帝在江、荆间，复所爱习，召置学生，亲为教授，废寝忘食，以夜继朝，至乃倦剧愁愤，辄以讲自释。吾时颇预末筵，亲承音旨，性既顽鲁，亦所不好云。""清谈雅论"谓其有美而不能从俗，"剖玄析微"谓其论体而不能达用，故而，其玄理之纯化，仅成上层贵族之"娱心悦耳"的美色光景。最终其理论必或入于佛，或入于儒，才能为其玄思之本体落实在现实大众的生命之中，而不只为一虚泛之浮光。

二 道与器结合的本体意义世界

儒学大量地吸收了阴阳五行的宇宙论学说的成分，建立起宇宙元气的体系，并以同样的哲学结构去解释政治社会的基本结构，以为天人同构并可相互感应。基于此天道学说而建立起以儒家经学为中心的思想秩序，从而形成对于道家哲学的统摄。

尽管从两汉至于魏晋，儒道两家各有发展并互有攻守，但更需要注意到的是，儒道两家所出现的相互融合的趋势和格局。这根本上是由于儒道两家都认为存在着一个最高价值的哲学系统，而这个最高价值的哲学系统具有兼容各家的特点，从而才使得其具有最高的价值。此最高价值位格的形成是历史地由于先秦时期原初的世界经验所决定。

（一）儒家对于道家本体意义世界的吸收和统摄

西汉成帝时，刘向、刘歆父子奉诏领校秘书，整理群籍。他们不仅遍校图书，而且还给图书分类编目，首创图书分类目录。在校理工作中，刘向汇集众书序录而成《别录》，刘歆将所校之书分类编排而成《七略》。《七略》共把图书分为六类，每一类为一略。即《六艺略》《诸子略》《诗赋略》《兵书略》《数术略》《方技略》。另有《辑略》一篇，总论群书，合称《七略》。六略之下又分种，即大类之下分小类，其中《六艺略》分易、书、诗、礼、乐、春秋、论语、孝经、小学九种；《诸子略》分儒、道、阴阳、法、名、墨、纵横、杂、农、小说十种；《诗赋略》分屈原赋、陆贾赋、孙卿赋、杂赋、歌诗五种；《兵书略》分兵权谋、兵形势、阴阳、兵技巧四种；《数术略》分天文、历谱、五行、蓍龟、杂占、形法六种；《方技略》分医经、经方、房中、神仙四种。总计三十八种。每种之下再分列书名、篇数、作者等内容，并作概略的介绍说明。

班固之《汉书·艺文志》就是据刘歆《七略》增补、删削而成的。班固在《汉书·艺文志》中把诸子之学分为十家，此十家均从"王官学"而来，其中的儒家出于"司徒之官"，"儒家者流，盖出于司徒之官，助人君顺阴阳明教化者也。游文于六经之中，留意于仁义之际，祖述尧、舜，宪章文、武，宗师仲尼，以重其言，于道最为高。孔子曰：'如有所誉，其有所试'。唐、虞之隆，殷、周之盛，仲尼之业，已试之效者也。然惑者既失精微，而辟者又随时抑扬，违离道本，苟以哗众取宠。后进循之，是以《五经》乖析，儒学浸衰，此辟儒之患"。道家则源出于史官之学："道家者流，盖出于史官，历记成败存亡祸福古今之道，然后知秉要执本，清虚以自守，卑弱以自持，此君人南面之术也。合于尧之克攘，易之嗛嗛，一谦而四益，此其所长也。及放者为之，则欲绝去礼学，兼弃仁义，曰独任清虚可以为治。"

班固实质上是把各家之学安置于一个政治文化的整体性架构之中，以为儒道在其学说起源上是一体的，其归宿也是一致的。在各派学说之中，尽管以为儒家之流为"于道最为高"，但是此仅为虚誉，因为各家学说均为六艺之学的流裔，其高低判别并无实质的意义，而作为总源头之"六艺王官学"才是至上之学。

这就从学术源流的角度，推进了司马谈《论六家要旨》中的学术源流思想。在《论六家要旨》中只是抽象地引用了"天下一致而百虑，同归而殊涂"的说法，而班固则把此说落实在文化学术领域。对此，班固总结道，"诸子十家，其可观者九家而已。皆起于王道既微，诸侯力政，时君世主，好恶殊方，是以九家之术蜂出并作，各引一端，崇其所善，以此驰说，取合诸侯。其言虽殊，辟犹水火，相灭亦相生也。仁之与义，敬之与和，相反而皆相成也。易曰：'天下同归而殊涂，一致而百虑。'**今异家者各推所长，穷知究虑，以明其指，虽有蔽短，合其要归，亦六经之支与流裔。**使其人遭明王圣主，得其所折中，皆股肱之材已。仲尼有言：'礼失而求诸野。'方今去圣久远，道术缺废，无所更索，彼九家者，不犹愈于野乎？若能修六艺之术，而观此九家之言，舍短取长，则可以通万方之略矣"（《汉书·艺文志》）。在他看来，儒道之学为六艺之学的末流，其源头本一，而其分化尽管应时而生，但其归宿必回归为一，归本于六艺之学。由于六艺之学为儒家所尊崇，蕴含着儒家哲学的根本教义，因而，以六艺之学为依归，也可以说是以儒学为依归。由此，诸子百家之学就以儒学为宗，从而班固的主张就成为儒学统摄道家的代表主张。

到了汉末魏晋时期，儒家的学者对于当时流行之玄学多有批评。裴頠（公元267—300年），字逸民，河东郡闻喜县（今山西运城闻喜县）人。西晋大臣、哲学家。他出身魏晋士族，为人颇有雅量，见识高远，通古博今。永康元年（公元300年），裴頠在政变中为赵王司马伦所害，年仅三十四岁。在其传世著作《崇有论》中，裴頠以"崇有"而反对"贵无"。

首先，裴頠总结万有之间的关系，认为事物之本体便是万有之整体，由万有之间的相资相须性而构成。他说："总混群本，宗极之道也。方以族异，庶类之品也。"(《崇有论》)万物均落入由此整体所规定的品类名理之中，因而万有自身并非自足的存在，而是都处在一个全体当中获得其规定性，他说道，"夫品而为族，则所禀者偏。偏无自足，故凭乎外资"(《崇有论》)，资就是有所资取依靠，说明个体对于整体的依存性。因此，裴頠便以为万有之名理就此产生，进而形成天下之礼教名法，"是以生而可寻，所谓理也。理之所体，所谓有也。有之所须，所谓资也。资有攸合，所谓宜也。择乎厥宜，所谓情也。识智既授，虽出处异业，默语殊涂，所以宝生存宜，其情一也。众理并而无害，故贵贱形焉。失得由乎所接，故吉凶兆焉。是以贤人君子，知欲不可绝，而交物有会。观乎往复，稽中定务。惟夫用天之道，分地之利，躬其力任，劳而后飨。居以仁顺，守以恭俭，率以忠信，行以敬让，志无盈求，事无过用，乃可济乎！故大建厥极，绥理群生，训物垂范，于是乎在，斯则圣人为政之由也"(《崇有论》)。

其次，裴頠主张在现实世界之外没有作为超验实体之"无"。他认为，"有"之所以发生，并非由"无"所生，而是"自生""自有"的，即"夫至无者无以能生，故始生者自生也。自生而必体有，则有遗而生亏矣"(《崇有论》)。从而，万物之本体便是有形有象之"有"，他说："形象著分，有生之体也。"(《崇有论》)他以为，老子所论之"无"，合于名理之义，具有完全经验性的意涵："老子既著五千之文，表摭秽杂之弊，甄举静一之义，有以令人释然自夷，合于《易》之《损》、《谦》、《艮》、《节》之旨。而静一守本，无虚无之谓也；《损》《艮》之属，盖君子之一道，非《易》之所以为体守本无也。"(《崇有论》)老子所著书中提出的"无"，也是指经验性的全体存在，而并非具有超验性的实体。故而，裴頠说老子，"宜其以无为辞，而旨在全有，故其辞曰'以为文不足'"。

再次，裴頠对"无"也做了解释，以为"无"是"有之所遗"，是一纯经验性的范畴。他说道，"生以有为已分，则虚无是有之所谓遗者也"(《崇有论》)。这是说，"有"的存在就是其本体，所以"无"只不过是"有"的一种遗失和遮蔽的状况，是一种相对于显明之"有"的隐藏状态。从而，"无"便并非是一超验之实体，"故养既化之有，非无用之所能全也；理既有之众，非无为之所能循也。心非事也，而制事必由于心，然不可以制事以非事，谓心为无也。匠非器也，而制器必须于匠，然不可以制器以非器，谓匠非有也。是以欲收重泉之鳞，非偃息之所能获也；陨高墉之禽，非静拱之所能捷也；审投弦饵之用，非无知之所能览也。由此而观，济有者皆有也，虚无奚益于已有之群生哉！"（《崇有论》）

最后，裴頠反对贵无而贱有之论，"睹简损之善，遂阐贵无之议，而建贱有之论。贱有则必外形，外形则必遗制，遗制则必忽防，忽防则必忘礼。礼制弗存，则无以为政矣"（《崇有论》）。以为主张超验之"贵无"之论，其实质是完全经验性的，"夫盈欲可损而未可绝有也，过用可节而未可谓无贵也。盖有讲言之具者，深列有形之故，盛称空无之美。形器之故有征，空无之义难检，辩巧之文可悦，似象之言足惑，众听眩焉，溺其成说。虽颇有异此心者，辞不获济，屈于所狎，因谓虚无之理，诚不可盖。唱而有和，多往弗反，遂薄综世之务，贱功烈之用，高浮游之业，埤经实之贤。人情所殉，笃夫名利。于是文者衍其辞，讷者赞其旨，染其众也。是以立言藉于虚无，谓之玄妙；处官不亲所司，谓之雅远；奉身散其廉操，谓之旷达。故砥砺之风，弥以陵迟。放者因斯，或悖吉凶之礼，而忽容止之表，渎弃长幼之序，混漫贵贱之级。其甚者至于裸裎，言笑忘宜，以不惜为弘，士行又亏矣"（《崇有论》）。

裴頠所建构的本体世界是一纯然经验性的世界，努力把现实世界完全解释为一为他性的存在。从而，事实上他建构起无所不知的全能的知性视角，从这个视角来看，万有万物都可以通过空间化的名言范畴加以关照。由此视角出发，所有的超验的存在都被消解掉了，万物的意义都被纳入经验性的范畴之中，形成了秩序井然的名理秩序。玄学之理解无疑与此大为不同。王弼从自为之视角出发，形成了对于超验之本体的关照。此本体之"无"对于物而言是物的自然变通，展现为物理；对于心而言是心的虚灵明澈，显现为心理。故而，王弼以为"无"才是"有"的本体，他必然会强调对于此"无"的体认。

（二）道家对于礼法名教的吸收和统摄

在汉初，道家之学对于各家之学加以贯通和统摄。西汉时期司马迁著《史记》，保留下其父司马谈对于先秦诸子六家之评判。其文即《论六家要旨》，主以道家兼采各家之所长，把其他五家之学归于其中："易大传：'天下一致而百虑，同归而殊涂。'夫阴阳、儒、墨、名、法、道德，此务为治者也，直所从言之异路，有省不省耳。尝窃观阴阳之术，大祥而众忌讳，使人拘而多所畏；然其序四时之大顺，不可失也。儒者博而寡要，劳而少功，是以其事难尽从；然其序君臣父子之礼，列夫妇长幼之别，不可易也。墨者俭而难遵，是以其事不可遍循；然其强本节用，不可废也。法家严而少恩；然其正君臣上下之分，不可改矣。名家使人俭而善失真；然其正名实，不可不察也。

道家使人精神专一，动合无形，赡足万物。其为术也，因阴阳之大顺，采儒墨之善，撮名法之要，与时迁移，应物变化，立俗施事，无所不宜，指约而易操，事少而功多。儒者则不然。以为人主天下之仪表也，主倡而臣和，主先而臣随。如此则主劳而臣逸。至于大道之要，去健羡，绌聪明，释此而任术。夫神大用则竭，形大劳则敝。形神骚动，欲与天地长久，非所闻也。"（《史记·太史公自序》）

司马谈以为道家在修己治世两个方面，比其他各家，尤其比儒学均有更高的价值，从而能够成为独占魁首的具有唯一性的最高价值系统。它能够兼容各家之长，而摒弃各家之短，是最为完美的学说。尽管此时并未出现本末体用的方法论框架，但是已经有了以道家之学统摄各家的理论向度。

《淮南子》中的道之世界所蕴含的意义，是统摄万物万事于其中的。高诱在《淮南子·序》当中说："其旨近老子，淡泊无为，蹈虚守静，出入经道。言其大者也，则焘天载地，说其细也，则沦于无垠。及古今治乱，存亡福祸，世间诡异瑰奇之事。其义也著，其文也富，物事之类，无所不载。然其大较，归之于道。"他认为，此书的思想倾向接近老子的道家，复杂的自然、社会和人生问题，最终都可以归结到"道"这个本根上，并由"道"来加以解释。这也提到了《淮南子》这本书的重要特点，就是道器兼备，抽象规则与具体事件相互对应，正如《要略》中所云，"故言道而不言事，则无以与世浮沉；言事而不言道，则无以与化游息"（《淮南子·要略》）。因而，"学者不论《淮南》，则不知大道之深也"（《淮南子·序》）。

道家思想至于魏晋时期又得到了极大的发展，这与玄学家王弼和郭象等人的贡献分不开。王弼（公元226—249年），字辅嗣，山阳高平（今山东省微山县）人，生于魏文帝黄初七年，卒于魏废帝齐王芳正始十年。中国古代经学家、哲学家，魏晋玄学的代表人物及创始人之一。何劭《王弼传》载王弼"幼而聪慧，年十余，好老氏，通辩能言"。曾任尚书郎，文名盖世，其作品主要有《老子注》《老子指略》《周易注》《周易略例》以及《论语释疑》。王弼之学，家学渊源深厚，优长于治易，焦循《周易补疏叙》言，"东汉末，以易学名家者，称荀、刘、马、郑。荀谓慈明爽，刘谓景升表。表之学受于王畅，畅为粲之祖父，与表皆山阳高平人。粲二子既诛，使业为粲嗣；然则王弼者，刘表之外曾孙而王粲之嗣孙，即畅之嗣元孙也。弼之学，盖渊源于刘表，而实根本于畅"。又受时风影响，雅好老学，其天资英发，特具创造之力，故能大畅玄风。汤用彤《魏晋玄学论稿》中言："王弼之伟业，固不在因缘时会，受前贤影响。而多在其颖悟绝伦，于形上学深有体会。今日取王书比较严遵以至阮籍之《老子》，马融、虞翻之《周易》，王氏之注，不但自成名家，抑且于性道之学有自然拔出之建设。因其深有所会，故于儒道经典之解释，于前人著述之取舍，均随意所适。以合意为归，而不拘于文字，虽用老氏之义，而系因其合于一己之卓见。虽用先儒书卷之文，而只因其可证成一己之玄义。其思想之自由不羁，盖因其孤怀独往，自有建树而言也。"[①]

王弼之学以"体用本末"模式为方法论原则贯通了道器之间的关系。王弼以空间化的知性原则阐释以"无"为本，并以之解

---

① 汤用彤：《魏晋玄学论稿》，上海古籍出版社2001年版，第82页。

释现实事物的显用，体现出的是以道家为本而儒家为末用。同时，王弼也以时间化的生存原则阐释"圣人体无"，从而在具体的生存中把"无"之本体落实下来，并以之构成义理系统的意义根源，体现出以儒家为本而道家为末用。这样的两个方面，王弼在其文章中均有提及。

一方面就是以知性原则阐释以无为本。在他的《老子指略》中提出："夫物之所以生，功之所以成，必生乎无形，由乎无名。无形无名者，万物之宗也。不温不凉，不宫不商。听之不可得而闻，视之不可得而彰，体之不可得而知，味之不可得而尝。故其为物也则混成，为象也则无形，为音也则希声，为味也则无呈。故能为品物之宗主，苞通天地，弥使不经也。若温也则不能凉矣，宫也则不能商矣。形必有所分，声必有所属。故象而形者，非大象也；音而声者，非大音也。然则，四形不象，则大象无以畅；五音不声，则大音无已至。四象形而物无所主焉，则大象畅矣；五音声而心无所适焉，则大音至矣。故执大象则天下往，用大音则风俗移也。无形畅，天下虽往，往而不能释也；希声至，风俗虽移，移而不能辩也。"（王弼《老子指略》）王弼以为，落于经验范畴之"有"的意义必须以"无"为本体才会显现出来。同时，"无"的本体意义只有通过经验性的万有才能够显现出来。唯有在"无"作为一种超越性的力量的指引之下，用一种超越出当下的视域和概念作为指引，人才能够灵活而真实地反映外界的变化，才可以执行正确的理念："是故天生五物，无物为用。圣行五教，不言为化。"（王弼《老子指略》）可见，有无构成一对空间性的知性范畴，处于体用合一的辩证关系之中。

另一方面就是以生存论原则阐释圣人体无。在《三国志》中载有王弼与裴徽间的对话，论圣人体无："裴徽为吏部郎，弼未弱冠，往造焉。徽一见而异之，问弼曰：'夫无者诚万物之所资也，然圣人莫肯致言，而老子申之无已者何？'弼曰：'圣人体无，无又不可以训，故不说也。老子是有者也，故恒言无所不足。'"（《三国志》二十八卷）王弼以孔子为"体无"之圣人，老子反落入"言有"，其地位次于真正的圣人。这是由于王弼对于儒道之内涵作了重新思考和规定，从生存论的角度去理解儒学的义理结构，以体用模式去阐释"有"之层面上之礼教，从而获得了对于圣人内涵的新解。王弼注解《论语》："大哉，尧之为君也！巍巍乎唯天为大，唯尧则之。荡荡乎民无能名焉"时论道："圣人有则天之德。所以称唯尧则之者，唯尧于时全则天之道也。荡荡，无形无名之称也。夫名所名者，生于善有所章，而惠有所存。善恶相须，而名分形焉。若夫大爱无私，专将安在？至美无偏，名将何生？故则天成化，道同自然，不私其子而君其臣。凶者自罚，善者自功；功成而不立其誉，罚加而不任其刑。百姓日用而不知所以然，夫又何可名也！"（王弼《论语释疑》）圣人是在其生存之中以"天"为法则，故能超越于经验性的"形名"，真正地实现"体无"。

在有无体用的方法论格局之中，两汉以来之儒道形象都不可避免地发生了改变，使得经验性之儒学具有了超验的意义，也使得超越性之道家落实于经验的现实。王弼运用此方法论原则来注解《易经》："夫象者，何也？统论一卦之体，明其所由之主者也。夫众不能治众，治众者，至寡者也。夫动不能制动，制天下之动者，贞夫一者也。故众之所以得咸存者，主必致一也；动之所以得咸运者，原必无二也。物无妄然，必由其理。统之有宗，会之有元，故繁而不乱，众而不惑。故六爻相错，可举一以明也；刚柔相乘，可立主以定也。"（《周易略例·明象》）周易所载之物象众多繁复，然而其主宰之意义则纯一不乱，故而注释周易之原则应当是明其义理而不遗象数。

王弼又以此方法论原则来解读《论语》："子曰：'予欲无言。'子贡曰：'子如不言，则小子何述焉？'子曰：'天何言哉？四时行焉，百物生焉。天何言哉！'"王弼注曰："予欲无言，盖欲明本。举本统末，而示物于极者也。夫立言垂教，将以通性，而弊至于淫；寄旨传辞，将以正邪，而势至于繁。既求道中，不可胜御，是以修本废言，则天而行化。以淳而观，则天地之心见于不言；寒暑代序，则不言之令行乎四时，天岂谆谆者哉。"（《论语释疑》）《论语》中又有："子温而厉，威而不猛，恭而安。"王弼注曰："温者不厉，厉者不温；威者心猛，猛者不威；恭则不安，安者不恭，此对反之常名也。若夫温而能厉，威而不猛，恭而能安，斯不可名之理全矣。故至和之调，五味不形；大成之乐，五声不分，中和备质，五材无名也。"（《论语释疑》）天与圣人所具有的超验内涵和经验内涵在体用关系中融会贯通。

其解释《论语》中"忠恕"时，也运用了此体用本末的解释原则。对《论语》中的"吾道一以贯之哉"，王弼注曰："贯，犹统也。夫事有归，理有会。故得其归，事虽殷大，可以一名举；总其会，礼虽博，可以至约穷也。譬犹以君御民，执一统众之道也。"又注"夫子之道，忠恕而已矣"曰："忠者，情之尽也；恕者，反情以同物者也。未有反诸其身而不得物之情，未有能全其恕而不尽理之极也。能尽理极，则无物不统。极不可二，故谓之一也。推身统物，穷类适尽，一言而可终身行者，其唯恕也。"（《论语释疑》）"一"为整体之有，可是此整体之有，并非僵死而有限的存在，而是通体流行达于无限的存在。一贯之道，是因为其有体有用，体用不二。

最后王弼以为，诸子学之间的关系，亦需以玄学之体用原则加以理解，"法者尚乎齐同，而刑已检之。名者尚乎定真，而言已正之。**儒者尚乎全爱，而誉以进之。**墨者尚乎俭吝，而矫以立之。杂者尚乎众美，而总以行之。夫刑以检物，巧伪必生；名以定物，理恕必失；誉以进物，争尚必起；矫以立物，乖违必作；杂以行物，秽乱必兴。斯皆用其子而弃其母。物失所在，未足守也。然致同途异，致合趣乖，而学者惑其所致，迷其所趣。观其玄同，则谓之法；睹其定真，则谓知名；察其纯爱，则谓之儒；鉴其检吝，则谓之墨；见其不系，则谓之杂。随其所鉴而正名焉，顺其所好而执意焉。故使有纷纭愦错之论，殊趣辨析之争，盖由斯矣。"（王弼《老子指略》）诸子之学皆从末用立论，故而失其本体之理。然而，若能不离于本体之理，则诸家之学均可成其大用。

阮籍嵇康所代表的玄学以对于世界的原初经验为立场，而反对落于形质名教的儒家。阮籍言："天地生于自然，万物生于天地。自然者无外，故天地名焉。天地者有内，故万物生焉。当其无外，谁谓异乎？当其有内，谁谓殊乎？"（阮籍《达庄论》）又"天地合其德，日月顺其光。自然一体，则万物经其常。入谓之幽，出谓之章。一气盛衰，变化而不伤。是以重阴雷电，非异出也；天地日月，非殊物也。故曰，自其亦者视之，则肝胆楚越也；自其同者视之，则万物一体也。"（阮籍《达庄论》）气之原初状态是本真的质朴的，具有在道德上的最高意义，也具有美学上的最高品鉴价值，因为它代表着某一人某一物的本来面目。同时，元气即为神气，具有无可替代的功能和智慧。全性葆真，所以实现的就是对于元气的持守。元气易散，流为虚伪、造作，不能与天地久长，仅成伤生害命之过错。《达庄论》所言之道："直能不害于物而行以生，物无所毁而神以清，形神在我而道德成，忠信不离而上下平。"

对阮籍来说，气为生气，为元气，为神气。故能生物，故能生动。故而，元气无形无声，如此才能够成为万物的主宰和本体。阮籍所作《清思赋》道："余以为形之可见，非色之美；音之可闻，非声之善。"且说："是以微妙无形，寂寞无听，然后乃可以睹窈窕而淑清。"他认为，善与美不在于形之"有"，而在形声与言象之外，在于气之"无"，重创发与意会。此点之说法，与王弼之论"无"为"有"之所本，本无二致。

神气或元气的表现是浪漫的、不可思议的，"迎之不见其首，随之不见其尾"，它之发动和消逝都为纯自然的，不容丝毫矫饰。故而，它之表现形态必然是逍遥的、自在的，因为是绝对自由的。它在最自然之物中，能够得到滋养和释放。阮籍在《大人先生传》中，极力描述一个超脱世俗而回归自然的大人形象，以为全性葆真莫过于此。基于一道家立场，儒家所主张的合于名教的生活方式，由仁道所开辟出来的礼义规范，就并非是生命终极之道。

故大人先生必弃绝于名教而后成："籍尝于苏门山遇孙登，与商略终古及栖神导气之术，登皆不应，籍因长啸而退。至半岭，闻有声若鸾凤之音，响乎岩谷，乃登之啸也。遂归著《大人先生传》，其略曰：'世人所谓君子，惟法是修，惟礼是克。手执圭璧，足履绳墨。行欲为目前检，言欲为无穷则。少称乡党，长闻邻国。上欲图三公，下不失九州牧。独不见群虱之处裈中，逃乎深缝，匿乎坏絮，自以为吉宅也。行不敢离缝际，动不敢出裈裆，自以为得绳墨也。然炎丘火流，焦邑灭都，群虱处于裈中而不能出也。君子之处域内，何异夫虱之处裈中乎！'此亦籍之胸怀本趣也。"（《晋书·阮籍传》）

最终返于无是非善恶之原初本然情态："泰初真人，唯大之根。专气一志，万物以存。退不见后，进不睹先，发西北而造制，启东南以为门。微道德以久娱，跨天地而处尊。夫然成吾体也。是以不避物而处，所睹则宁；不以物为累，所逌则成。彷徉是以舒其意，浮腾足以逞其情。故至人无宅，天地为客；至人无主，天地为所；至人无事，天地为故。无是非之别，无善恶之异。故天下被其泽，而万物所以炽也。"（阮籍《大人先生传》）

晋代的道教人物葛洪也体现出融汇儒道的倾向。他在《抱朴子外篇自叙》中言《内篇》《外篇》所论宗旨："其《内篇》言神仙方药、鬼怪变化、养生延年、禳邪却祸之事，属道家；《外篇》言人间得失，世事臧否，属儒家。"葛洪自许其学兼综儒道，体现出他的融合二教的倾向。他以为儒道二家虽有小异，但并不相排斥。"夫升降俯仰之教，盘旋三千之仪，攻守进趣之术，轻身重义之节，欢忧礼乐之事，经世济俗之略，儒者之所务也。外物弃智，涤荡机变，忘富逸贵，杜遏劝沮，不恤乎穷，不荣乎达，不戚乎毁，不悦乎誉，道家之业也。儒者祭祀以祈福，而道者履正以禳邪。儒者所爱者势利也，道家所宝者无欲也。儒者汲汲于名利，而道家抱一以独善。儒者所讲者，相研之薄领也。道家所习者，遣情之教戒也。夫道者，其为也，善自修以成务；其居也，善取人所不争；其治也，善绝祸于未起；其施也，善济物而不德；其动也，善观民以用心；其静也，善居慎而无闷。此所以为百家之君长，仁义之祖宗也，小异之理，其较如此，首尾汙隆，未之变也。"（《抱朴子内篇·明本》）

葛洪以本末、本迹的方法论结构来梳理儒道二家的关系："玄寂虚静者，神明之本也；阴阳柔刚者，二仪之本也；巍峨岩岫者，山岳之本也；德行文学者，君子之本也。莫或无本而能立焉。是以欲致其高，必丰其基，欲茂其末，必深其根。"《抱朴子外篇·循本》葛洪以为儒道二家的关系为道本儒末。"道者，儒之本也；儒者，道之末也。先以为阴阳之术，众于忌讳，使人拘畏；而儒者博而寡要，劳而少功；墨者俭而难遵，不可遍循；法者严而少恩，伤破仁义。唯道家之教，使人精神专一，动合无形，包儒墨之善，总名法之要，与时迁移，应物变化，指约而易明，事少而功多，务在全大宗之朴，守真正之源者也。……凡言道者，上自二仪，下逮万物，莫不由之。但黄老执其本，儒墨治其末耳。今世之举有道者，盖博通乎古今，能仰观俯察，历变涉微，达兴亡之运，明治乱之体，心无所惑，问无不对者，何必修长生之法，慕松乔之武者哉？"（《抱朴子内篇·明本》）他又用儒家之学为迹，道家之学为本的说法来表达其主张："五经四部，并已陈之刍狗，既往之糟粕。所谓'迹'者，足之自出而非足也。'书'者圣人之所作而非圣也，而儒者万里负笈以寻其师；况长生之道，真人所重，可不勤求足问者哉？"（《抱朴子内篇·祛惑》）在葛洪的儒道之学的思想中，已然部分地吸收了王弼、郭象的玄学精华。

三 人性与神性的辩证关联

按照两汉魏晋时人的看法，人之存在具有宇宙论的源头，人是由天地宇宙运化而来。于是，人便秉有由天道本体而来的神性，即人之为人的超验性的一面，也具有由后天而来的人性，即人之为人的经验性的一面。超验之神性不可见不可知，而不断地把自身展现于经验现实；经验之人性可见而可知，其在不断地偏离和遮蔽神性的同时又具有回归神性的趋势。于是，便形成了人性和神性之间所具有的即体即用的辩证一体关联。由两汉到魏晋，儒道两家都对于此人性与神性的辩证关联做出自己独到的理解和阐发。

（一）两汉时期发展出基于才性品鉴的形名学

从先秦开始就有把人物放入一类别、品级加以品鉴的传统。《论语》中孔子之门人便分为四科，春秋战国时期各家一般也都重视形名之学，以期考察和任免人才。两汉以降，由于传统和现实政治需要，对于人物的品评和评鉴的学问越来越发达。此时对于人物的品鉴是以才性为准，故而所论之人重其气、量其才、看其貌，取其名，而对人才之精神层面和超验层面的品质则有忽视。

这种品鉴人才的看法与两汉流行的关于"性"的理论是一致的。从汉初董仲舒所提出的"性三品"说，西汉末年扬雄所论的"善恶相混"说，以及东汉中后期的王充的类似观点，其共同特点都是"以气论性"，体现出了此时期"才性论"的主张。"才性论"主张人性以及万物之性均由"气"而来，由于气有阴阳，所以人分善恶。并由于气禀之不同，现实人性的贤愚寿夭均有差别，如董仲舒论有圣人生知之性，以及极恶之不可更改之斗筲之性，并由之形成现实之礼法名教。东汉经学家郑玄便以人性由金木水火土五气而构成，从此性命出发而构成礼乐政教。郑玄言道："天命谓天所命生人者也，是谓性命。木神则仁，金神则义，火神则礼，水神则信，土神则知。孝经说曰：'性者，生之质，命人所禀受度也。'率，循也。循性行之，是谓道。修，治也。治而广之，人放傚之，是曰教。道，犹道路也。出入勤作由之，离之恶乎从也？……中为大本者，以其含喜怒哀乐，礼之所由生，政教自此出也。"（郑玄《礼记正义》）然而，由才性品评人物，毕竟常失贤者于交臂，所以，随着刑名学的深入，必然要转移到对于超越面的精神领域的探讨。

此种转折的关键点就是汉末刘劭之《人物志》。刘劭的《人物志》对人物的品评，依于才性，把人物分为十二类，也可以说是十二材。此十二材都是臣德，不包括主德。主德应当不限于任何一种才能，因为如果限于某一种才性，则必偏于此才气，而不能兼采众美，故而主德以中和平淡为贵，"凡有血气者，莫不含元一以为质，禀阴阳以立性，体五行而着形。苟有形质，犹可即而求之。凡人之质量，中和最贵矣。中和之质，必平淡无味；故能调成五材，变化应节。是故，观人察质，必先察其平淡，而后求其聪明"（刘劭《人物志》）。又言道，"凡此十二材，皆人臣之任也。主德不预焉？主德者，聪明平淡，达众材而不以事自任者也。是故，主道立，则十二材各得其任也"（刘劭《人物志》）。而此中和之人，便不为任何一规范、等级所束缚，具有其内在品性上的超越性。当然，《人物志》仍然停留在才性名理方面，并没有进一步把自己的理论推进到玄学的层次。但是，它把人性品鉴的形名学推进到对于超验之人性内涵的讨论，则承前启后的意义。

（二）魏晋时期发展出基于人之自然本性的人性论

王弼之论性：王弼以性体为自然，并通过"无"的方式加以显露。他注《周易》损卦彖辞："**自然之质，各定其分**，短者不为不足，长者不为有余，损益将何加焉？"性体为其客观的，不可改动之方面。又注《老子第二十八章》曰："万物以自然为性"，注《老子第二十六章》曰："不违自然，乃得其性。"在人这里，性在心中，性由心显，但性存在的方式并不是如在汉代所普遍认可的，由阴阳五行所直接确立的，这仍然是一种宇宙论方式下的性体的确立。"性"存在的方式，是通过"无心"的方式而确立的。这就是"无心而显性"的路径。唐君毅以为："此所谓物之自然之性，即物之各自然其所然之个性独性；而人之能任顺物之此性，又正赖在于人之能体无致虚以合道，然后能容能公，以仁顺之也。此义在老子固涵有之，然直点出此'自然之性'之名，则亦王弼进于老子者也。"①

郭象之论性：郭象注"天下莫大于秋毫之末，而大山为小。莫寿于殇子，而彭祖为夭。天地与我并生，而万物与我为一"，提出"性分"之概念，以为万物皆有其固有禀赋，其所生应于理，不可改易。"夫以形相对，则大山大于秋毫也；若各具其性分，物冥其极，则形大未为有余，形小不为不足。苟各足于其性，则秋毫不独小其小，而大山不独大其大矣。若以性足为大，则天下之足未有过于秋毫也；其若性足者非大，则虽大山亦可称小矣。故曰：'天下莫大于秋毫之末，而大山为小。'大山为小，则天下无大矣；秋毫为大，则天下无小也。无小无大，无寿无夭，是以蟪蛄不羡大

---

① 唐君毅：《中国哲学原论·原性篇》，中国社会科学出版社2005年版，第104页。

桩，而欣然自得；斥鹦不贵天池，而荣愿已足。苟足于天然，而安其性命，故虽天地未足为寿，而与我并生；万物未足为异，而与我同得。则天地之生又何不并，万物之得又何不一哉！"（郭象《庄子注·齐物论篇》）此中所论，已然是真实之"自性"，此自性亦为"本性"。此自性并非是主观设定或臆想之物，而是真实之"本性"，而因为其为"本性"所以其具有客观性，并不是随意而任意的，而是稳定的，所以，它才能具有对于人的真确价值。

郭象论性有自身之特色。首先，性之概念并没有任何的规定性。性并没有任何先在的规定性，也没有预定的目的性，只有现实的生存性，在生存之中呈现为性情。从而，它是作为绝对的超越的主体而存在的，它在具体的时空之中，其解释原则却在具体的时空之外。性所以不可改变并不是因为它具有客观的不可更改性，而是因为从根本上不可作为对象。郭象注"六合之外，圣人存而不论"言到，"夫六合之外，谓万物性分之表耳。夫物之性表，虽有理存焉，而非性分之内，则未尝以感圣人也。故圣人未尝论之。若论之则是引万物使学其所不能也，故不论其外，而八畛同于自得也"（郭象《庄子注·齐物论篇》）。自性之自我生成自我完成，在落入知性范畴之前，只是为冥然直往的性情。从慷慨激昂的建安风骨，到轻浮萎靡的永嘉衰音，均为此性情张扬之流行。此亦为关于性情之理论在其时代的总结和实践，从而使得当时人对于自我之生存有了深刻的哲学理解。

其次，由上可见性概念具有非对象性。唯有个性的生存与流行，它无须做知性的解释，也不用做企慕的学习，它只是自我。性就是这样的存在着，它绝对真实，绝对完整，绝对个体。

同时，性概念也是非逻辑和非知识的。郭象指出："以有限之性寻无极之知，安得而不困哉！已困于知而不知止，又为知以救之，斯养而伤之者，真大殆也。"（郭象《庄子注·养生主篇》）此自性终究不是一物，也不是一名。物可观察，可把握，可拥有；名可思考，可使用，可辨析。然而，自性不可如此。因为，它是"无"。这并不是它的缺点，而是它的优长。正是由于它的"无"，才会使得人在智识上超越于动物，成为万物之灵长。同时，也使得它成为生生不已的创造性的源头。可是，尽管人人都有此"自性"，并非人人都懂得去使用它。

最后，性概念具有非道德性。欲全其性，则须逃离圣人、贵贱、善恶等范畴的规范，因为任何的道德范畴都是对于"性"的扭曲和戕折。郭象在注《胠箧》："灭文章，散五彩，胶离朱之目，而天下始人含其明矣"说"夫声色离旷，有耳目者之所贵也。受生有分，而以所贵引之，则性命丧矣。若乃毁其所贵，弃彼任我，则聪明各全，人含其真也。"（郭象《庄子注·胠箧篇》）

事物按其自性发展，必然就会完成自身之知性规定，即所谓"性分"。郭象注《天地》中"不同同之之谓大"的时候，说"万物万形，各止其分，不引彼以同我，乃成大耳"（郭象《庄子注·天地篇》）。"性分"概念的建立，是以个体真实之生存为其前提的。"此任其性命之情也。万物万形，各止其分，不引彼以同我，乃成大耳。玄同彼我，则万物自容，故有余。"（郭象《庄子注·天地篇》）

此非对象性、不可知的"性分"却是所有知识之本原。郭象以"知"为应迹，所本者为"冥"，"迹"由"冥"而生成。郭象注"知天之所为者，天而生也"曰："天者，自然之谓也。夫为为者不能为，而为自为耳；为知者不能知，而知自知耳。自知耳，不知也；则知出于不知矣。自为耳，不为也；不为也，则为出于不为矣。为出于不为，故以不为为主；知出于不知，故以不知为宗。是故真人遗知而知，不为而为，自然而生，坐忘而得，故知称绝而为名去也。"（郭象《庄子注·大宗师篇》）知识是心所成就，然而并非心。郭象以为，心作为绝对的主体，不可知，却成为所有知识得以产生的源头。因其不可知，具有绝对的超越性，所以，它为"冥"。郭象注曰："而世不知知之自知，因欲为知以知之；不见见之自见，因欲为见以见之；不知生之自生，又将为生以生之。故见目而求离朱之明，见耳而责师旷之聪，故心神奔驰于内，耳目竭丧于外，处身不适而与物不冥矣。不冥矣，而能合乎人间之变，应乎世世之节者，未之有也。"（郭象《庄子注·人间世篇》）心中之自性以"冥"而见，然而，人常把由"冥"而形成的清晰的知识作为"心"本身,而不能够真正了解此"冥"才是心,知仅仅是"迹",从而造成了对于自性的遮蔽。

(三)魏晋时期发展出对神之理解的新向度,以神为落于言诠之外的本体存在

王弼以为神与自然为一,故而神人无功,圣人无名,不落于经验一面。他言道:"神不害自然也,物守自然则神无所加,神无所加则不知神之为神也。道洽则神不伤人,神不伤人则不知神之为神。道洽则圣人亦不伤人,圣人不伤人则不知圣人之为圣也。犹云,不知神之为神,亦不知圣之为圣也。夫恃威网以使物者,治之衰也。使不知神圣之为神圣,道之极也。"(王弼《老子注第六十章》)王弼以为神是不可对象化的非经验性存在,其作用不可为人所知,又无所不在。

同时,王弼又以为神之用不离于经验。圣人同于人者五情,不同者在于"茂于神明"。由神明以应物而无累于物。此为神明之用。在达于经验之中的同时,体现出自身所具有的超越品格。在王弼的"圣人体无"的概念中,已经达到了对于本体的生存论的理解。

至于郭象的玄学,他不止以为"圣人体无",同时,更加深入到以"人人体无",此基于每一个个体所具有的"独化"的完成。郭象以为超验之神性为人性之根本,人性之经验层面由神性所产生。"夫精神心术者,五末之本也。任自然而运动,则五事之末不振而自举也。"(郭象《庄子注·大宗师篇》)郭象以为神为自神,而为不神之神,具有纯然自为而不可见之特征。"无也,岂能生神哉?不神鬼帝而鬼帝自神,斯乃不神之神也;不生天地而天地自生,斯乃不生之生也。故夫神之果不足以神,而不神则神矣,功何足有,事何足恃哉!"(郭象《庄子注·大宗师篇》)神之形成和获得,在不经意之间实现。对《庄子》中藐姑射之山的神人,郭象解读道:"俱食五谷而独为神人,明神人者非五谷所为,而特禀自然之妙气。夫体神居灵而穷理极妙者,虽静默闲堂之里,而玄同四海之表,故乘两仪而御六气,同人群而驱万物。苟无物而不顺,则浮云斯乘矣；无形而不载，则飞龙斯御矣。遗身而自得，虽淡然而不待，坐忘行忘，忘而为之，故行若曳枯木，止若聚死灰，是以云其神凝也。其神凝，则不凝者自得矣。世皆齐其所见而断之，岂尝信此哉！"（郭象《庄子注·逍遥游篇》）郭象以为神之获得并非由经验性之五谷所养，而是通过禀赋自然之妙气凝聚而成，最终实现超验界与经验界的统一。

由上可见，"神"在玄学之中具有不落于言诠的超验特质。而在整个玄学发展中，"神"逐渐发展成为一个核心概念。这种情况在佛学逐渐与玄学汇合的过程中，越来越清晰。玄学之"神性"与佛学之"佛"的内在的联系脉络，值得深思。《弘明集》中对此有充分的记述，如《明佛论》《神不灭论》《明报应论》等，说明了"神"在南北朝的佛学系统之中，占据着一个核心位置。"神"的概念已然成为不生不灭的本体，然而，它同样是无法用言语说明的，不具有现实的世俗经验的形象。

四 言意之辨中的认识与方法路径

（一）言意之辨的方法论辨析

自两汉以降，普遍持有的方法论观点是，重工具而不重目标，重言辞而不重意义。由此，造成了许多思想和实践上双重的不良后果。以董仲舒的哲学为例，他以为名号言辞具有内在的真实意涵，此意涵因其具有稳固的本体论的支持，所以是确凿的。他在《深察名号》中道，"治天下之端，在审辨大；辨大之端，在深察名号。名者，大理之首章也，录其首章之意，以窥其中之事，则是非可知，逆顺自着，其几通于天地矣。是非之正，取之逆顺；逆顺之正，取之名号；名号之正，取之天地；天地为名号之大义也。古之圣人，謞而效天地，谓之号，鸣而施命，谓之名。名之为言鸣与命也，号之为言謞而效也，謞而效天地者为号，鸣而命者为名，名号异声而同本，皆鸣号而达天意也。天不言，使人发其意；弗为，使人行其中；名则圣人所发天意，不可不深观也。受命之君，天意之所予也。故号为天子者，宜视天为父，事天以孝道也；号为诸侯者，宜谨视所候奉之天子也；号为大夫者，宜厚其忠信，敦其礼义，使善大于匹夫之义，足以化也；士者，事也，民者、瞑也；士不及化，可使守事从上而已。五号自赞，各有分，分中委曲，曲有名，名众于号，号其大全。名也者，名其别离分散也，号凡而略，名详而目，目者，遍辨其事也，凡者，独举其大也。享鬼神者号一，曰祭；祭之散名：春曰祠，夏曰礿，秋曰尝，冬曰烝。猎禽兽者号一，曰田；田之散名：春苗、秋搜，冬狩，夏猕；无有不皆中天意者。物莫不有凡号，号莫不有散名如是。是故事各顺于名，名各顺于天，天人之际，合而为一。同而通理，动而相益，顺而相受，谓之德道。诗曰：'维号斯言，有伦有迹。'此之谓也。"（董仲舒《春秋繁露·深察名号》）在董仲舒看来，圣人由其生知，在其所述所作的文字之中，其名与实之间就存在着客观的不可改移的一一对应的关系，圣人所定之名，具有绝对权威和客观价值。所以，凡经书即为圣人代天立言，从而形成了一个封闭的对于世界的解释框架。"名"可穷尽"天意"本身，其中间之意义传递由圣人所完成，并在经典中编排和聚合，凭借之就可以明白圣人乃至天地之意，依据之就可以为现实生活做出具体的安排和规定。

当然，这里所说之"名"或"言"之所涵，在两汉时期有了更加广泛的所指，有相术意义上的"面相"与"骨相"（《论衡》），预示未来之命运；有政治—伦理意义上的"名教"，对应着一社会的秩序结构和治理的方略；也有人才赏鉴意义上的"气质"，由此而判定其才能。当然，"名言"的意涵也可以扩展到一个诠释学的问题那里，即"名言"与制作"名言"的作者之意之间的关系问题。

玄学意义上的言意之辨并非由王弼首先提出，荀粲便曾提出过言意之辨的玄学主张。据《三国志》载何劭《荀粲传》："荀粲字奉倩，粲诸兄并以儒术论议，而粲独好言道，常以为子贡称夫子之言性与天道，不可得闻，然则六籍虽存，固圣人之糠秕。粲兄俣难曰：'易亦云圣人立象以尽意，系辞焉以尽言，则微言胡为不可得而闻见哉？'粲答曰：'盖理之微者，非物象之所举也。今称立象

以尽意，此非通于意外者也。系辞焉以尽言，此非言乎系表者也；斯则象外之意，系表之言，固蕴而不出矣。'"（《三国志》卷十）

到了正始年间，王弼又提出"言不尽意"和"得意忘言"的主张，针对的仍是两汉以来的"名言"理论。他认为"名言"须反其本，其本为"意"，而名言并不足以表达"意"。此"意"为天道本体之"意"，而并非是个体已然被割裂而成的"意见"。他说道："言之者失其常，名之者离其真，为之者则败其性，执之者则失其原矣。是以圣人不以言为主，则不违其常；不以名为常，则不离其真；不以为为事，则不败其性；不以执为制，则不失其原矣。"（王弼《老子指略》）

王弼主张"意"为名言所通达的目标，而名言为获知"意"的工具，于是，在言象意三者之间存在着辩证的内在关联性："夫象者，出意者也。言者，明象者也。尽意莫若象，尽象莫若言。言生于象，故可寻言以观象；象生于意，故可寻象以观意。意以象尽，象以言著。故言者所以明象，得象而忘言；象者，所以存意，得意而忘象。犹蹄者所以在兔，得兔而忘蹄；筌者所以在鱼，得鱼而忘筌也。然则，言者，象之蹄也；象者，意之筌也。是故，存言者，非得象者也；存象者，非得意者也。象生于意而存象焉，则所存者乃非其象也；言生于象而存言焉，则所存者乃非其言也。然则，忘象者，乃得意者也；忘言者，乃得象者也。得意在忘象，得象在忘言。故立象以尽意，而象可忘也；重以尽情，而画可忘也。是故触类可为其象，合义可为其征。义苟在健，何必马乎？类苟在顺，何必牛乎？爻苟合顺，何必坤乃为牛？义苟应健，何必乾乃为马？而或者定马于乾，案文责卦，有马（无）乾，则伪说滋漫，难可纪矣。互体不足，遂及卦变；变又不足，推致五行。一失其原，巧愈弥甚。从复或值，而义（无）所取。盖存象忘意之由也。忘象以求其意，义斯见矣。"（王弼《周易略例·明象》）在这段文字之中，王弼从两个方面强调了言象意之间所具有的内在关联性。一是由言象而通达于意的方面，即"尽意莫若象，尽象莫若言"。王弼说道："夫不能辩名，则不可与言理；不能定名，则不可与论实也。凡名生于形，未有形生于名者也。故有此名必有此形，有此形必有其分。仁不得谓之圣,智不得谓之仁,则各有其实矣。夫察见至微者,明之极也;探射隐伏者,虑之极也。能尽极明,匪为圣乎?能尽及虑,匪为智乎?校实定名,以观绝圣,可无惑矣。"在此,王弼明确了名言对于得意的重要的方法论价值。

另一方面,名言的留存对于得意又构成了阻碍,故而应当"得意而忘言"。王弼说道:"名也者,定彼者也;称也者,从谓者也。名生乎彼,称出乎我。故涉之乎无物而不由,则称之曰道,求之乎无妙而不出,则谓之曰玄。妙出乎玄,众由乎道。故'生之畜之',不雍不塞,通物之性,道之谓也。'生而不有,为而不恃,长而不宰',有德而无主,玄之德也。'玄',谓之深也;'道',称之大者也。名号生乎形状,称谓出乎涉求。名号不虚生,称谓不虚出。故名号则大失其旨,称谓则未尽其极。是以谓玄则'玄之又玄',称道则'域中有四大'也。"(王弼《老子指略》)名称作为定彼和从谓,总是有所形之指称,有所欲之称谓,从而无法指出无形无名之生存本体。故而,存言存象,非为得意。只有去除存言留象所造成的繁滞,本体之意才会自由畅达。王弼言道:"'予欲无言',盖欲明本。举本统末,而示物于极者也。夫立言垂教,将以通性,而弊至于湮;寄旨传辞,将以正邪,而势至于繁。既求道中,不可胜御,是以修本废言,则天而行化。以淳而观,则天地之心见于不言;寒暑代序,则不言之令行乎四时,天岂谆谆者哉。"(王弼《论语释疑》)

由上可见,王弼把名言理解为工具性的,是反思内在之意的必要工具。然而,此工具却不能穷尽其目标之意义,又会阻碍此意义的明达。因此,他得出"言不尽意"和"得意忘言"的结论。

除了对于名言的工具性的理解,玄学也发展出对于名言的生存性的理解。此生存性的名言观强调有道即有名,有意即有言。意之流行与言之发动一时俱行,为一体之两面。如此,则名为道迹,意为言本。道意为体,而名言为用,彼此之间的关系为即体即用,言意无二。

欧阳建的《言尽意论》基于此而反驳王弼的言不尽意的主张。欧阳建(公元269—300年),字坚石,渤海郡南皮县(今河北省南皮县）人，才藻美赡，擅名北州。时谚有云："渤海赫赫，欧阳坚石。"后死于西晋王朝的政乱。其文曰："有雷同君子问于违众先生曰：'世之论者，以为言不尽意，由来尚矣。至乎通才达识，咸以为然。若夫蒋公之论眸子，钟傅之言才性，莫不引此为谈证。而先生以为不然，何哉？'先生曰：'夫天不言，而四时行焉；圣人不言，而鉴识存焉。形不待名，而方圆已著；色不俟称，而黑白以彰。然则名之于物，无施者也；言之于理，无为者也。而古今务于正名，圣贤不能去言，其故何也？诚以理得于心，非言不畅；物定于彼，非名不辩。言不畅志，则无以相接；名不辩物，则鉴识不显。鉴识显而名品殊，言称接而情志畅。原其所以，本其所由，非物有自然之名，理有必定之称也。欲辩其实，则殊其名；欲宣其志，则立其称。名逐物而迁，言因理而变。此犹声发响应，形存影附，不得相与为二矣。苟其不二，则言无不尽矣。吾故以为尽矣。'"（《艺文类聚》卷十九《言尽意论》）《言尽意论》指出了意需要由言加以畅达的一面，二者之间的关系犹如形影，在其存在之中结为一体。其意见看似与王弼水火不容，实则为相通而互补。后来的郭象也以为名言均具有其自身不可改动的真理和意义。这是由于"名"自身作为一种"有"，是独化之本体的自然显现和自我表达，具有与本体合一的生存论意义。

无论是生存论的语言观还是工具论的语言观，二者在玄学之中已然融合交汇，构成一通达本体的重要方法。

（二）有为与无为的方法论原则

王弼在方法论上主张"无为"，只有"无为"才能返于自然，并由"无为"而达于无不为。在王弼看来，"有为"即是有所欲求、有所设定，然此欲求和设定就造成意识自身在认知和实践上的固化和物化。同时，"无为"并不是毫无目标，消极而一无所为，而是指能够随时保持心灵的自然神妙，在形成目标和设定目标的同时，具有超越于目标之上的力量，而不为目标所同化。意识总是有所欲求，无论对于此欲求是有意识的还是无意识的，可是，"无为"所要发现的，是人并不是被"物"所左右的存在，而是始终作为"物物"的超越性而存在。此存在并不是一种理智的设定，而是直接落实在具体的认知和实践行为之中的，并表现自身为"无为"。

王弼对于《老子第三十二章》中"道常无名，朴虽小，天下莫能臣也。侯王若能守之，万物将自宾"注曰："道无形不系常，不可名，以无名为常。故曰道常无名也。朴之为物，以无为心也，亦无名，故将得道莫若守朴，夫智者可以能臣也，勇者可以武使也，巧者可以事役也，力者可以重任也，朴之为物，愦然不偏，近于无有，故曰，莫能臣也。抱朴无为，不以物累其真，不以欲害其神，则物自宾而道自得也。"在这里，王弼认为"无"不可以"臣"，它不能够成为一个被范畴固化的一个对象或一种性质，也不能成为被某种格局所限定的人格或风格，它不能被领导或被引领，它处于绝对的主动性，所以"天下莫能臣"。"莫能臣"是由于其为"无"，不限于而超越于任何一种人为的规定，却可以成为天下之"臣"之主，因为它存真保神，故而万物皆自宾而各得其所，各适其性。故而，王弼之"无为"作为方法，在于能居于"无"而复其本体，即为"抱朴"。此"无"具有内在的创生力、认知力和存有力，故而可以成万有之本，进而形成千差万别的现象世界。此现象界是千变万化，无所不为的，然而其根本在于"无为"。

可见，"无为"并不是消极不作为，而是"不以物累其真，不以欲害其神"而达于"物自宾而道自得"的方法论原则。如果人成一"物"或落于一"名"，便成为失去本体意义的存在，不再能够实现其神妙之功能，并丧失其本真之存在。

王弼注《老子第二十九章》"不可为也，为者败之，执者失之"曰："万物以自然为性，故可因而不可为也。可通而不可执也。物有常性，而造为之，故必败也。物有往来而执之，故必失矣。"这是"无为"的另一个方面的要求和表现。要顺应万物之本性要求，而不能"意必固我"，凭借自己的主观意见而行事。凭自己的意见去行，就是"妄作"，未有不"凶"者。顺万物之性若水，只可因应，不可违逆。故而，以"道"而"无为"，是要发现事物内在的本性，此本性所形成者必然就构成客观的规律，要求人去加以绝对的遵从。如果说，在中国古代有所谓"科学"之理性，那么，此理性并不是建立在对于外物的"理念"的把握之上，而是建立在对于事物的"本性"的绝对的遵从和敬畏之上的。如果说西哲柏拉图的理念论建立在对于超越理念的纯粹的"爱"之激情上，那么，玄学对于自然之"理"的强调，建立在对于超越之理的纯然的"感"之明澈上。

郭象以无为而达于独化之本体，以为人之所为，并非经验主体有心为之，而乃超越本体之所为。其本体之为，即为独化之自为。"夫理有至极，外内相冥，未有极游外之至而不冥于内者也，未有能冥于内而不游于外者也。故圣人常游外矣，冥内无心以顺有，故虽终日见形，而神气无变，俯仰万机而淡然自若。夫见形而不及神者，天下之常累也。是故睹其与群物并行，则莫能谓之遗物而离人矣；睹其体化而应务，则莫能谓之坐忘而自得矣。岂直谓圣人不然哉！乃必谓至理之无此。是故庄子将明流统之所宗，以释天下之可悟。若直就称仲尼之如此，或者将据所见以排之，故超圣人内迹，而寄方外于数子。宜忘其所寄，以寻述作之大意，则夫游外冥内之道坦然自明，而庄子之书故是涉俗盖世之谈矣。"（郭象《庄子注·大宗师篇》）

"无为"并非消极地一无所为，"所谓无为之业，非拱默而已。所谓尘垢之外，非伏于山林也"（郭象《庄子注·大宗师篇》）。而是，由无为而成无不为。"夫无为之体大矣，天下何所不无为哉！故主上不为冢宰之任，则伊吕静而司尹矣；冢宰不为百官之所执，则百官静而御事矣；百官不为万民之所务，则万民静而安其业矣；万民不易彼我之所能，则天下之彼我静而自得矣。故自天子以下至于庶人，下及昆虫，孰能有为而成哉！是故弥无为而弥尊也。"（郭象《庄子注·天道篇》）

即由自为而成无不为。"夫工人无为于刻木，而有为于用斧；主上无为于亲事，而有为于用臣。臣能亲事，主能用臣；斧能刻木，而工能用斧。各当其能，则天理自然，非有为也。若乃主代臣世，则非主矣；臣秉主用，则非臣矣。故各司其任，则上下咸得，而无为之理至矣。夫在上者患于不能无为，而代人臣之所司，使咎繇不得行其明断，后稷不得施其播殖，则群才失其任，而主上困于役矣。故冕疏垂目，而付之天下，天下皆得其自为，斯乃无为而无不为者也。故上下皆无为矣，但上之无为则用下，下之无为则自用也。"（郭象《庄子注·天道篇》）

（三）为学与无知的方法论原则

王弼以为人之本体意义世界已然自足，学而求益都是对于此本体世界的破坏。王弼注《老子第二十八章》"绝学无忧"一句云："然则学求益所能，而进其智者也。若将无欲而足，何求于益？不知而中，何求于进？夫燕雀有匹，鸠鸽有仇；寒乡之民，必知旃裘。自然已足，益之则忧。故续凫之足，何异截鹤之胫；畏誉而进，何异畏刑？"（王弼《老子第二十八章注》）

王弼以为，为学常流荡于本体之外而不知返，妄分内外真伪，以为真理在外而不在内，而失其内外合一之道，昧其真实不妄之理。他注《老子第四十八章》"为学日益，为道日损，损之又损，以至于无为"说道："务欲进其所能，益其所习。务欲反虚无也。有为则有所失，故无为乃无所不为也。"（王弼《老子第四十八章注》）

郭象以学为"迹"，道为"所以迹"，因而贵道而贱学。郭象明确反对"学"，以为学即是对于"性分"的扭曲和破坏，使得人不成逍遥。

从本体之知而言，知者并不自知。如果自知，便从本体而出，分离为主客二元。而此二元之对立的认知模式，来自于本体之知。此知不可作为对象，只能通过其自生而得。"天者，自然之谓也。夫为为者不能为，而为自为耳；为知者不能知，而知自知耳。自知耳，不知也；则知出于不知矣。自为耳，不为也；不为也，则为出于不为矣。为出于不为，故以不为为主；知出于不知，故以不知为宗。是故真人遗知而知，不为而为，自然而生，坐忘而得，故知称绝而为名去也。"（郭象《庄子注·大宗师篇》）

因而，在人之本性的意义上，都本有所见，本有所为，本有所生。然而，因其倾慕于外，不明本性，甚至日益远离，故而不能知，不能明，亦不能为。此为离"冥"之害。故"冥"即"明"，二者本不相离，而相成。郭象注曰："而世不知知之自知，因欲为知以知之；不见见之自见，因欲为见以见之；不知生之自生，又将为生以生之。故见目而求离朱之明，见耳而责师旷之聪，故心神奔驰于内，耳目竭丧于外，处身不适而与物不冥矣。不冥矣，而能合乎人间之变，应乎世世之节者，未之有也。"（郭象《庄子注·人间世篇》）

郭象所留意的，与王弼不同。郭象之求自性之所明，王弼则求本体之所明。王弼那里依然对所有人，都有致虚守静之要求；而郭象则对此不以为然，而仅停留于自我之逍遥，以为自我之逍遥普遍化，则成就天下之自在。郭象言："至人知天机之不可易也，故捐聪明，弃知虑，魄然忘其所为而任其自动，故万物无动而不逍遥也。"（郭象《庄子注·秋水篇》）

五　圣人之性情与美学境界

西汉时期，基于不同的哲学立场，学者们对于先秦学术做了不同的解释。这是儒道两家进一步分化的标志，它们各自都在争取对于先秦学术解释的话语权。在对于话语权的争夺过程中，使得其各自的哲学立场之差异更加显露出来。

王弼以为圣人之境界，可兼有性情，把有形有象者统摄进来。王弼以"圣人体无"。《三国志》载，"裴徽为吏部郎，弼未弱冠，往造焉。徽一见而异之，问弼曰：'夫无者诚万物之所资也，然圣人莫肯致言，而老子申之无已者何？'弼曰：'圣人体无，无又不可以训，故不说也。老子是有者也，故恒言无所不足。'"（《三国志卷二十八》）王弼认为，真正的圣人并不是口口声声离不开"道"与"无"的老子，老子恰恰是"有"的体现，并没有真正达到"无"的境界。相反，孔子不谈"无"，却在日用常行之中以"有"来体"无"，具有了"无"之境界，故而，他恰恰是"无"

之具体化，可以真正地被称之为圣人。在这里，可以看到，王弼所主张的是儒道互补，而以儒为主，当然，他所理解的儒家之道，是融合了道家精神在内的儒学，但是，这种儒道兼综以儒为主的思想，是符合儒家思想原有之意的，是对于儒家思想的进一步明确，而不是对它的反动和根本的革新。

王弼在注《老子第三十八章》时说道："天地虽广，以无为心；圣王虽大，以虚为主。"天地以无为心，就是王弼在《周易注·复卦》中所言："天地以本为心者也。然则天地虽大，富有万物，雷动风行，运化万变，寂然至无是其本矣。"天地无为顺应万物之自然，就是以无为本，从而能够做到无为无不为。

圣人之境界就是"以虚为主"，使自己处在一种无思无虑、无适无莫的境界中，此种境界就是与道合一的心理状态："是以圣人之于天下，歙歙焉，心无所主也，为天下浑心焉，意无所适莫也。无所察焉，百姓何避，无所求焉，百姓何应，无避无应，则莫不用其情矣。人无为舍其所能而为其所不能，舍其所长而为其所短，如此，则言者言其所知，行者行其所能，百姓各皆注其耳目焉，吾皆孩之而已。"（《老子第四十九章注》）在王弼老子注之中不断提及的"体道大通""穷极虚无""得道之常""廓然无为""达自然之性""畅万物之情""任自然之气""玄德"等等，都是王弼对于圣人体无的心灵境界的一种描述，此种心灵境界才使得圣人无往而不利，达到人之心灵的最高状态。

但是，需要注意的是，王弼的"圣人体无"并非仅为一抽象超越之心灵境界，而是合于神明，达于五情的。故而王弼"以为圣人茂于人者神明也，同于人者五情也，神明茂故能体冲和以通无，五情同故不能无哀乐以应物，然则圣人之情，应物而无累于物者也。今以其无累，便不复应物，失之多矣"（《三国志》卷二十八）。喜怒哀乐是人之情，而圣人于情并非以情为累赘而必除之。情为有，而神为无。情以无为有而非无，神以有为无而非有。神明是圣人通无的道路，圣人所以通无即因为神明。而此神明之为贵，即在于其为情之主，而情为神之用。故而，圣人能够应物而不累于物，应欲而不纵于欲。神明通无，而情欲归有。

王弼对《论语》中"大哉，尧之为君也！巍巍乎唯天为大，唯尧则之。荡荡乎民无能名焉！"注曰："圣人有则天之德。所以称唯尧则之者，唯尧于时全则天之道也。荡荡，无形无名之称也。夫名所名者，生于善有所章，而惠有所存。善恶相须，而名分形焉。若夫大爱无私，专将安在？至美无偏，名将何生？故则天成化，道同自然，不私其子而君其臣。凶者自罚，善者自功；功成而不立其誉，罚加而不任其刑。百姓日用而不知所以然，夫又何可名也！"又注"可与共学，未可与适道；可与适道，未可与立；可与立，未可与权。"称："权者，道之变。变无常体，神而明之，存乎其人，不可豫设，尤至难者也。"均为圣人体无之境界的展现。

郭象以为"圣人体本"，此本为"独体"。他注《庄子·马蹄篇》"及至圣人"说道："圣人者，民得性之迹耳，非所以迹也。此云及至圣人，犹云及至其迹也。"（《庄子注·马蹄篇》）这里所提到的并不是真圣人，而是徒有其名之圣人。又对"此亦圣人之过也"注云，"其过皆由乎迹之可尚也"（《庄子注·马蹄篇》）。圣人之观念与"迹"和"所以迹"有关。真正的圣人即是得其"所以迹"者，而以仁义礼智为标榜的仅仅是成"迹"之假圣人。又注《庄子·胠箧篇》中"然而田成子一旦杀齐君而盗其国"云"法圣人者，法其迹耳。夫迹者，已去之物，非应变之具也，奚足尚而执之哉！执成迹以御乎无方，无方至而迹滞矣，所以守国而为人守之也"（《庄子注·胠箧篇》）。而其迹之所以成，由于是源于自生自成，突然而来，因而其"所以迹"的来源必然推究到"玄冥"之境，是一绝对的不可知。

郭象反复强调，其心目中在上之君主或真的圣人，并不是事必躬亲，无所不能的全才，而是懂得利用具有才干的人才，使得各种人才各得其所的人物。于是，在上的圣人才可以做到无为而治。郭象注《庄子·天道》"以此进为而抚世，则功大名显而天下一也"云："故退则巢许之流，进则伊望之伦也。夫无为之体大矣，天下何所不为哉！故主上不为冢宰之任，则伊吕静而司尹矣；冢宰不为百官之所执，则百官静而御事矣；百官不为万民之所务，则万民静而安其业矣；万民不易彼我之所能，则天下之彼我静而自得矣。故自天下以下至于庶人，下及昆虫，孰能有为而成哉！是故，弥无为而弥尊也。"

最后，郭象以为通达于性命而合于名教者，方能成就逍遥。逍遥是对个体之自为之存在与群体之为他之存在的和谐统一，此为郭象所称之名教即自然。逍遥的实现，也就是此自为与为他两面在至高境界的圆成。因此，郭象论《庄子·逍遥游》之题解为："夫小大虽殊，而放于自得之场，则物任其性，事称其能，各当其分，逍遥一也，岂容胜负于其间哉！"又言："恣其天机，无所与争，斯小不胜者也。然乘万物御群材之所为，使群材各自得，万物各自为，则天下莫不逍遥矣，此乃圣人所以为大胜也。"（《庄子注·天地篇》）可见，在郭象看来，个体自我之自得与天地万物之完善是一体的，此即所谓成己成物之学。成就己身之自得与天下万物之逍遥，为一体之两面。而无为之自得与为他之名教的统一是独化之本体在生存之中自然形成的，此中体现出所谓的"命理"。郭象在《庄子·人间世》的注解中称："故冥然以所遇为命而不施心于其间，泯然与至当为一而无休戚于其中，虽事凡人，犹无往而不适，而况于君亲哉！事有必至，理固常通，故任之则事济，事济而身不存者，未之有也，又何用心于其身哉！理无不通，故当任所遇而直前耳。"在此，由冥然之"命"而显"理"，故成"命理"。正因为它在本质上无法成为对象，才是绝对的真实，才是人无法控制的"命理"，最终由此达于逍遥。

至于魏晋南北朝，玄学在与佛学融汇的过程中，对于人生之逍遥境界与佛学中之涅槃境地，有了更加深入的交流和讨论。"命"所具有的超越性内涵在与"性""道""理""神"等概念的分辨和融汇中更加充分地显露出来。

小结　两汉魏晋时期儒道两家的关系对于各自学说的影响

首先，儒道两家的争鸣和融合使得两家之学所具有的内在互补性得到了揭示。儒道两家哲学共同立足于整体的人性论立场，反映出两家哲学所具有的内在互补性，此种整体立场在魏晋玄学中得到了充分的展现。玄学之有无之辨、言意之辨和自然名教之辨，实则都是对于儒道之学中的整体人性的讨论。道家所具有的知性逻辑与儒家所具有的生存逻辑，在玄学中相互启发交融，使得两家的内在互补性得到了充分的揭示。

其次，儒家所具有的生存论的在世立场，使得儒家成为两家之中的主流。尽管儒学和道家哲学互为补充，并无高低上下之差别，但是，道家哲学是典型的智者型的反思哲学，其意义只有立足于在世之立场才能够实现。因此，在二家之中，儒家因为其所具有的鲜明的在世品格，而成为思想的主流形态。这也是王弼以孔子为圣人，而老子次之的原因。

再次，气性与玄理的结合产生出一种生存美学式的人生哲学。此人生哲学把生命本质理解为一种审美意涵，在魏晋士人的风度中，在品鉴人物的方式中，在竹林七贤的著述中，在郭象对于庄子思想的注释中，均体现出这一点。此种人生哲学是气性与玄理相结合而产生出来的，代表着儒道两家在融合过程中的新向度。此新向度的目标是追求生存之美，由此出发，必然引起对于人生之意境的关注和反思。在真与善已然成为儒道哲学关注焦点的同时，艺术性的生存之美也在此时成为哲学的中心。

最后，儒道两家的争鸣与融合发展出一文化逻辑构架，此文化逻辑构架对于中国未来思想的走向具有决定性的影响。无论是中国本土产生而出的法家、墨家等学派，还是外来进入中国的佛教、基督教或伊斯兰教等教派，其哲学内涵的解读常不出于此文化逻辑架构。故而，此时期所发展出来的文化逻辑具有典范的价值。

第三章　魏晋南北朝儒释道三家的冲突和融合

一　魏晋南北朝时期社会政治文化与三教之间的关系

儒释道三家与家庭、社会以及国家权力乃至天下文明都有着密切联系。尤其是世俗的国家权力对于三家不仅仅意味着某种背景和处境，而且构成三家与之一体的共在。国家权力的支持与否，对于三教之发展至关重要，而儒释道三家各自的兴盛与衰落与国家权力也有着极大的关联。当然，国家权力和社会现实对于三家的关系并不是单向决定性的，儒释道三家同样具有对于国家权力的反向影响力和制衡性。这反映出三家之学与国家权力之间所具有的深切的一体性关联。三家之学中的儒学尤其具有入世的品格，故常随世运起伏。同时，佛道两家同样具有世间性，有着从礼教文化等客观方面构建自身的经验性维度，这也就构成了三教关系的社会历史文化的客观内容。

因为三家之学与社会现实之间所具有的一体性关联，所以，社会历史文化无疑构成了三教理解和构建自身的一个特定的维度。夷夏之辩、礼仪之争，均是此时三教所关注的焦点。对这些主题加以集中的反思和讨论，使得与世俗权力相处之道构成三家之学的有机部分。佛教作为以出世为宗旨的宗教，在此时期，受到中国本土文化的影响，也不得不去应对来自名教的压力，从《牟子理惑论》到慧远的《沙门不敬王者论》，都是在反思和回应世俗权力对于佛教的质疑和束缚。

于是，社会历史文化领域也就成为三家之学交汇之处。三家之学在此交锋，亦在此交融，而在交锋与交融之后，一个新的文化共同体由此不断地构成自身。魏晋南北朝时期的三教都取得了长足的发展，然而，三教之间由于各自学理的不同，以及在政治诉求上的差异，必然在理论和实践上发生龃龉和论争。在魏晋南北朝时期，论争的焦点集中于佛教与两教的关系上。这是由于佛教自身所具有的越来越大的影响力与中国固有宗教与社会习俗之间所发生的矛盾越来越突出，越来越成为政治实践生活的重要成分。

（一）魏晋南北朝时期三教与社会现实间的一体性关联

在魏晋时期，现实的社会政治状况对于儒学的发展具有很大的影响，儒学自身便具有入世的名教特色，所以其兴衰成败必然与国家政治之间存在内在的关联性，这就使得客观化视角成为考量儒学的适宜角度。儒学之发展尽管时受干扰，但也取得了一定的成就。晋武帝时期天下一统，儒学也得到很大的发展，兴学校、崇儒生、行礼乐，一派繁荣景象："武帝受终，忧劳军国，时既初并庸蜀，方事江湖，训卒厉兵，务农积谷，犹复修立学校，临幸辟雍。而荀𫖮以制度赞惟新，郑冲以儒宗登保傅，茂先以博物参朝政，子真以好礼居秩宗，虽愧明扬，亦非遐弃。既而荆扬底定，区寓乂安，群公草封禅之仪，天子发谦冲之诏，未足比隆三代，固亦擅美一时。"（《晋书·儒林传》）至于晋惠帝时期，由于政局动荡，战争频发，儒学不振："惠帝缵戎，朝昏政弛，蚍起宫掖，祸成藩翰。惟怀逮愍，丧乱弘多，衣冠礼乐，扫地俱尽。"（《晋书·儒林传》）到了晋元帝偏安江左，儒学发展并不顺利，"元帝运钟百六，光启中兴，贺、荀、刁、杜诸贤并稽古博文，裁成礼度。虽尊儒劝学，亟降于纶言，东序西胶，未闻于弦诵。明皇聪睿，雅爱流略，简文玄嘿，敦悦丘坟，乃招集学徒，弘奖风烈，并时艰祚促，未能详备。"（《晋书·儒林传》）南方正统儒学逐渐被玄学之风所取代，成为当时士人所崇尚的学术主流："有晋始自中朝，迄于江左，莫不崇饰华竞，祖述虚玄，摈阙里之典经，习正始之余论，指礼法为流俗,目纵诞以清高,遂使宪章弛废,名教颓毁,五胡乘间而竞逐,二京继踵以沦胥,运极道消,可为长叹息者矣。"(《晋书·儒林传》)又《南史》中载:"洎魏正始以后,更尚玄虚,公卿士庶,罕通经业。时荀顗、挚虞之徒,虽议创制,未有能易俗移风者也。自是中原横溃,衣冠道尽。"(《南史·儒林传》)

到了南北朝时期,儒学虽不时被政局动荡所干扰,但也取得了相当的发展。此时的南方社会相对比较安定,与北方之连年战乱相比,更有利于儒学的发展。宋、齐年间,儒学衰微,至于梁武帝在位,儒学在官方的倡导之下,得以复兴:"逮江左草创,日不暇给,以迄宋、齐,国学时或开置,而劝课未博,建之不能十年,盖取文具而已。是时乡里莫或开馆,公卿罕通经术。朝廷大儒,独学而弗肯养众;后生孤陋,拥经而无所讲习,大道之郁也久矣乎!至梁武创业,深愍其弊,天监四年,乃诏开五馆,建立国学,总以《五经》教授,置《五经》博士各一人。于是以平原明山宾、吴郡陆琏、吴兴沈峻、建平严植之、会稽贺玚补博士,各主一馆。馆有数百生,给其饩廪,其射策通明经者,即除为吏,于是怀经负笈者云会矣。又选学生遣就会稽云门山,受业于庐江何胤,分遣博士、祭酒。到州郡立学。七年,又诏皇太子、宗室、王侯始就学受业,武帝亲屈舆驾,释奠于先师先圣,申之以宴语,劳之以束帛,济济焉,洋洋焉,大道之行也如是。"(《南史·儒林传》)及至陈朝建国,南方政局动荡,儒学转衰:"及陈武创业,时经丧乱,衣冠殄瘁,寇贼未宁,敦奖之方,所未遑也。天嘉以后,稍置学官,虽博延生徒,成业盖寡。其所采缀,盖亦梁之遗儒,今并集之,以备儒林云。"(《南史·儒林传》)国家权力推动提倡,则儒学大兴;国家权力意兴阑珊,则儒学衰败。这说明了儒学自身所具有的国家政治属性,另外也说明儒学所具有的契合社会政治要求的性质,通过儒学的教化,使得国家政治获得人才,来辅佐皇室,并且儒学具有砥砺名节,敦化风俗的作用,这就使得儒学尤其受到统治者的青睐。此种儒学对于大一统王朝的价值,从汉代就已经确立,并一直延续下来。

相对于南方社会的稳定,中国北方长期战乱动荡,国家残破,社会疲敝,尽管前秦短暂地统一北方,但草创未完,随即又分崩离析。故而,北方之文化创制并未形成规模。进入相对安定的北朝,官方的三教政策仍旧以儒学为主,儒学被视为北朝文化建制之中坚,是北方王朝维护自身统治不可缺少的文化柱石。北魏道武帝初定中原,便大倡儒学:"自永嘉之后,宇内分崩,礼乐文章,扫地将尽。魏道武初定中原,虽日不暇给,始建都邑,便以经术为先。立太学,置《五经》博士生员千有余人。天兴二年春,增国子太学生员至三千人。岂不以天下可马上取之,不可以马上临之?圣达经猷,盖为远矣。"(《北史·儒林传》)从道武帝初定中原至于天兴二年即公元399年,北魏的儒学已经有了较好的发展;当然,鲜卑统治阶层往往以儒学为用,并非真心地信奉儒学,此可从拓跋珪本人的行为可见:"贺狄干久在长安,常幽闭,因习读经史,举止如儒者。及还,魏主珪见其言语衣服皆类秦人,以为慕而效之,怒,并其弟归杀之。"(《资治通鉴》卷一百一十四)鲜卑人贺狄干服于汉化,却因此被拓跋珪怒而杀之。

到了太武帝拓跋焘时期,关陇河西一带被北魏平定,其地之儒学精英,大大提振了北魏的儒学。"太武始光三年春,起太学于城东。后征卢玄、高允等,而令州郡各举才学。于是人多砥尚,儒术转兴。"(《北史·儒林传》)《资治通鉴》载:"魏主以索敞为中书博士。时魏朝方尚武功,贵游子弟以讲学为意。敞为博士十余年,勤于诱导,肃而有礼,贵游皆严惮之,多所成立,前后显达至尚书、牧守者数十人。常爽置馆于温水之右,教授七百余人;爽立赏罚之科,弟子事之如严君。由是魏之儒风始振。高允每称爽训厉有方,曰:'文翁柔胜,先生刚克,立教虽殊,成人一也。'"(《资治通鉴》卷一百二十三)随着北魏逐渐平定了北方诸多的割据势力,统一了北方,其汉化程度也日渐加深。"孝文钦明稽古,笃好坟籍,坐舆据鞍,不忘讲道。刘芳、李彪诸人以经书进,崔光、邢峦之徒以文史达。其余涉猎典章,闲集词翰,莫不縻以好爵,动贻赏眷。于是斯文郁然,比隆周、汉。宣武时,复诏营国学。……时天下承平,学业大盛,故燕、齐、赵、魏之间,横经著录,不可胜数。大者千余人,小者犹数百。州举茂异,郡贡孝廉,对扬王庭,每年逾众。"(《北史·儒林传》)至于西魏东魏、北齐北周时期，社会重又动荡，儒学发展虽受到不利影响，但是统治者崇尚儒学的基本政策并没有变化。如在北周文帝宇文泰统治时期，天下兵戈未休，儒学衰落，但是，提振儒学的政策仍在推行。"周文受命，雅重经典。于时西都板荡，戎马生郊。先生之旧章，往圣之遗训，扫地尽矣！于是求阙文于三古，得至理于千载，黜魏、晋之制度，复姬旦之茂典。"(《北史·儒林传序》)综上可见，在中国北方，统治者出于各种目的，均推重儒学。从北方儒学的内容来看，重章句训诂，并砥砺名节，强调实行，仍然未脱离旧儒学的范围，为汉代经学之延续。与南方之受玄风影响之儒学大不相同："自晋室分崩，中原丧乱，五胡交争，经籍道尽。魏氏发迹代阴，经营河朔，得之马上，兹道未弘。暨夫太和之后，盛修文教，搢绅硕学，济济盈朝，缝掖巨儒，往往杰出，其雅诰奥义，宋及齐、梁不能尚也。南北所治，章句好尚，互有不同。江左《周易》则王辅嗣，《尚书》则孔安国，《左传》则杜元凯。河、洛《左传》则服子慎，《尚书》、《周易》则郑康成。《诗》则并主于毛公，《礼》则同遵于郑氏。大抵南人约简，得其英华，北学深芜，穷其枝叶。考其终始，要其会归，其立身成名，殊方同致矣。"(《隋书·儒林传》)

与儒玄之学相互辉映的是佛学在此阶段的长足发展。尽管没有明确的史料记载，但可以推测，在西汉张骞通西域以后，甚至更早，佛教就已经传入中土。中国对于佛教传入的明确史料记载，见于东汉明帝时期。即便从明帝之后开始计算佛教传入中国的时间，到佛教对于中国文化真正地产生影响的东汉末年，这期间有百年的时间，在此百年之间，佛教对于中土的影响是很微弱的。直到东汉末年佛教才真正地在中国广为散播，深入社会的各个层面，个中原因，耐人寻味。简单来说，天时、地利、人和是佛教植根中土的三大因素，种种的因缘聚会为佛教融入中华文化提供了条件。东汉末三国以至于西晋时期，是佛教传播的初始阶段。佛教真正扎根于中土，是在东晋十六国和南北朝时期完成的。

中国的北方在十六国时期，佛教常被北方统治者所推重，后赵石虎之于佛图澄，前秦苻坚之于道安，均可体现。在鸠摩罗什入后秦以后，得到了秦主姚兴的极度崇敬，译经造像的活动，更是兴盛一时。

到了相对政局稳定的北朝，佛教真正地进入到了大发展的时期。北朝虽多以儒学为主体，然而也对于佛教多加扶持，尽管在北魏太武帝和北周武帝期间出现了大规模的废佛事件，对佛教的传播破坏剧烈，但时间短暂，并未真正阻断佛教的传播和发展。北方的佛学更加强调实践，即在社会中推行佛法，对社会现实施以影响。据《魏书》所载："自魏有天下，至于禅让，佛经流通，大集中国，凡有四百一十五部，合一千九百一十九卷。正光已后，天下多虞，工役尤甚，于是所在编民，相与入道，假慕沙门，实避调役，猥滥之极，自中国之有佛法，未之有也。略而计之，僧尼大众二百万矣，其寺三万有余。流弊不归，一至于此，识者所以叹息也。"（《魏书·释老志》）

南方梁朝时期，梁武帝是一位虔信的佛教徒，在他在位期间，佛学也得到了极大的发展。在天监六年（公元507年），梁武帝誓断酒食，"上集诸沙门制文，立誓永断酒食。其略云：弟子萧衍从今已去。若饮酒放逸，啖食众生乃至乳蜜酥酪，愿一切鬼神先当苦治弟子将付地狱。众生成佛犹在阿鼻，僧尼饮酒食肉亦应如此加治。是时复集僧尼一千四百四十八人，于华林殿请云法师讲涅槃经中食肉断大慈悲种子之文，上亲席地与众同听"（《佛祖统纪卷三十七·法运通塞志卷第十七之四》）。普通元年（公元520年）梁武帝受具足戒，正式成为僧侣。对于梁武帝受戒之事，《佛祖统纪》记载："普通元年，沙门众养于扬都译文殊般若经等十一部，帝亲笔受，令宝唱继之。帝于禁中筑圆坛将禀归戒，妙选贤明，朝议以草堂慧约法师应诏。四月八日。帝服田衣北面敬礼受具足戒，方行羯磨甘露降于庭，有三足乌孔雀二，历阶驯伏，锡师号曰智者。自是入朝必设特榻，而帝坐其侧，自太子诸王公卿僧俗，从约受戒著录者四万八千人。"（《佛祖统纪卷三十七·法运通塞志卷第十七之四》）受戒之后，武帝对于佛教更加敬诚，常舍身祈福，发钱奉赎。所谓舍身，就是帝王除了向寺院捐赠财物之外，还要自愿入寺服役，梁武帝本人曾三次入同泰寺舍身事佛。

南方入于陈朝之后，奉佛之风不减，陈武帝和陈文帝以至于陈后主，均为佛教的扶持者。

总之，佛教在魏晋南北朝时期，在得到官方的认可和支持下，取得了长足的发展。

（二）三家之学在社会历史文化中的交汇

三教之发展并非分头独自发展，而是在彼此关照中，在彼此视域的交汇中，在不断地相互调适和互动中发展起来的。此种交汇点首先就具体落实在社会历史文化之中。社会历史文化提供了三家交锋和交汇的现实平台，是三家互动在现实中的集中体现。

魏晋时期是中国社会大分裂和文化大融合的时期，儒释道三家分擅胜场，相互论争，却又相互融合。也正是在彼此论争之中，达成了实质性的融合形态，形成了独具特色的三教思想和哲学文化大传统。

佛学传入之初，人们对于它的理解，常常以黄老之学而附会之，对于二者之间的区别并不清晰。比如东汉桓帝在宫中造老子像和佛像，并立祠祭祀浮屠和老子，遭到当时大臣襄楷的谏阻，他在延熹七年（公元164年）上书言道："又闻宫中立黄老、浮屠之祠。此道清虚，贵尚无为，好生恶杀，省欲去奢。今陛下嗜欲不去，杀罚过理，既乖其道，岂获其祚哉！或言《老子》入夷狄为浮屠。浮屠不三宿桑下，不欲久生恩爱，精之至也。天神遗以好女，浮屠曰：'此但革囊盛血。'遂不眄之。其守一如此，乃能成道。今陛下淫女艳妇，极天下之丽，甘肥饮美，单天下之味，奈何欲如黄老乎？"襄楷并未辨析佛老之间的差异，均视为守清虚、尚无为之学，更以佛学为老子所化，视二者为一，更说明当时人对佛教所知有限。

在汉末三国时期，佛教之影响主要发生在上层贵族当中，僧人也经常地游说当朝统治者，并与贵族名士相往来，故而，佛教对于当时社会整体的影响也很有限。对于佛学在上层贵族中的传播，史料多有所载。《广弘明集》载有康僧会来吴国传教的经历。康僧会（公元？—280年），为三国时期僧人，西域康居国大丞相长子，于公元248年来到东吴传法。他起初引起朝野惊疑，而后被接纳，并建立寺庙高塔，即"建初寺"。"孙权赤乌四年，有康居国大承相长子，弃俗出家为沙门，厥名僧会，姓康氏，神仪刚正游化为任。时三国鼎峙，各擅威权。佛法久被中原，未达江表。会欲道被未闻，化行南国。初达建邺营立茅茨，设像行道，吴人初见谓为妖异。有司奏闻。吴主曰：佛有何灵验耶？会曰：佛晦灵迹垂余千载，遗骨舍利应现无方。吴主曰：若得舍利当为立塔。经三七日遂获舍利，五色耀天，剖之逾坚，烧之不然，光明出火，作大莲花，照曜宫殿，臣主惊嗟，希有瑞也。信情大发，因为造塔，度人立寺，以其所住为佛陀里。又以教法初兴，故名建初寺焉。"（《广弘明集·吴主叙佛道三宗》）

因为对于佛学的陌生，其初传引来诸多不解和争议。吴主亦受震动，故咨询阚泽。阚泽论三教上下，以佛学高于儒道，尤以"道学"放荡不伦，为等而下之。"下敕问尚书令阚泽曰：汉明已来凡有几年，佛教入汉既久，何缘始至江东？泽曰：自汉明永平十年，佛法初来，至今赤乌四年，则一百七十年矣。初永平十四年，五岳道士与摩腾角力之时，道士不如。南岳道士褚善信费叔才等，在会自憾而死。门徒弟子归葬南岳，不预出家无人流布。后遭汉政陵迟，兵戎不息，经今多载始得兴行。又曰：孔丘李老得与佛比对不？泽曰：臣闻鲁孔君者，英才诞秀圣德不群，世号素王。制述经典，训奖周道，教化来叶，师儒之风，泽润今古。亦有逸民知许成子原阳子庄子老子等百家子书，皆修身自玩，放畅山谷，纵佚其心，学归澹泊，事乖人伦长幼之节，亦非安俗化民之风。至汉景帝以黄子老子义体尤深，改子为经，始立道学，敕令朝野悉讽诵之。若以孔老二教比方佛法，远则远矣。所以然者，孔老二教，法天制用不敢违天；诸佛设教，天法奉行不敢违佛。以此言之，实非比对。吴主大悦。"（《广弘明集·吴主叙佛道三宗》）

吴主孙皓在位时期，康僧会与吴主孙皓之间发生了论辩事件，《高僧传》与《太平广记》对此均有记载，而《太平广记》所记更加详细，其文云："至孙皓即位，法令苛虐，废弃淫祠，及佛寺并欲毁坏。皓曰：'此又何由而兴？若其义教贞正，与圣典相应者，当存奉其道。如其无实，皆悉焚之。'诸臣佥曰：'佛之威力，不同于神。康会感瑞，大皇创寺。今若轻毁，恐贻后悔。'皓遣张昱诣寺诘会。昱雅有才辩，难问纵横。会应机骋辞，文理锋出。自旦之夕，昱不能屈。既退，会送于门。时寺侧有淫祠在，昱曰：'玄化既敷，此辈何故近而不革？'会曰：'震霆破山，聋者不闻，非音之细。苟在理通，则万里悬应，如其阻塞，则肝胆楚越。'昱还，叹会材明，非臣所测，愿天鉴察之。皓大集朝贤，以车马迎会。会既坐，皓问曰：'佛教所明，善恶报应，何者是耶？'会对曰：'夫明主以孝慈训世，则赤乌翔而老人见；仁德育物，则体泉涌而嘉苗出。善既有瑞，恶亦如之。故为恶于隐，鬼得而诛之，为恶于显，人得而诛之。易称积善余庆，诗咏求福不回。虽儒典之格言，即佛教之明训。'皓曰：'若然，则周孔已明，何用佛教？'会曰：'**周孔所言，略示近迹，至于释教，则备极幽微**。故行恶则有地狱长苦，修善则有天宫永乐。举兹以明劝沮，不亦大哉？'皓当时无以折其言。"（《太平广记》卷八七异僧一）

然而，孙皓接受佛法，并非由觉悟佛理而信，而是因犯佛像而受惩，被僧会所救拔所致。此种僧人所具有的特异能力，即招福去祸，预言未来之神异现象，是时人普遍的信仰，也是佛学所以能够广泛传播的重要原因。从佛教之理论来说，这是接引信众的方便法门；从宗教传播史的角度来说，一种信仰常以满足人们的功利性诉求来传播，这是宗教传播过程中的一个普遍现象。"皓虽闻正法，而昏暴之性不胜其虐。后使宿卫兵入后宫治园，于地得一金像高数尺呈皓。皓使着不净处，以秽汁灌之，共诸群臣笑以为乐。俄尔之间，举身大肿，阴处尤痛，叫呼彻天。太史占言，犯大神所为。即祈祀诸庙，永不差愈。婇女先有奉法者，因问讯云：陛下就佛寺中求福不？皓举头问曰：佛神大耶？婇女云：佛为大神。皓心遂悟，具语意故。婇女即迎像置殿上，香汤洗数十过，烧香忏悔。皓叩头于枕，自陈罪状。有顷痛间，遣使至寺，问讯道人，请会说法，会即随入。皓具问罪福之由，会为敷析辞甚精要。皓先有才解，欣然大悦。因求看沙门戒，会以戒文禁秘不可轻宣，乃取本业百三十五愿，分作二百五十事，行住坐卧皆愿众生。皓见慈愿广普，益增善意,即就会受五戒,旬日疾瘳。乃于会所住更加修饰,宣示宗室莫不必奉。会在吴朝亟说正法,以皓性凶粗不及妙义,唯叙报应近事以开其心。"(《高僧传·译经上·魏吴建业建初寺康僧会》)

中国南方的佛教与本土文化交往紧密,刘宋时期的何尚之言其盛况曰:"中朝已远,难复尽知,渡江已来,则王导、周顗、庾亮、王蒙、谢尚、郗超、王坦之、王恭、王谧、郭文举、谢敷、戴逵、许询及亡高祖兄弟及王元琳昆季、范汪、孙绰、张玄、殷觊等。或宰辅之冠盖,或人伦之羽仪,或置情天人之际,或抗迹烟霞之表,并禀志归依,措心崇信。其间比对,则兰、护、开、潜、深、遁、崇、邃,皆亚迹黄中,或不测之人也。"(《广弘明集·宋文帝集朝宰论佛教》)到了南朝刘宋之时期,宋武帝曾发《沙汰僧徒诏》,表明刘宋王朝已对佛教之发展怀有戒心。"世祖大明二年,有昙标道人与羌人高阇谋反,上因是下诏曰:'佛法讹替,沙门混杂,未足扶济鸿教,而专成逋薮。加奸心频发,凶状屡闻,败乱风俗,人神交怨。可付所在,精加沙汰,后有违犯,严加诛坐。'于是设诸条禁,自非戒行精苦,并使还俗。而诸寺尼出入宫掖,交关妃后,此制竟不能行。"(《宋书卷九十七·蛮夷》)尽管此诏令并未能真正执行,但已显露刘宋王朝对待佛教的策略,是把佛教放置于国家治理的通盘考量中加以管理。

宋明帝之时,佛道之间发生一场争斗,最后以道教胜利而明帝信从道教而告终。"三年,帝幸庄严寺观三教谈论。周颙迁直殿省。时帝好玄理,而遇人惨毒,不敢显谏,辄举佛经罪福事,帝为之迁善。颙著三宗论言空假义,西凉州道人智林,遗书以赞美之。逸士顾欢作夷夏论,以佛道二教齐乎达化而有夷夏之别。欢虽同二法,而意党道教。司徒袁粲托沙门通公,为论以驳之,谓孔老教俗为本,释氏出世为宗,发轫既殊,其归亦异。常侍何镇之,亦以书诋欢言。道家经籍简陋,如灵宝妙真之类,采撮法华制用尤拙。上清黄庭餐霞咀石,非徒法不可效,道亦难同。虽五千之文稍长,终不若三乘,共引九流俱接之为得也。帝闻庐山陆修静有道,筑崇虚馆以礼致之,顺风问道,朝野归心。"(《佛祖统纪卷三十六·法运通塞志卷第十七之三》)泰始三年即公元467年,宋明帝亲自参与到三教之论辩之中，代表佛教的周颙与智林，与代表道教的顾欢发生论辩，而后袁粲和何镇之也参与进来。最终，宋明帝接受了陆修静的道教，并修筑了崇虚馆致礼，道教因之大盛。

总体而言，南朝的刘宋时期对于佛教采取了比较宽容的宗教政策。宋文帝刘义隆在位期间（公元424—453年）对三教都加以扶持，于元嘉十六年（公元439年）设立玄学、史学与文学。"上好儒雅，又命丹阳尹何尚之立玄学，著作佐郎何承天立史学，司徒参军谢元立文学，各聚门徒，多就业者。江左风俗，于斯为美，后言政化，称元嘉焉。"（《南史·宋本纪中第二》）宋文帝对于佛教也采取包容的态度，《广弘明集》中载有文帝采纳何尚之和羊玄保的谏议而接受佛教的对话过程。宋文帝本人也对僧人论法之高妙与僧人论道之风度十分欣赏："时有沙门竺道生者，秀出群品，英义独拔，帝重之。尝述生顿悟义，僧等皆设巨难，帝曰：'若使逝者可兴，岂为诸君所屈？'时颜延之著离识论，帝命严法师辩其同异，往返终日，笑曰：'公等今日无愧支许之谈也'。"（《广弘明集·宋文帝集朝宰论佛教》）

到了梁武帝时期，梁武帝本人崇信佛教而排斥道教。他在天监十六年（公元517年）废道教，并于禁中设道场，召僧众讲论经文。此事件表现出梁武帝作为坚定的佛教信奉者和政治保护人，对于其他教派所持的排斥态度。可以说，梁武帝是一位典型的宗教狂热者，此种狂热落在一位帝王那里，显得尤其醒目和突出。"梁高祖武皇帝，年三十四登位，在政四十九年，虽亿兆务殷而卷不释手，内经外典周不屑怀，皆为训解数千余卷。而俭约自节，罗绮不缘，寝处虚闲，昼夜无怠，致有布被、莞席、草屦、葛巾。初临大宝即备斯事，日惟一食永绝辛膻，自有帝王罕能及此。"（《广弘明集卷四·叙梁武帝舍事道法》）武帝以佛学为正教，而斥其他二教为邪见，表现出极强的护教意识。他进一步以为若欲成为一真正的清信之佛徒，便当弃二教而仅遵信佛教，尤其当排斥道教。"弟子经迟迷荒耽事老子，历叶相承，染此邪法，习因善发，弃迷知返。今舍旧医归凭正觉，愿使未来生世童男出家，广弘经教化度含识同共成佛。宁在正法中长沦恶道，不乐依老子教暂得生天。……至四月十一日，又敕门下，大经中说，道有九十六种，惟佛一道是于正道，其余九十五种名为邪道。朕舍邪外道以事正内，诸佛如来若有公卿能入此誓者，各可发菩提心。老子周公孔子等，虽是如来弟子而化迹既邪，止是世间之善，不能革凡成圣，其公卿百官侯王宗族，宜反伪就真、舍邪入正。故经教成实论云：若事外道心重佛法心轻，即是邪见，若心一等，是无记性不当善恶。若事佛心强老子心弱者，乃是清信，言清信者，清是表里俱净，垢秽惑累皆尽，信是信正不信邪，故言清信佛弟子，其余诸信皆是邪见，不得称清信也，门下速施行。"（《广弘明集卷四·叙梁武帝舍事道法》）

对于此事，《佛祖统纪》亦有记载："敕废天下道观道士皆返俗，敕沙门慧超为寿光殿学士，召众僧法集讲论注解经文，并居禁中（此内道场之始）。"（《佛祖统纪卷三十七·法运通塞志卷第十七之四》）又有"梁武帝天监二年，率群臣士庶发菩提心，永弃道教。十六年，敕废天下道观，道士皆反俗。"（《佛祖统纪卷五十四》）

北朝的儒释道三家也有广泛交汇的情况。北魏太武帝在太平真君六年（公元445年）发动了灭佛行动。当时，盖吴在杏城（今陕西黄陵）发动起义，太武帝发兵征讨。大军在长安驻扎时，在寺庙之中竟查出大量的兵器。太武帝大怒之下，将寺内僧众全部杀死，抄没寺院财产，并把此灭佛行动迅速蔓延整个长安，乃至北魏全境。史料载道："帝讳焘，以明元帝泰常八年即位。时年八岁，尚在幼冲，资政所由惟恃台辅。时司徒崔浩尤不信佛，帝访国事，每以为怀，言佛法虚诞为俗费害，黄老仙道可以存心。浩既雅信仙道，授帝老经，随言信用曾无思择，即立道坛四迎方士。当时佛法隆盛，浩内嫉之，常求瑕衅。会盖吴反于杏城，关中骚动，帝乃西伐，时浩从焉。既至长安，有沙门，种麦于寺中。御骝牧马帝入观马，从官入其便室见有弓矢，出以奏闻。帝怒曰：'此非沙门所用，当与盖吴通谋规害人耳。'命有司案诛一寺，阅其财产及州郡牧守富人所寄藏物，盖以万计，诏乃焚破佛像，敕留台下，四方一依长安行事。"（《广弘明集卷八·叙元魏太武废佛法事》）此次灭佛行动的幕后推手实为崔浩，而崔浩是一位坚定的道教的支持者。

此次灭佛事件反映出了佛道两家在政治文化上的斗争。史料载道："时恭宗为太子监国，素敬佛法，频上表陈刑杀沙门之滥，又非图像之罪，今罢其道杜诸寺门，世不修奉，土木丹青自然毁灭，如是再三不许。时有沙门玄高者，空门之秀杰也，太子晃师之，晃敬事如佛。崔浩得幸于帝，恐晃摄政，或见危逐，密谮于帝晃有异图，若不先虑后悔无及，又晃结纳玄高，高又通灵鬼物善得人心，可不猜耶？帝初不从，后且幽之。又梦其先祖云：'太子无事。'又问百官，咸云：'太子仁孝，枉见幽辱。'帝乃出晃以政归之，浩又重谮，帝信之，便幽死晃于禁中，缢高于郊南。浩得志于朝廷也，列辟莫敢致言。便以太平真君七年三月下诏，一切荡除，所有图像胡经皆击破焚毁，沙门无少长悉坑之，斯并崔浩之意致也。"（《广弘明集卷八·叙元魏太武废佛法事》）

北魏孝明帝于正光元年（公元 520 年），恢复佛教在本朝的合法地位，佛教再兴。他召集佛道两家代表于殿前进行论辩，最终以道士之惨败而结束。"正光元年，明帝加朝服大赦天下。召佛道二宗门人殿前，斋讫，侍中刘腾宣敕，请法师等与道士论议，以释弟子疑网。时清通观道士姜斌与融觉寺僧昙谟最对论。"佛道两家各自选定代表，道家为姜斌，佛教为昙谟最，展开事关二教之生死存亡的辩论。

"帝曰：'佛与老子同时不？'斌曰：'老子西入化胡，佛时以充侍者，明是同时。'最曰：'何以知之？'斌曰：'案老子开天经，是以得知。'最曰：'老子当何王几年而生，周何王几年西入？'斌曰：'当周定王即位三年乙卯之岁，于楚国陈郡苦县厉乡曲仁里，九月十四日夜子时生。至周简王四年丁丑岁，事周为守藏吏，简王十三年迁为太史。至敬王元年庚辰岁，年八十五见周德陵迟，与散关令尹喜西入化胡，斯足明矣。'最曰：'佛以周昭王二十四年四月八日生，穆王五十二年二月十五日灭度。计入涅槃后经三百四十五年，始到定王三年，老子方生，生已年八十五，至敬王元年，凡经四百二十五年，始与尹喜西遁，据此年载悬殊，无乃谬乎！'斌曰：'若佛生周昭之时，有何文记。'最曰：'周书异记汉法本内传，并有明文。'斌曰：'孔子既是制法圣人，当时于佛迥无文记何耶?'最曰:'仁者识同,管窥览不弘远。案孔子有三备卜经,谓天地人也,佛之文言出在中备,仁者早自披究,不有此迷。'斌曰:'孔子圣人,不言而知,何假卜乎?'最曰:'惟佛是众圣之王,四生之首,达一切含灵前后二际吉凶终始,不假卜观。自余小圣,虽晓未然之理,必藉蓍龟以通灵卦也。'侍中尚书令元乂宣敕语,道士姜斌论无宗旨,宜下席。

又问:'开天经何处得来,是谁所说?'即遣中书侍郎魏收尚书郎祖莹等,就观取经,帝令议之。太尉丹阳王萧综太傅李寔卫尉许伯桃吏部尚书邢栾散骑常侍温子升等一百七十人,读讫奏云:'老子止著五千文,更无言说,臣等所议,姜斌罪当惑众。'帝加斌极刑,三藏法师菩提流支苦谏乃止,配徙马邑"(《广弘明集卷一·元魏孝明召佛道门人论前后》),道士姜斌在与僧人昙谟最的论辩中落于下风,不足服众,更所引失据,罪当惑众,本当处以极刑。还要靠佛教法师求情,方才落得个流放保命的下场。在此场辩论之中,佛学取得了全胜。

北朝的北魏后来分裂为东魏与西魏,之后各被北齐与北周所取代。北齐文宣帝以为佛道二教不同,欲去其中之一。于是,在天保六年(公元555年)八月,"下敕召诸沙门与道士学者达十人,亲自对校"。此斗法之事以陆修静为一方代表道教,另一方以上统为佛教代表。其斗法过程以论辩、符咒、飞升等为内容,最终以佛胜道败为结局,反映出此时佛道两家之对立与争斗:"帝目验臧否,便下诏曰:'法门不二,真宗在一;求之正路,寂泊为本。祭酒道者,世中假妄,俗人未悟,仍有祗崇。麴蘖是味,清虚焉在;瞿脯斯甜,慈悲永隔。上异仁祠,下乖祭典,皆宜禁绝,不复遵事,颁勒远近,咸使知闻。'其道士归伏者,并付昭玄大统上法师度听出家,未发心者,可令染剃。尔日斩首者非一。自谓神仙者,可上三爵台令其投身飞逝,皆碎尸涂地。伪妄斯绝,致使齐境国无两信。迄于周时隋初,渐开其术,至今东川,此宗微末无足抗言。"(《广弘明集卷四·叙齐高祖废道法事》)在二教论辩过程之中,其信仰法术之效验所起到的关键作用,即若无实证,则其理不立,已是当时上下之共识。《佛祖统纪》对此事件亦有记载:"北齐文宣天保六年，道士请与释角法不胜。诏道士并从剃度，自是齐境并无道士。"(《佛祖统纪卷五十四》)又称："北齐文宣，道士陆修静等乞与释氏角法不胜，并令剃度，不从者杀四人。"(《佛祖统纪卷五十四》)

北周武帝信奉儒学，申三年丧制并信从谶纬。时有谶书："黑者得也，谓有黑相当得天下"，武帝听从道士张宾的建议，开始信道轻佛："帝以得志于天下，一无所虑也，然信任谶纬偏以为心。自古相传黑者得也，谓有黑相当得天下，犹如汉末讹言黄衣当王，以黄代赤承运之像，言黑亦然，所以周太祖挟魏西奔，衣物旗帜并变为黑，用期讹谶之言，斯亦汉光武之余命也。……有道士张宾，谲诈罔上，私达其党，以黑释为国忌，以黄老为国祥。帝纳其言，信道轻佛，亲受符录躬服衣冠。"(《广弘明集卷八·周灭佛法集道俗议事》)北周武帝又以为三教之中道教至上，而佛教为后："至天和四年岁在己丑三月十五日，敕召有德众僧名儒道士文武百官二千余人。帝御正殿量述三教，以儒教为先，佛教为后，道教最上，以出于无名之前，超于天地之表故也。时议者纷纭情见乖咎，不定而散。"(《广弘明集卷八·周灭佛法集道俗议事》)

北周武帝建德三年即公元574年五月开始禁佛，诏僧人、道人集于京师，斥佛教不净，下诏禁佛道二教："初断佛、道二教，经像悉毁，罢沙门、道士，并令还民。并禁诸淫祀，礼典所不载者，尽除之。"(《周书武帝上》)经像被全部焚毁，并令僧人、道士还俗，三宝福财散给臣下，寺观塔庙赐予王公。其他奉祀祭礼，儒典所不载者，尽除之。"乃经五载至建德三年，岁在甲午五月十七日，初断佛道两教沙门道士并令还俗，三宝福财散给臣下，寺观塔庙赐给王公，余如别述。于时卫王不忍其事，直入宫烧乾化门，攻帝不下，退至虎牢，捉获入京，父子十二人，并同谋者并诛。"(《广弘明集卷八·周灭佛法集道俗议事》)当年六月，武帝又设置"通道观"，选佛、道名士120人，普着衣冠，为"通道观学士"，并置官吏统管，这是把佛老两家均收归国家统一管理的标志。北周武帝建德三年（公元574年）颁布《立通道观诏》，为三教融合过程中形成的一官方机构。诏书中称："至道弘深，混成无际，体包空有，理极幽玄。但歧路既分，派源逾远，淳离朴散，形气斯乖。遂使三墨八儒，朱紫交竞；九流七略，异说相腾。道隐小成，其来旧矣。不有会归，争驱靡息。今可立通道观，圣哲微言，先贤典训，金科玉篆，秘迹玄文，所以济养黎元，扶成教义者，并宜弘阐，一以贯之。俾夫玩培塿者，识嵩岱之崇崛；守碛砾者，悟渤澥之泓澄，不亦可乎。"代表了北周政权对于三教融合的态度。《资治通鉴》对此事也有记载："戊午，周立通道观以壹圣贤之教。"它是有史可证的第一个三教会通的官方机构。当然，它之设立是在北周武帝发布灭佛令一个月之后，所以，通道观的意义在当时并非是为了兼容三教，而是进一步明确政府对于三教的统一管理。《广弘明集》对于此事件也有记载，其文曰："于时员置百二十人监护，吏力各有差，并选择李门人有名当世者，着衣冠笏履，名通道观学士。有前沙门京兆樊普旷者，憸悖谲诡，调笑动人。帝颇重之，召入通道。虽被抑退，常鬄发留须。帝问何事去留？旷曰：'臣学陛下，二教虽除，犹存通道。须为俗饰故留，发非俗教故遣。'帝曰：'俗有留发上加以冠，何言非教？'旷曰：'无发之士，岂是教乎？臣预除之，加冠何损？'帝笑之。自尔常净剃发着冠缨领。人有问者曰：'我患热也，云云。'"（《广弘明集卷十·叙周武帝更兴道法事》）通道观中如樊普旷者为一象征性的人物，其为沙门又着道冠，看似三教之合一，实则仅为戏论。故而，通道观在三教融合过程中具有的象征意义远大于其实质意义。

北周建德六年（公元577年），北周灭北齐，北周武帝入邺城，也把禁佛令推行到原北齐全境，引起沙门慧远、任道林与武帝之谏净。《广弘明集》中载，周武帝平定北齐之后，把若干沙门召集于殿前，当众讨论佛教废立之事，并与僧人慧远发生论辩。尽管论辩中武帝为理屈的一方，但这并没有动摇武帝灭佛的决心。经过大规模的禁佛行动，北方寺像几乎悉毁，僧众多逃奔江南。"帝已行虐三年，关陇佛法诛除略尽。既克齐境还准毁之，尔时魏齐东川佛法崇盛，见成寺庙出四十千，并赐王公充为第宅，五众释门减三百万，皆复军民还归编户。融刮佛像，焚烧经教，三宝福财簿录入官，登即赏赐分散荡尽。帝以为得志于天下也，未盈一年，疠气内蒸，身疮外发，恶相已显，无悔可销，遂隐于云阳宫，才经七日寻尔倾崩。"（《广弘明集卷十·叙释慧远抗周武帝废教事》）武帝死后，北周宣帝、静帝先后继位，佛法又兴。

综上，三教之间的争辩多有现实方面的考量。一是三教都希望可以获得国家最高政权的支持，此在大一统作为政治传统理念的国家之中，更是如此。二是国家统治集团也需要选择正确的宗教和文化来治理国家，加强和巩固其统治力量，于是三教都具有了参与社会政治生活的身份和角色。三是三教之中的佛道，本讲虚静与性空，然而，在社会实践中却不能够从社会政治生活中超脱出去，相反地却积极地参与政治，说明了二教自身所具有的现实向度和世俗的生存指向。佛教所具有的入世性在此就可以见到，因佛教入于中土，便落入世俗之名教秩序中，在名法秩序之中占有其相应位置。故而，佛教与世俗名教的关系问题在于其相应之位置究竟如何确定，而并非该不该有其位置的问题。

（三）三教对于与社会现实关系的反思和理论建构

佛学在此一时期出现了对于本教与社会现实关系进行反思的著作，在时间上最先的当为《牟子理惑论》了。《牟子理惑论》相传为东汉末年的苍梧太守牟子博所作（一说牟融），是早期融合三家之学的名著。它是在佛教传入中土不久，仍未被汉文化所接受的大背景下创作的。其融合儒道释三家，而以佛学统之，以与儒道之学相融。观《理惑论》中之论点，绝大多数都是在强调佛教与儒道两家并无冲突，并以当时中国本土根深蒂固的儒道之学解释佛教中种种陌生的现象，比如剃度、神异等等，都是期望佛教能够更易被人接受。其中所论的鬼神之辩，夷夏之争，都是为此目的而发。《牟子理惑论》中载："问曰：'何以正言佛？佛为何谓乎？'牟子曰：'佛者号谥也，犹名三皇神五帝圣也。佛乃道德之元祖，神明之宗绪。佛之言觉也。恍惚变化分身散体，或存或亡，能小能大，能圆能方，能老能少，能隐能彰。蹈火不烧，履刃不伤，在污不辱，在祸无殃，欲行则飞，坐则扬光，故号为佛也。'

问曰：'何谓之为道？道何类也？'牟子曰：'道之言导也，导人致于无为。牵之无前,引之无后,举之无上,抑之无下。视之无形,听之无声。四表为大,蜿蜒其外。毫厘为细,间关其内。故谓之道。'

问曰:'孔子以五经为道教,可拱而诵履而行。今子说道虚无恍惚,不见其意,不指其事,何与圣人言异乎?'牟子曰:'不可以所习为重,所希为轻,或于外类失于中情。立事不失道德,犹调弦不失宫商。天道法四时,人道法五常,老子曰:有物混成先天地生,可以为天下母。吾不知其名,强字之曰道。道之为物,居家可以事亲,宰国可以治民,独立可以治身。履而行之充乎天地,废而不用,消而不离。子不解之,何异之有乎?'"

何者为佛的问题,无疑对于佛学的自我理解和对外传播而言,都是至关重要的根本性问题。《牟子理惑论》以佛为"道德之元祖,神明之宗绪",便把佛推至极高的地位,此至高之地位在中国文化的格局中已经设立起来了,原本由儒道两家所占据,佛在此宣称自己对于此地位的占有。又称佛为"觉",实质是以义理说佛性,由于"觉"自身所具有的极大的融涵性,也为后来"佛内孔外"的融合模式提供了理论基础。

《理惑论》在讨论为何周孔不修佛法的问题,并解释为何放弃儒学和修习佛理时,说道:"书不必孔丘之言,药不必扁鹊之方。合义者从,愈病者良。君子博取众善,以辅其身。"合于"义"则从,不合于"义"则舍,取舍三教的标准不在于别处,只在于是否合于"义"。因佛理融通儒学,并更加广博,故佛理比儒学更能体现"义"道。以合义而论三教关系,是各朝代讲求三教合一的时候,一个非常重要的模式和进路。

《理惑论》尤其关注"孝"的问题,对这个问题的讨论贯通了三教融合的始终。"孝"是儒家文化也是当时社会整体文化的一个核心部分,儒家所推崇的礼乐文明其根本便是建立在"孝"之观念之上,故先秦时期有子言道,"孝悌也者,其为仁之本与!"(《论语·学而》),孝无疑是儒家为人行事的基本伦理准则。联系到东汉时期盛行的对于"孝道"的奉行和砥砺,佛教徒所遵从的剃度出家等行为,一定会在当时引起极大的争议和拒斥。对于这个问题，《理惑论》以为佛教的教理与孝道并不冲突：沙门剃头，为"时宜施也"；"沙门捐家财，弃妻子，不听音视色"，乃"让之至也"，更是"苟有大德，不拘于小"，均为有儒家之德性的表现。对于出家"无后"之"不孝"，《理惑论》解释说，孔门也同样褒扬为德行而牺牲生命的人，并不会讥刺其人无后代，故而"长左者必短右，大前者必狭后"，"沙门修道德，以易游世之乐；反淑贤，以背妻子之欢"，此种行为也是僧人品德高尚的表现，并不能以"无后"而责备。如此，便以德性为桥梁融通了儒释两家在孝之表现上的差异。

东晋名僧慧远（公元334—416年），俗姓贾，中国东晋时高僧，雁门郡楼烦县人（今山西原平），出身于世代书香之家。居庐山，与刘遗民等同修净土，为净土宗之始祖。早年精通儒学，旁通老庄。二十一岁时，听道安讲《般若经》，于是彻悟佛理，舍俗出家，曾感叹说："儒道九流，皆糠秕耳。"（《高僧传·义解三·晋庐山慧远》）随从道安法师修行。其高风亮节，为当世所重。当时的名士谢灵运，钦服慧远，在东林寺中开两池，遍种白莲，慧远创社遂称"白莲社"，因此，后来净土宗又称"莲宗"。道安与慧远为一系之佛学，而慧远尤其重视佛儒之间的礼教之争。在礼教问题上，道安和慧远都强调了佛教仪式和戒律所具有的独立性，故而主张沙门不敬王者。其原因，即在于佛学之根本教理与世俗不同，故而不能与之妥协。晋成康之世，庾冰辅政，曾下令沙门致敬王者，因为尚书令何充等人的反对，并没有实行。东晋元兴元年（公元402年），桓玄在谋划篡位之际，重新提出六十余年前庾冰所主的沙门应敬王者，以为除了畅说义理、奉戒无亏、山居养志的沙门之外，剩余僧众一概罢道还俗。慧远回书作答，申致沙门不宜轻废之意，尚书令桓谦与中书令王谧也答书桓玄，示以反对。但桓玄并没有改变主张，于元兴二年（公元403年）下令庐山之外的沙门还俗，并于同年十二月篡位。元兴三年（公元404年）刘裕起兵攻灭桓玄。大概就在此年，慧远出于护法的远虑，"深惧大法之将沦，感前事之不忘。故著论五篇，究叙微意"（《沙门不敬王者论》）。总结东晋时期两次沙门王者之争，写出《沙门不敬王者论》。其论辩的实质，在于阐发佛教礼仪的特质，同时对于王权如何对待僧徒提出建议，为了说明以上两点，慧远对于佛教之教义也作出深刻的阐发。《高僧传》对于其主要内容作出简述，"凡有五篇：一曰在家，谓在家奉法则是顺化之民，情未变俗迹同方内，故有天属之爱奉主之礼，礼敬有本，遂因之以成教。二曰出家，谓出家者，能遁世以求其志，变俗以达其道，变俗则服章不得与世典同礼，遁世则宜高尚其迹。大德故能拯溺俗于沈流，拔玄根于重劫，远通三乘之津，近开人天之路，如令一夫全德，则道洽六亲泽流天下，虽不处王侯之位，固已协契皇极在宥生民矣，是故内乖天属之重，而不逆其孝，外阙奉主之恭，而不失其敬也。三曰求宗不顺化谓反本，求宗者不以生累其神，超落尘封者不以情累其生，不以情累其生则其生可灭，不以生累其神则神可冥，冥神绝境故谓之泥洹，故沙门虽抗礼万乘高尚其事不爵王侯，而沾其惠者也。四曰体极不兼应，谓如来之与周孔，发致虽殊潜相影响，出处咸异终期必同，故虽曰道殊所归一也，不兼应者，物不能兼受也。五曰形尽神不灭，谓识神驰骛随行东西也，此是论之大意，自是沙门得全方外之迹矣。"（释慧皎《高僧传·义解三·晋庐山慧远》）

慧远在此首先区分了在家与出家的佛教徒所当行的差异，肯定了佛教所具有的社会和政治职能，同时还把佛教的义理同维护名教的传统理论相结合，区分对待佛教的世俗要求和出世的追求，协调了佛教教义、僧众制度与封建礼教。慧远与桓玄论沙门不敬王者，明确地认为，佛教包含两大任务，"一者处俗弘教，二者出家修道"。前者救人忠孝之义，奉上尊亲；后者在隐居求志，变俗达道。隐居变俗使沙门在形式上表现为"内乖天属之情"，"外阙奉主之荣"，但实质上能令"道洽六亲，泽流天下"，起到"协契皇极，大庇生民"的作用。

综上所述，佛教对于自身与社会现实的关系进行了深入的反思和理论建构，在显示佛教教义独特性的同时，也协调了佛教与现实社会生活间的冲突和矛盾，使得佛教更加方便地进入到中土文化之中。同时，佛教对于中国本土社会现象和伦理元素的解释也一定会引起儒道两家的关注，使得三家在更加广阔的实践平台上展开争论和交流。

二　三教本体论的意义世界

　　三教之本体学说，是三教思想之交融点。三家之学的本体论，是对于宇宙本体和人性根源的揭示和建构，对于其理论自身而言常落于不可言诠，不可思议，从而成为绝对的自为性主体；但同时，此本体论作为一派之教义，亦需成为对于他人而言可见而可知的，亦可以被反思和质疑的，从而成为为他性的客体。于是，它必然作为学派之交互主体视域中的本体而存在。这是因为，在以本体意识去面对现实的时候，经常会把自身之意识绝对化，从而不能形成对于自身本体意识的反思。在他者之学的比照下，其自身的本体意识才会对自身呈现出来。这既构成自身本体理论的限制，也使得自身的本体理论更加的明确，也更具有创造性和动态性。

　　具体到此一时期的儒释道的本体论观点，就会涉及以下问题的展开：佛教所论的空之神性，作为一种纯然的超越存在，如何能够得到证明？它与万物之间具有怎样的关系？儒学所论的气之形体，作为一种纯然的经验存在，如何能够自我转化，并灵妙神通？它是否具有内在之神明？孔子所论之"天"，勿"意必固我"之见，一阴一阳之道，是否内涵有神明之意？对于这些问题的分析和解答，推进了三教对于本体问题的融通，形成了一个共识：纯然之超越存在，即神性，是不能够加以对象化和经验化的，它是人之存在的纯然的自为的方面。而名象则是可以被对象化和经验化的，是人之存在的纯然的为他方面。人之为人的存在，是此两个方面的结合，从而才形成后世所确立的"心"的概念。

　　同时，在这一时期，三教之间已然发生了大量的交流和论辩，这不仅加深了各家之学的相互了解，而且使得各家自身的学问也发生了一些变化，使得各家之学均具有了融通其他两家的学理。在这一个时期，三家融合的程度经历了一个由浅入深的过程，相应于各家对于其他两家的认识深度而展开，其所讨论的主题首先聚焦在礼俗仪式的规定上,进而集中在佛理与儒玄之理间关系问题的讨论。具体展开为以下主题:对《庄子》文本中"逍遥游"的讨论,即如何做到逍遥,以及如何理解逍遥(早期的论题之一,表示佛学与玄学之间的紧密关系);人性问题,即众生是否具有佛性(含识)、圣人与众生是否有根本的区别(何承天与宗炳的讨论主题之一,这个问题可能直接引发了道生所论的顿悟,以及谢灵运对这个问题的回应);神是否会随着形体而消亡(何承天与宗炳讨论的另一个论题,这涉及儒家之鬼神观念与佛学之神的辨析。对这个问题的讨论越来越深入,牵涉的问题也越来越多,是南北朝时期佛学的核心主题。);性命问题,此问题延伸到佛教,便为是否确有报应的问题(孙绰的《喻道论》也提到了这个问题)等。

当讨论以上问题的时候,必然会遇到何家之说更为根本的问题。于是,便会把讨论引向究竟本体为何的深入思考。并且在他家的挑战和应对中,会有对于自身究竟理论的新思考和新观念,即所谓"温故而知新",如果没有他家的刺激,大概也很难有带有特定目的的温故,遑论知新了。在相互的论辩之中,南方之儒学深受玄学影响,形成以儒玄合一的宇宙人生观。而魏晋南北朝时期的哲学也逐渐接受了一种超越于现实之上的"空"的不可见的形上本体,即一种崭新的神性观念。

(一)儒学的神性与天道所具有的为他性

儒家的天道本体在此阶段中仍坚持为经验性的,但是其理论经常受到佛学超验性本体的袭扰和攻击,这既使得儒学进一步明确其天道本体承载的意义世界,同时,也逐渐映衬出其自身本体世界原本所具有的超验性维度。在儒家宇宙人生观的观照之下,人性由阴阳五行之气所化成,其命由后天之遭适所定,使得人生在先天与后天均充满不确定性,因而,佛教所主张的性命之间的必然联系与报应论便不能够成立。

罗含(公元292—372年),字君章,号富和,东晋衡阳郡耒阳县(今衡阳市耒阳市)人。东晋时期思想家、哲学家、文学家、地理学家,中国山水散文的创作先驱。其作《更生论》曰:"善哉向生之言曰：天者何？万物之总名；人者何？天中之一物。因此以谈。今万物有数而天地无穷，然则无穷之变，未始出于万物。万物不更生，则天地有终矣。天地不为有终，则更生可知矣。寻诸旧论，亦云：万兆悬定，群生代谢。圣人作易已备其极，穷神知化穷理尽性。苟神可穷，有形者不得无数。是则人物有定数，彼我有成分。有不可灭而为无，彼不得化而为我。聚散隐显，环转于无穷之涂。贤愚寿夭，还复其物。自然相次，毫分不差。与运泯复，不识不知。迢哉邈乎，其道冥矣。天地虽大，浑而不乱。万物虽众，区已别矣。各自其本，祖宗有序。本支百世，不失其旧。又神之与质，自然之偶也。偶有离合，死生之变也。质有聚散，往复之势也。人物变化，各有其性。性有本分，故复有常物。散虽混淆，聚不可乱。其往弥远，故其复弥近。又神质冥期，符契自合。世皆悲合之必离，而莫慰离之必合。皆知聚之必散，而莫识散之必聚。未之思也，岂远乎哉者？凡今生之生，为即昔生。生之故事，即故事。于体无所厝其意，与已冥各不自觉。孰云觉之哉？今谈者徒知向我非今，而不知今我故昔我耳。达观者所以齐死生，亦云死生为寤寐。诚哉是言！"其论以性命为本，万物聚散必复归其性命，从而否定宇宙人生有任何真正的变易，故而不必存哀乐于其间。此种关于宇宙人生的规律性的问题，在魏晋南北朝时期是三家共同关注的一个中心问题。

孙盛对罗含所言复性之说，有所质疑。孙盛（生卒年不详）东晋中期时人，字安国，太原郡中都县（今山西省平遥县）人。东晋中期史学家、名士。出身官宦名门，曾随桓温灭成汉，北伐收复洛阳，官至长沙太守，封吴昌县侯。晚年官至秘书监、给事中。《晋书》中载："及长，博学，善言名理。于时殷浩擅名一时，与抗论者，惟盛而已。盛尝诣浩谈论，对食，奋掷麈尾，毛悉落饭中，食冷而复暖者数四，至暮忘餐，理竟不定。盛又著医卜及《易象妙于见形论》，浩等竟无以难之，由是遂知名。"孙盛一生著述颇丰，《晋书》称其"笃学不倦，自少至老，手不释卷"。其著作以史学居多，其书"词直而理正"。著《魏氏春秋》二十卷、《魏氏春秋异同》八卷、《晋阳秋》三十二卷，今仅存轶文。他对罗含的回书云:"省更生论。括囊变化,穷寻聚散。思理既佳,又指味辞致亦快。是好论也。然吾意犹有同异。以令万物化为异形者,不可胜数。应理不失,但隐显有年载。然今万化犹应多少,有还得形者无,缘尽当须冥远,耳目不复开逐,然后乃复其本也。吾谓形既粉散,知亦如之。纷错混淆,化为异物。他物各失其旧,非复昔日。此有情者所以悲叹。若然则足下未可孤以自慰。"(《弘明集卷五·与罗君章书》)其言拒斥同一之设定,以为并无复性之可能。宇宙人生,均迁流不居,其知也随之变化,故而并无固定不变之物。

　　罗含对此颇不以为然,其答云:"请寻前本。本亦不谓物都不化,但化者各自得其所,化颓者亦不失其旧体。孰主陶是?载混载判,言然之至分而不可乱也。如此岂徒一更而已哉?将与无穷而长更矣。终而复始,其数历然。未能知今,安能知更?盖积悲妄言,咨求所通,岂云唯慰聊以寄散而已矣?"(《弘明集卷五·答孙安国书》)他主张宇宙人生固变化无穷,但是并非杂乱之变,主于其中有性命之理。故而,万变不离其宗,终究会复归于本体。

　　戴逵提出了一种儒玄合一的性命学说,对佛教的报应轮回之说进行了怀疑和批驳。戴逵(公元326—396年),字安道,谯郡铚县(今安徽省濉溪县)人。东晋时期隐士、思想家和艺术家。师从名儒范宣,博学多才,善于鼓琴,工于绘画。终身不仕,屡拒征辟。太元二十一年,去世。著有《戴逵集》9卷,今已散佚。在《释疑论》中,他说道:"安处子问于玄明先生曰:'盖闻积善之家必有余庆,积不善之家必有余殃。又曰天道无亲常与善人,斯乃圣达之格言,万代之宏标也。此则行成于己身,福流于后世,恶显于事业,获罪乎幽冥。然圣人为善,理无不尽,理尽善积,宜历代皆不移。行无一善,恶恶相承,亦当百世俱闇。是善有常门,恶有定族,后世修行复可益哉?又有束修履道,言行无伤,而天罚人楚,百罗备缨;任性恣情,肆行暴虐,生保荣贵,子孙繁炽,推此而论,积善之报竟何在乎?夫五情六欲,人心所常有,斧藻防闲,外事之至苦,苟人鬼无尤于趣舍,何不顺其所甘而强其苦哉,请释所疑以祛其惑。'

先生曰：'善哉子之问也。史迁有言，天之报施善人何如哉？荀悦亦云，饰变诈而为奸宄者，自足乎一世之间，守道顺理者，不免饥寒之患。二生疑之于前而未能辨，吾子惑之于后，不亦宜乎？请试言之。夫人资二仪之性以生，禀五常之气以育。性有修短之期，故有彭殇之殊；气有精粗之异，亦有贤愚之别，此自然之定理不可移者也。是以尧舜大圣朱均是育，瞽叟下愚诞生有舜；颜回大贤早夭绝嗣，商臣极恶令胤克昌；夷叔至仁饿死穷山，盗跖肆虐富乐自终；比干忠正毙不旋踵，张汤酷吏七世珥貂，凡此比类不可称言。验之圣贤既如彼，求之常人又如此，故知贤愚善恶修短穷达，各有分命，非积行之所致也。

夫以天地之玄远，阴阳之广大，人在其中岂惟稊米之在太仓，毫末之于马体哉！而匹夫之细行，人事之近习，一善一恶皆致冥应。欲移自然之彭殇易圣于朱舜，此之不然居可识矣。然则积善积恶之谈，盖施于劝教耳。何以言之？夫人生而静，天之性也，感物而动，性之欲也。性欲既开，流宕莫检。圣人之救其弊，因神道以设教。故理妙而化敷，顺推迁而抑引，故功玄而事适，是以六合之内论而不议。钻之而不知所由，日用而不见所极；设礼学以开其大蒙，名法以束其形迹；贤者倚之以成其志，不肖企及以免其过。使孝友之恩深，君臣之义笃，长幼之礼序，朋执之好著。背之则为失道之人，讥议以之起；向之则为名教之士，声誉以之彰。此则君子行己处心，岂可须臾而忘善哉？何必修教责实，以期应报乎？苟能体圣教之幽旨，审分命之所钟，庶可豁滞于心府，不祈验于冥中矣。'"

戴逵所论人生之理，拒斥了佛教所言之轮回报应，其中只有气数性命，而此气数性命并不具有任何超越性和神学目的性。因而，人之性命均可由其经验性之阴阳气数加以认识。人之命运结局，并无超越之神性根据，而只有阴阳二气所形成的宇宙论的经验材质。既然只有经验性的气数决定着命运，那么人之善恶贤愚之性与修短穷达之命之间，即德性与命运之间便不具有内在的关联。至于圣人为何会有性与命之间相关联的说法，只是圣人为教化民众而提出的，并非性命之实情。

在《释疑论》中的论证方式，是由经验性事实推而及于超越性的性命之理。其方式是由人之命运在经验上的表现，比如尧舜有丹朱商均，颜回短命商臣多子等等，推及于具有普遍意义的性命观念，即贤愚善恶修短穷达，各有其命。此论证方式预设了他人之命运与己身之命运以及人类之普遍命运之间具有深切的关联性和一体性，故而他人之命运具有泛化的意义和价值。至于宋代发展到理学，儒学进入到一种本体式的理路之中，此种经验性的论证理路已然淡化。理学家的性命之学，其论证并非大量地从经验性的个体命运开始，而是习惯于抽象地从形上论证开始。尽管，从理学家普遍的"仁学"立场，强调自我与他人、宇宙的感通之理，自觉地坚持了自我与他人经验间的关联性。但是，此仁学立场的建立，是以太极、天理、性理等概念出发的，从而弱化了从汉代以来的，仁学所具有的丰富的经验性的论证理路。

何承天的《达性论》也主张经验性的性命概念，以为天人性命之理昭然可见，人当顺应其理，主于仁义礼乐，自可通达于性命，并据此而反驳佛教之轮回学说。何承天（公元370—447年），东海郡郯县（今山东省郯城县）人，是南朝宋著名的思想家、天文学家和音乐家，精于天文历法和音律。他也是刘宋时期的大儒，《隋书·经籍志》载何承天撰《礼论》三百卷、《春秋前传》十卷、《春秋前杂传》九卷，均佚。他在《达性论》中说道："夫两仪既位，帝王参之，宇中莫尊焉。天以阴阳分，地以刚柔用，人以仁义立。人非天地不生，天地非人不灵，三才同体，相须而成者也。故能禀气清和，神明特达，情综古今，智周万物；妙思穷幽赜，制作侔造化。归仁与能，是为君长；抚养黎元，助天宣德。日月淑清，四灵来格；祥风协律，玉烛扬晖。九谷刍荄，陆产水育；酸碱百品，备其膳羞。栋宇舟车，销金合土；丝纻玄黄，供其器服。文以礼度、娱以八音；庶物殖生，罔不备设。夫民用俭则易足，易足则力有余，力有余则志情泰，乐治之心，于是生焉。事简则不扰，不扰则神明灵，神明灵则谋虑审，济治之务于是成焉。故天地以俭素训民，乾坤以易简示人。所以训示殷勤，若此之笃也，安得与夫飞沈蠉蠕，并为众生哉？若夫众生者，取之有时、用之有道，行火候风暴，畋渔候豺獭，所以顺天时也。大夫不麛卵，庶人不数罟，行苇作歌，宵鱼垂化，所以爱人用也。庖厨不迩，五犯是翼，殷后改祝，孔钓不网，所以明仁道也。至于生必有死，形弊神散，犹春荣秋落，四时代换，奚有于更受形哉？《诗》云'恺悌君子，求福不回'，言弘道之在己也；'三后在天'，言精灵之升遐也。若乃内怀嗜欲、外惮权教，虑深方生、施而望报，在昔先师未之或言，余固不敏，阙知请事焉矣。"（《弘明集卷四·达性论》）

（二）佛学中超验的本体意义世界

佛学之神性超越儒家的宇宙论意义上的气数本体之上，是万物的起源和根本，并主宰万物，成为轮回受报的真正主体。东晋名僧慧远以为，神为精极而灵，故可以灵妙万物，"夫神者何邪？精极而为灵者也。精极则非卦象之所图，故圣人以妙物而为言"（《沙门不敬王者论》）。神是没有任何具体形象的，所以不可能像具体的万物那样用形象来表示，其存在以灵妙万物的方式而呈显，万物因之而得神。从而，神不生故而不灭，应物随感故而无名，从而可以不与物迁化，常住而不灭，其言曰，"神也者，圆应无生，妙尽无名，……感物而非物，故物化而不灭"（《弘明集·沙门不敬王者论》）。神的作用是无所不在，无处不有的，是万事万物所以存在的根据。这样的神没有固定的形象，没有不变的名称，是无生无名的，它却能与万物周遍地发生感应，永恒存在又变化无穷，永恒存在为体，变化无穷为用。

以不灭之神为体方能成就涅槃："不以情累其生，则生可灭；不以生累其神，则神可冥。冥神绝境，故谓之泥洹。泥洹之名，岂虚称也哉？"（《弘明集·沙门不敬王者论》）冥神方可达神，绝境方可明境，故而，神之不灭与涅槃之长住为一体之两面。在《高僧传》中载："先是中土未有泥洹常住之说，但言寿命长远而已。远乃叹曰：'佛是至极，至极则无变。无变之理，岂有穷耶？'因著《法性论》曰：'至极以不变为性，得性以体极为宗。'罗什见论而叹曰：'边国人未有经，便暗与理合，岂不妙哉！'"（《高僧传·义解三·晋庐山慧远》）至极之佛性必然无变，无变则没有穷极。故而，佛性或神便可不变而常住于涅槃之中，人之寿命有其长短，而神性则于体极中不尽。这也为佛教所信仰的灵魂转世和报应论提供了理论上的支持。

慧远把佛性和神性本体作用于人，就形成了他对人性的解释。他说道："有情则可以物感，有识则可以数求。数有精粗，故其性各异；智有明暗，故其照不同。"（《弘明集·沙门不敬王者论》）慧远把人性之不同归结为神之后天所受到的"情"与"识"，即物质形体的干扰的程度不同。神是报应受报的主体，它受到"情"与"识"的滋扰，被"形"所牵累，于是在轮回之中，神便具有三界、五道无数的形体，成为业报的真正主体。形体可以改变，可是"神"自身是不变不灭的。慧远用以火传薪来说明神在形体中的转移，他说："火之传于薪，犹神之传于形；火之传异薪，犹神之传异形。"又说："睹火穷于一木，谓终期都尽耳。此曲从养生之谈，非远寻其类者也。"（《弘明集·沙门不敬王者论》）这是说，那种看到某一块木柴烧完了火也灭了，因而就认为，木柴烧完，柴与火同时都灭尽的看法，只是一种对养生说的曲从，并没有深究一下火与柴的根本关系。只有像他说的火可以传异薪，某一薪可以有尽时，而火都永远传下去，才是"远寻其类者也"，才能证明精神可以不依靠任何一个具体的形体而独立自存、永不消灭。故而，人生之使命在于显其神而去其情，这样才会让人生真正的神性意义得到充分地实现。

基于以上对于佛性之体认，慧远对于三教之间的关系作了说明。首先，三教之间存在着显明的差异。慧远反对老学以道为万物之本，化生万物，故当顺从其化的说法，认为如果体极而顺化便会滞情而累神，最终堕入无穷之苦海。为了说明此道理，慧远把世间万物划分为有灵与无灵两类，有灵之生命常落情滞累深之患："有灵则有情于化，无灵则无情于化。无情于化，化毕而生尽，生不由情，故形朽而化灭。有情于化，感物而动，动必以情，故其生不绝。生不绝，则其化弥广而形弥积，情弥滞而累弥深。其为患也，焉可胜言哉？"（《弘明集》卷五《沙门不敬王者论·求宗不顺化三》）故而不当顺化，而当截断众流，返求其宗："是故反本求宗者,不以生累其神;超落尘封者,不以情累其生。不以情累其生,则生可灭;不以生累其神,则神可冥。"(《弘明集》卷五《沙门不敬王者论·求宗不顺化三》)故其结论为,不应当以老学之存身顺化之学为宗极,而应当灭生冥神而达佛性,"达患累缘于有身不存身以息患;知生生由于禀化,不顺化以求宗,义存于此。义存于此,斯沙门之所以抗礼万乘高尚其事,不爵王侯而沾其惠者也"。基于佛性之宗旨,沙门不当与孔老之学相同,无须遵从俗礼。其次,三教之间具有内在的相通性,《高僧传》中记载慧远引老庄之义以解说佛经,并用道家之道体的永常不灭,来诠释佛教之法性。说明了慧远对于三教义理所持有的相通的主张。最后,慧远总结到,"道法之于名教,如来之与尧孔,发致虽殊,潜相影响,出处诚异,终期则同"(《弘明集·沙门不敬王者论》)。三教在其最终的境界上具有相同的归宿。

在南朝又发生了由沙门慧琳所著《白黑论》(又名《均善论》)引发的儒佛两家的系列论辩,其高峰成于对神灭神不灭问题的论争上面。慧琳于宋文帝元嘉十年(公元433年)前后作《均善论》又名《白黑论》,以白学先生作为儒道一方,以黑学先生作为佛教一方,展开论辩:"有白学先生,以为中国圣人,经纶百世,其德弘矣,智周万变,天人之理尽矣;道无隐旨,教罔遗筌,聪睿迪哲,何负于殊论哉。有黑学道士陋之,谓不照幽冥之途,弗及来生之化,虽尚虚心,未能虚事,不逮西域之深也。于是白学访其所以不逮云尔。"(《宋书·蛮夷传》)其时的衡阳太守何承天撰文《释均善论》与之相呼应。何承天的文章招致庐山慧远弟子宗炳的辩难,并写下著名的《明佛论》。宗炳(公元375—443年)字少文,南阳郡涅阳(今河南邓州)人,是南朝宋著名佛学家和艺术家。家居江陵(今属湖北),为当地士家大族。东晋末至宋元嘉中,朝廷屡征他入仕,皆不就。擅长书法、绘画和弹琴,并信仰佛教,曾参加庐山慧远主持的"白莲社"。宗炳的《明佛论》在当时影响甚大。当时的永嘉太守颜延之也加入到这场辩论中来。

在慧琳的《白黑论》中,黑方以为佛学所论之空,是不离假有之自性本空,与儒道之空迥异:"释氏即物为空,空物为一。老氏有无两行,空有为异,安得同乎!……空其自性之有,不害因假之体也。"然而,白方驳斥此空论毫无意义,以为佛学所言之性空丝毫不影响事物之实在,也不能灭损人之欲求:"今析豪空树,无碍乘荫之茂,离材虚室,不损轮奂之美,明无常增其悽荫之情,陈若偏笃其竞辰之虑。贝锦以繁采发辉,和羹以盐梅致旨,齐侯追爽鸠之乐,燕王无延年之术,恐和合之辩,危脆之教,正足恋其嗜好之欲,无以倾其爱竞之惑也。"

黑方以为儒学不知轮回受报,格局狭隘,"视听之外,冥然不知,良可悲矣",故而需要以天堂地狱之教,指引世人追求无欲之涅槃境界。白方以为轮回受报之说,天堂地狱之教,仅为惩恶救善的手段,亦依托于世人的欲求,却不能消除它们:"美泥洹之乐,生耽逸之虑,赞法身之妙,肇好奇之心,近欲未弭,远利又兴,虽言菩萨无欲,群生固以有欲矣。甫救交敝之氓,永开利竞之俗,澄神反道,其可得乎?……道在无欲,而以有欲要之,北行求郢,西征索越,方长迷于幽都,永谬滞于昧谷。辽辽闽、楚,其可见乎!所谓积渐者,日损之谓也。当先遗其所轻,然后忘其所重,使利欲日去,淳白自生耳。岂得以少要多,以粗易妙,俯仰之间,非利不动,利之所荡,其有极哉!……是以周、孔敦俗,弗关视听之外;老、庄陶风,谨守性分而已。"

尽管在最后,白方先生亦以为佛教为善,当为中国所取法,"爱物去杀,尚施周人,息心遗荣华之愿,大士布兼济之念,仁义玄一者,何以尚之?"但是,其立论的基础无疑有别于佛教的有神论,"周、孔疑而不辨,释迦辨而不实,将宜废其显晦之迹,存其所要之旨。请尝言之。夫道之以仁义者,服理以从化;帅之以劝戒者,循利而迁善。故甘辞兴于有欲,而灭于悟理,淡说行于天解,而息于贪伪。是以示来生者,蔽亏于道、释不得已,杜幽暗者,冥符于姬、孔闭其兑。由斯论之,言之者未必远,知之者未必得,不知者未必失,但知六度与五教并行,信顺与慈悲齐立耳。殊涂而同归者,不得守其发轮之辙也。"(《宋书·蛮夷传》)这样的观点无疑会招致佛教徒的反对。

在黑白双方的论辩之中,最核心的问题其实是关于神灭神不灭的问题，因为此问题直接关涉到超验的佛性是否能够成立，以确立起佛教的最根本的教义。在《明佛论》中，宗炳明确了佛学中之"神"所具有的超验性，"神"是不受有限时空所局限，而轮回于无限时空的存在："精神受形，周遍五道，成坏天地，不可称数也。"（《弘明集·明佛论》）其在空间可以"周遍五道"，其于时间可以"成坏天地"，故而为不灭之精神："神之不灭，及缘会之理，积习而圣，三者鉴于此矣。"（《弘明集·明佛论》）因此，神可不灭而长存，形体尽管消亡，可是神不会随之消亡。"神非形作，合而不灭，人亦然矣。神也者妙万物而为言矣。……夫精神四达并流无极，上际于天下盘于地。圣之穷机，贤之研微，逮于宰赐庄稽、吴札子房之伦，精用所乏，皆不疾不行，坐彻宇宙。而形之臭腐甘嗜所资，皆与下愚同矣，宁当复禀之以生随之以灭耶？"（《弘明集·明佛论》）

尽管其所论证的对象是超验之神性，可是吊诡的是，宗炳的论证方法却是彻底的经验性的，所以他会举"宰赐庄稽、吴札子房"的例子来说明神性的存在。同样，他又说道："若使形生则神生，形死则神死，则宜形残神毁，形病神困。"（《弘明集·明佛论》）因为在经验世界所发生的事情，常与此假设相反，故而，宗炳推论出神可独立于形而存在。他又以经验性的物类相感动的观察，而类推出幽冥之中有报应之理。"夫辰月变则律吕动，晦望交而蚌蛤应。分至启闭，而燕鹰龙蛇飒焉出没者，皆先之以冥化，而后发于物类也。凡厥群有同见陶于冥化矣，何数事之独然，而万化之不尽然哉？"（《弘明集·明佛论》）总之，尽管宗炳所确立起来的是一个超验的神性本体世界，但是他所采取的经验性的论证方式，则表征着他的超验本体与经验世界之间所具有的融汇和纠葛的情况。

宗炳以为，形为情所构成，带累着"神"不断地进入轮回之苦。唯有通过"神识"的作用，才能够成就法身，而脱离轮回苦海。"夫生之起也，皆由情兆。今男女构精万物化生者，皆精由情构矣。……以情贯神，一身死坏，安得不复受一身，生死无量乎？识能澄不灭之本，禀日损之学。损之又损，必至无为无欲。欲情唯神独照，则无当于生矣。无生则无身，无身而有神，法身之谓也。"(《弘明集·明佛论》)人生当澄明此不灭之神性,灭除欲望而达于法身。可见,佛学在这里就形成了情欲与佛性间的对立格局,此二元对立格局是儒学所致力反对的一大方面,也是后世佛学所致力调和和解决的一大问题。

基于本体意义世界的超验性认识,宗炳以为三教之关系当以佛教为宗,儒道之学应随其后。佛学之神性为超越时空的无限存在,而儒道之所学则为有限时空中的小知:"今自抚踵至顶,以去凌虚,心往而勿已,则四方上下皆无穷也。生不独造,必传所资,仰追所传,则无始也。奕世相生而不已,则亦无竟也。……然则无量无边之旷,无始无终之久,人固相与凌之以自敷者也。"(《弘明集·明佛论》)天地四方皆可无穷无尽之远,往昔未来均可无始无终之遥,既然时空均为无限,而儒家经典所记均囿于有限之时空,固其所记不可视为大道。"学者唯守救粗之阙文,以书礼为限。断闻穷神积劫之远化,炫目前而永忽,不亦悲夫?呜呼!有似行乎增云之下,而不信日月者也。"(《弘明集·明佛论》)儒典所记不能钩深致远,为局量狭小之见。这是从知识论的角度,提出佛学高于两家的主张。故而,三教之中,佛教具有至高无上性,"彼佛经也,包五典之德,深加远大之实;含老庄之虚,而重增皆空之尽"(《弘明集·明佛论》)。佛理中既包含世俗之"五典之德",又有包罗万象的"远大之实";既包含老庄所言之玄理,又有玄言之外的"空之尽"。故而,宗炳以佛经融汇儒家之五经与道家之"老庄",佛学自可以兼容两家并超拔于两家之上。

范缜的《神灭论》是对于佛学所主张的神不灭论的论战文章。范缜(约公元450—515年),字子真,汉族,南乡舞阴人。南北朝时期著名的思想家、哲学家和政治家。他出身于顺阳范氏,幼年丧父,侍母至孝,史书中称"及长,博通经术,尤精三礼。性质直,好危言高论,不为士友所安"(《南史·范缜传》)。于南齐时出仕,萧衍建立南梁后,任晋安太守、尚书左丞,后因王亮一事被流放广州,终官中书郎、国子博士。范缜提出神灭论,对"神不灭"提出针锋相对的反驳,"此论出,朝野喧哗,子良集僧难之而不能屈"(《南史·范缜传》),在当时朝野引起极大的震动。

范缜以为，神并非可以独立之存在，而是形之功能和发用。"神之于质，犹利之于刃，形之于用，犹刃之于利，利之名非刃也，刃之名非利也。然而舍利无刃，舍刃无利，未闻刃没而利存，岂容形亡而神在。"（范缜《神灭论》）当形体逝去，则神也随之消亡。"神即形也，形即神也。是以形存则神存，形谢则神灭也。"（范缜《神灭论》）故而，神并非一超越形体的超验存在，也并非万物形成的宇宙根源。形神之间具有一体性的关联，形神之间名殊而体一，"形者神之质，神者形之用，是则形称其质，神言其用，形之与神，不得相异也。"（范缜《神灭论》）此形体必然落于社会历史性的名教体系之中，构成其性命格局。

范缜最后申其立言宗旨："浮屠害政，桑门蠹俗，风惊雾起，驰荡不休，吾哀其弊，思拯其溺。夫竭财以赴僧，破产以趋佛，而不恤亲戚，不怜穷匮者何？良由厚我之情深，济物之意浅。是以圭撮涉于贫友，吝情动于颜色；千钟委于富僧，欢意畅于容发。岂不以僧有多稌之期，友无遗秉之报，务施阙于周急，归德必于有己。又惑以茫昧之言，惧以阿鼻之苦，诱以虚诞之辞，欣以兜率之乐。故舍逢掖，袭横衣，废俎豆，列瓶钵，家家弃其亲爱，人人绝其嗣续。致使兵挫于行间，吏空于官府，粟罄于惰游，货殚于泥木。所以奸宄弗胜，颂声尚拥，惟此之故，其流莫已，其病无限。若陶甄禀于自然，森罗均于独化，忽焉自有，怳尔而无，来也不御，去也不追，乘夫天理，各安其性。小人甘其垄亩，君子保其恬素，耕而食，食不可穷也，蚕而衣，衣不可尽也，下有余以奉其上，上无为以待其下，可以全生，可以匡国，可以霸君，用此道也。"

范缜的本体世界仍旧是经验性的，但是他无疑受到了超验神性论的影响，明确了"神"在"形"中所具有的重要意义和作用。《神灭论》所言"禀于自然"，"均于独化"，都是玄学用语；"各安其性"，以达于名教之立，也是郭象名教即自然之论。故而，范缜所持，乃是一儒玄结合而以玄学为本的形上立场，而其所归，则是一玄学化儒家的经世致用之学。范缜一方面固然没有接受和吸纳佛学对于神的超验性理解，而在根本上把神理解为经验性或功能性的存在，但是同时他在形神一体的本体前提下，也承认和明确了

"神"对于形所具有的重要功能和作用。

（三）儒玄之学与佛学在本体意义世界的交融

把佛学之超验神性的本体意义吸收和融摄进儒玄之学的代表是北齐的颜之推。颜之推（公元531—约597年）在《颜氏家训》中对于佛学所倡导的超越性内容加以容纳和吸收，从而使得儒玄之学的面貌发生了相当的变化。"三世之事，信而有征，家世归心，勿轻慢也。其间妙旨，具诸经论，不复于此，少能赞述；但惧汝曹犹未牢固，略重劝诱尔。俗之谤者，大抵有五：其一，以世界外事及神化无方为迂诞也。其二，以吉凶祸福或未报应为欺诳也。其三，以僧尼行业多不精纯为奸慝也。其四，以糜费金宝减耗课役为损国也。其五，以纵有因缘如报善恶，安能辛苦今日之甲，利益后世之乙乎？为异人也。今并释之于下云。……

释一曰：夫遥大之物，宁可度量？……岂得以人事寻常，抑必宇宙外也？凡人之信，唯耳与目；耳目之外，咸致疑焉。儒家说天，自有数义：或浑或盖，乍宣乍安。斗极所周，管维所属，若所亲见，不容不同；若所测量，宁足依据？何故信凡人之臆说，迷大圣之妙旨，而欲必无恒沙世界、微尘数劫也？而邹衍亦有九州岛之谈。山中人不信有鱼大如木，海上人不信有木大如鱼；汉武不信弦胶，魏文不信火布；胡人见锦，不信有虫食树吐丝所成；昔在江南，不信有千人毡帐，及来河北，不信有二万斛船：皆实验也。世有祝师及诸幻术，犹能履火蹈刃，种瓜移井，倏忽之间，十变五化。人力所为，尚能如此；何况神通感应，不可思量，千里宝幢，百由旬座，化成净土，踊出妙塔乎？

释二曰：夫信谤之征，有如影响；耳闻目见，其事已多，或乃精诚不深，业缘未感，时傥差阑，终当获报耳。善恶之行，祸福所归。九流百氏，皆同此论，岂独释典为虚妄乎？项橐、颜回之短折，伯夷、原宪之冻馁，盗跖、庄蹻之福寿，齐景、桓魋之富强，若引之先业，冀以后生，更为通耳。如以行善而偶钟祸报，为恶而傥值福征，便生怨尤，即为欺诳；则亦尧、舜之云虚，周、孔之不实也，又欲安所依信而立身乎？

释三曰：开辟已来，不善人多而善人少，何由悉责其精絜乎？见有名僧高行，弃而不说；若睹凡僧流俗，便生非毁。且学者之不勤，岂教者之为过？俗僧之学经律，何异世人之学诗、礼？以诗、礼之教，格朝廷之人，略无全行者；以经律之禁，格出家之辈，而独责无犯哉？且阙行之臣，犹求禄位；毁禁之侣，何惭供养乎？其于戒行，自当有犯。一披法服，已堕僧数，岁中所计，斋讲诵持，比诸白衣，犹不啻山海也。

释四曰：内教多途，出家自是其一法耳。若能诚孝在心，仁惠为本，须达、流水，不必剃落须发；岂令罄井田而起塔庙，穷编户以为僧尼也？皆由为政不能节之，遂使非法之寺，妨民稼穑，无业之僧，空国赋算，非大觉之本旨也。抑又论之：求道者，身计也；惜费者，国谋也。身计国谋，不可两遂。诚臣徇主而弃亲，孝子安家而忘国，各有行也。儒有不屈王侯高尚其事，隐有让王辞相避世山林；安可计其赋役，以为罪人？若能偕化黔首，悉入道场，如妙乐之世，襄佉之国，则有自然稻米，无尽宝藏，安求田蚕之利乎？

释五曰：形体虽死，精神犹存。人生在世，望于后身似不相属；及其殁后，则与前身似犹老少朝夕耳。世有魂神，示现梦想，或降童妾，或感妻孥，求索饮食，征须福佑，亦为不少矣。今人贫贱疾苦，莫不怨尤前世不修功业；以此而论，安可不为之作地乎？夫有子孙，自是天地间一苍生耳，何预身事？而乃爱护，遗其基址，况于己之神爽，顿欲弃之哉？凡夫蒙蔽，不见未来，故言彼生与今非一体耳；若有天眼，鉴其念念随灭，生生不断，岂可不怖畏邪？又君子处世，贵能克己复礼，济时益物。治家者欲一家之庆，治国者欲一国之良，仆妾臣民，与身竟何亲也，而为勤苦修德乎？亦是尧、舜、周、孔虚失愉乐耳。一人修道，济度几许苍生？免脱几身罪累？幸熟思之！汝曹若观俗计，树立门户，不弃妻子，未能出家；但当兼修戒行，留心诵读，以为来世津梁。人生难得，无虚过也。"（《颜氏家训·归心》）

颜之推为北朝时典型的三教合一的儒家学者。此时之儒学多以经验材质为立说基础，而颜之推的儒学则由经验而推至于超验，由有形而达于无形，说明了儒学理论对于佛学理论的吸收和融摄。尽管颜氏对于佛学超验神性的吸收和融摄，所使用的仍旧为一经验性的思维，其理路是以所见所闻，而推及不可见不可闻，从而论证佛理的实存。但是，此经验性的论证方式与超验性的本体世界的连通和结合，便已经说明了南北朝时期儒释道三家在道器本体界的相互融合。最后，颜氏对于三教之间的关系得出这样的结论："原夫四尘五荫，剖析形有；六舟三驾，运载群生；万行归空，千门入善，辩才智惠，岂徒七经、百氏之博哉？明非尧、舜、周、孔所及也。**内外两教，本为一体，渐积为异，深浅不同**。内典初门，设五种禁；外典仁义礼智信，皆与之符。仁者，不杀之禁也；义者，不盗之禁也；礼者，不邪之禁也；智者，不酒之禁也；信者，不妄之禁也。至如畋狩军旅，燕享刑罚，因民之性，不可卒除，就为之节，使不淫滥尔。归周、孔而背释宗，何其迷也！"（《颜氏家训·归心》）在这里，颜之推明确了融合佛教和儒学的宗旨，以为"内外两教，本为一体，渐积为异，深浅不同"。

三　三教方法论的工夫世界

（一）佛教在中土传播前期的格义之学对玄学和佛学的融汇

"格义"就是以中国本土固有的玄学概念解释佛教中的般若学。玄学与佛学在这一时期的合流最明显地体现于"格义"之学中，这是二者在理论方面的融合和交汇。这是道家思想与佛学之间最初交流融通的方式，可是这样的交流和融通的方式，存在着诸多的问题。最重大的问题在于对于佛教核心概念翻译和解释的偏差，比如对于"空""性"等概念的翻译和解释。尽管存在诸多问题，然而"格义之学"也有其成就，即形成了早期中国般若学的流别，即六家七宗：本无宗、心无宗、识含宗、缘会宗、即色宗、幻化宗。当然，这样的一种"融合"，并非是玄学和佛学真正的融合。此时的佛学还并没有真正地进入中国的文化之中，其学之中的真实含义也并没有得到完整的传达和接受。所谓"融合"，必须在佛学获得其自身的实在性并具有了独立的教派性质的时候，才会发生。

格义之学因为翻译的失真和对于般若空观的理解偏差，所以还并不能作为玄学和佛学的融合，而只能作为佛学传入中国时所具有的阶段性特征。

同时，玄学与佛学此种不成熟的融合也体现于言理之风度之中。清谈作为玄学基本的表达方式，也为佛学所吸收，简洁畅达，轻快隽永，为佛玄清谈所共有之品格和风度。这在上面名士和名僧的交流谈论之中，都可以体现出这一共同的美学旨趣。

道家对于佛教戒律和儒家礼仪和典籍谱系也加以吸收，而创立完备的道教教仪教规和典籍谱系。

（二）顿悟之方法论对儒佛的融合

晋宋时期的道生（公元355—434年）主顿悟之说，为融汇三教提供了极有力的方法。道生跟随罗什游学多年，对龙树和提婆的中观空义能够深明其奥，从而以为语言文字只是诠表真理的工具，不可执着和拘泥。他曾慨叹道："夫象以尽意，得意则象忘；言以诠理，入理则言息。自经典东流，译人重阻，多守滞文，鲜见圆义。若忘筌取鱼，始可与言道矣！"由此开始建立"善不受报""顿悟成佛"的理论，又撰写《二谛论》《佛性当有论》《法身无色论》《佛无净土论》《应有缘论》等多部作品，都能妙得真义，其论在当时常为孤明独发，多被目为"珍怪之辞"，然道生不为所动，为真理是从。

"顿悟说"对于融汇佛释道，在理论上发挥了极大的作用。此作用当进入隋唐和宋明时，方才得到充分的显露。对于道生由顿悟所见之佛性，近代学者汤用彤说道："万法之真，是曰实相，亦称佛法身。法者，无非法义也。无非法义，即无相实也。实相无相，超乎象外。万象之与实相，死生之于涅槃，等无二致。无相曰无，万象曰有。有生于感，无生于解。扫除封执，实相即显。然万惑之体，本即实相。涅槃佛性，原为本有。而此万惑中本有之实相，原超乎情见。称为佛性，非常人之所谓神明也。佛性之义，《涅槃经》反复譬解，不厌求详。生公陈义，要言有三。一曰理，一曰自然（或曰法），一曰本有。《涅槃集解》卷一引生公曰：'真理自然。'生注《维摩》曰：'理既不从我为空。'《法华注》曰：'穷理乃睹。'皆所以状佛性也。此开后来以理为佛性之说，而于中国学术有大关系。《集解》五十四引生公曰：'夫体法者，冥合自然。一切诸佛，莫不皆然，所以法为佛也。'又曰：'作有故起灭。得本自然，无起灭矣。'然则诸法实相，超乎虚妄，湛然常真。故曰自然。自然者，无妄而如如也。固又曰法。法者无非法也。无妄则去惑。无非法则无相。扫相之义，而处处确然于象外，以体会宇宙之真，故其学称为'象外之谈'也。又宇宙真理，事本在我，不须远求。生公解佛性八德有曰：'善性者，理妙为善，反本为性也。'又曰：'涅槃惑灭，得本称性。'盖佛性本有，反本而得。然则见性成佛者，即本性之自然显发也。《涅槃》之学，由生公视之，盖真本性之学矣。"[①] 汤先生所见甚深。此中所论便是所谓"烦恼即菩提"，佛理只在学者当下心念的转变之中，而并不在对于烦恼、欲望、知识等的戒行和求解之中。儒家之理和道家之道，无疑也在心念所转的范围之内。顿悟说所指，在于生存意义的当下转化，其所转化者，并非是心之所念，而是心体本身。然而，此心体的获得，则为最不可思议之事。

晋宋时期的谢灵运（公元385—433年）对道生之顿悟说颇为赞赏，广为阐发。谢灵运，本名公义，字灵运，陈郡阳夏县（今河南省太康县）人，东晋至刘宋时期大臣、佛学家、山水诗派鼻祖，出身于世家大族之陈郡谢氏，为秘书郎谢瑍之子，王羲之外孙女刘氏为其母，生于会稽郡（今属绍兴市）。元兴二年（公元403年），袭封康乐县公，故其人又有康乐公之称。身历东晋至刘宋之朝代更迭，于元嘉十年（公元433年），以"叛逆"罪处死，时年四十九岁。其人年少博学善文，闻名于江左，史称"灵运少好学，博览群书，文章之美，江左莫逮"（《宋书卷六十七》）。其诗与颜延之齐名，并称"颜谢"。兼通史学，擅长书法，曾奉诏参与撰写《晋书》，然草创不就。醉心佛学，润色与注疏了《大方广佛华严

---

① 汤用彤：《汉魏两晋南北朝佛教史》，北京大学出版社2011年版，第433—434页。

经》《大般涅槃经》，编著梵汉字典《十四音训叙》，并创作赞佛颂法之文章如《石壁立招提精舍》《维摩经十譬赞》《和范光禄祗洹像赞》《净土咏》以及《佛影铭》等。谢灵运是南朝时期融通佛教的名士代表，其对于佛理的见解精华存于《辨宗论》之中："同游诸道人，并业心神道，求解言外。余枕疾务寡，颇多暇日，聊申繇来之意，庶定求宗之悟。释氏之论，圣道虽远，积学能至，累尽鉴生，方应渐悟。孔氏之论，圣道既妙，虽颜殆庶，体无鉴周，理归一极。有新论道士以为，寂鉴微妙，不容阶级，积学无限，何为自绝。今去释氏之渐悟，而取其能至；去孔氏之殆庶，而取其一极。一极异渐悟，能至非殆庶，故理之所去虽合各取，然其离孔、释远矣。余谓二谈，救物之言；道家之唱，得意之说。敢以折中自许，窃谓新论为然。聊答下意，迟有所悟。"（《广弘明集·与诸道人辨宗论》）

谢灵运在此申明顿悟之工夫的高妙，超出佛教之旧论，并优长于儒道两家。因为儒家之学以成圣为最高之成就，孔子即为"体无鉴周，理归一极"之圣，此圣人观无疑接受了王弼玄学中"圣人体无"之圣人观。颜回距离孔子仅为"殆庶"，可是毕竟并未成圣，没有达到"理之一极"。之所以圣人只能"殆庶"，而不可达致，也与从两汉至于斯时之"圣人生知"的观念有关。据《世说新语》载："孙齐由、齐庄二人小时诣庾公，公问齐由何字，答曰：字齐由。公曰：欲何齐邪？曰：齐许由。齐庄何之答曰：字齐庄。公曰：欲何齐？曰：齐庄周。公曰：何不慕仲尼而慕庄周？对曰：圣人生知，故难企慕。庾公大喜小儿对。"（《世说新语·言语》）"圣人生知"，故而不可积学而企慕，应是当时比较流行的观念，而为灵运所推重。在《宋书》中，又见一则材料，可资证明："太守孟顗事佛精恳，而为灵运所轻，尝谓顗曰：'得道应须慧业，丈人生天当在灵运前，成佛必在灵运后。'顗深恨此言。"（《宋书卷六十七·谢灵运传》）会稽太守孟顗所以被谢灵运批评，在于其违背了圣人非积学所致的工夫原则。

既然儒学所提供的成圣方法非常人所及，那么，旧佛学之工夫又如何呢？谢灵运以为，佛学之成佛与儒学之成圣不同，在于佛是可以通过修习而成就的，故"圣道虽远，积学能至"。此点看来优于儒学，为常人提供了脱俗成佛之路，但是，此成佛之过程，是一个"累尽鉴生，方应渐悟"的渐进过程，此渐进之工夫次第，便有违于"体无鉴周，理归一极"之成圣之境，因为圣境之周遍圆通，不可以通过肢解断续的工夫方式而达成。观谢康乐与王弘的问答，言及顿悟与渐修之别，以渐修者为假知，实则为不知，并对于渐修之方式持绝对否定的态度。

综上，无论是旧佛学倡导的渐修，还是儒教所主张的"殆庶"，谢氏以为，都仅仅是"救物之言"的权宜之计，而不能够真正地达到圣人的境界，"其离孔、释远矣"。从而，他以为只有新传入的顿悟之工夫方法可以吸收儒家圣人之"一极"与"能至"，并避免由"渐悟"与"殆庶"所造成的不足，可以当得上是"得意之说"。此"得意"之说，融汇了王弼玄学之"得意忘言"、儒学之"一极之理"与旧佛学之终可成佛，故而谢灵运所倡导之顿悟佛学为融汇儒道释三家之学而成。他以三教所寻之最终之本体是统一的，周孔之"一极"，佛学之"能至"，均指向着同一的本体，道生把此本体理解为"佛性"。这也是在学理上主张三教合一的基本的立脚点。因为，若是三家在根本的教理即本体上有区别，那么，三家的融合就是貌合神离式的融合，不会是真正的合一。故而，对于"佛性"和人性的讨论和体认，成为后来三家学问的焦点。

尽管同为"顿悟"说的支持者，但是，道生与谢灵运对于"顿悟"之具体理解也有差别。汤用彤《汉魏两晋南北朝佛教史》中对道生的顿悟说的内涵总结说："总而言之，生公顿悟，大义有二。（一）宗极妙一，理超象外。符理证体，自不容阶级。支道林等谓悟理在七住，自是支离之谈。（二）佛性本有，见性成佛，即反本之谓。众生禀此本以生，故阐提有性，反本者真性之自发自显，故悟者自悟。因悟者乃自悟，故与闻教而有信修者不同。谢灵运分辨顿悟与渐修，多用生公之第一义。于第二义则无多发挥。"[①]

---

① 汤用彤：《汉魏两晋南北朝佛教史》，北京大学出版社2011年版，第454页。

如是，则谢灵运与道生所持之顿悟说，便有侧重之不同。同时，道生的顿悟说，为针对当时佛教内部的小顿悟之说而来，批评小顿悟为支离之学，但并非无知。谢康乐则以渐修之工夫为无知，不足为成佛之具。道生言道："以为苟若不知，焉能有信？然则由教而信，非不知也。但资彼之知，理在我表。资彼可以至我，庸得无功于日进？未是我知，何由有分于入照？岂不以见理于外，非复全昧。知不自中，未能为照耶？"（《广弘明集·答王卫军书》）可见，从对于佛性觉知的根本来讲，谢灵运与道生的理解并无不同，均以为佛性终需以顿悟的方式而达到。只是对于渐修的价值和功能上，所持观点略有差异。

四　以终极之境界而论三教之融通

（一）逍遥意境与佛理之融通

玄学之境界与佛学境界之间的关系，是当时学者普遍关心的问题。

支遁（公元314—366年）字道林，世称支公，也称林公，别称支硎，本姓关。陈留（今河南开封市）人，或说河东林虑（今河南林县）人。东晋高僧、佛学家、文学家。他二十五岁出家，曾居支硎山，后于剡县（今浙江省绍兴市新昌）小岭立寺行道，僧众百余。被当时的名僧名士所推重，时人评他不减王弼，比作向秀。与王洽、刘恢、许询、殷浩、桓彦表、王敬仁等一代名流交往甚密，尤为谢安所重。晋哀帝时应诏进京，居东安寺讲道，为哀帝讲《通行般若》，郗超、王羲之等师其学说，三年后回剡而卒。他精通佛理，有诗文传世。著有《释即色本无论》《即色游玄论》《道行旨归》《妙观章》等，用"即色本无"和"即色游玄"两个命题，把般若的"空观"同庄子的"逍遥"结合起来，使般若学和玄学都达到了一个新的水平。支道林在其《逍遥游注》中说道："夫逍遥者，明至人之心也。庄生建言大道，而寄指鹏鷃。鹏以营生之路旷，故失适于体外；鷃以在近而笑远，有矜伐于心内。至人乘天正而高兴,游无穷于放浪,物物而不物于物,则遥然不我得;玄感不为,不疾不速,则道然靡不适。此所以为逍遥也。若夫有欲,当其所足,足于所足,快然有似天真,犹饥者一饱,渴者一盈,岂忘烝尝于糗粮,绝觞爵于醪醴哉!苟非至足,岂所以逍遥乎?"以至人之心为逍遥,非以志得意满为逍遥;以心之至足为至人之心,非以一时一事之足为至心。《世说新语·文学篇》载,支注《庄子·逍遥游篇》,被认为超于郭象、向秀,称为"支理"。"《庄子·逍遥游篇》,旧是难处,诸名贤所可钻味,而不能拔理于郭、向之外。支道林在白马寺中,将冯太常共语,因及《逍遥》。支卓然标新理于二家之表,立异义于众贤之外,皆是诸名贤寻味之所不得。后遂用支理。"(《世说新语·文学篇》)

郭象论逍遥,以自得为逍遥,故而大鹏与斥鸡尽管其飞有不同,只要自得于己,而不企慕于人,则同可达于逍遥。此逍遥义本于性分之理,却有流于纵欲之嫌。支理超于郭象所解之上,以为大鹏与斥鸡均有所待,并未能达于逍遥。郭注仍未超离于欲望的窠臼,唯有至足之心中达于物物而忘我,才能够真正实现逍遥。此超越欲望而达于至足逍遥之境界无疑与佛学所言的涅槃境界相通。以佛解玄或佛玄融合,在支道林的境界论之中得到了充分的体现。而逍遥作为道家人生之境界,也必然对于佛学之超越品格产生影响,也就是说,佛学之涅槃境界一定要对于实际的人生生存产生影响并落实于人之世俗的生命之中,才具有真实的意义,这种对于佛理的认知无疑也浸透了中国道家哲学的生命智慧,体现了儒玄之间的结合和融通。

晋室南渡以后,也发生了一次儒玄双方就庄子逍遥主题的论辩,《佛祖统纪》载:"诏法师竺潜讲般若于禁中,后辞还剡山。诏支遁相继讲法,一时名士与结方外之友。刘系谈庄子,以适性为逍遥。遁曰:桀跖以残虐为性,岂逍遥乎?王蒙极思作数百语。遁曰:与君别久,而所见不长,何耶!"(《佛祖统纪》卷三七《法运通塞志》卷第十七之《三晋》)刘系、王蒙都是当时的名士,与支道林相来往,而二人的玄理落于支道林般若玄解之下风。支遁所论,以对于《逍遥游》之新解,即明至人之心,而论逍遥之义。

刘系仍不离郭象解庄之相对主义的旧路,为支遁所攻,而显出支遁新理所具有的妙胜之处。又载有:"僧意在瓦官寺中,王苟子来,与共语,便使其唱理。意谓王曰:圣人有情不?王曰:无。重问曰:圣人如柱邪?王曰:如筹算,虽无情,运之者有情。僧意云:谁运圣人邪?苟子不得答而去。"(《佛祖统纪》卷三七《法运通塞志》卷第十七之《三晋》)圣人有情无情,是当时名士所讨论的重要主题,也是玄学的基本命题之一。僧意作为僧侣与作为名士的王修辩论,并辩而胜之,说明其对于此主题已有相当的掌握,也说明了当时佛学与玄学之间的融合无间的程度,更展现了在二家的辩论中般若玄理常胜于玄学的情况。

(二) 圣人境界及成就

东晋的孙绰(公元 314—371 年)著《喻道论》,孙绰,字兴公,太原中都(今山西平遥县)人,为东晋大臣、文学家、书法家。生于会稽,博学善文,与高阳许询齐名,《晋书》称其"博学善属文,少与高阳许询俱有高尚之志。居于会稽,游放山水,十有余年,乃作《遂初赋》以致其意。"(《晋书卷五十六》)曾参与王羲之兰亭集会。居官多年,直言敢谏。太和六年(公元 371 年)去世,享年五十八岁。其人颇以文才著称,尤工书法,有名士之风。在所著《喻道论》中,孙绰以儒释道三家并无冲突,而可互有助益,主张三教调和。"**夫佛也者体道者也,道也者导物者也**,应感顺通,无为而无不为者也。无为故虚寂自然,无不为故神化万物。万物之求卑高不同,故训致之术或精或粗。悟上识则举其宗本,不顺者复其殃放。"(《弘明集·喻道论》)此言佛学之体用,其体"虚寂自然",其用"神化万物",这样的说法,就把佛学作为了最高大精深的学问,足以包括儒学和道家。事实上,孙绰也是这样来论说的:"难曰:周孔适时而杀,佛欲顿去之,将何以惩暴止奸统理群生得哉?答曰:不然。周孔即佛,佛即周孔,盖外内名之耳。故在皇为皇,在王为王。佛者梵语,**晋训觉也。觉之为义,悟物之谓**。犹孟轲以圣人为先觉,其旨一也。应世轨物,盖亦随时。周孔救极弊,佛教明其本耳。**共为首尾,其致不殊**。即如外圣有深浅之迹,尧舜世夷,故二后高让。汤武时难,故两军挥戈。渊默之与赫斯,其迹则胡越。然其所以迹者,何常有际哉?故逆寻者每见其二,顺通者无往不一。"(《弘明集·喻道论》)孙绰把佛理解为"觉",其内涵在"悟物",于是便可在佛学与其他各家建立起学理上的一体关联。因为,任何的一种学问,其基础和最高目标,都是为了实现对万物和自身的"明觉",故而佛学以此而可凌驾百家之上。

从此根本的佛学立场出发,孙绰提出"周孔即佛,佛即周孔"。此"即"并非完全对等的意思,而是内外一体的意思,周孔即佛并非指周孔之学与佛学相同,而是指出二者具有一体性,均处于道体的整体之中。周孔之学与佛学构成了一学理整体,不可加以分割。若谈周孔,必亦指觉物之佛法;若论佛法,必也指应世之周孔。儒佛之间,各有不同,却同一整体,如首脑与手足分工不同,却同为一体之官能。周孔为外,佛教为内,故而,称"周孔救极弊,佛教明其本耳。共为首尾,其致不殊"。在这里尤其需要注意的是,孙绰自觉地使用了"所以迹"与"迹"的本体论结构去说明周孔和佛的关系,即"渊默之与赫斯,其迹则胡越。然其所以迹者,何常有际哉?故逆寻者每见其二,顺通者无往不一"。迹与所以迹之理,作为基本的方法论原则,在郭象注庄时候,就已经使用。孙绰的说法,当由之而来。

《喻道论》与《牟子理惑论》一样关注儒家的"孝道"与佛教的调和,但说明的进路彼此不同。《喻道论》首明"孝"之内涵为"唯得其欢心,孝之尽也",孝在于得父母之欢心;"孝之为贵,贵能立身行道永光厥亲",得父母之欢心在立身行道。其次,说明立身行道却常不能亲行孝于父母,是因为"忠孝,名不并立"的"不可两全"之道理。一旦立忠名于国家,常不可亲奉父母,但此"忠"并不是对于"孝"的违背,而是一种大"孝"的实现。基于上面两点,《喻道论》论说到,佛陀舍太子之位而修道,当其成佛,"于斯时也,天清地润品物咸亨,蠢蠕之生浸毓灵液,枯槁之类改瘁为荣,照本国广敷法音,父王感悟亦升道场。以此荣亲,何孝如之?"此成就以修道而成,"既得弘修大业而恩纪不替,且令逝没者得福报以生天，不复顾歆于世祀。斯岂非兼善大通之道乎？"同时，佛教本身亦倡导"孝"道，"佛有十二部经，其四部专以劝孝为事。殷勤之旨，可谓至矣"。总之，沙门以行道而不违"孝"之原则。

东晋之道安（公元312—385年）代表了佛学的超越儒道的立场，而反对孙绰为代表的《喻道论》中所说之观点。他借逸俊童子之口言到了三教融合的观点："优柔弘润，于物必济，曰儒；用之不馈，于物必通，曰道。斯皆孔老之神功，可得而详矣。近览释教文博义丰，观其汲引，则恂恂善诱；要其旨趣，则亹亹慈良。然三教虽殊，劝善义一，涂迹诚异，理会则同。至于老嗟身患，孔叹逝川。固欲后外以致存生，感往以知物化。何异释典之厌身无常之说哉？但拘滞之流，未驰高观。不能齐天地于一指，均是非乎一气。致令谈论之际，每有不同。此所谓匿摩尼于胎卵，掩大明于重夜。伤莫二之纯风，塞洞一之玄指。祈之弥劫，奚可值哉？敬请先生为之开阐。"

通方先生代表了道安的立场，他说道："夫万化本于无生，而生生者无生；三才兆于无始，而始始者无始。然则无生无始物之性也，有化有生人之聚也。聚虽一体而形神两异，散虽质别而心数弗亡。故救形之教，教称为外；济人之典，典号为内。是以智度有内外两经，仁王辨内外二论，方等明内外两律，百论言内外二道。若通论内外则该彼华夷，若局命此方则可云儒释。释教为内，儒教为外。……佛教者，穷理尽性之格言，出世入真之轨辙。论其文则部分十二，语其旨则四种悉檀。理妙域中，固非名号所及；化擅系表，又非情智所寻。至于遣累落筌，陶神尽照；近超生死，远澄泥洹；播阐五乘，接群机之深浅；该明六道，辨善恶之升沉。夐期出世而理无不周，迩比王化而事无不尽。能博能要，不质不文。自非天下之至虑，孰能与斯教哉？虽复儒道千家，墨农百氏，取舍驱驰，未及其度者也。唯释氏之教，理当权实。有余不了，称之曰权；无余了义，号之为实。通云善诱，何成妙赏？子谓三教虽殊，劝善义一。余谓善有精粗，优劣宜异。精者超百化而高升，粗者循九居而未息。安可同年而语其胜负哉？"（《广弘明集·二教论》）

道安以为，在最终境界之成就以及达致此境界的圆满工夫上，佛教兼摄并超越儒道。他以为，三教均为"劝善"之学，然而学有精粗优劣，佛学为精深根本之学，而儒学为粗浅未极之学。佛教之教理与戒律，本兼具内外，两方面都超过了中国本土之教，亦且不需要儒教作为其教理的外在补充。这样的观点代表了道安对于孙绰等人观点的修正。佛教可以独立承担内外之学两方面，而不需要儒道二教的帮助。

南朝齐梁时的沈约（公元441—513年）在《均圣论》中主张"内圣外圣，义均理一。而蔽理之徒，封着外教。以为烹羊豢豕，理固宜然。或者又云：若如释氏之书，咸有缘报之业，则禹汤文武并受刳剔，周公孔子俱入鼎镬。是何迷于见道，若斯之笃耶？"（《广弘明集·均圣论》）内圣指的是佛，外圣指的是儒，其理并无二致。沈约的理路，是一种历史经验式的对于佛性和周孔一致的论证。在他看来，佛理的实现是一在历史中不断渐进的过程，此历史过程本身也是佛教所说的因缘聚会的体现。因而，在中国历史中所经历的未闻佛法的时代，其实都在为佛法的出现做着准备，并同时也是佛法显现自身的历史展开，比如孔子所说的"渔不竭泽，佃不燎原。钓而不网，弋不射宿"都体现出佛理中的戒律内容。此以佛理而阐中国历史，故招致陶隐居的质疑，其作《难均圣论》，以为中国之历史自有其义理，不可以佛理度之，其言云："夫立人之道，曰仁与义。周孔所云，闻声不食，斩伐有时者，盖欲大明仁义之道。于鸟兽草木，尚曰其然，况在乎人而可悖虐？非谓内惕寡方，意在缘报。睹迹或似，论情顿乖。不审于内外两圣，其事可得是均以不？"（《广弘明集·难均圣论》）沈约又对陶隐居的疑难加以回复，反复重申自己原来的观点。

道家学者中论圣人境界的有孙盛和陶弘景等人。孙盛作《老聃非大圣论》，以为圣人"洞览虽同，有无之教异陈；圣致虽一，而称谓之名殊目"（孙盛《老聃非大圣论》），主张圣人应当遵道而行，"因应无方，唯变所适"（孙盛《老聃非大圣论》）。这些主张都表现出孙盛圣人观中对于儒释道三家的融通精神。陶弘景亦主张三教在境界论上的融通。陶弘景（公元456—536年），字通明，自号华阳隐居,谥贞白先生,丹阳秣陵(今江苏南京)人。南朝齐、梁时道教学者、炼丹家、医药学家。他也是当时倡导三教融合的道士,认为"百法纷凑,无越三教之境"(陶弘景《茅山长沙馆碑》)。

小结　融合与分歧对于三家之学的结构影响

第一,儒学在佛学的刺激之下,其内外两个方面均不得不发生改变。试分析其原因有二:一为中国本土文化自身发展的逻辑需求。儒学与中国之文化和哲学血脉相连,中国人之社会生存和精神生活在两汉时期长时期由其引领,然而,它在顺应其学思理路发展中,却遇到了思想上的困境。一、独断的、经验性的哲学立场。二、性命之间的非理性的冲突。三、世界变得不可理解,一种中国式的不可知论的兴起。四、人之存在的精神性的失落。在哲学上,中国哲学需要进行重构和再创造。佛学是因应着这样的问题而来的,故而,其在中国思想界才引起极大的兴趣。它接续着中国固有思想而来,而继续往前发展和深化。其发展之方向,由固有哲学和佛学两者所共同决定。

二为佛教刺激之下,儒学所不得不为应对挑战而发生的改变。魏晋南北朝时期,普遍的看法以儒为外教,以佛为内学,无疑会对于儒学自身的理论建构有极大的刺激。因为这种说法,等于把儒学去掉了灵魂,成为行尸走肉,只能乞灵于佛学。然而,乞灵而来的精神,又如何能真的自作主宰?故而,儒学必然需要在漫长的历史之流中去寻获和安顿自己的精神生命。

第二,佛教进入中土,为适应中土固有的儒道文化,佛教自身也发生了改变。传入中土的佛教之所以把大乘佛学作为依归,而小乘佛学并未弘化,与中国本土之儒道之学有着深切的联系。在中国本土之所以没有如泰国、缅甸等国家,选择大兴小乘佛学,与中国固有之儒道文化和哲学有深切的联系。儒家之仁德之教,本深入人心，忠恕之道，推己及人之教，成己成物之说，均不可仅停留于独善其身，或者说，独善其身是无可奈何的结果，并非仁人志士之宏愿。其理论必达至宏大的治国修身之术，经世致用之学，如中庸所言，大德敦化，小德川流，唯有峻极于天，才可成圣人之道。儒道之学均称内圣外王，物我兼成之教，也都以治国安民为基本的目标，所以，佛学只能在此学的基础上去加以适应和发展，而不能与之对立。此为大乘佛学在中国兴盛的缘故。

同时，大乘佛学之面貌和内容，也并非原封不动地照搬照抄，而是发生了不可忽视的变动。以体用而论"一心二门"，以玄学之逍遥连通涅槃，以神妙之用理解佛性，以顿悟解说修行次第，以妙通万有为般若智慧等等，都使得佛学具有了与其原貌不同的样态。

尽管玄学为佛教的般若学的发展作了最好的引路人，也在文人之中形成了佛学玄理的风气，但是，佛学若想真正地进入中国，必须与根本性的中国人的生存相切合才可以，而不是把其影响仅停留在玄理和上层贵族之中。再加上玄学本身，也并没有真正地深入到整个民族尤其是下层民众的精神之中，而只是作为一个养分被吸纳到文化主流的哲学思考之中而已。佛学必须要在生存和实践方式上，与中国本土文化和哲学相融合。不止在官方设定的方向上与本土思想作表面的一致，更根本地是在深层次的心理和礼制风俗上做到与大众之生命合一。道家发展到道教，也必然吸纳了佛教的一些成分。

第三，儒释道三家之学围绕以下核心观念展开其理论建构，各自充实和完善自身的理论内容，最终实现了彼此的融汇和贯通。

首先，对个体与国家社会之间关系的再思考。从东汉后期开始，个体生命的意义问题就成为各家学说关注的焦点。魏晋玄学中的自然与名教之辩，就是对个体才性与社会伦理之间的关系问题的论辩，发展出一种生存美学式的人生哲学。佛学的传播和发展既推动了此问题的深化，也提供了解答此问题的新方向。佛学重视个体对于真理的体悟，以为佛性价值要高于社会伦理的价值，因而个体可以通过极端的出家方式，放弃所当承担的世间之责任。这就使得个体与国家社会之间的关系问题更加醒目地凸显出来。儒释道三家都致力于平衡和协调两者之间的紧张关系，各自推进了自身理论的发展。

其次，对性情、身心关系问题的大讨论。儒释道三家都关注于超验之神性与现实之人性之间的关系，并探讨由人性而达于神性过程中"心"所发挥的关键作用。这一问题展开为对于精神与身体，神性与情感，自由与心灵等关系问题的讨论。尤其是其中的身心关系问题，更加的醒目和突出。这是由于佛学以为神可脱离形体而存在，并可凭之轮回转世，而与中土传统之学大为不同。对这些问题的讨论，加深了三家各自对于自身超验神性和经验人性的认识，为相互的融通做好了理论准备。

再次，对性命之间关系问题的讨论。两汉以来的性命学说，无论是正命、随命还是遭命，均以经验性的气论为其理论基础。"性"成为善恶相混的同时，"命"也成了被气数所决定的存在。随着玄学性理和佛性学说的发展，性命之间所具有的内在关联被重新建构起来。这就使得突破气论的局限，而达于至善的性命之理，成为可以体证的人生目标。此种新颖的性命之理的学说，也是三家之学相互融合和会通的重要基石。

最后，对圣人问题的讨论。何为圣人以及如何成圣，是此时期学者关注的另一焦点问题。这是由于，圣人为现实人生提供了最高的为人标准，是最高的人格典范。儒释道三家的圣人观在这一时期各不相同，但已经出现相互渗入和相互融合的情况，体现出在为人之学的道路上，三家所具有的整体人性论的哲学立场，而这个立场也贯穿于整个中国哲学发展史之中。

第四章 隋唐时期儒释道三家的鼎立和融通

隋唐是中国古代文化充分发展的时期，从国家政治建构上而言，一种"天下体系"在这一时期得以建立。唐朝的政府对于各家学说，均能采取一种包容兼收的态度，在事实上也推进了各家思想的大发展和大融合。尽管在唐玄宗时期，官家对于作为文化主体的儒释道三家作了排序：即以道家为第一，儒家为第二，佛家为第三。但在事实上，由于政府和民间对于佛学的极力推崇，佛教俨然成为众教之首，此可以从信众、风俗、哲理论辩等方面得到确证。在佛教多宗派的发展格局中，禅宗最具有本土化的哲学色彩。

一 隋唐时期社会政治文化与三教之间的关系

隋朝和唐朝初期，三教之间的论争主要发生在佛教和道教之间，此风也是南北朝时期佛道争锋的延续，其目标常是为了争取中央政府的扶持，体现出来的是对于话语权的争夺。高祖武德年间（公元618—626年），太史傅奕（公元555—639年）屡次上奏毁佛，引致佛道之间激烈论争。武德四年（公元621年）六月，傅奕上《请废佛法表》言："臣闻牺农轩顼，治合李老之风；虞夏汤姬，政符周孔之教。虽可圣有先后，道德不别；君有沿革，治术尚同。窃闻八十老父，击壤而歌；十五少童，鼓腹为乐。耕能让畔，路不拾遗，孝子承家，忠臣满国。然国君有难，则殉命以报仇；父母有疴，则终身以侧侍。岂非曾参闵子之友，庠序成林；墨翟耿恭之侔,相来羽翮。乃有守道含德,无欲无求,宠辱若惊,职参朝位,荆山鼎上,攀附龙,缑氏坛边,相从驾鹤。瑶池王母之使,具礼来朝;碧海无夷之神,周行谒帝。所以然者,当此之时,共遵李孔之教,而无胡佛故也。"(《全唐文·请废佛法表》)傅奕以佛法未入中国之前,儒道二家足以治世修身。后文又引佛学传入中国以后,造成政治经济社会多方面的混乱和动荡,为乱世之教,应当废黜。其说法之理路,为一现实政治意义上的理路,是基于意识形态的考量,缺少对于佛学义理的探究和辨析。其言曰:"自汉明夜寝,金人入梦,傅毅对诏,辨曰胡神。后汉中原,未之有信,魏晋夷虏,信者一分。笮融佛斋而起逆,逃窜江东;吕光假征胡而叛君,寺立西土。降斯已后,妖胡滋盛,大半杂华。绅门里,翻受秃丁邪戒;儒士学中,倒说妖胡浪语。曲类蛙歌,听之丧本;臭同鲍肆,过者失香。兼复广置伽蓝,壮丽非一,劳役工匠,独坐泥胡。撞华夏之鸿钟,集蕃僧之伪众,动淳民之耳目,索营私之货贿。女工罗绮,翦作淫祀之幡;巧匠金银,散雕舍利之冢。亢梁面米,横设僧尼之会,香油蜡烛,枉照胡神之堂。剥削民财,割截国贮,朝廷贵臣,曾不一悟。良可痛哉!伏惟陛下定天门之开阖,更新宝位;通万物之否,再育黔黎。布李老无为之风,而民自化;执孔子爱敬之礼,而天下孝慈。且佛之经教,妄说罪福,军民逃役,剃隐中,不事二亲,专行十恶。岁月不除,奸伪逾甚。"(《全唐文·请废佛法表》)武德七年(公元 624 年),傅奕再次上《请除释教疏》,主张禁断佛教,其论辩理路与前论相仿。

中书令萧瑀以佛为圣人,而责傅奕为妄说。佛教徒明概等人也批驳傅奕,明概在《决对傅奕度佛僧事》中说:"释迦悯斯涂炭,哀其沈溺,陈经敦劝善以诱贤,制戒律禁恶以惩罪,皆令息妄归真,还源返本。"(《广弘明集卷十二·决对傅奕度佛僧事》)佛教惩恶扬善,有助于世教,与儒道两家并无二致。"比手中原之地,上古之初,世朴时淳,书契未作,民浇俗伪,典籍方兴。故周公不出于上皇,孔子唯生于下代,制礼作乐,导俗训民,致治兴风,匡时救弊,皆欲令止浇息竞,返素还淳,出于释迦,其揆一也。"(《广弘明集卷十二·决对傅奕度佛僧事》)对于此次傅奕上书废佛的事件，李师政撰《内德论》一卷，以辩惑、通命、空有三篇，阐论佛法利于国政，并驳斥傅奕之论。李师政，唐代上党（今山西长治）人。生卒年不详。初为儒者，后学佛法，为济法寺法琳之弟子。

对于此次论争，李渊作为最高统治者作了折中的处理，一方面他接受傅奕的建议，对于佛众进行了整治，另一方面也保留了佛教在国家中的一席之地。武德九年（公元626年），李渊发布《沙汰僧道诏》："乃有猥贱之侣，规自尊高，浮惰之人，苟避徭役，妄为剃变，托号出家，嗜欲无厌，营求不息，出入闾里，周旋阛阓，驱策畜产，聚积货物，耕织为生，估贩成业，事同编户，迹等齐人，进违戒律之文，退无礼典之训。至乃亲行劫掠，躬自穿窬，造作妖讹，变通豪猾，每罹宪网，自陷重刑，黩乱真如，倾毁妙法。譬兹稂莠，有秽嘉苗；类彼淤泥，混夫清水。"（《全唐文·沙汰僧道诏》）可见，李渊所整治的对象是佛教之中的乱象，而并非佛教本身，故其令："诸僧、尼、道士、女冠等，有精勤练行，守戒律者，并令就大寺、观居住，官给衣食，勿令乏短。其不行精进、戒行有阙者，不堪供养，并令罢退，各还桑梓。所司明为条式，务依法教，违制之事，悉宜停断。京城留寺三所、观二所，其余天下诸州，各留一所。余悉罢之。"（《全唐文·沙汰僧道诏》）

《佛祖统纪》中载有唐代国家政治层面所发生的三教之间的论争与斗争的事件："唐高祖武德九年，太史令傅奕乞废佛法。凡七上疏，诏僧道戒行亏阙者悉令罢道。月余停前沙汰，奕恶病死。有人入冥，闻已付越州泥黎。玄宗开元二年，宰相姚崇奏，沙汰僧尼伪滥者万二千人，并令还俗，禁度僧建寺铸佛写经。开元十五年，敕天下村坊佛堂小者，并拆除之，功德移入近寺，公私望风，凡大屋大像亦被残毁。文宗太和九年，翰林李训请，沙汰僧尼毁大内灵像。夜大风坏殿屋城门，帝惧敕停沙汰。武宗会昌五年，用道士赵归真宰相李德裕谋，毁折天下寺院，僧尼归俗者二十六万人。长安人夜见穆王蒙吏云，李炎夺寿去位。宣宗即位，捕赵归真等十三人诛之，李德裕贬死崖州。"（《佛祖统纪卷五十四》）又"唐高宗，诏沙门义褒等，入宫谈论。道士李荣理屈语塞，令黄门引荣退席。

玄宗，道士吴筠造论毁释氏，浙西观察使陈少游请神邕法师，面决邪正，筠竟败北。代宗，沙门崇惠与道士角法告胜，赐紫衣。"（《佛祖统纪卷五十四》）

在礼俗上，发生了沙门应不应该礼拜君亲的争论。唐龙朔二年（公元662年）彦悰撰《集沙门不应拜俗等事》，收集了此次争论所产生的102篇文章，反映了当时儒道释三家就礼俗问题所发生的巨大分歧与调和此分歧的努力。这种争论也是魏晋南北朝时期沙门当不当敬王者问题的延续。

隋唐时期，儒学亦有较大之发展，在其发展初期，更加专注于自身学术的传承和发展，并未多旁涉与佛老论争，其原因是多方面的，其主因大概在于其自身力量的单薄，不足以对抗佛老。此种蛰伏的情形至于唐代中叶发生了变化，儒家对于佛老尤其是佛学，开始展开攻势，而这也引发了佛学以及儒学自身的重要转变。

隋朝承南北朝分裂之格局而起，天下重新归为一统；南北学风固有不同，而学术之整合亦为大势所趋。在政治统一的局面之下，隋文帝时期儒学曾兴盛一时："高祖膺期纂历，平一寰宇，顿天网以掩之，贲旌帛以礼之，设好爵以縻之，于是四海九州强学待问之士，靡不毕集焉。天子乃整万乘，率百僚，遵问道之仪，观释奠之礼。博士罄悬河之辩，侍中竭重席之奥，考正亡逸，研核异同，积滞群疑，涣然冰释。于是超擢奇秀，厚赏诸儒，京邑达乎四方，皆启黉校。齐、鲁、赵、魏，学者尤多，负笈追师，不远千里，讲诵之声，道路不绝。中州儒雅之盛，自汉、魏以来，一时而已。及高祖暮年，精华稍竭，不悦儒术，专尚刑名，执政之徒，咸非笃好。既仁寿间，遂废天下之学，唯存国子一所，弟子七十二人。"（《隋书·儒林传》）到了隋炀帝继位，儒学初期得到提振，之后转而衰落："炀帝即位，复开庠序，国子郡县之学，盛于开皇之初。征辟儒生，远近毕至，使相与讲论得失于东都之下，纳言定其差次，一以闻奏焉。于时旧儒多已凋亡，二刘拔萃出类，学通南北，博极今古，后生钻仰，莫之能测。所制诸经义疏，搢绅咸师宗之。既而外事四夷，戎马不息，师徒怠散，盗贼群起，礼义不足以防君子，刑罚不足以威小人，空有建学之名，而无弘道之实。其风渐坠，以至灭亡，方领矩步之徒，亦多转死沟壑。凡有经籍，自此皆湮没于煨尘矣。遂使后进之士不复闻《诗》、《书》之言，皆怀攘夺之心，相与陷于不义。"(《隋书·儒林传》)此时之儒学多为荣身取禄之学，固然并不能见儒学之真相，然而从政治功利之角度，以观当时儒学之盛衰，亦有可取之处。隋朝之儒学，在隋初短暂的兴盛之后，便迅速转入衰落。此衰落固然与隋末战乱蜂起，无暇顾学，有密切的联系，但也与功利性的学风有根本性的关系。观隋朝所谓大儒刘焯刘炫之为人，便知当时儒学之衰，不止为时势所导致。《隋书》载刘焯："怀抱不旷，又啬于财，不行束修者，未尝有所教诲，时人以此少之。……数年，复被征以待顾问，因上所著《历书》，与太史令张胄玄多不同，被驳不用。大业六年卒，时年六十七。刘炫为之请谥，朝廷不许。"(《隋书·儒林传》)其人品行不高，所学不精，于上述可见。又载刘炫"炫性躁竞，颇俳谐，多自矜伐，好轻侮当世，为执政所丑，由是官途不遂"(《隋书·儒林传》)。又记其遭遇，"时在郡城，粮饷断绝，其门人多随盗贼，哀炫穷乏，诣郡城下索炫，郡官乃出炫与之。炫为贼所将，过城下堡。未几，贼为官军所破，炫饥饿无所依，复投县城。长吏意炫与贼相知，恐为后变，遂闭门不纳。是时夜冰寒，因此冻馁而死，时年六十八。其后门人谥曰宣德先生"(《隋书·儒林传》)。刘炫被盗贼所裹挟而不能脱，被官军所疑拒而不能入，最终冻饿而死，故而难称纯儒。同时，二人均名重海内，号称名儒，著作等身，长于治经，孔颖达《五经正义》对其说多有采撷，史书载"刘炫聪明博学，名亚于焯，故时人称二刘焉。天下名儒后进，质疑受业，不远千里而至者，不可胜数。论者以为数百年已来，博学通儒，无能出其右者"(《隋书·儒林传》)。其学高卓，然而，其人如此，可推知当时儒学之衰的原因。

唐初经过隋末社会之动荡，儒学不振。据《旧唐书》言："古称儒学家者流，本出于司徒之官，可以正君臣，明贵贱，美教化，移风俗，莫若于此焉。故前古哲王，咸用儒术之士；汉家宰相，无不精通一经。朝廷若有疑事，皆引经决定，由是人识礼教，理致升平。近代重文轻儒，或参以法律，儒道既丧，淳风大衰，故近理国多劣于前古。自隋氏道消，海内版荡，彝伦攸斁，戎马生郊，先代之旧章，往圣之遗训，扫地尽矣！"（《旧唐书》卷一百八十九上《儒学上》）

后经唐高祖之倡导，唐太宗之扶持，儒学在唐代开始大兴。"是时四方儒士，多抱负典籍，云会京师。俄而高丽及百济、新罗、高昌、吐蕃等诸国酋长，亦遣子弟请入于国学之内。鼓箧而升讲筵者，八千余人。济济洋洋焉，儒学之盛，古昔未之有也。太宗又以经籍去圣久远，文字多讹谬，诏前中书侍郎颜师古考定《五经》，颁于天下，命学者习焉。又以儒学多门，章句繁杂，诏国子祭酒孔颖达与诸儒撰定《五经》义疏，凡一百七十卷，名曰《五经正义》，令天下传习。"（《旧唐书》卷一百八十九上《儒学上》）

孔颖达（公元574—648年），字冲远（一作仲达、冲澹），冀州衡水（今河北省衡水市）人。唐初经学家。师从隋朝名儒刘焯。唐朝建立后，成为秦王府学士。贞观年间，历任国子博士、给事中、太子右庶子、散骑常侍，参与修订五礼，编纂《隋书》。贞观十四年（公元640年），奉诏编纂《五经正义》，汇聚融通了诸多经学家的见解，是南北朝经学成就的集大成者，其经学成就甚高。孔颖达经由玄学的思辨历练，对于《中庸》有了新的解释，与道家哲学相通："天命之谓性者，天本无体，亦无言语之命，但人感自然而生，有贤愚吉凶，若天之付命遣使之然，故云天命。老子云，道本无名，强名之曰道，但人自然感生有刚柔好恶，或仁或义或礼或知或信，是天性自然，故云谓之性。率性之谓道，率，循也。道者，通物之名。言依循性之所感而行，不令违越，是之曰道。感仁行仁，感义行义之属。不失其常，合于道理，使得通达，是率性之谓道。修道之谓教，谓人君在上，修行此道，以教于下，是修道之谓教也。"（孔颖达《礼记正义·中庸》）孔颖达对于性情有比较丰富的讨论："贺场云，'性之与情，犹波之与水。静时是水，动则是波；静时是性，动则是情。'案《左传》云，'天有六气，降而生五行。至于含生之类，皆感五行生矣。唯人独禀秀气。'故《礼运》云，'人者，五行之秀气，被色而生，既有五常，仁义礼智信。因五常而有六情。'……则性者静，情者动。故《乐记》云,'人生而静,天之性也。感于物而动,性之欲也。'故《诗序》云,'情动于中',是也。但感五行在人为五常,得其清气备者,则为圣人。得其浊气节者,则为愚人。"(孔颖达《礼记正义·中庸》)

孔颖达又以"澹然虚静"为未发之中,则与道家之立场相融通。"喜怒哀乐之未发谓之中者,言喜怒哀乐,缘事而生,未发之时,澹然虚静,心无所虑而当于理,故谓之中。发而皆中节谓之和者,不能寂静而有喜怒哀乐之情。虽复动发,皆中节限,犹如盐梅相得,性行和谐,故云'谓之和'。"(孔颖达《礼记正义·中庸》)

至于高宗武后时期,儒学由兴盛转为低落。"高宗嗣位,政教渐衰,薄于儒术,尤重文吏。于是醇醲日去,毕竟日彰,犹火销膏而莫之觉也。及则天称制,以权道临下,不吝官爵,取悦当时。其国子祭酒,多授诸王及驸马都尉,准贞观旧事。祭酒孔颖达等赴上日,皆讲《五经》题。至是,诸王与驸马赴上,唯判祥瑞按三道而已。至于博士、助教,唯有学官之名,多非儒雅之实。是时复将亲祠明堂及南郊,又拜洛,封嵩岳,将取弘文国子生充齐郎行事,皆令出身放选,前后不可胜数。因是生徒不复以经学为意,唯苟希侥幸。二十年间,学校顿时隳废矣。"(孔颖达《礼记正义·中庸》)

到玄宗时,儒风再盛,"玄宗在东宫,亲幸太学,大开讲论,学官生徒,各赐束帛。及即位,数诏州县及百官荐举经通之士。又置集贤院,招集学者校选,慕儒士及博涉著实之流"(《旧唐书》卷一百八十九上《儒学上》)。他任命姚崇、宋璟为宰相,锐意改革进取。同时,敦尚儒学,推重孔子,曾下诏曰:"弘我王化,在乎儒术。孰能发挥此道,启迪含灵,则生人已来,未有如夫子者。"(《旧唐书》卷二十四《礼仪四》)又敕令质定《尚书》《孝经》今古文和郑注孔传的异同优劣。更自注《孝经》并为之作序。天宝四年(公元745年)刊刻《御注孝经》于太学,是为石台孝经。从这些举措来看,玄宗对于儒学相当推重,并大力推行。

盛唐之时,李鼎祚收集汉代易注精华以作《周易集解》,其宗旨在"刊辅嗣之野文,补康成之逸象"(《周易集解纂疏·周易集解序》)。许多珍贵的汉易注解,凭其得以留存。此书之作,也可视为唐代经学的重要成就。清人对此书激赏有加:"盖王学既盛,汉《易》遂亡,千百年后学者,得考见画卦之本旨者,惟赖此书之存耳。是真可宝之古笈也。"(《四库全书·周易集解提要》)

中唐的啖助(公元724—770年)、赵匡和陆淳的《春秋》学颇有新意,为儒学发展注入了新的活力。《新唐书》言道:"啖助在唐,名治《春秋》,摭诎三家,不本所承。自用名学,凭私臆决,尊之曰:'孔子意也。'赵(匡)、陆(淳)从而唱之,遂显于时。"(《新唐书·儒学下·啖助传》)当然,此种经学方面的发展,并没有突破旧有传统的藩篱,不过,疑经变古之旨趣的发生,反映了儒生已经开始重新以经学面对现实问题,再度把经学中的"经世致用"精神,应用于社会实践之中。如果说韩愈李翱的儒学是应对当时儒家所面对的精神方面的问题和挑战,那么,啖助赵匡等人的儒学所应对的则是当时儒家所面对的社会现实方面的问题和挑战。这都要求着时人把儒家经典作为一"活的灵魂"释放出来,而不再作为固守章句、猎取荣华的方法和工具。这是一个时代性的召唤,召唤一久违的蕴含在经学资源里面的活的精神。

可见,此一时期儒家的成就不仅体现为经学之研究,也体现于由经学之研究中所透露出的经世致用的精神之中。此精神延伸和落实到政治社会中的具体政策和举措之中,礼法制度、官职设定、人才选举、政务财政等各方面无一不反映出此种儒学的经世精神。在这方面所体现出来的,是唐朝时的中国,尽管在思想层面佛教超越诸家,但在现实社会以及民众心理上,仍旧以儒学为基本的行为规范。观于隋唐史书中对于礼的继承和制作,包括官制、礼仪、食货、刑律、兵制等方面的建树,其中都蕴含着丰富的儒家思想,从而表现出儒家思想在社会之具体生存层面所具有的深厚的生命力。在此种精神的推动之下,吴兢的《贞观政要》、杜佑的《通典》《大唐开元礼》《唐律疏议》《大唐六典》等著述相继出现。

随着儒家思想的重兴和重构,从初唐时期就已经存在的儒学和佛学之间的冲突,到了中唐时候,逐渐开始抬头。初唐时的冲突主要围绕着社会礼俗、国家财政等方面的内容而展开,并没有进入实质性的义理方面的论争。此种论争在中唐时期得以全面地展开,这场论争的儒家之主角就是大名鼎鼎的韩愈及其追随者李翱。这场论争触及了儒释两家立论之义理基础，而此种论争的深化就使得儒学和佛学各自不可避免地发生深刻的变化。

韩愈（公元768—824年），字退之，河南河阳（今河南省孟州市）人，自称"郡望昌黎"，世称"韩昌黎""昌黎先生"。唐代中叶官员，文学家、思想家、哲学家。贞元八年（公元792年），韩愈登进士第，两任节度推官，累官监察御史。后因论事而被贬阳山，历都官员外郎、史馆修撰、中书舍人等职。元和十二年（公元817年），出任宰相裴度的行军司马，参与讨平"淮西之乱"。元和十四年（公元819年）因谏迎佛骨一事被贬至潮州。晚年官至吏部侍郎，人称"韩吏部"。韩愈是唐代古文运动的倡导者，被后人尊为"唐宋八大家"之首，与柳宗元并称"韩柳"，有"文章巨公"和"百代文宗"之名，苏轼称其"文起八代之衰，而道济天下之溺"。后人将其与柳宗元、欧阳修和苏轼合称"千古文章四大家"。

韩愈对于佛教的激烈态度充分地表现在上奏给当时的皇帝唐宪宗的《谏迎佛骨表》中。在文中韩愈先陈述佛为夷狄之法，原非中国所有。传入中土之后，凡信佛法之朝代，均速遭覆灭："今闻陛下令群僧迎佛骨于凤翔，御楼以观，舁入大内，又令诸寺递迎供养。臣虽至愚，必知陛下不惑于佛，作此崇奉，以祈福祥也。直以年丰人乐，徇人之心，为京都士庶设诡异之观，戏玩之具耳。安有圣明若此，而肯信此等事哉！然百姓愚冥，易惑难晓，苟见陛下如此，将谓真心事佛，皆云：'天子大圣，犹一心敬信；百姓何人，岂合更惜身命！'焚顶烧指，百十为群，解衣散钱，自朝至暮，转相仿效，惟恐后时，老少奔波，弃其业次。若不即加禁遏，更历诸寺，必有断臂脔身以为供养者。伤风败俗，传笑四方，非细事也。

夫佛本夷狄之人，与中国言语不通，衣服殊制；口不言先王之法言，身不服先王之法服；不知君臣之义，父子之情。假如其身至今尚在，奉其国命，来朝京师，陛下容而接之，不过宣政一见，礼宾一设，赐衣一袭，卫而出之于境，不令惑众也。况其身死已久，枯朽之骨，凶秽之余，岂宜令入宫禁？

孔子曰：'敬鬼神而远之。'古之诸侯，行吊于其国，尚令巫祝先以桃茢祓除不祥，然后进吊。今无故取朽秽之物，亲临观之，巫祝不先，桃茢不用，群臣不言其非，御史不举其失，臣实耻之。乞以此骨付之有司，投诸水火，永绝根本，断天下之疑，绝后代之惑。使天下之人，知大圣人之所作为，出于寻常万万也。……"

韩愈对于佛教的攻击，具有强烈的现实政治的意味和旨趣，主要是基于现实政治经济角度的考量，而不仅仅是理论上的批评。韩愈从伦理道德的角度对佛老的批评见于下文。

二 佛学判教之方法论及其对于三教关系之影响

在隋唐时期，宗派佛学发达，各宗派往往建立判教理论对佛学内部的分派加以论定，顺其思路，也用判教方法对儒学和道家加以理解和安排。所谓判教，是断定佛教的主要经典和体系各有其存在的理由和价值，但以本宗信奉的那部分为最高最尊，用以区别出本派教法的特殊性和至上性，同时也是对于进学次第的说明。南北朝以来，由于译经浩繁，种类杂多，致使歧义纷出，师说林立。为调和各类佛典之间的矛盾，克服佛教内部的理论分歧，南北朝时已出现了判教的做法。判教虽往往缺乏史实根据，却反映了隋唐宗派佛教的一个共同倾向：宗派性是强烈的，对异己者是宽容的；调和是主流，斗争仅限于高低主次的理论陈述。这种方法的运用，无疑体现出非常强烈的综合性，因为只有在对于诸派的教理有了全盘而深切的了解之后，才会有合理的排定。

判教的做法与南北朝时期对于儒释道三教融合的理路有所不同，魏晋南北朝时期，儒道往往被分为内外两教，儒为外，佛为内，二家之间归于一体，但分工明确。判教的理路则把儒家摄归于佛学体系，从而，儒学已然失去其自身的独立性，其存在之意义和价值仅为佛理之注脚和显用。固然，儒学仍旧在佛学所构建的"天下体系"中占有一席之地，并没有被其所抛弃，但其学理无疑丧失了内在的义理支撑，成为沿门乞钵的流浪汉。

教法也成为区别的方法。在保障根本宗旨一致的前提下，区分出不同的教法，从而使得自身之学派保持独立性和特殊性，是判教所提供出来的一种具有普适性的方法论原则。在此原则之下，不仅仅佛教内部宗派得以区分，同时，更可以推而广之到儒道两家那里，从而把儒道也纳入到一系统性的学说之中。这也就构成学说体系意义上的"天下体系"。

以天台宗为例，天台宗以判教的方法对佛学的流派加以论定排次，自然地，对于在佛教之外的儒学和道家也经常以判教的方式加以理解和解释。智𫖮是以"五时八教"为判教的基本内容。智𫖮（公元538—597年），中国佛教天台宗四祖，也是实际的创教者。俗姓陈，字德安。隋代荆州华容（今湖北公安县）人，祖籍颍川（河南禹州）。世称智者大师、天台大师。所谓"五时"，是将全部佛典按照佛说的时间先后，给予安排：第一华严时，谓佛首先对慧根人说《华严》"圆顿"之教，令速悟入；第二鹿苑时，谓佛以初学者为对象，说小乘四《阿含》；第三方等时，谓佛对有小乘基础的人宣说大乘《方等》类经典；第四般若时，谓佛为显示中道实相、大乘空宗教理而说《般若》类经典；第五涅槃时，佛说《法华》《涅槃》。五时的主要区别是："《华严》广明菩萨行位；三藏偏说小乘；《方等》破小显大；《大品》历法遣荡会宗；《法华》结撮始终，开权显实；《涅槃》解释众经，同归佛性常住。"（《维摩经玄疏卷六》）五时的关系，仿照《涅槃经》的牛乳五味之喻，《华严》时如牛出乳，至《法华》《涅槃》时，"是时无明破，中道理显，其心皎洁如清醒酬"（《法华玄义卷十下》）。佛说之第五时开显的是最完满、最清净的真实境界，天台宗所宗的《法华经》就在其中。所谓"八教"，从教化众生的形式，分有"化仪四教"和"化法四教"。化仪四教即顿、渐、秘密、不定。智𫖮认为，"法唯一味"，"众生机缘不一，是以教门种种不同"（《四教义卷二》）。顿教，是对利根人直接说的大乘顿教教义，渐教，由小到大，是对钝根人逐渐引导。秘密教，指同一种教义，闻者各据自己的理解而有收获，但互不相知。不定教，指佛根据不同情况，运用神通，使听者有不同的理解。"化法四教"，是从佛说法的内容上划分，即藏、通、别、圆。藏教指小乘《阿含》；通教是由藏教到别教的过渡，指《般若》等大乘经；别教是对少数有佛教素养的人讲的，指《维摩经》；圆教说大乘的最高道理，圆融不偏，指《华严》《涅槃》《法华》诸经，其中又唯有《法华》属于纯圆。对于像儒学和道家这样的学说来说，判教实质上是一种分类系统，依照一种根本性的分类原则，而把其学加以分类和排列，并依照其类别进行相应的诠释。

天台宗的根本教理在于"止观"。智𫖮说："泥洹之法，入乃多途，论其急要，不出止观二法"，"当知此之二法，如车之双轮，鸟之双翼，若偏修习，即堕邪倒"。（《智者大师别传》）对于"止观"，《大乘止观法门》中说："所言止者，谓知一切诸法，从本已来，性自非有，不生不灭。但以虚妄因缘故，非有而有。然彼有法，有即非有。唯是一心，体无分别。作是观者，能令妄念不流，故名为止。所言观者，虽知本不生，今不灭，而以心性缘起，不无虚妄世用，恍如幻梦，非有而有，故名为观。"（《大乘止观法门卷一》）灌顶以为，智𫖮的止观学说"摄一切佛法，靡所不该"。如此说来，以此"止观"方法当然也可以把儒道加以统摄。

华严宗的判教按照教法分为五种：小、始、终、顿、圆，此五教均由"真心"所生。小即第一小乘教，此教只说眼、耳、鼻、舌、身、意六识为心；始教为大乘始教，此教已立第八识阿赖耶识，但未及于如来藏；终教为大乘终教，此教以万法不外乎真如，《大乘起信论》与摄论派为其代表；顿教为大乘顿教，此教直言一真本心，如《维摩诘经》所论；圆教为大乘圆教（万法万象与一真本心相即相入，无碍自在，一即一切，一切即一，如《华严经》所示。五教说渊源于杜顺的《五教止观》，其意义不仅在于判教自身，也在于显示佛教义理之层次，由小乘教而次第上升，最后进于至高的华严境界。

华严宗以为世间一切均由一真法界所缘起形成，此世界可分为四重法界，即事法界、理法界、理事无碍法界、事事无碍法界，四种法界之间相互透入，相互贯通，相即相入，圆融无碍，处于重重无尽的关联网络之中。以此种佛学去解释儒道两家思想,必然会以儒道之学为可入可融,纳入其无尽缘起的网络之中。

华严宗的五祖宗密(公元780—841年)唐代僧人,华严宗五祖。因常住圭峰兰若,世称圭峰法师。俗名何炯。果州西充(今四川西充县)人。早年曾中进士,元和二年(公元807年)于遂州遇道圆禅师,受具足戒,出家为僧。去世后谥号"定慧禅师"。他在其著作《原人论》中对于儒学加以批评与融会,以为三教之间用同而本异,当以大乘佛教之"一真本心"或"本觉真心"为本,而儒道之学为末。儒道之学的弊端在于其理论深度,而并不在其行为表现。若是其行为能够归于本体,就能够合于终极之道。所以,宗密说,"破执不破教,破解不破行"(《圆觉经大疏钞卷七之上》)。

宗密以为三教之行所具有的一致的方面,这是三教之"用同"。对此,宗密说:"然孔老释迦,皆是至圣,随时应物,设教殊途,内外相资,公利群庶。策勤万行,明因果始终。推究万法,彰生起本末。"(宗密《原人论序》)宗密对此解释道,第一,融合五戒和五常,强调二者的一致性。"不杀之仁,不盗是义,不邪淫是礼,不妄语是信,不饮啖酒肉,神气清洁,益于智也。"(宗密《原人论》)第二,把儒家之孝道与佛教相合。这一点在宋代尤其受到了重视和表彰。第三,以儒学之乾与佛性并提,而乾之四德同于涅槃之四德。涅槃四德为"常乐我净",宗密在《圆觉经大疏本序》中以为其与乾之四德"元亨利贞"相融通。

同时,宗密以为儒道仅为权教,而佛教为实教,应当以佛教为根本教义,这是三教之本异。宗密说:"虽皆圣意,而有实、有权。二教唯权,佛兼权实。策万行,惩恶劝善,同归于治,则三教皆可遵行;推万法,穷理尽性,至于本源,则佛教方为绝了。"(宗密《原人论》)三教之中,唯有佛教得其对于本体的正解,从而可以作为各家之归本。其他两家,尽管有对于本体的表现和所行,但其所解偏颇,仅为一时之功用表现,故为"权",而其本体之"实"则为佛学所掌握。

对于佛教之本体在理论上对于两家的吸纳和安置,宗密说:"故外学者不知,唯执否泰由于时运。然所禀之气,展转推本,即混一之元气也。所起之心，展转穷源，即真一之灵心也。究实言之，心外的无别法，元气亦从心之所变，属前转识所现之境，是阿赖耶相分所摄，从初一念业相分为心境之二，心既从细至粗，展转妄计乃至造业，境亦从微至著，展转变起乃至天地。业既成熟，即从父母禀受二气，与业识和合，成就人身。据此则心识所变之境，乃成二分：一分即与心识和合成人，一分不与心识和合，即成天地、山河、国邑，三才中唯人灵者，由与心神合也。"（宗密《原人论·会通本末第四》）阿赖耶识为万物之本体，万物皆从此业识缘起而生，此是佛教徒的基本主张。宗密在这里，就以佛学的理论架构，把儒学和道家都纳入进来。这样的说法，并不是主张三教之间的并列，而是具有本末次第，无疑佛教具有根本性的至高地位。宗密所主张的一乘显性教为本教，而偏浅佛教和儒道两教则为末教，需要用根本正解对它们加以破除。

  宗密作为华严宗师，其所运用的根本方法无疑是华严宗的方法，以"一真法界"统摄诸法界。而从宗密在《原人论》中对于儒道两家的批评来看，他对于两家之学的看法仍然固守在一种当时流行的意见中。以"一真本心"来论儒道，儒道自身只是成为一个待处理的现成之学，而并没有视儒道之义理为可突进和可转变的机体系统。同时，宗密也分析了两家之学对于万物解释的无力，并不是达于本体之终极究竟之学，不足以建立起解释世界的根本原则。在这样的基础上，他斥两家为"邪妄"之学。正因为两家之学的偏失，所以，宗密才会以佛学之"一本真心"去救正两家。由"一真本心"所建立起的系统结构，把儒道两家纳入其中，此两家仍旧是不变的两家，但其意义由宗密之解释则发生了改变，因解释其自身存在的本体原则已经不在儒道自身这里，而是别移入到佛家手里。二家于是仿佛被抽掉了灵魂的人身，看似还是其本人，但实则成为被人摆布的木偶。

  宗密的方法为后世融合三教提供了一个极佳的思路，即以根本学理的解释原则去梳理各家，他家之学表面上仍为其学，并未改变，但是随着对其解释的根本原则的转变，他家之学的意义和旨趣已然悄无声息地发生了变动。据钱新祖先生的观察，"智顗不仅建

第四章 隋唐时期儒释道三家的鼎立和融通

构了一个全面的分类系统,能够调和歧异而又经常矛盾的诸多佛教经书,并建构一个试图将儒家吸纳于其中的细致的'观心'理论。根据智顗所言,儒家以其'五常''五行''五经'等,仍是一'世间法药',相当于佛教的'三皈''五戒''十善道'以及'四禅'等。儒家提供了一种'假观',这种假观被彻底了解的时候,终将引导修行者达到'破法遍',亦即智顗的'观心十法门'的第四法门。在智顗看来,对于那些因为他们'根性薄弱'以至于'不堪深化'的人来说,儒家是必要的;儒家在中国承担了为大乘与小乘佛教传入中国搭建舞台的历史性功能"。①

除了智顗和宗密为代表的天台宗的判教方法把儒道之学吸纳其中,同时,其他的佛教宗派也多持有类似的方法论原则以统摄儒道之学。道宣(公元596—667年),俗姓钱,字法遍,原籍吴兴长城(今浙江长兴),一作丹徒人,自称吴兴人,生于京兆长安。唐代高僧,佛教南山律宗开山之祖,又称南山律师、南山大师,世称"律祖"。道宣言:"夫法者何耶?所谓凭准修行,清神洗惑而为趣也。义者何耶?所谓深有所以,千圣不改其仪,万邪莫回其致者也。俗法五常,仁义礼智信也。百王不易其典,众贤赞翼而不坠者也。道法两谛,谓真俗也。诸佛之所由生,群有因之而超悟者也。然则俗保五常,沦惑绵亘;道资两谛,胜智增明。故真俗为出道之阶基,正法为入空之轨躅者也。故论云:非俗无以通真,非真无以遣俗。又云:诸佛说法,常依二谛,斯则大略之成教也。至于大小半满之流,三箧八藏之典,明心尘之显晦,晓业报之殊途,通慧解以镜象心,了世相以光神照也。若斯以叙,谓之法义也。至于如说修行,思择灵府者,则四依法正,创究识于倒情;八直明道,策净心于妄境。三学开其玄府,一贯统其真源。渐染基构,当自得其涯也。但以幽关难启,匠石易迷,匪藉言方,莫由升附。所以自古道俗同而问津,疏瀹精灵,陶练心术。或著论而导其解,或谈述而写其怀。因言而显圣心,寄迹而扬玄理者也。昔梁已叙其致,今唐更广其尘。各有其志,明代代斯言之不绝也。"(《广弘明集·法义篇

---

① 钱新祖:《焦竑与晚明新儒思想的重构》,东方出版中心2017年版,第9页。

序》）以法义贯通真俗两谛，以俗谛包综儒学，如此，便是以佛学中真俗两谛之法义结构而融贯佛儒。此与天台宗之判教方式以融汇各家，并无差别。唐名僧神清著《北山录》曰："二教之于我，赞而不害也。吾之于二教，统而有归也。"（《大正藏卷四十五》）

　　禅宗以独特的"不立文字，直指本心"为根本教法。其理论非常具有中国化的特色，此特色与儒学和道家都有很深的关联。马祖道一弟子大珠慧海以为三教"大量者用之则同，小机者执之则异。总从一性上起用，机见差别成三。迷悟由人，不在教之同异也"（《五灯会元卷三·大珠慧海禅师》）。此时，已经自觉地用佛教自身的佛性本体，去说明和解释世界的现象。世界的经验现象，有其内在的形上本体作为依据。对于经验的解释，已经不再是经验性的了。三教之间的融合，首先需要面对的问题，就不是经验层面上彼此间的关联，也并非是量化式的孰大孰小的问题，而是本体上孰本孰末的问题，谁之见解更加精深的问题。此为倡三教平等，同为一性所成的主张。

　　综上可见，佛学以"心"为根本概念去融通万理，统摄儒道二家。这是一个天人一统、内外兼顾的理论框架。心如海，可统摄众流。心如宇宙，可融涵万物。由此而见心量之广大。在隋唐时期，所谓的三教融合的论调，其实质都有着鲜明的学派立场。因为尽管主张三教一致，但是以何学为融通的立场，则大有不同。三教之一致，总是建立在一教独大的基础之上的，而此独大之一教，其意义系统必涵盖和统摄其他二教。于是，看似在唐朝所确立之三教鼎立的格局，三教各自为政，各自建立自己的学说体系，其实，三教均在努力地吸收和融涵他教，并不断地对于他教之义理进行解读并对自身的教理进行调整。

三　个体生命的美学精神与审美意识下的三教关系

　　唐时文士的三教融合之风。唐时著名的文士往往与僧人过从甚密，也可以视为魏晋南北朝时期名士与僧人广泛交游风气的延续和发展。如王勃、张说、王维、权德舆、柳宗元、刘禹锡等人，均以诗文闻名于世，颇都熏染佛风。其融合的角度和理路常是美学式的欣赏，有魏晋人物品评的遗风。对各家学说，均能持有一美学之欣赏态度，各取所长。

唐时重文章之学，而文章主于气韵生动，特重审美情趣。佛学又能于诸有之中，见深远幽深之空境，由深远幽深之空境现万有之光彩缤纷，又有审美情趣在其中。玄学之玄境，佛学之空境，均为现象世界奠基了一个美学的意义本体，从而为现实世界赋予了审美意义。由此审美意义为中转，进而抵达本体的存有界，此为止于宋元时期方完成之伟业。唐时的此种哲学态度，既是对于玄学以来的一种审美情趣的延续，同时更加是一种发展和突破，因为它积极吸取了佛学尤其是禅宗的哲学成就，从而把意境之深远推到了极致。此种审美旨趣与哲学思考之间，具有一而二，二而一的内在一体性。

同时，许多的文士与道教和道士也有紧密的交往，陈子昂、卢藏用、宋之问、王适、毕构、李白、孟浩然、王维、贺知章与道教宗主司马承祯共称为仙宗十友。李白受道教思想影响颇深。

王勃（约公元650—约676年），字子安，绛州龙门县（今山西省河津市）人。唐朝文学家，与杨炯、卢照邻、骆宾王共称"初唐四杰"。上元三年（公元676年）八月，王勃自交趾探望父亲返回时，渡海溺水，惊悸而死。

在《释迦佛赋》中，王勃赞佛云："原夫佛者，觉也，神而化之，修六年而得道，统三界以称师。帝释梵王，尚犹皈依；老聃宣父，宁不参随？昔如来下兜率天，生中印土，降神而大地摇动，应迹而诸天拥护。九龙吐水，满身而花落纷纷；七宝祥云，举足而莲生步步。盖以玉辇呈瑞，金轮启图，恩沾九有，行洽三无，宝殿之龙颜大悦，春闱之凤德何虞。方知灌顶之灵心，兴王后嗣，必为万类之化主；作帝中枢，岂不知海量无边？天情极广，厌六宫珠翠之色，恶千妃丝竹之响。雪山深处，全抛有漏之身心；海月圆时，顿悟无为之法相。莫不魔军振动，法界奔惊。觉阎浮之日出，睹优况之华生。十方调御皆来，圆光自在；六趣含灵尽喜，金色分明。暨乎万法归空，双林告灭，演摩诃般若之教，示阿耨多罗之诀。普光殿里，会十地之华严；耆阇山中，投三乘之记别。是知灵觉无尽，神理莫闻，芥子纳三千之国，藕丝藏百万之兵。目容修广于青莲，寒生定水；毫相分明于皓月，照破迷云。群机而不睹灵踪，万世而空留圣迹。嗟释迦之永法将尽，仰慈氏之何日调伏。我今回向菩提，一心归命圆寂。"（《全唐文一百七十七卷·释迦佛赋》）此为一宗教崇拜式的赞颂之辞，缺少对三家义理的辨析。于此也可见，在唐朝，佛教对于士人的吸引是多元的。王勃又有《释迦如来成道记》表达他对于佛祖的赞颂。其论佛理尽管万端，但是，归于一致，"莫不殊途异辙，终会一源；自有及空，咸归万德"（《全唐文一百八十二卷·释迦如来成道记》）。代表了他对于佛学的理解。

同时，王勃对于儒学也有极大的敬意，其言周易之学融摄百家："天下之理，不可穷也；天下之性，不可尽也。有穷尽之地者，其唯圣心乎？有穷尽之路者，其唯圣言乎？故据沧海而观众水，则江河之会归可见也；登泰山而览群岳，则冈峦之本末可知也。是以贞一德之极，权六爻之变，振三才之柄，寻万方之动，又何往而不通乎？又何疑而不释乎？"言孔子之学化成天下："导扬十圣，光被六虚，乘素履而保安贞，垂黄裳而获元吉。故能贵而无位，履端于太极之初；高而无名，布政于皇王之首。千秋所不能易，百代所不能移，万乘资以兴衰，四海由其轻重。虽复质文交映，瞻禴祀而长存；金火递迁，奉琴书而罔绝。盖《易》曰：'观乎人文，以化成天下。'又云：'圣人以神道设教，而万物服焉。'岂古之聪明睿智神武而不杀者夫？"（《全唐文一百八十二卷·八卦大演论》）王勃所论都表现出唐初士人对于三教的兼收和包容的态度。

有署名王昌龄的《诗格》提出了诗歌之"三境"说，代表了一种唐时士人所普遍具有的审美情趣，而此审美情趣与当时三教之自我理解具有密切的关联。王昌龄（公元698—757年），字少伯，唐朝时期大臣，著名边塞诗人。开元十五年（公元727年），进士及第，之后宦海浮沉，被害于安史之乱。王昌龄与李白、高适、王维、王之涣、岑参等人交往深厚，以边塞诗最为著名，有"诗家夫子""七绝圣手"之称。在《诗格》中王昌龄言道："诗有三境，一曰物境，二曰情境，三曰意境。物境一：欲为山水诗，则张泉石云峰之境极丽绝秀者，神之于心，处身于境，视境于心，莹然掌中，然后用思，了然境象，故得形似。情境二：娱乐愁怨皆张于意而处于身，然后驰思，深得其情。意境三：亦张之于意而思之于心，则得其真矣。"此中所提之"境"，尽管仍旧纠缠于具体之物与情，未能完全达于美学意义上的"境界"概念，但已经非常接近此美学概念，表达出"境界"概念中之心物合一、情境合一之意。

唐诗僧皎然又提出"取境"之说。皎然，俗姓谢，字清昼，湖州吴兴人。自云为东晋谢灵运之十世孙，生卒年均不详，约生于开元、天宝之际，卒于贞元、永贞间，年六十余。皎然幼负异才，性与道合，吟咏性情，文章俊丽，当时号称释门伟器。颜真卿、韦应物、陆羽等并重之，与之酬唱，在文学、佛学和茶学均有建树。皎然诗有《杼山集》十卷，并有《诗式》五卷、《诗评》三卷，及《儒释交游传》《内典类聚》等，并传于世。皎然以为心境交融方为真境，"静，非如松风不动，林狖未鸣，乃谓意中之静；远，非谓渺渺望水，杳杳看山，乃谓意中之远"（《诗式》）。此境为三教所究，由诗所透显。《诗式》中言："文章宗旨康乐公早岁能文，性颖神澈。及通内典，心地更精，故所作诗，发皆造极。得非空王之道助邪？夫文章，天下之公器，安敢私焉？曩者尝与诸公论康乐为文，直于情性，尚于作用，不顾词彩，而风流自然。彼清景当中，天地秋色，诗之量也；庆（一作卿）云从风，舒卷万状，诗之变也。不然，何以得其格高，其气正，其体贞，其貌古，其词深，其才婉，其德宏，其调逸，其声谐哉？"（《诗式》）

在皎然看来，诗境即为心境，心境即为万物自然之境，从而真理之境与艺术美学之境相通为一。"重意诗例两重意已上，皆文外之旨。若遇高手，如康乐公，览而察之，但见情性，不睹文字，盖诣道之极也。向使此道，尊之于儒，则冠六经之首。贵之于道，则居众妙之门；精之于释，则彻空王之奥。但恐徒挥斧斤，而无其

质,故伯牙所以叹息也。"(《诗式》)

在此境之中,自然与苦思,天真与人为两不相误,圆融无碍:"取境诗不假修饰,任其丑朴。但风韵正,天真全,即名上等。予曰:不然,无盐阙容而有德,曷若文王、太姒有容而有德乎?又云:不要苦思,苦思则丧自然之质。此亦不然。夫不入虎穴,焉得虎子?取境之时,须至难、至险,始见奇句。成篇之后,观其气貌,有似等闲,不思而得,此高手也。有时意静神王,佳句纵横若不可遏,宛若神助。不然,盖由先积精思,因神王而得乎?"(《诗式》)

王维(公元701—761年),字摩诘,号摩诘居士。王维精通诗、书、画、音乐等,以诗名盛于开元、天宝间,尤长五言律诗,多咏山水田园,与孟浩然合称"王孟",有"诗佛"之称。其喜佛参禅,思玄学庄,《旧唐书》对他论道:"维弟兄俱奉佛,居常蔬食,不茹荤血;晚年长斋,不衣文彩。得宋之问蓝田别墅,在辋口;辋水周于舍下,别涨竹洲花坞,与道友裴迪浮舟往来,弹琴赋诗,啸咏终日。尝聚其田园所为诗,号《辋川集》。在京师日饭十数名僧,以玄谈为乐。斋中无所有,唯茶铛、药臼、经案、绳床而已。退朝之后,焚香独坐,以禅诵为事。妻亡不再娶,三十年孤居一室,屏绝尘累。乾元二年七月卒。临终之际,以缙在凤翔,忽索笔作别缙书,又与平生亲故作别书数幅,多敦厉朋友奉佛修心之旨,舍笔而绝。"(《旧唐书卷一百九十下·文苑下》)

权德舆(公元759—818年),字载之,天水略阳(今甘肃省秦安县)人。唐朝宰相、文学家。少有才气,以文章驰名,知制诰九年,三知贡举,位历卿相,在唐代贞元、元和年间名重一时。他为道一禅师作塔铭,对道一的佛学极其称道。以为其志向高远,"全德法器自天授之,尝以为九流、六学,不足经虑,局然理世之具,岂资出世之方,惟度门正觉为上智宅心之域耳"。赞其教化多方,"默然于不二,又以法惟无住,化亦随方。尝禅诵于抚之西里山,又南至于处之龚公山。攫搏者、驯悍戾者、仁瞻其仪相自用丕变。刺史,今河南尹裴公,久于禀奉,多所信向。由此定慧发,其明诚大历中尚书,路冀公之为连帅也。舟车旁午,请居理所"。叹其佛理精深,"承最后之说,大抵去三以就一,舍权以趋实,示不迁、不染之性,无差别、次第之门。常曰:佛不远人,即心而证法,无所著触境皆如,岂在多歧以泥学者?"(权德舆《唐故洪州开元寺石门道一禅师塔铭》)表现出权德舆对于其人其学的高度赞赏。

柳宗元和刘禹锡都在一种审美意识下主张三教融合。柳宗元(公元773—819年),字子厚,河东(现山西运城永济一带)人,唐宋八大家之一,唐代文学家、哲学家、散文家和思想家。世称"柳河东""河东先生",因官终柳州刺史,又称"柳柳州"。柳宗元与韩愈并称为"韩柳",与刘禹锡并称"刘柳",与王维、孟浩然、韦应物并称"王孟韦柳",在文学上很有建树。他基于"元气"之宇宙本体理论,批评了当时流行的天命论与天人感应论,体现出他哲学中的儒学倾向。同时,他对于佛学一直抱有强烈的兴趣,与当时的许多名僧都有交往,他自称"吾自幼好学佛,求其道积三十年"(《送巽上人赴中丞叔父召序》)。在他于永贞革新(公元805年)失败被贬之后,更沉浸于佛学之中。

柳宗元言道:"以吾所闻知,凡世之蓄言佛者,于吴则惠诚师,荆则海云师,楚之南则巨巽师。师之言存,则佛之道不远矣。惠诚师已死,今之言佛者加少。其由儒而通者,郑中书洎孟常州。中书见上人,执经而师受,且曰:'于中道吾得以益达。'常州之言曰:'从佛法生,从佛法分。'皆以师友命之。今连帅中丞公,具舟来迎,饰馆而候,欲其道之行于远也,夫岂徒然哉?以中丞公之直清严重,中书之辩博,常州之敏达,且犹宗重其道,况若吾之昧昧音乎?"(《送巽上人赴中丞叔父召序》)由柳氏所论,可见当时儒学与佛学之间相通的景象,许多学者均兼同儒佛,而儒门常收拾不住,流于佛门的人物当不在少数。

柳宗元反对韩愈之排佛,"儒者韩退之与余善,尝病余嗜浮图言,訾余与浮图游。近陇西李生础自东都来,退之又寓书罪余,且曰:'见《送元生序》,不斥浮图。'浮图诚有不可斥者,往往与《易》、《论语》合,诚乐之,其于性情奭然,不与孔子异道。退之好儒未能过扬子,扬子之书于庄、墨、申、韩皆有取焉。浮图者,反不及庄、墨、申、韩之怪僻险贼耶？曰：'以其夷也。'果不信道而斥焉以夷，则将友恶来、盗跖，而贱季札、由余乎？非所谓去名求实者矣。吾之所取者与《易》、《论语》合，虽圣人复生不可得而斥也。

退之所罪者其迹也，曰：'髡而缁，无夫妇父子，不为耕农蚕桑而活乎人。'若是，虽吾亦不乐也。退之忿其外而遗其中，是知石而不知韫玉也。吾之所以嗜浮图之言以此。与其人游者，未必能通其言也。且凡为其道者，不爱官，不争能，乐山水而嗜闲安者为多。吾病世之逐逐然唯印组为务以相轧也，则舍是其焉从？吾之好与浮图游以此。

今浩初闲其性，安其情，读其书，通《易》、《论语》，唯山水之乐，有文而文之；又父子咸为其道，以养而居，泊焉而无求，则其贤于为庄、墨、申、韩之言，而逐逐然唯印组为务以相轧者，其亦远矣。"（柳宗元《送僧浩初序》）此篇文字为柳宗元在柳州时所作，浩初为龙安海禅师弟子。柳氏以佛学与《易》《论语》相合，所论性情与孔学亦一致。其道能超然于物外，不为世俗所牵累，故"吾之好与浮图游以此"。柳宗元以为，韩愈所排之佛，只为佛之迹，而不能见佛之本。佛之本与儒学不异。柳宗元的说法，有唐一代，多有同调发明。

柳宗元又从僧人之行事，而见儒佛二道之通贯。他对于元暠和尚有甚深的了解，他说："余观世之为释者，或不知其道，则去孝以为达，遗情以贵虚。今元暠衣粗而食菲，病心而墨貌。以其先人之葬未返其土，无族属以移其哀，行求仁者，以冀终其心。勤而为逸，远而为近，斯盖释之知道者欤？释之书有《大报恩》七篇，咸言由孝而极其业。……于元暠师，吾见其不违且与儒合也。元暠陶氏子，其上为通侯，为高士，为儒先生。资其儒，故不敢忘孝；迹其高，故为释；承其侯，故能与达者游。……"（柳宗元《送元暠师序》）元暠和尚在其行事上，可谓至孝，合于儒教；又能忘情贵虚，达于佛教。故而，元暠和尚其人其学就展现为具体人格上的佛学与儒学合一，此种人格魅力对于柳宗元具有相对的吸引力和感召力，也比单纯的教理理论具有更大的说服力。

"柳氏以文雅高于前代,近岁颇乏其人,百年间无为书命者。登礼部科,数年乃一人。后学小童,以文儒自业者又益寡。今有文郁师者,读孔氏书,为诗歌逾百篇,其为有意乎文儒事矣。又遁而之释,背笈箧,怀笔牍,挟海溯江,独行山水间。脩脩然模状物态,搜伺隐巢。登高远望,凄怆超忽,游其心以求胜语,若有程督之者。已则被缁艾,茹荤芹,志终其驱。吾诚怪而讥焉。对曰:'力不任奔竞,志不任烦挐。苟以其所好,行而求之而已尔。'终不可变化。吾思当世以文儒取名声,为显官,入朝受憎媢讪黜摧伏,不得守其土者,十恒八九。若师者,其可讪而黜耶?用是不复讥其行,返退而自讥。"(柳宗元《送文郁师序》)此又是对其行之独立,其志之高洁加以赞赏。此赞赏并不是基于派别高低的意识所形成,并不是门户之见,而是基于一人之为人之理的视角而发。此人之为人之理必然超于形迹之上,当为诸家所宗。

刘禹锡似乎比柳宗元更深地入于佛学。刘禹锡(公元772—842年),字梦得,籍贯河南洛阳,生于河南郑州荥阳。唐朝时期大臣、文学家、哲学家,有"诗豪"之称。他也积极参与永贞革新运动,后屡遭贬谪。其诗文俱佳,与柳宗元并称"刘柳",与韦应物、白居易合称"三杰",并与白居易合称"刘白",与白有大量的和唱诗存世,文学建树甚高。在哲学上,他力主"天人交相胜"的观点。又深求佛法,于郎州期间就与元暠、仲剸、鸿举、慧则、景玄等僧人互往交游,自称曰:"予策名二十年,百虑而无一得,然后知世所谓道,无非畏途,唯出世间法可尽心尔。"(刘禹锡《送元暠南游序》)

《袁州萍乡县杨岐山故广禅师碑》:"天生人,而不能使情欲有节。君牧人,而不能去威势以理。至有乘天上之隙,以补其化;释王者之位,以迁其人。则素王立中区之教,悬建大中;慈氏起西方之教,习登正觉。至哉乾坤定位,而圣人之道参行乎其中。亦犹水火,异气成味也同德;辕轮异象至远也同功。然则,儒以中道御群生,罕言性命,故世衰而寖息;佛以大慈救诸苦,广起因业,故劫浊而益尊。自白马东来,而人知像教;佛衣始传,而人知心法。弘以权实,示其摄修。味真实者,即清净以观空;存相好者,怖威神而迁善。厚于求者，植因以觊福；罹于苦者，证业以销冤。革盗心于冥昧之间，泯爱缘于死生之际。阴助教化，总持人天，所谓生成之外，别有陶冶；刑政不及，曲为调柔。其方可言，其旨不可得而言也。"又言："梵言沙门，犹华言去欲也。能离欲，则方寸地虚；虚而万象入；入必有所泄，乃形乎词；词妙而深者，必依于声律。故自近古而降，释子以诗闻于世者相踵焉。因定而得境，故脩然心清；由慧而遣辞，故粹然以丽。"（刘禹锡《秋日过鸿举法师院便送归江陵序》）以为作文之理与佛学相通。

隋唐时期，儒家对于佛学的融合，更多地体现在文人身上。只是，这些文人本身并不具有明确的儒家立场，其立场常受佛道的影响，比较的暧昧模糊。

四　伦理道德视域下的三家关系

魏晋南北朝时期关于形神、性情问题的讨论，在隋唐时期，仍旧延续着。尽管三教之间发生了一些摩擦和龃龉，但是它们仅为插曲，倡三教之合一在唐朝是一总潮流和主旋律。同时，在此时期的三教融合的总动向之中，佛学常是主动的一方，积极地以理论统摄其他两家，而儒学和道家常采退守的姿态，力争保持自身的纯洁性，而不敢越雷池一步，遑论主动去融合佛学。

在隋朝，高僧彦琮极力倡导以佛学为本而融合三教。彦琮（公元 557—610 年），俗姓李，邢台隆尧县双碑人，隋代著名高僧，他精通梵文，也是我国佛教史上屈指可数的佛经翻译家和著作家。其在《通极论》中称佛法独超拔于二教："于是他化宫里乃弘十地，耆阇山上方会三乘。善吉谈无得之宗，净名显不言之旨。伏十仙之外道，制六群之比丘。胸前则吐纳江河，掌内则摇荡山谷。论劫则方石屡尽，辩数则微尘可穷。斯乃三界之大师，万古之独步。吾自庸才谈何以尽？纵使周公之制礼作乐，孔子之述易刊诗。予赐之言语，商偃之文学，爰及左元放葛孝先河上公柱下史，并驱之于方内，何足道哉？"（《广弘明集·通极论》）此说佛觉悟之后，所成就之道超于儒道之上，此为一功用性的说法，以佛学之功用远超二教之功，以显示佛教的至上性。此功用性的论证理路和方法，是两晋南北朝时人经常使用的。因为其迎合于学者对于理论求教的经验性诉求而发。此种理路，是以此方所成的功用之量，大于彼方之量，足以融涵彼方，以论证此方之学的定于一尊，如同众流汇于沧海一般。此量化式的论证理路，不离大小多少之辩。这不仅仅是佛教的做法，同时也是其他两家的做法。然而，此种量化式的做法，因为终究无力解决三教之间的结构性关系问题，必然会随着历史的发展被另一种哲学理路所取代。

《通极论》讨论了为何佛陀在上古典籍之中并无记载，又在秦汉乱世为何不传中土，又何必毁伤发肤，出家无孝，并不遵王道。此为从佛教传入以来的老问题，彦琮的回答也承袭前人，并无新意。《通极论》又讨论了四个佛教易引起争议的问题，一、佛徒不理产业、不顾双亲、不治经典，对社会无所贡献。二、建立佛寺，营构高塔，足称奢侈浪费。三、佛号称清静无争，却又自伐其学，以为至高之教，言行自相矛盾。四、佛徒本当廉洁自戒，却贪利好财，广纳布施。彦琮基于佛教的立场一一给予解答，其言佛学有"四胜"以应此四问。

《通极论》接下来谈到了自然之理与佛学报应因果之理的差异，问曰："仆闻开辟混元，分剖清浊。薄淳异禀，愚圣派流。至如首足之方圆，翔潜之鳞羽，命分修短，身名宠辱，莫非自然之造化，讵是宿业之能为。窃见景行不亏，天身世而婴祸。狂勃无礼，竟天年而享福，遭随若斯因果何验？且气息则聚生散死，形神则上归下沉，万事寥廓百年已矣，何处天宫谁为地狱？"（《广弘明集·通极论》）此问题可视为两汉以来以才性论性命问题的延续。在东汉，对于性与命的关系主要流行着三种说法，代表着时人对于道德因素在命运中的地位的看法：正命、随命和遭命。这三种命都把人之德性与命运相连，第一种正命指自然得福，不须努力。第二种随命指的是行善得福，行恶得祸。第三种遭命指的是行善得祸，行恶得福这种德福不一致的情况。王充把性理解为才性和气性，并把性与命分离开，性不理命，命不约性，而是各行其道，所以他只承认正命和遭命，而不承认随命。可以说，对于性命问题的讨论一直贯穿于汉魏两晋南北朝而至于隋唐，由此问题所形成的研求视角逐渐聚焦于佛学，并把佛学一并纳入此问题域之中。依照佛学的理论，德性与命运之间又建立起内在必然的连接，对于中国哲学之发展更加重要的是，此连接并不是仅仅依靠经验而建立起来的，而是具有极强的超验性。

《通极论》对于这个问题的回答依旧不脱经验论的藩篱，但已有对于因果之理的超验性的论定："所谈不逾百世，所历无越八荒，讵能晓果报之终期，察因缘之本际？不可局凡六识，周圣三明者也。吾闻播植百谷，非独水土之功；陶铸四生，讵正阴阳之力。既有根于种类，亦无离于集起。窃见或体合夫妻，子孙不孕；或身非鳏寡，男女莫均。至于萤飞蝉化，蜂巢蚁卵，非构两精之产，岂从二藏之任？若但禀之于乾坤，人亦奚赖于父母？一须委运，慈孝何归？是知因自参差，果方环互；支分三报，星罗万品。或今身而速受，或来世而晚成，此理必然，亦何而朽？窃以赏罚不滥，王者之明法；罪福无舛，业道之大功。政治则五刑罚，禄位赏；幽祇则三涂罪，人天福。目前可以为监诫，岂伊吾之构虚论哉？子未陷图圄，谁信有廷尉；不游岱宗，便谓无鬼府。但善恶积成，则殃庆有余。被之茂典，尔所未悉。至如疏勒，涌泉之应。大江潢石之感，羊公白玉，郭巨黄金，骢标鲍宣之马，珠降唅参之鹤。爰及宣王之崩于杜伯，襄公之惧于彭生。白起甘死之徵，李广不侯之验。陆抗殃刖遗后，郭恩祸则止身。斯甚昭著，孰言冥沓。虽有知无知，六经不说，然祭神祭鬼，三代攸传。必也死而寂寥，何求存以仁行。无宜弃儒墨之小教，失幽所之大理。"（《广弘明集·通极论》）

隋末唐初的王通对于三教融合的理解。王通（公元584—617年），字仲淹，道号文中子，隋朝河东郡龙门县通化镇（今山西省万荣，一说山西河津）人，隋朝教育家、思想家。《文中子说》即《中说》由其弟子姚义、薛收所编辑，是王通和门人的问答笔记，其体仿《论语》。《中说》一书，论佛为圣人，言三教一致。

"或问佛。子曰：'圣人也。'曰：'其教何如？'曰：'西方之教也，中国则泥。轩车不可以适越，冠冕不可以之胡，古之道也。'"(《中说·事君篇》)佛教为西方之教,不合于中国;然而,佛为圣人,在其地自有其用,不可废除。只是,无论东方之儒教还是西方之佛教,都当自得其所,发扬其用。如是,三教本自平等,只是其用各殊。

"程元曰:'三教何如?'子曰:'政恶多门久矣。'曰:'废之何如?'子曰:'非尔所及也。真君、建德之事,适足推波助澜,纵风止燎尔。'"(《中说·问易篇》)佛教进入中土已然成为史实,尽管王通以为其不适于中土,但也不当加以废除,因为历史上所出现的一些废佛的举措,均适得其反,佛教之后卷土重来,势力更加强大。故而,对于佛教的策略,不当防之以堵塞的方式。

《中说》云:"《诗》《书》盛而秦世灭,非仲尼之罪也;虚玄长而晋室乱,非老、庄之罪也;斋戒修而梁国亡,非释迦之罪也。《易》不云乎:苟非其人,道不虚行。"(《中说·事君篇》)三教均有其用,只是由其人之用得当或不得当,而有不同的成败结局。

"子读《洪范谠议》。曰:'三教于是乎可一矣。'程元、魏徵进曰:'何谓也?'子曰:'使民不倦。'"(《中说·问易篇》)

杜淹问:"崔浩何人也?"子曰:"迫人也。执小道乱大经。"(《中说·周公篇》)崔浩是北魏太武帝时期的重臣,信奉道教,支持道士寇谦之进行道教改革,是太武帝灭佛的主谋。在此,王通斥责崔浩所用为小道,便是不赞成以道而灭佛的行动,就如他所说,灭佛行动只会引起佛教更大规模的回潮。

《中说·礼乐篇》又载:或问神仙之道。子曰:"仁义不修,孝悌不立,奚为长生?甚矣!人之无厌也。"道教追求长生久视,以肉身成仙为目标,王通以为此只不过充分地表现出人之贪得无厌,而与仁义之性、孝悌之情均相违背。故而,其道必为小道,其人必为迫人。

韩愈李翱的儒佛关系论。唐代之佛学大行,宗派林立,而儒门淡泊。韩愈在佛道大行的背景下,以复兴儒学为己任,提出所谓儒家的道统之说。其所著《原道》言道:博爱之谓仁,行而宜之之谓义,由是而之焉之谓道,足乎己而无待于外之谓德。仁与义为定名,道与德为虚位。故道有君子小人,而德有凶有吉。老子之小仁义,非毁之也,其见者小也。坐井而观天,曰天小者,非天小也。彼以煦煦为仁,孑孑为义,其小之也则宜。其所谓道,道其所道,非吾所谓道也。其所谓德,德其所德,非吾所谓德也。凡吾所谓道德云者,合仁与义言之也,天下之公言也。老子之所谓道德云者,去仁与义言之也,一人之私言也。

周道衰,孔子没,火于秦,黄老于汉,佛于晋、魏、梁、隋之间。其言道德仁义者,不入于杨,则归于墨;不入于老,则归于佛。入于彼,必出于此。入者主之,出者奴之;入者附之,出者污之。噫!后之人其欲闻仁义道德之说,孰从而听之?老者曰:"孔子,吾师之弟子也。"佛者曰:"孔子,吾师之弟子也。"为孔子者,习闻其说,乐其诞而自小也,亦曰"吾师亦尝师之"云尔。不惟举之于其,口而又笔之于其。噫!后之人虽欲闻仁义道德之说,其孰从而求之?

在这里,韩愈对于佛道的批评,是以为它们都不符合"道"之为道的标准,并且都是对于此"道"的破坏。"道"的基本内涵就是仁义礼智,是由孔孟等儒家学者所揭示和倡导的。不管韩愈所理解的仁义礼智之内涵,是否符合孔孟的本意,其通过仁义礼智所要达到的目标和宗旨却是非常明确的,即建构起儒学的道统从而对于佛道的挑战加以抗衡。在对于佛道的对抗中,儒学的基本精神即不变的"道"才会凸显出来。尽管在《原道》之中,韩愈仅提到了老子之道的"坐井观天"之"小",但可以顺其意把这样的评价安置在佛家那里,从而,韩愈对于三家做如此判断的原因就很明显了。他是以儒学之道为广大,而佛道之学为狭小,那么,儒学和其他两家的关系,是否为一种包容的关系呢?韩愈并没有明言。而从他对于佛教的激烈的批判态度可以看出,他并没有对于佛教之"小"采取宽容和包容的态度,而是要坚决地对其加以取缔。在理论上,他也不会认为儒学具有容纳和包容佛学的必要和可能。从而,佛道之问题并不仅仅是其"小",而重要的是其"害",所以,韩愈才会这样的批评和攻击佛道。

然而韩愈有《送浮屠令纵西游序》可见他对于佛学的兼容态度,其文曰:"其行异其情同,君子与其进可也。令纵,释氏之秀者也,又善为文,浮游徜徉,迹接于天下。藩维大臣,文武豪士,令纵未始不褰裳而负业,往造其门下。其有尊行美德,建功植业,令纵从而为之歌颂,典而不谀,丽而不淫,其有中古之遗风欤!及促席接膝,讥评文章,商较人士,浩浩乎不穷,惜惜乎深而有归。于是乎,吾忘令纵之为释氏之子也。其来也云凝,其去也风休。方欢而已,辞虽义而不求。吾于令纵不知其不可也。"可见,韩愈并未对佛教一概排斥,而是有所拣别。其所择取的标准,并不在其迹,而是于其情。其所拣别的准绳,并不在其名,而是于其实。此即"其行异而其情同"。以此理路而进,则韩氏所倡之儒学可兼容佛,然而其所取舍之标准,必依儒学而定。韩愈被贬潮州以后,与大颠和尚往来交游,也是此种兼容精神的体现。

尽管韩愈有兼容佛教之论,但是从终极之道言之,则佛学不能臻至于性命之本,也不能成就修身治国的大用。韩愈有《送高闲上人序》:"苟可以寓其巧智,使机应于心,不挫于气,则神完而守固,虽外物至不胶于心。尧舜禹汤治天下,养叔治射,庖丁治牛,师旷治音声,扁鹊治病,僚之于丸,秋之于奕,伯伦之于酒乐,之终身不厌。奚暇外慕夫?外慕徒业者,皆不造其堂,不唷其戢者也。

往时张旭善草书,不治他技。喜焉草书,怒焉草书,窘穷、忧悲、愉佚、怨恨、思慕、酣醉、无聊、不平,有动于心,必于草书焉发之。其观于物,见山水崖谷、鸟兽虫鱼、草木之花实;日月列宿、风雨水火、雷电霹雳、歌舞战斗,天地事物之变;可喜、可愕,一寓于书故。旭之书变动,犹鬼神不可端倪。以此终其身,而名后世。

今闲之于草书,有旭之心哉?不得其心,而逐其迹,未见其能旭也。为旭有道,利害必明,无遗锱铢,情炎于中,利欲斗进,有得有丧,勃然不释,然后一决于书,而后旭可几也。今闲师浮屠氏,一死生,解外胶,是其为心必泊然无所起,其于世必淡然无所嗜,泊与淡相遭,颓堕委靡溃散不可收拾。则其于书,得无象之然乎。然吾闻浮屠,人善幻多技能。闲如通其术,则吾不能知矣。"高闲上人,宋代赞宁《高僧传》中有载,是乌程(今浙江吴兴)

人。原在湖州开元寺，后入长安诸寺，肄习经律，克精达贯。唐宣宗重佛法，召见，封御前草圣。韩愈对之草书成就持怀疑和否定的态度。在此所关注者，并非韩愈对其草书所论是否恰当，而是于此评价中所体现的韩愈理解佛学之思路。在他看来，草书之成就在于其心，而其心之得在于其情，必饱含深情而达于书迹，才可成就天下极致之草书。如若无情淡泊，则造成其情"颓堕委靡溃散不可收拾"的局面，自然不可达成草书之至高成就。此理路推而大之，则韩愈必以为佛学放心离情，不能安治身心，达治天下，而成一无体小用之学。

综合以上两个方面，韩愈以佛学在本体上为无体之学，尽管可达成小用，有其小成，如在《送浮屠令纵西游序》中所表达者，但是终究不能臻于至境，只为小道。当佛学之害大行于天下之时，韩愈自然会起而辟之。

李翱是与韩愈同时的另外一位儒学家。李翱（公元772—841年），字习之，陇西狄道（今甘肃省临洮县）人。唐朝的文学家、哲学家与诗人。会昌元年，卒于襄阳，谥号为文，故称李襄阳、李文公。曾从韩愈学古文，共推进古文运动。梁任公称他："在文章方面，是韩愈的学生，在学问方面，确比韩愈高明多了。他的言论很彻底，很少模糊笼统的话。他于佛教，很有心得，引用佛教思想，创设自己的哲学。"（《儒家哲学》）李翱对于佛学的态度比较的暧昧，事实上，他把佛学的观念吸收进了对于《中庸》的理解中。李翱以为，儒学本有其性命之学，而并不是如佛学所认为的在此方面有所缺失。他说道："昔者圣人以之传于颜子，颜子得之，拳拳不失，不远而复其心，三月不违仁。子曰：'回也其庶乎，屡空。'其所以未到于圣人者一息耳，非力不能也，短命而死故也。其余升堂者，盖皆传也，一气之所养，一雨之所膏，而得之者各有浅深，不必均也。子路之死也，石乞孟以戈击之，断缨，子路曰：'君子死，冠不免。'结缨而死。由非好勇而无惧也，其心寂然不动故也。曾子之死也，曰：'吾何求焉，吾得正而毙焉，斯已矣。'此正性命之言也。子思仲尼之孙，得其祖之道，述《中庸》四十七篇，以传于孟轲。轲曰'我四十不动心'，轲之门人达者公孙丑、万章之徒，盖传之矣。遭秦灭书，《中庸》之不焚者，一篇存焉。于是此道废缺，其教授者，惟节文、章句、威仪、击剑之术相师焉，性命之源，则吾弗能知其所传矣。"性命之学的传承，由孔子而至于颜渊、子路与曾子，此性命之学于三弟子的言行之中，得到充分地彰显和体现。此学又传于子思、孟子，各有所著作，以传述孔子之学。经秦火之难，此学仅有《中庸》一篇留存，故而此学统中绝。

后世而至于中唐之时，此学得以重见光明。李翱言曰："性命之书虽存，学者莫能明，是故皆入于庄、列、老、释。不知者谓夫子之徒不足以穷性命之道，信之者皆是也。有问于我，我以吾之所知而传焉，遂书于书，以开诚明之源，而缺绝废弃不扬之道，几可以传于时，命曰《复性书》，以理其心，以传乎其人。于戏！夫子复生，不废吾言矣。"儒学之中亦有其性命之学，足以"穷性命之道"，只是后人多流入于辞章、释老而不知其学。而此存留于《中庸》中的性命之学，可被此《复性书》接续，并得以发扬光大。

李翱所谓圣人之性命之学，其核心内容为性情关系。他说道："人之所以为圣人者，性也。人之所以惑其性者，情也。喜怒哀惧爱恶欲七者，皆情之所为也。情既昏，性斯溺矣。非性之过也，七者循环而交来，故性不能充也。水之浑也，其流不清。火之烟也，其光不明。非水火清明之过。沙不浑，流斯清矣。烟不郁，光斯明矣。情不作，性斯充矣。性与情不相无也。虽然，无性则情无所生矣。是情由性而生，情不自情，由性而情；性不自性，由情以明。"（《复性书》）李翱以为，情与性的关系是，性为情之本体，情为性之显用。如此，则性情之间为即体即用之关系。

由此性情关系，李翱论圣人之性，"性者天之命也，圣人得之而不惑者也；情者性之动也，百姓溺之而不能知其本者也。圣人者岂其无情耶？圣人者，寂然不动，不往而到，不言而神，不耀而光，制作参乎天地，变化合乎阴阳，虽有情也，未尝有情也"（《复性书》）。以性由天而来，则把性命源头归于儒学之中。圣人有情而又无情，此说法亦启宋代程颢之"圣人之常以其情顺万事而无情"之理学先河。

李翱把其学建立在儒家之性善论的基础上，以此而尽性命之道。他说道："子思曰：'惟天下至诚为能尽其性。能尽其性，则能尽人之性。能尽人之性，则能尽物之性。能尽物之性，则可以赞天地之化育。可以赞天地之化育，则可以与天地参矣。其次致曲，曲能有诚，诚则形，形则著，著则明，明则动，动则变，变则化，唯天下至诚为能化。'圣人知人之性皆善，可以循之不息而至于圣也，故制礼以节之，作乐以和之。安于和乐，乐之本也；动而中礼，礼之本也。故在车则闻鸾和之声，行步则闻佩玉之音，无故不废琴瑟，视听言行，循礼法而动，所以教人忘嗜欲而归性命之道也。道者至诚而不息者也，至诚而不息则虚，虚而不息则明，明而不息则照天地而无遗，非他也，此尽性命之道也。哀哉！人皆可以及乎此，莫之止而不为也，不亦惑耶？"（《复性书》）尽性命之道，即是尽此性善之道，"圣人知人之性皆善，可以循之不息而至于圣也"（《复性书》）。以诚而行之，不息故虚而明，便由此通达天下之道，以尽性命之学。

在隋唐时期，道教哲学也得到了极大的发展。一方面与李氏王朝的大力支持有关，又与此时期出现了大量的有突破精神的道家传人有关，他们积极地吸收儒学和佛教的精华，拓展和丰富了道教的理论内涵。

唐陆希声（公元？—895年），字鸿磬，号君阳，苏州吴县（今江苏省苏州市）人。唐朝时期宰相，博学多才，善于属文。《道德经传序言》中称儒道两家一文一质，互补于性情之教："仲尼阐三代之文以抉其衰，老氏据三皇之质以救其乱，其揆一也。盖仲尼之术兴于文，文以治情。老氏之术本于质，质以复性。性情之极，圣人所不能异。文质之辩，万世所不能一也。"以为老学融通儒家，为世教之本。"老氏本原天地之始，历陈古今之变，先明道德，次说仁义，下陈礼学之失，刑政之烦，言其驯致而然耳。其秉要执本，在乎情性之极。故其道，始于身心，形于家国，终于天下，如此其备也，而惑者尚多云云，岂不谓厚诬哉！昔伏羲氏画八卦，象万物，穷性命之理，顺道德之和。老氏亦先天地，本阴阳，推性命之极，原道德之奥。此与伏羲同其原也。文王观太《易》

九六之动，贵刚尚变，而要之以中。老氏亦察太《易》七八之正，致柔守静，而统织以大。此与文王通其宗也。孔子祖述尧舜，宪章文武，导斯民以仁义之教。老氏亦拟议伏羲，弥纶黄帝，冒天下以道德之化，此与孔子合其权也。此三君子者，圣人之极也。老氏皆变而通之，反而合之，研至变之机，探至精之归，斯可谓至神者矣。"（陆希声《道德经传序言》）故而，老子道家之学为最高，以融会贯通二家之学："夫惟老氏之术，道以为体，名以为用，无为无不为，而格于皇极者也。"（陆希声《道德经传序言》）

杜光庭（公元850—933年），字圣宾，号东瀛子，处州缙云（今属浙江）人。唐末五代时期高道。唐懿宗时，应试不中，后于天台山入道。僖宗时，入朝为供奉麟德殿文章应制，并随僖宗入蜀。后追随前蜀王建，官至户部侍郎。赐号传真天师。晚年辞官，隐居于四川青城山。一生勤于著述，有《道德真经广圣义》《道门科范大全集》《广成集》《洞天福地岳渎名山记》《青城山记》《武夷山记》《西湖古迹事实》等。在道教教义上，推重"重玄之道"，并倡导儒道融合。他在《道德真经玄德纂序》中言："道本至无，能生妙有。运至无之道，成妙有之功，其惟太上老君玄元皇帝乎。起于象先，尊为化本，融神亿劫之始，分灵覆载之中，亭毒万殊，陶钧庶品。由是三皇受命，尚遵淳一之风，五帝握图，渐散无为之朴。老君虽历代降迹，随时应机，或为国师，或为宾友，授经传道，以教时君。洎唐虞禅让之初，世道交丧之际，举元凯于野，行四罪于朝，尚贤之迹既彰，瘅恶之形又举，内虽揖让，外有干戈，人心渐浇，道朴云散。老君号尹寿子，居于河阳，悯物性之迁讹，恐真宗之陵替，以为三皇大字，不足以程式后王，五帝常道，不可以垂训末俗，撮重玄奥义，著《道德》二篇。欲明道无为也，因德以显之，德有用也，因道以明之。资立言以畅无言，因理本而弘妙本，为理身理国之要，乃至精至极之宗，以授于舜。非谓绝仁义圣智，在乎抑浇诈聪明，将使君君臣臣，父父子子，见素抱朴，泯合于太和，体道复元，自臻于忠孝。世儒不知，以为老君之道，弃仁义，骥礼智，非立教之大方。且夫至仁合天地之德，至义合天地之宜，至乐合天地之和，至礼合天地之节，至智合天地之辨，至信合天地之时，弘淳一之源，成大同之化，混合至道，归仁寿之乡，固不在乎蹑跂雍容，噢咻嚘戛，然后谓之仁义等也。故仲尼亚圣，皆默而得之，肆体黜聪，遗形去智，超乎物表，永为真人，非末学小儒之所知也。"（杜光庭《道德真经玄德纂序》）此以道教而通儒学，并统摄儒学的架构。

小结　融合与分歧对于三家之学的结构影响

　　首先，儒释道三家在彼此的论争和交融中都推进了自身学说体系的发展。佛学的基本教理已经渗入到儒道两家之中，尤其对于儒学的渗入已经十分地明显，这不能不引起儒家学者的警觉和抗争。比如宗密强调在穷理尽性方面，儒道二教均不及佛教，在这样刺激之下，儒道学者均需要在性命理论方面有所建树。此性命理论必须与原始儒学建立起内在的联系，并给予儒学哲学系统以形上支撑。佛学对儒道两家的思想都有所吸收，并受到中国传统哲学智慧的影响，开创性地发展出禅宗一派，标志着佛学本土化的完成。道家吸收了佛学的思维方法，对于其教理发生了革命性的影响，也直接推动了内丹学的修行旨趣，这也使得唐朝前期的佛道争锋得以平息。

　　其次，才性与佛理的结合使得生存美学式的人生哲学达于完成。此种人生哲学在魏晋时期已然盛行，追求人生之逍遥自由和审美意趣。唐代哲学把此哲思从玄理推进到禅理，将此意境从逍遥推进到空境，从而深化了此人生哲学的内涵，使得一种中国式的生存美学得以完成。此种人生哲学成为隋唐时期三教思想融合的一个重要的交汇点，使得才性、玄理和佛理在此处得以在意境中融会贯通。此种情况在唐代名士与僧人的交游活动和艺术创作中得到了极好的说明。然而，审美式的人生哲学必需立足于整体的人性论立场，否则便终会流于玩弄光景。因而，此种人生哲学最终会走向更具整体性的宋明理学。

　　再次，对于历史和文化世界之意义的再诠释。佛学对于人之现实生存作了一种新的诠释，而此诠释的话语权力原本保有在儒道两家手中。这就造成了历史与文化意义世界的动摇和转化，而此种意义上的转化必然与传统的意义世界发生矛盾和冲突，并在潜移默化中带来人之具体存在方式的转变。此种转化一定触及原本由"仁""礼""道"等儒道理论所阐发的历史和文化世界，推动当时的学者重新思考和诠释其内在意义。疑经与变古思潮既是对于此种动向的一种反映，也进一步推动了三家之学的交汇和融通。

最后，三教间的高下优劣之争，必然推进对人之为人之理的探求。三家之学的目标不外乎成人。在彼此的推动和刺激之下，儒释道三家都在追寻一整体性的为人之理。此为人之理既不否弃超越的意义世界，也不遗落现实的经验人生，既融涵审美之境界意趣，也包括家国天下的道德价值。在三家之学的共同推动之下，对于此成人之理的探求一定会突破隋唐时期美学式的人生哲学，构建起一更具整体性的兼容真善美三者的哲学系统。

第五章 宋元时期儒家和佛道两家的融会和区别

宋代之儒家重构了清晰的学派意识，建立起后世所称之新儒学，即理学，以显明地区别于佛学和道家。宋代理学把《大学》《中庸》《论语》《孟子》作为核心的经典文本，以"天理"为中心概念，建立起关乎天人性命、宇宙人生的庞大而精微的哲学体系。理学与佛道两家的关系复杂，既与之有千丝万缕的联系，又常好与之划清界限，总体来看，三教之间的情况与隋唐融合之风气大相径庭，以理学为主的儒家阵营与佛道划清界限，无疑是儒家明确自身学统和道统的必要之举，从而使得儒学与两家的夹缠不清中挣脱出来，真正地确立起自身。然而，如此这般建构起来的儒家之自我意识，便是以否定他者为中介而形成的，于是，儒家之自我意识所达到的肯定状态，必定是建立在一有限性的基础之上，而不能真正完全自足地建立起来。然而，其理论的探求必然会导致对于存在自身的更深层次的觉知和领会，并最终实现与终极本体的整体性复归。理学的此种探求必然要求其突破狭隘的学派门户之见，而进入到更加广阔而自由的三教融通的视域之中。最终在明代所形成的"心"的概念中，新儒学完成了关于整体人性存在的理论建构。

一 宋元时期社会政治文化与三教之间的关系

（一）宋元时期三教与社会现实间的一体性关联

唐末五代时期，社会政治分裂动荡，儒学的发展遭到很大的破坏，佛教尤其是禅宗仍旧获得了一定的发展。不过，后周世宗时期曾大举灭佛，但此次灭佛事件仅为插曲，在总体上并未阻碍佛教的发展势头。到了北宋建国之后，佛教又开始复兴。《佛祖统纪》载："周世宗显德七年，敕民间铜像输官铸钱，废寺院三千三百所，不许私度僧尼。有武将周百胜，入冥见世宗卧铁床受罪。本朝太祖，大复佛法。"（《佛祖统纪卷五十四》）到宋徽宗时期，因徽宗信奉道教，听信道士林灵素之言，曾短暂地对于佛教进行压制，此事为道士谏议帝王废除佛法的余波。《佛祖统纪》载："宋徽宗诏释氏水陆道场，不当设三清等位，天帝不应与鬼神同列。道法师曰：毁佛之祸兆于此矣。"又"宣和元年，用道士林灵素言，诏改佛服天尊服，僧尼巾冠执简称德士，高僧日华严等不奉诏，开封尹盛章捕七人杖杀之。左街永道法师上书谏，上怒流道州。台臣言：灵素妄议迁都改除释教，上窜放死温州。二年诏大复僧尼。"

到南宋高宗时期，朝廷对于佛道两家的管制进一步加强，"高宗绍兴十二年，詹叔义上表，乞住卖度牒。十五年，敕僧道纳免丁钱。侍郎吴秉信请卖度牒被论而出。灵隐道昌禅师乞行度牒不报。侍郎吴子才乞行度牒，罢归田里。二十年，大敛民间铜器寺观佛像钟磬，并令置籍，每斤收算二十"（《佛祖统纪卷五十四》）。这些措施对于佛道两家的发展都未造成实质影响。

总体而言，佛道两家在宋元时期都得到了政府的支持，有了较好的发展。

（二）三家之学在社会历史文化中的交汇

三家之学在社会历史文化的范围内，发生了许多的交锋和融汇的情况。

首先，"道学"即理学作为一种哲学文化形态的出场，成为三教互动发展中的一大历史事件。 到了宋代，一种新的儒学体系即《宋史》所称之"道学"开始构建自身并臻于完善，这是在与佛道两家长期的互动之中，儒学所形成的对于自身理论内核的觉知和确立。就好像一个个体的生命，只有经历过与他者的刻骨铭心的纠葛，才会真正地了解自身，并自觉地筹划自身。

在社会政治领域之中，儒学之辟佛在宋代早期并未取得成功，其主要原因在于儒学义理之学不足以与佛学对抗。《佛祖统纪》载："宋仁宗谏议欧阳修著本论，谓佛法为中国患。又曰：'今佛之法可谓奸邪！'又曰：'千年佛老贼中国'云云。修左迁滁州，将归庐陵，游庐山谒祖印讷禅师，与之论道，肃然心服，平时排佛为之内销。祖印谓曰：'退之倡排佛老，足下今又和之。将使后世好名之士，援韩氏、欧阳氏以为法，岂不为盛德之累？足下所著本论，孜孜以毁佛为务，以搜狩丧祭乡饮之礼，为胜佛之本，是犹退之原道实未知道。'修大惊报，复为说悟心之旨，自此颇有省发。及入参大政，每誉于公卿之前，岁时书问未尝绝。出知扬州，高丽遣使问魏武注孙三处要义阙注，诏问修，不知答。适使者往问祖印，师曰：'兵者机密之事，不可以示人。'使反命，以其言应诏。"欧阳修之辟佛，因其并未真正地建立起足以对抗其学的理论，故而，其辟佛之主张不能贯彻到底。其之所以不能把辟佛之主张贯彻到底，也是由于不能明理而正确地对待佛教，此为一体之两面，同为儒学自身之学理不足所造成。《佛祖统纪》载："欧阳外传云：'欧子撰新唐书，如高僧玄奘神秀诸传及正观为战士建寺之文，并与削去。'司马君实云：'永叔不喜佛，旧唐史有涉其事者必去之。'因曰：'驾性命道德之空言者，韩文也；泯治乱成败之实效者，新书也。'"欧阳修因其门户之好恶而不能实事求是地讲明史实，表明其学术立场所具有的狭隘性和局限性。至于南宋孝宗时期，"孝宗御制原道论云：朕观韩愈原道论，徒文繁而理迂耳"（《佛祖统纪卷五十四》）。这几乎是一个共识，即对抗义理精深之佛学，无论是韩愈还是欧阳修等，他们所持理论的深度，并不能真正地使儒学扬眉吐气，卓然独立。

这种理论上的无力到北宋中叶得到了改观，理学在此时应运而生。《宋史·道学传》中言："'道学'之名，古无是也。……两汉而下，儒者之论大道，察焉而弗精，语焉而弗详，异端邪说起而乘之，几至大坏。千有余载，至宋中叶，周敦颐出于舂陵，乃得圣贤不传之学，作《太极图说》、《通书》，推明阴阳五行之理，命于天而性于人者，了若指掌。张载作《西铭》，又极言理一分殊之旨，然后道之大原出于天者，灼然而无疑焉。仁宗明道初年，程颢及弟颐实生，及长，受业周氏，已乃扩大其所闻，表章《大学》、《中庸》二篇，与《语》、《孟》并行，于是上自帝王传心之奥，下至初学入德之门。融会贯通，无复余蕴。

迨宋南渡，新安朱熹得程氏正传，其学加亲切焉。大抵以格物致知为先，明善诚身为要，凡《诗》、《书》，六艺之文，与夫孔、孟之遗言，颠错于秦火，支离于汉儒，幽沉于魏、晋六朝者，至是皆焕然而大明，秩然而各得其所。此宋儒之学所以度越诸子，而上接孟氏者欤！"

理学家尽管大多辟佛，然而并非一味攻击，而是在社会文化领域中对其人其学多有肯定和赞扬。这一方面表现出理学本身所具有的宽容精神，又体现出儒释道三教在社会文化领域中所具有的融合性。理学开山周敦颐与僧人寿涯有紧密的往来，张载、邵雍、二程等人也多有出入释老的经历。他们多赞赏佛学之高深与专精。程颐言："释氏之学，又不可道他不知，亦尽极乎高深！"（《河南程氏遗书卷十五》）朱熹也在谈论道体的问题时候，提及佛学："此事除了孔孟，犹是佛老见得些形象，譬如画人一般，佛老画得些模样。后来儒者于此全无相著，如何教他两个不做大！"（《朱子语类卷三十六》）又赞佛氏之徒为学精专："吾儒这边难得如此。看他下工夫，直是白日至夜，无一念走作别处去。吾儒学者一时一日间是多少闲杂念处，如何得似他！"（《朱子语类卷一百二十六》）

同时，理学家也对于佛教僧人的品格大加表彰。在程颐回答弟子问他"佛当敬否"的问题时，说"佛亦是胡人之贤智者，安可慢也？"（《河南程氏遗书卷第十八》）清人王弘《山志初集》中载："程子伊川游僧舍，一后生置坐背佛像，伊川列其坐。门人问曰：'先生平日辟佛老，今何敬也？'伊川曰：'平日所辟者道也，今日所敬者人也。且佛亦人耳，想在当时，亦贤于众人者，故辟其道而敬其人。'"朱熹对此也推重僧人之人品和气度，"僧家尊宿，得道便入深山中，草衣木食，养教十年，及其出来，是甚次第！自然光明俊伟，世上人所以只得叉手看他自动"（《语类卷第一百二十六》）。"某见名寺中所画诸祖师人物，皆魁伟雄杰，宜其杰然有

立如此。"（《朱子语类卷四》）

其次，三教融合的学派在社会文化中也不断地出现和发展壮大，荆学和蜀学是其中的代表。从北宋太祖建国至于真宗、仁宗、英宗时期，其间的儒家士大夫多承继五代遗风而兼修释老，其中著名者有王随、王旦、杨亿、李遵勖、晁迥、周敦颐等人，佛道两家亦多有主三教一致者，其中有永明延寿、通慧赞宁、孤山智圆、明教契嵩、张伯端等人。到了北宋中后期的神宗、哲宗、徽宗、钦宗年间，三教融通之风大盛，富弼、文彦博、邵雍、司马光、王安石、苏轼、苏辙、黄庭坚、谢良佐、游酢、杨时、胡安国、叶梦得等人均推波助澜。北宋被金人所灭之后，南宋以至于元初期间，此种融通之风不衰，有张九成、吕本中、汪应辰、宋孝宗、杨简、林希逸、褚伯秀、大慧宗杲、中峰明本等人大力弘扬。在金朝和元朝统治时期，三教之合流继续深化发展，有李纯甫、耶律湛然、刘秉忠、王重阳、丘处机、陈致虚等人鼎力扶持。尽管理学家以佛道两家为异端加以排斥，然而相互间的融合俨然成为主流之动向。

王安石（公元 1021—1086 年），字介甫，号半山。抚州临川（今江西省抚州市）人。北宋时期政治家、文学家、思想家。庆历二年（公元 1042 年），王安石进士及第。历任扬州签判、鄞县知县、舒州通判等职，政绩卓著。熙宁二年（公元 1069 年），被宋神宗升为参知政事，次年拜相，主持变法。因保守派反对，熙宁七年（公元 1074 年）罢相。一年后，被神宗再次起用，旋即又罢相，退居江宁。元祐元年（公元 1086 年），保守派得势，新法大多被废止，王安石病逝于钟山，享年六十六岁。王安石是当时儒家的经学大师，创"荆公新学"，对于当时的学术风潮有极大的影响。《大慧普觉禅师宗门武库》中载："荆公一日问张文定公曰：'孔子去世百年，生孟子亚圣，后绝无人，何也？'文定曰：'岂无人？恐有过孔孟者。'荆公曰：'谁？'文定公曰：'江西马大师、坦然禅师、汾阳无业禅师、雪峰、岩头、丹霞、云门。'荆公闻举，意不甚解。乃问曰：'何谓也？'文定曰：'儒家淡薄，收拾不住，皆归释氏去。'荆公欣然叹服。"（宗杲《大慧普觉禅师宗门武库》）以佛门之高僧大德为儒学后劲，显为融通二教之论。儒学淡薄,并非仅指儒门人才凋零,同时也指儒学自身理论建构方面的缺失,造成对于社会现实和人生精神两个方面解释话语权的旁落。对于此种看法,"荆公欣然叹服",由此可见,佛学在北宋年间的发达昌盛非儒学可比,尽管儒学有复苏之迹象,却仍旧式微力寡。

对于三教在宋代的社会历史文化领域中的互动融合现象,清代居士张文嘉在《禅林宝训合注序》中言:"古德有云:出家乃大丈夫事,非将相之所能为。夫功业被乎群生,勋名流乎奕世,至于将相,称极盛矣,而犹似不屑为。则此所谓大丈夫者,岂非全乎道德之风?远去凡陋之迹,体高亮之弘姿,挺孤奇之雅操;上足以合乎佛心,下足以拯乎含识,确然足为人天师表,照耀古今者乎!乃去圣逾远,人心雕斫。主者俯仰以取世资,学人随波而溷保社。佛法下衰,渐有江河之势。此妙喜竹庵二大士,所以有宝训之作也。夫二师当程朱倡明儒学之日,方容矩步,所谈者正心诚意,所辨者义利公私。其于释氏,真若寇仇然者。然今观所列,自明教嵩而下诸大尊宿,见地超卓,践履真实,非惟仅能固其藩篱而已。而又能使勋业若富郑公赵清献,文名若苏子瞻黄鲁直,道学若胡康侯张子韶,其他名公钜儒无虑数十百家,莫不皈敬投诚,入廛垂手。即程子亦从而叹曰:三代礼乐,尽于此矣。朱子亦有言:愿盼指心性,名言超有无。其意虽欲折之,而卒无瑕隙可指者。则非特诸尊宿透悟之微,宗风之盛,足以杜其口。即其临事施为之际,崇道德,厉廉隅,远荣名,抑利养,光明正大,实有以大服其心也。向使趋炎附势,逐利钻名,或贡高我慢,背蔑师友,破碎大道,紊乱先规。问其名,则巍然知识之称;而综其实,有出于庸俗之所羞为者。"儒道两家在社会文化领域相互砥砺,出现了融会通达的局面,对于新的历史文化的形成起到了极大的推陈出新的作用。

苏洵(公元1009—1066年),字明允,自号老泉,眉州眉山(今四川眉山)人,与其子苏轼、苏辙并以文学著称于世,世称"三苏"。苏轼(公元1037—1101年),字子瞻,号铁冠道人、东坡居士,世称苏东坡,眉州眉山(今四川省眉山市)人,在诗、词、散文、书、画等方面取得很高成就,是一位才气纵横的艺术大家。苏辙(公元1039—1112年),字子由,晚号颍滨遗老。眉州眉山（今属四川）人。在诗文书画方面均有极高造诣。"三苏"是蜀学的领袖，黄庭坚、张耒、秦观等人也是蜀学中极有分量的人物，他们的思想往往融汇佛老，其行事风格也多自由洒脱，与理学家的循规蹈矩显得格格不入。清代王梓材言道："东坡《易解》与颍滨《老子解》，即谢山《序录》所谓苏氏之学杂于禅者，故特为著录。朱子以是二《解》与张无垢《中庸解》、吕氏《大学解》并驳之，谓之《杂学辨》。"（《宋元学案·苏氏蜀学略》）

张九成为代表的"横浦学派"，也主张三教之融合。张九成（公元1092—1159年），字子韶，号无垢，汴京（今河南省开封）人，后迁海宁盐官（今浙江海宁）。南宋官员、数学家。南宋绍兴二年（公元1132年）殿试为状元，为官不附权贵，主张抗金，忤于秦桧遭贬。桧死，出知温州。因直言上疏，不纳，辞官归故里，寻病卒，著有《横浦集》等多种。其学传自杨时，为二程洛学再传。其学被视为杂以佛学，"龟山弟子以风节光显者，无如横浦，而驳学亦以横浦为最。晦翁斥其书，比之洪水猛兽之灾，其可畏哉！"（《宋元学案·横浦学案序录》）其学在当时有很大影响，后形成"横浦学派"。

佛徒之所为，颇有为儒者所不齿者，故有人质疑佛学之价值。张九成以为此并非佛学之过，而是佛徒个体之失。"恕问：'佛氏以寂灭为教，其徒未能泊然于饮食男女之欲，乃欲以纸上死生祸福之说恐动其心，使入于善。彼世之小人，刑戮荣赏日加而日督之，犹且求以幸免，孰谓无知之孩孺与夫鄙诈贱隶之人，而欲以此化之邪？而其甚者，至于抑绝掩闭以成其奸，过于刑戮小人之所不为者。世方敬其徒，而曾不察不知，此亦何理？'先生曰：'佛氏一法，阴有以助吾教甚深，特未可遽薄之。吾与杲和尚游，以其议论超卓可喜故也。其徒宁得皆善，但吾甥所见者，其徒之不善者耳。'"（《宋元学案·横浦学案》）

同时，亦有学者以为佛理为儒学所摄，不必讲求。张九成则主张应当深究佛理，其有儒学所不能限囿者。"恕曰：'理道妙处，如子思、孟子之书，何减《圆觉》、《楞严》。必欲从事其人，颇非素心。'先生曰：'自来知吾甥每有恶之之语，执得坚时亦好。但

恐见不透，后反为其徒所冷笑。且更穷究！且更穷究！'"（《宋元学案·横浦学案》）

《宋元学案》载："黄东发曰：横浦先生忧深恳切，坚苦特立，近世杰然之士也。惟交游杲老，浸淫佛学，于孔门正学，未必无似是之非。学者虽尊其人，而不可不审其说。其有所谓《心传录》者，首载杲老以'天命之谓性'为清净法身，'率性之谓道'为圆满报身，'修道之谓教'为千百亿化身，影傍虚喝，闻者惊喜。至《语》、《孟》等说，世亦多以其文虽说经，而喜谈乐道之。晦庵尝谓洪适刊此书于会稽，其患烈于洪水、夷狄、猛兽。岂非讲学之要，毫厘必察，其人既贤，则其书盛行，则其害未已，故不得不甚言之，以警世哉！盖上蔡言禅，每明言禅，尚为直情径行，杲老教横浦改头换面，借儒谈禅，而不复自认为禅，是为以伪易真，鲜不惑矣。"（《宋元学案·横浦学案》）此中所提杲老即为宗杲。

黄宗羲对张九成之学评价说，张九成学禅谈禅，学儒谈儒，并不为大害，若改头换面，以儒讲禅，则会儒释两失："横浦虽得力于宗门，然清苦诚笃，所守不移，亦未尝讳言其非禅也。若改头换面，便是自欺欺人，并亦失却宗门眼目也。"（《宋元学案·横浦学案》）

最后，也出现了立足于三教合一之立场对于理学家之辟佛论的反驳思潮。金朝李纯甫作《屏山鸣道集说》以反驳《诸儒鸣道集》中理学对于佛学的批评。李纯甫（公元1177—1223年），金代思想家、文学家。字之纯，号屏山居士，弘州襄阴（今河北阳原）人。承安二年进士，喜谈兵，屡上疏论时事。曾三入翰林，为当时皇帝所重，金哀宗正大八年卒于京兆府判官任上，时年47岁。工于散文，文风雄奇简古，晚年喜佛老，著有《中庸集解》《鸣道集解》，号为"中国心学、西方文教"，其学说最大的特征是博采儒释道三家之说，以"援儒入释，推释附儒"为主。他以为理学家之辟佛，仅为外观，其实则为助佛，进而把理学重新诠释为佛学之注脚。他在《诸儒鸣道集解》中言道："屏山曰：论至于此，儒佛之说为一家。其功用之殊，但或出或处，或默或语，便生分别，以为同异者何也？至如刘子翚之洞达，张九成之精深，吕伯恭之通融,张敬夫之醇正,朱元晦之峻洁,皆近代之伟人也。想见方寸之地,既虚而明,四通六辟,千变万化。其知见只以梦幻死生,操履只以尘垢富贵,皆学圣人而未至者。其论佛老也,实与而文不与,阳挤而阴助之。盖有微意存焉。唱千古之绝学,扫末流之尘迹,将行其说于世,政自不得不尔。如胡寅者,诟詈不已,嘻其甚矣。岂非翻着祖师衣倒用如来印者邪?语在驳崇正辨,吾恐白面书生辈,不知诸老先生之心,借以为口实。则三圣人之道,几何不化而为异端也?伊川之学,今自江东浸淫而北矣。搢绅之士负高明之资者,皆甘心焉,予亦出入于其中几三十年。尝欲笺注其得失而未暇也。今以承乏于秋闱,考经学数十余日,乘闲漫笔于小薰。意者撤藩篱于大方之家,汇渊谷于圣学之海,蒐诸子胸中之秘,发此书言外之机。道冠儒履,同入解脱法门;翰墨文章,皆是神通游戏,姑以自洗其心耳。或传于人,将有怫然而怒,惘然而疑,凝然而思,释然而悟,哑然而笑者,必曰此翁亦可怜矣。"

其学倡三教合一,然终以佛学为依归,其言曰:"中国之书,不及西方之书。"(《宋元学案卷一百·屏山鸣道集说略》)又言曰:"学至于佛,则无所学。伊川诸儒,虽号深明性理,发扬《六经》圣人心学,然皆窃吾佛书者也。"(《宋元学案卷一百·屏山鸣道集说略》)

《汪尧峰文钞·鸣道集说序》云:"其说根柢性命,而加以变幻诡谲,大略以尧、舜、禹、汤、文、武之后,道术将裂,故奉老子、孔子、孟子、庄周及佛如来为五圣人,而推老、庄、浮屠之言,以为能合于吾孔、孟。又推唐之李习之、宋之王介甫父子、苏子瞻兄弟,以为能阴引老、庄、浮屠之言,以证明吾孔、孟诸书。于是发为雄辞怪辩,委曲疏通其所见,而极其旨趣,则往往归之于佛。凡宋儒之辟佛者,大肆掊击,自司马文正公而下,讫于程、朱,无得免者。"(《宋元学案卷一百·屏山鸣道集说略》)

(三) 三教对其与社会现实关系的反思和理论建构

宋元时期,三教对于自身与社会现实的一体性关联和自身与其他两教的文化交融,都有广泛而深刻的反思,形成了基于此反思基础上的理论建构。儒学中发生了张载、二程、朱熹为代表的对于现实礼学的理论建构，朱子适应当时的需要所作的《朱子家礼》就是其中的代表。佛学对于社会现实也做出积极的反思，并形成了自身理论建构上的"新动向"。

余英时先生在《朱熹的历史世界》一书中，谈到了宋代理学所以发生的一个独特的佛学背景，就是北宋佛教中的一个"新动向"。"这个动向，最简单地说，便是转而重视世间法，关怀人间秩序的重建。在这一大趋势之下，高僧大德往往精研外典，为儒学复兴推波助澜，圆、嵩两人便是其中最有代表性的人物。"（《朱熹的历史世界》）这里提到的"圆"就是**智圆和尚**。智圆（公元976—1022年），字无外，号中庸子，俗姓徐。他自幼出家，21岁从奉先源清学天台教义。源清卒后，住西湖孤山，与处士林和靖为友，又和遵式相交。著述有科、记章、钞30部71卷，另有杂著、诗文集《闲居编》51卷。《闲居编》称其"学通内外"，"旁涉老庄，兼通儒墨"，这就是三教兼习，融汇一家的学风。他自称"或宗于周孔，或涉乎老庄，或归乎释氏，于其道不能纯矣"。另外提到的"嵩"就是契嵩和尚，**契嵩禅师**（公元1007—1072年），俗姓李，字仲灵，自号潜子，出生于藤津（今广西藤县）。生于宋真宗景德四年，卒于神宗熙宁五年，年六十六岁。仁宗明道年间（公元1032—1033年）针对欧阳修等人辟佛的主张，作《辅教编》阐发儒释一致，产生很大影响。他又作《中庸解》，以为儒佛二教均合于中道。于庆历年间（公元1045年前后）居杭州灵隐寺。皇祐间（公元1051年前后）入京师。仁宗赐号明教大师，寻还山而卒。契嵩博通内外典籍，长于著述，有《镡津集》二十二卷传于世。文莹《湘山野录》卷下云："吾友契嵩师，熙宁四年没于余杭灵隐山翠微堂。入葬讫，不坏者五物：睛、舌、鼻及耳毫、数珠。时恐厚诬，以烈火重炼，锻之愈坚。"余英时以为他在当时的政坛具有相当的作为和影响。他在当时力倡儒佛合一之说，以回应来自儒学的对于佛学的攻击。契嵩的名著《辅教编》内有《孝论》十二章，钱新祖先生以为："很可能是在前现代的中国历史上，由一位佛教僧人对这个主题所作过的最具系统性与最完整的说明。"①在这篇文章中，契嵩"拟儒《孝经》发明佛意"，并以为"后世之学佛者，不能尽《孝经》而校正之，乃有束教者，不信佛之微旨在乎言外"。于是，他把孝道纳入到佛学之中，"以孝而为戒之端也"。耐人寻味的是他对于作为佛教戒律的"不杀"做出的延展于"孝道"的解释，"圣人以精神乘变化而交为人、畜。更古今混然茫乎，而世俗未始自觉。故其视今牛羊，唯恐其是昔之父母精神之所来也，故戒于杀，不使暴一微物，笃于怀亲也。"（契嵩《辅教篇下》）契嵩基于他的孝道观，自然就会得出由遵从孝道而来的"君臣父子"的伦理规范与"天下国家"的政治关怀，进而主张佛教徒积极地参与世间生活。他说："佛之道岂一人之私为乎？抑亦有意于天下国家矣！何尝不存其君臣父子邪，岂妨人所生养之道邪？"以天下国家为怀，为佛学中应有之义。像这样直白地表露入世情怀的佛教徒在宋代不乏其人，甚至可以说形成了一个潮流。

　　佛教对于自身与社会现实关系的反思所形成的"新动向"主要表现在两个方面。一方面，佛教应当遵从世俗之礼仪规范，尤其是要遵从王法，积极地参与社会政治活动。南北朝和隋唐时期，佛教的教规与中国本土的礼仪之间存在着诸多的差异甚至冲突之处。南北朝时慧远有《沙门不敬王者论》，唐高宗时期也有僧人不同意对皇帝行跪拜礼，引起了专门的讨论，并以皇权方面的让步为结局。可见，在中国社会政治之中，佛教戒律和教规仍然在很大程度上保留了其独立性和纯洁性，并在一定程度上不被王权所左右。可是，这样的情况到了宋代就发生了很大的变化。任继愈《中国佛教史》注意到宋代佛学的"世间化"的思潮："宋初延寿，曾力图改变唐末五代普遍流行于禅宗中的放任自然、不问善恶是非的风气，提倡禅、教统一、禅与净土统一，要求佛教回到世间，参与辅助王政上去。他在《万善同归集》中说：'文殊以理印行，差别之义不亏；普贤以行严理，根本之门靡废。本末一际，凡圣同源，不坏俗而标真，不离真而立俗。'就是在理论上证明僧尼参与世间生

---

① 钱新祖：《焦竑与晚明新儒思想的重构》，东方出版中心2017年版，第13页。

活的必要性。此后克勤更直接地认为：'佛法即是世法，世法即是佛法。'二者是不可分割的。奉敕撰《宋高僧传》的赞宁进一步提出'佛法据王法以立'的主张，因为'王法'是'世法'的最高原则，佛法入世，当然也应以'王法'为最高准绳。"延寿（公元904—975年）是唐末五代时僧人。净土宗六祖，法眼宗三祖。俗姓王，讳延寿。曾因罪当被处以极刑，临刑颜色不变。后被释，投明州翠岩禅师出家，次参天台德韶国师，发明心要。受法嗣，为法眼宗嫡孙。其著作有《宗镜录》《万善同归集》《唯心诀》《神栖安养赋》《定慧相资歌》《警世》等，其中以《宗镜录》对于后世的影响最大。延寿所言"不坏俗而标真，不离真而立俗"，强调了佛法之真不离世俗的立场。克勤更是以"佛法即是世法，世法即是佛法"力主二者之间的一体，进一步模糊了出世和入世的分别。克勤（公元1063—1135年）是两宋之际的著名僧人。四川崇宁人，俗姓骆，字无著。与佛鉴慧勤、佛眼清远齐名，世有"演门二勤一远"之称，被誉为丛林三杰。

另一方面，除了对于王法的遵从和对于社会政治活动的参与，宋代的佛教也积极吸取儒家的道德行为准则，把它们吸纳入佛学的体系之中。这种动向主要体现在佛教对于"忠"和"孝"两种道德行为准则的认同和吸收上。

北宋末年，女真金国入侵北宋，民族矛盾激化，"忠君爱国"成了当时处世的最高世俗准则。佛教徒也顺应了这样的时代号召，表现出了热烈的爱国情感。两宋之际的禅宗领袖宗杲，把"忠义心"同于"菩提心"，认为二者一体而名异。他说："菩提心则忠义心也，名异而体同。但此心与义相遇，则世出世间，一网打就无少无剩矣。"（《大慧普觉禅师语录卷二十四》）大慧宗杲禅师（公元1089—1163年），俗姓奚，宣州宁国（今安徽宁国市）人。号大慧，又称妙喜，南宋高僧。宋宣和六年（公元1124年），在汴州参谒禅师圆悟克勤。克勤著《临济正宗记》付之，与之分座讲法，名震京师。绍兴七年（公元1137年），居径山能仁寺。十一年（公元1141年），因不满秦桧投降金人的和议政策，被诬与张九成"谤讪朝政"，夺去衣牒，充军衡州、梅州、福建等地。二十六年赦免，恢复僧服，次年再住临安径山。三十二年，宋孝宗闻其名召对，赐名"大慧禅师"，并御书"妙喜庵"三字赐之。后在云居山倡"看话禅"，反对其师克勤的"文字禅"的教法，以为禅宗公案并非正面文章，只能作为内省参究的题目，开禅宗参话头之先。圆寂后谥"普觉"，塔曰"宝光"。从其生平，可见他的爱国情怀和入世精神。宗杲与契嵩一样提倡"忠孝"："未有忠于君而不孝于亲者，亦未有孝于亲而不忠于君者。但圣人所赞者依而行之，圣人所诃者不敢违犯，则于忠于孝，于事于理，治身治人，无不周旋，无不明了。"（《大慧普觉禅师语录卷二十四》）其爱国热诚不输于忠臣烈士。宗杲自述："予虽学佛者，然爱君忧国之心与忠义士大夫等，但力所不能而年运往矣。"（《大慧普觉禅师语录卷二十四》）正如宋代名将张浚为他所撰的《塔铭》所说："师虽大方处士，而义笃君亲。每及时事，爱君忧时，见之词气。"

宋代佛教积极认同"孝道"精神。契嵩以为，孝亦出于善道，故为儒道所共持。"孝出于善，而人皆有善心，不以佛道广之，则为善不大而为孝小也。佛之为道也，视人之亲犹己之亲也，卫物之生犹己之生也，故其为善则昆虫悉怀，为孝则鬼神皆劝。资其孝而处世，则与世和平而亡忿争也；资其善而出世，则与世大慈而劝其世也。是故，君子之务道不可不辨也，君子之务善不可无品也。中庸曰：'苟不至德至道不凝焉'，如此之谓也。"（《镡津文集卷一·辅教编下·孝论》）佛学不仅为孝之助，而且为孝之成，是孝之为孝不可或失之环节。如此，便推进了之前佛学对于孝道之理解和兼容，使得儒学和佛学之间的关系更加紧密。

到了元代，临济宗师天目明本大力提倡"孝道"，提出"道即孝，孝即道"，把孝道之精神与佛学相协调。**天目明本**（公元1263—1323年）是元朝临济宗师，俗姓孙，号中峰，法号智觉，西天目山住持，钱塘新城（今杭州市富阳区新登镇）人。仁宗曾赐号"广慧禅师"，并赐谥"普应国师"。他二十四岁时便参拜高峰原妙，得到了原妙心印，并进一步发展了原妙"自然人无心三昧"的教旨，主张佛法自身具足，人人均为"本色道人"。这样一位临济高僧非常看重"孝道"，其语录中记载："天下父母之于子，既养之复爱之，故圣贤教之以孝。夫孝者效也，效其所养而报之以养，效其所爱而报之以爱，故孝莫甚于养而极于爱也。然养之道有二，爱之之道亦有二焉。食以膏粱，衣以裘葛，养之在色身也；律以清禁，修以福善，养之在法性也。色身之养，顺人伦也；法性之养，契天理也。二者虽圣贤不可得兼，盖在家出家之异也。且在家不为色身之养，不孝也；出家不为法性之养，亦不孝也，是谓养之道二焉。昏而定，晨而省，不敢斯须去左右者，乃有形之爱也；行而参，坐而究，誓尽形毕命以造乎道，而欲报资恩有者，乃无形之爱也。有形之爱近而易狎，无形之爱远而难亲者也。……道即孝也，孝即道也。不知所以孝而欲学道者，是犹背湿而求水也。……或谓大圆镜智，融混自它未尝有异，岂各所谓孝乎？予曰：尔徒知镜智之不二，而不知孝与道、爱与养俱不二也。自非神心廓悟，洞彻圣人垂教之源者，不可窃议也。"（天目明本《天目中峰广慧禅师语·警孝》）天目明本对于"孝道"的理解与前期的佛学不同，其特色之一在于，他区分了色身之养与法性之养，"色身之养，顺人伦也；法性之养，契天理也"，而在两者之间，不能够实现兼得。此种说法，在融合两家的同时，也保持了佛学的独立性，避免了佛教徒入世出世的两难抉择与在家出家的模糊边界。更加重要的一点在于，他认为佛学之孝可覆盖和融汇儒学世间之孝，而成为没有隔阂的"无间"之爱养，于是提出"道即孝也，孝即道也"，以佛法为真正的孝道。

这种佛教主动地向世俗和王权靠近，无疑具有"世间化"的取向，但也有着被世俗和政治所同化的危险，常常会以牺牲掉自身的独立性为其代价。如何使得在积极吸收儒学的入世之学的同时，佛学还能保持自身的独立性和纯洁性呢？智圆所主张的儒佛"共为表里"和两宋之际的禅宗领袖宗杲所提出的"名异而体同"的理论可以作为对此问题的回应。智圆说："夫儒、释者，言异而理贯也，莫不化民俾迁善远恶也。儒者饰身之教，故谓之外典也；释者修心之教，故谓之内典也。……吾修身以儒，治心以释，拳拳服膺，罔敢懈慢。"智圆又在《疏四十二章经》中说道："佛教东传，与仲尼、伯阳之说为三。然孔、老之训词，谈性命未极于唯心，言报应未臻于三世。至于治天下，安国家，不可一日无也。至于济神明、研至理……大畅其妙者，则存乎释氏之训与？"儒者的修身之学和佛家的修心之学，尽管所修不同，但均有"化民迁善"的功用和指向，故而为"言异而理贯"。"共为表里"体现出一种儒佛之间的结构性关系，即儒为表，佛为里的整体性的结构。在此结构之中，作为"里"的佛学无疑居于本体的位置，其所吸收的儒学知识再丰富，也不能动摇作为"里"的佛法，这也就保证了佛学的至上性和纯洁性。

二　本体性命之理的意义世界（天理与性理）

三家之间在本体的意义世界相互注视，相互质询，相互映照，在此映照之中，各家逐渐确立起一个整全的本体架构和人性构成，最后组合成一个交互主体的果实。这是由于，本体的意义世界，既是三教哲学展开自身的主体世界，同时，又是被他者关照的客体世界。其作为主体的世界和视域，对于他者是不可见的；同时，作为客体的被建构世界，对于自身则又成为可见可思的感知和思考对象。于是，本体的意义世界具有双重的意义空间，由主体之意义空间和客体之意义空间所构成，最终形成了三教思想生存与发展的动态意义世界，在相互的视域交融之中向一个更加真实而圆满的形态构成自身。

总之，在坚守各自学说立场的同时，儒释道三家之学都向人之整体性和本真性的存在复归。此整体性的存在，作为自为和为他、心理和文化、历史与未来的结合体，在明清时期的"心"概念中，其意义得到了完整的释放和表达。

（一）本体虚实的意义世界：理学本体的经验性维度；佛道本体的超验性维度

宋代理学以"天理"和"太极"为中心，建立起贯通经验和超验世界的"体用一元"的本体论。佛教所确立的人之存在中的自为的一面,为神、为佛性、为心灵,为不可被彻底名教化和经验化的方面。此方面被宋代理学所吸收转化,成为天理和性理。同时,天理和性理并非独立于现实世界,而是由"理一分殊"的模式所显示,为体用合一的关系。天理为体,而现实为用,二者之间相即不离,不一不异。理学把此世界一开始即接受为真实的,是由本体之天理所生成的,而把世界所具有的虚妄面归结为人心的作用。于是,人之情识未能如佛教般加以弃绝,而是区分出性其情的方面,即率性之情的方面(中和),与情其情的方面,即人欲之泛滥情况,之所以出现此两种的差异,是由于心之作用的不同结果,即有道心与人心的差异。可见,理学是以心为虚灵明觉,由此作用而达于本体,而心本身并非本体。理学在本体的意义上,把超越性存在与经验性存在结合起来,把超越之性理与现实之名教结合起来。然而,理学之本体既不能彻底地超验化自身,又不能彻底地经验化自身,从而招致后来学者来自两方面的攻击。同时,佛学也吸收了儒学中的经验性的向度,作为人之存在的经验性的方面,不仅仅包含人伦日常,也包括象数易理,也逐渐被佛学吸收进去。

天理的意义世界并不是空无的,而是实在的。它可以是不可见的,却是可以思议的;它并非是可感的对象,却是可以明觉的存在。同时,它可以作用到现实世界,成为可见的可感的气,并依托于可感可见者展现自身。尽管它并不就是此物此器此事,而是此物此器此事的理,却不能离开此物此器此事而存在,故而天理本体承诺了经验性和超越性的双重属性。超越之存在面只有通过现实之经验面才能够显现,本体的意义世界即在现实的经验世界之中。天理也具有为他存在的明确性和公开性,不为个体悟性所独有,亦远离模糊暧昧。程颢的"自家体贴天理"和邵雍的"以物观物"等表达,都说明了此天理所具有的明确性和公开性。

天理的意义世界也需要超越感官的认知途径来通达。程颢和张载强调了天理所具有的本体意义,具有与气化流行相合一的生存论特征。因而,程颢指出天理与生存不可二分,而以诚敬存养,张载认为太虚本体需要在气化流行之中通过穷神知化的诚明德性来加以觉知。程颐与朱子则强调天理所具有的知性意义，具有为心所知的知识论特征。因而，程朱以主敬和致知为方法，以理性认知为途径来通达天理。此两种不同的认知途径体现出理学内部的分化，在知识理性和生存明觉之间构成一对张力关系。

于是，理学主要从两个方面去反对佛道，一是反对佛道把本体世界理解为空无，把心理解为本体的看法。以为这种理解会造成本体的悬空和现实意义的虚无，也就形成了本体和现实之间的割裂的关系。二是反对佛学把现实的经验世界理解为纯经验的，而不能看到其中所蕴含的超越的天理。所以，理学批评佛学为作用见性，而不能发现其中真实的超越维度。不过，理学同时也吸收了佛学的内在义理，一方面把佛学中的超验意义吸收进来，构成天理超越性的重要意涵，另一方面又去除掉佛学中的纯超验维度，防止对于经验世界的破坏和疏离，坚持本体世界所具有的可觉知的性质。

1. 理学对于本体意义世界的揭示。

周敦颐定太极为"无极而太极"，以为"无极而太极。太极动而生阳，动极而静，静而生阴"（《太极图说》），从而把太极与无极的关系理解为一个结构性的宇宙论模型，以此形容宇宙本体所具有的无形无象的超越性。这样实质上就把本体所具有的经验性和超验性意义结合起来，使得本体的意义世界丰富和圆满起来。这样的宇宙论模型既包含有儒学传统中的"气"的内容，也包含有佛老本体意义世界中的超验维度，其即体即用的方法也把经验层面和超验层面统一起来，从而鲜明地代表着儒学的在世立场。

张载又明确地提出"太虚即气"的命题。从东汉末期的《牟子理惑论》开始，佛学对于儒学本体的理解，就常常是气质性的，而认为儒学缺乏纯然超越性的维度。此种情况一直延续到了宋初，比如唐代的宗密，就把儒学之本体理解为阴阳二气，并对之进行批评（见前文）。理学家对于类似于宗密的意见必然会有强烈的反弹。早期的理学家是否读过宗密的著作，现在不得而知，但他们大都曾经有过一段出入释老的阶段，所以极有可能读过，至少对那样的说法比较熟悉。张载最重要的著作《正蒙》中的许多段落，都可以视为对宗密所持的儒学纯经验式的本体论所做的回击。作为理学家的张载认为儒家所持有的本体论之气并非如宗密所理解的，仅为现象界的有形有象的存在，而是已然转化的无形之"太虚"本体。"太虚"本体无形无象，是超越性的存在，它内化于气之中，构成了神化的本体，是气自身不断自我创造的生生不已的动力。于是，气化而形成的万物便具有了由生生之本体而来的仁德，现象界也由此获得了实在性。张载基于此种立场认为，佛教对于儒家本体的解释是一种虚妄的论断，因为儒家自身的体系就是有体有用的结构，其天道本体即太虚自身可以全然地构成自身，而并不需要以佛学的"心"或"空"作为其本体。

对于此太虚本体，张载言道："知虚空即气，则有无、隐显、神化、性命通一无二，顾聚散、出入、形不形，能推本所从来，则深于易者也。若谓虚能生气，则虚无穷，气有限，体用殊绝，入老氏'有生于无'自然之论，不识所谓有无混一之常；若谓万象为太虚中所见之物，则物与虚不相资，形自形，性自性，形性、天人不相待而有，陷于浮屠以山河大地为见病之说。此道不明，正由懵者略知体虚空为性，不知本天道为用，反以人见之小因缘天地。明有不尽，则诬世界乾坤为幻化。幽明不能举其要，遂躐等妄意而然。不悟一阴一阳范围天地、通乎昼夜、三极大中之矩，遂使儒、佛、老、庄混然一涂。语天道性命者，不罔于恍惚梦幻，则定以'有生于无'，为穷高极微之论。入德之途，不知择术而求，多见其蔽于诐而陷于淫矣。""虚空即气"，有着两方面的意义，一是把经验性的"气"概念，注入了超越性的内涵，以一种体用合一、即体即用的系统结构，把不可感知的超越性本体建构起来。同时，另一面就以本体为虚还于本体之实，本体并非是虚化的存在，现实的世界本身即是实在的，此实在性并不因为其不被感官所把握，未能形成具体的形象，便被取消而化为虚幻。这样就把本体界与现象界打通为一，重新赢得了由佛学和道家所打破的现象界的实在性。本体之自我运动和生成，便形成此大千世界，只是此种之实在性，需要由超越于见闻感官的能力才能够把握，这就是德性之神明作用。但是，此德性之神明作用毕竟也是可以被觉知的，可以被纳入到一种理性反思的范围之内，易学便是一个明显的例证。然而，佛家和道家对于此理性的反思作用，则加以否定。

据于此本体实在性的理解，张载便以为，老子之道学以本体为虚，而能生现象之气，二者之间所具有的"无限"与"有限"的分裂，是无可弥合的，从而造成本体论上的"体用殊绝"的格局。佛学以本体为空，万象由空而显露，万象与空之间却不相资待，从而造成本体论上的"天人不相待"的格局。

朱子以天理为本体，其言道："命，犹令也。性，即理也。天以阴阳五行化生万物，气以成形，而理亦赋焉，犹命令也。于是人物之生，因各得其所赋之理，以为健顺五常之德，所以性也。率，循也。道，犹路也。人物各循其性之自然，则其日用事物之间，莫不各有当行之路，是则所谓道也。修，品节之也。性道虽同，而气禀或异，故不能无过不及之差，圣人因人物之所当行者而品节之，以为法于天下，则谓之教，礼乐行政之属是也。盖人之所以为人，道之所以为道，圣人之所以为教，原其所自，无一不本于天而备于我。学者知之，则其于学知所用力而自不能已。"（朱熹《中庸章句》）

由此本体论出发，朱子批驳掺杂佛老之学的"苏氏易学"，认为其学把本体的超验面悬空抽离，成为不可见不可言的"空无"，显然是对于至诚至明的天理本体的违背。天理本体尽管具有超验性的维度，但是仍旧立足于经验性的世界。朱子说："《乾》之《象辞》，发明性命之理，与《诗》（《烝民》、《维天之命》）、《书》（《汤诰》、《太誓》）、《中庸》、《孟子》相表里，而《大传》之言亦若符契。苏氏不知其说，而欲以其所臆度者言之，又畏人之指其失也，故每为不可言、不可见之说以先后之，务为闪倏滉漾不可捕捉之形，使读者茫然，虽欲攻之，而无所措其辩。殊不知性命之理甚明，而其为说至简。今将言之，而先曰不可言；既指之，而又曰不可见，足以眩夫未尝学问之庸人矣。由学者观之，岂不适所以为未尝见、未尝知之验哉！然道衰学绝，世颇惑之，故为之辩，以待后之君子，而其他言死生鬼神之不合者，亦并附焉。"此段为朱子辟蜀学之宗旨，而此宗旨亦是理学反对释老的宗旨。理学必归于可明之理，可明至少包含两个方面，一为可言说，二为可感通，即均

第五章　宋元时期儒家和佛道两家的融会和区别 / 191

可由经验性的方面加以显明。

朱子以为，苏氏所理解之本体为空无，与万物实相隔绝，真实之本体即在用中，并非在觉知之外，其体段昭然在心目之间。此为朱子和苏学之间的根本差异所在。即苏氏有体用隔绝之弊，以"有"之上有一"无"，作为其本原。朱子则以为即体即用，二者之间为一分合相即的结构性关系，故而不可以用之上有体。朱子曰："四德之元，犹四时之春，五常之仁，乃天地造化发育之端，万物之所从出，故曰'万物资始'，言取其始于是也。存而察之心目之间，体段昭然，未尝不可见也。然惟知道者乃能识之，是以苏氏未之见耳。不知病此，顾以己之不见为当然，而谓真无可见之理，不亦惑之甚与！"

朱子讲顺取，苏氏讲逆反，此为苏氏有取于老子道家之处。苏氏以为于乾道之大用，不可于此见性，需要穷返于"无"之本原，方可直其性而至于命。朱子以为性命即在乾道之大用流行之中，此理亦不可外于此流行而获得，故而，性命必不可由返溯而寻求。此亦为后来阳明所批评的，释老不知止于至善，对本体之求必有所过。"品物流行，莫非乾道之变化，而于其中，物各正其性命，以保合其太和焉，此乾之所以为利且贞也。此乃天地化育之源，不知更欲反之于何地？而又何性之可直，何命之可至乎？若如其说，则'保合太和'一句无所用矣。"

朱子所论，是即物即道之义，以为离物无可见阴阳之道，物即是此一阴一阳之道的现在。苏氏尽管亦认为，不可以物为有而以阴阳为无，但是同样反对"指生物而谓之阴阳"之说，以为"象立而阴阳隐"，把事物与事物之理二分开来，而不能见此理在事物中的显现。朱子曰："阴阳盈天地之间，其消息阖辟，终始万物，触目之间，有形无形，无非是也。而苏氏以为，'象立而阴阳隐，凡可见者，皆物也，非阴阳也'，失其理矣！达阴阳之本者，固不指生物而谓之阴阳，亦不别求阴阳于物象见闻之外也。"

朱子在本体论上反对苏氏之根本点，首先是阴阳并非隔离之两体，如阴阳未交，各成一端，即成苏氏所论之阴阳二分。其次，阴阳与物并非二分，并无所谓"廓然无一物"之时，若有此时，则道亦不在。"一阴一阳,往来不息,举道之全体而言,莫著于此者矣。而以为借阴阳以喻道之似,则是道与阴阳各为一物,借此而况彼也。阴阳之端,动静之机而已,动极而静,静极而动,故阴中有阳,阳中有阴,未有独立而孤居者,此一阴一阳所以为道也。今曰'一阴一阳者,阴阳未交,而物未生','廓然无一物,不可谓之无有者,道之似也',然则,道果何物乎?此皆不知道之所以为道,而欲以虚无寂灭之学,揣摹而言之,故其说如此。"

《宋元学案》又收录朱熹对于苏辙之《苏黄门老子解》的逐条批驳,"苏侍郎晚为是书,合吾儒于老子,以为未足,又并释氏而弥缝之,可谓舛矣!然其自许甚高,至谓'当世无一人可与语此者',而其兄东坡公亦以为'不意晚年见此奇特'。以予观之,其可谓无忌惮者与!因为之辩。而或者谓苏氏兄弟以文义赞佛乘,盖未得其所谓,如《传灯录解》之属,其失又有甚焉,不但此书为可辩也。应之曰:'予之所病,病其学儒之失,而流于异端,不病其学佛未至,而溺于文义也。其不得已而论此,岂好辩哉!诚惧其乱吾学之传,而失人心之正耳。若求诸彼而不得其说,则予又何暇知焉?'"

朱子以为苏辙之学不得不辩,在于模糊老子、禅宗和儒学的界限,从而造成思想的混乱。朱子以为道器为一,以此而观苏辙的老学,则为道器分离之说。"道器之名虽异,然其实一物也,故曰'吾道一以贯之'。此圣人之道,所以为大中至正之极,亘万世而无弊者也。苏氏诵其言,不得其意,故其为说,无一辞之合。学者于此,先以予说求之,使圣人之意晓然无疑,然后以次读苏氏之言,其得失判然矣。"(《宋元学案卷九十九·苏氏蜀学略》)此为朱子所不能与苏辙之学相合之处。其实,朱子与苏辙之学的差别并不在对于体用模式的使用,而在于对于本体理解的差别。苏辙之体为一无形无象之超越性之体,不可落于对待之中;朱子之体尽管亦为无形无象,却可落于为他之理性对待之中,此理性原则必落实于经验事物之中,并非达于超验的自为存在:"道器一也,示人以器,则道在其中,圣人安得而晦之!孔子曰:'吾无隐乎尔!'然则,晦其道者,又岂圣人之心哉!

大抵苏氏所谓道者,皆离器而言,不知其指何物而名之也。"(《宋元学案卷九十九·苏氏蜀学略》)

苏辙以为,道并不为器所穷,故而,道可为一自为之玄理。朱子则以为他性之道而论道体,以为苏辙之道为眩人之玄体。"如苏氏此言,是以道为能眩人,而使之不为君子也,则道之在天下,适所以为斯人之祸矣!"朱子以苏辙之上达为离器之达。"圣人所谓达,兼本末精粗而一以贯之也。苏氏之所谓达,则舍器而入道矣。"(《宋元学案卷九十九·苏氏蜀学略》)

朱子以老子之学以无为为宗,实为一大有为之学,不可离于器用。而苏辙以为其老学宗旨在于明道,开人心,故而被朱子定为不知老子。实则,苏辙眼中老子之明道,亦不离于器用,朱子的批评先入之见过重。"老子之学,以无为为宗。果如此言,乃是急急有为,惟恐其缓而失之也。然则,老子之意,苏氏亦有所不能窥者矣。"(《宋元学案卷九十九·苏氏蜀学略》)

绝仁义,弃礼乐,以礼乐仁义为道之余,于是,道为一超越之道,此为苏辙的基本宗旨。朱子之道必展开自身为仁义礼智,除开此内容,道就成一悬空的抽象物。"道者,仁义礼乐之总名,而仁义礼乐皆道之体用也。圣人之修仁义,制礼乐,凡以明道故也。今'绝仁义,弃礼乐以明道',则是舍二五而求十也,岂不悖哉!"(《宋元学案卷九十九·苏氏蜀学略》)

2. 在神性与人性之间的关系问题上,宋代理学以为超验之神性与经验之人性为一体之存在,这就使得超验之神落实于现实人生,又使得现实人生具有了超验的神性价值。张载以为,神性是气之神妙功能,而并不是可以脱离气的纯超验实在,可依之轮回受报。这样就使得经验性的存在比如"气"获得了内在的超越性,同时,也保证了此超越性的存在即神不能离开经验世界。张载言:"浮图明鬼,谓有识之死,受生循环,遂厌苦求免,可谓知鬼乎?以人生为妄见,可谓知人乎?天人一物,辄生取舍,可谓知天乎?孔、孟所谓天,彼所谓道,惑者指游魂为变为轮回,未之思也。大学当先知天德,知天德,则知圣人、知鬼神。今浮图剧论要归,必谓死生流转,非得道不免,谓之悟道,可乎?(悟则有义有命,均死生，一天人，推知昼夜，通阴阳，体之无二。）"（《近思录·异端之学》）在张载看来，佛学中之神明本体仅为抽象的虚构，实则不能明鬼神之存在，也不能觉人生之意义。佛学以人死之后，灵魂受报，进入轮回，长受苦厄，唯有入于涅槃，才可往生极乐，进而以人生为虚妄，惟涅槃为真实。张载指出，此种看法，其实质是在天人之间进行取舍，虚妄地造成天人之间的分离和断裂，是对于本体的妄见。唯有回到至诚的太虚本体立场之上，才会知晓鬼神与人生并非隔离的两片，而是基于真实无妄之气的一体而真实的存在，从而不再被佛学之主张所蒙蔽。于是，道家为"徇生执有"，佛家为"往而不反"，均为本体不明所致之结局。张载说："天地之气，虽聚散、攻取百涂，然其为理也顺而不妄。气之为物，散入无形，适得吾体；聚为有象，不失吾常。太虚不能无气，气不能不聚而为万物，万物不能不散而为太虚。循是出入，是皆不得已而然也。然则圣人尽道其间，兼体而不异者，**存神其至矣**。彼语寂灭者往而不反，徇生执有者物而不化，二者虽有间矣，以言乎失道则均焉。"（《正蒙·太和篇》）

朱子以为神性或天命之性，由天理而来，具有体用合一的经验层面和超验层面的一体性。所以他批评苏轼的"易解"，以为其由"道与物接"而论"继善成性"，是道与物之二分，而不见道外无物，物外无道之本体架构。"'继之者善'，言道之所出无非善也，所谓元也，物得是而成之，则各正其性命矣。而所谓道者，固自若也，故率性而行，则无往而非道。此所以天人无二道，幽明无二理，而一以贯之也。而曰'阴阳交而生物，道与物接而生善；物生而阴阳隐，善立而道不见'。'善者，道之继而已。''学道而自其继者始，则道不全。'何其言之缪邪！且道外无物，物外无道，今曰'道与物接'，则是道与物为二，截然各居一方，至是而始相接，则不亦缪乎！"（《宋元学案卷九十九·苏氏蜀学略》）

苏氏之学，节节分离，就会导致他以孟子之性善为"性之效"，而非性本身。因为在他看来，性本身为一自身隐没的可与善相分离的存在。朱子深辟之。"《孟子》道性善，盖探其本而言之，与《易》之旨未始有毫发之异，非但言性之效而已也。苏氏急于

立说，非特不察于《易》，又不及详于《孟子》，故其言之悖如此！"（《宋元学案卷九十九·苏氏蜀学略》）

苏氏喻道与性之关系如声与闻，此为其一贯思路的反映，即以道与性又可分而为二。朱子则以性道为一，认为圣人之学简易直捷，不作鬼蜮暧昧伎俩。"子思子曰：'率性之谓道。'邵子曰：'性者，道之形体也。'与《大传》此章之旨相为终始。言性与道，未有若此言之著者也。苏氏之言，曲譬巧喻，欲言其似而不可得，岂若圣贤之言，直示而无隐邪？昔孔子顺谓公孙龙之辩：'几能令臧三耳矣。然谓两耳者甚易，而实是也；谓三耳者甚难，而实非也。将从其易而是者乎？将从其难而非者乎？'此言似之矣！"（《宋元学案卷九十九·苏氏蜀学略》）

朱子在此以苏氏之言仁知为妄见，而断言苏氏之说为释老之说。"苏氏不知仁知之根于性，顾以仁知为妄见，乃释、老之说。圣人之言，岂尝有是哉！谓之不见其全，则或可矣。又曰'君子之道，成之以性者鲜矣'，文义亦非。"（《宋元学案卷九十九·苏氏蜀学略》）

苏氏以性为难见，而不能自信其所见。必归此性于无知无识之地，朱子必反对之。朱子曰："古之君子，尽其心则知其性矣，未尝患其难见也。其言性也，亦未尝不指而言之，非但言其似而已也。且夫性者，又岂有一物似之，而可取此以况彼邪？然则，苏氏所见，始徒见其似者，而未知夫性之未尝有所似也。"（《宋元学案卷九十九·苏氏蜀学略》）

苏氏此言，朱子以为近理，在于见本性之至善与良心之萌蘖。然而，到底见理还是未见理，此中有辩。朱子终究还是以为苏氏此说，为言合而理不合，不离告子"生之谓性"的窠臼。以禅宗论性，不离告子之性，为朱子辟佛的一个根本论点。

"苏氏此言，最近于理。前章所谓性之所似，殆谓是邪？夫谓：'不善日消，而有不可得而消者'，则疑若谓夫本然之至善矣。谓'善日消，而有不可得而消者'，则疑若谓夫良心之萌蘖矣。以是为性之所在，则似矣。而苏氏初不知性之所自来，善之所从立，则其意似不谓是也，特假于浮屠'非幻不灭，得无所还者'而为是说，以幸其万一之或中耳。是将不察乎继善成性之所由，梏亡反复之所害，而谓人与犬羊之性无以异也，而可乎？夫其所以重叹性之不可言，盖未尝见所谓性者，是以不得而言之也。"（《宋元学案卷九十九·苏氏蜀学略》）

苏氏以心之所有，不可定性，必至于命方可定性。又以性不可以名论定，故而命也为强名。故而，性在有形有名的天地之外，不在天地之中。朱子以为苏氏之论性，不见性与心、命之间的即体即用之关系，为不见性之学。

"苏氏以'性存于吾心，则为伪之始'，是不知性之真也。以'性之至者，非命而假名之'，是不知命之实也。如此，则是人生而无故有此大伪之本，圣人又为之计度隐讳，伪立名字以弥缝之，此何理哉！此盖未尝深考夫《大传》、《诗》、《书》、《中庸》、《孟子》之说，以明此章之义，而溺于释氏'未有天地，已有此性'之言，欲语性于天地生物之前，而患夫命者之无所寄，于是为此说以处之，使两不相病焉耳。使其诚知性命之说矣，而欲语之于天地生物之前，盖亦有道，必不为是支离淫遁之辞也。"（《宋元学案卷九十九·苏氏蜀学略》）

苏氏以性命为心不可觉知者，若有觉知，则为上文所言的"伪"相，并非性命之真相了。朱子以为，此种说法，必把性命推至于"无所容"的地步，人又对之惘然不知，于是，圣人成一不知命之人，这均是苏氏不见性所致的谬误。

"如苏氏之说，则命无所容。命无所容，则圣人所谓至命者，益无地以处之，故为是说以自迷罔，又以罔夫世之不知者而已。岂有命在我，而不自觉知，而可谓之圣人哉！苏氏又引《文言》利贞性情之文，傅会其说，皆非经之本旨，今不复辨。"

苏氏此论有魂魄二元、人神二分之弊，故而，朱子于此反驳之。"精聚则魄聚，气聚则魂聚，是以为人物之体。至于精竭魄降，则气散魂游而无不至矣。降者屈而无形，故谓之鬼；游者伸而不测，故谓之神，人物皆然，非有圣愚之异也。孔子答宰我之问，言之详矣。苏氏盖不考诸此，而失之；子产之言，是或一道，而非此之谓也。"（《宋元学案卷九十九·苏氏蜀学略》）

3. 理学对于佛学的批判。

基于一种即体即用体用一元的本体架构，理学家以为佛学造成了本体世界中的经验层和超验层的断裂和分离，从而未能在根本上正确地理解本体存在。张载就以为佛学不仅缺失"下学"之用的环节，而且茫然于"上达"之本体。"**释氏本怖死生，为利岂是公道？**唯务上达而无下学，然则其上达处，岂有是也？元不相连属，但有间断，非道也。孟子曰：'尽其心者，知其性也。'彼所谓识心见性是也，若存心养性一段事则无矣。彼固曰出家独善，便于道体自不足。"或曰："释氏地狱之类，皆是为下根之人，设此怖，令为善。"先生曰："至诚贯天地，人尚有不化，岂有立伪教而人可化乎？"（《近思录·异端之学》）在宋代之前，佛学以对"上达"之本体的极深研几而闻名，儒学被视为入世之俗学，缺乏精深之本体体证。故而，张载此论可谓逆流而动，具有振聋发聩的作用。张载以为，佛学之所以为无体无用之学，其原因有二：一是释氏之学从爱生怖死的利心出发，不可为大公之道，从而其学不具有普遍的价值。儒学则为天地无私大公之道，是为程颢所言之"天地之常"与"圣人之常"。二是本体之自然流行便是其用，原自延绵不断，生生不已，成就体用一元的本体格局。释氏的学问却是以体用之间断为其本体格局，有违于"至诚"之本体，故而为体用悬绝的虚妄之论。张载的这种看法，对于辟佛运动的影响深远。

朱子也以为，理学方能够明于体用，真正地做到全体大用，实现以天理为本体而融通现实经验界的哲学格局。佛学遗落实理，成遗外之学。理学则能实现内外兼具，有义理可持。程颢曾说："道之外无物，物之外无道，是天地之间无适而非道也。即父子而父子在所亲，即君臣而君臣在所严，以至为夫妇、为长幼、为朋友，无所为而非道，此道所以不可须臾离也。然则毁人伦、去四大者，其外于道也远矣。故'君子之于天下也，无适也，无莫也，义之与比'，若有适有莫，则于道为有间，非天地之全也。彼释氏之学，于'敬以直内'则有之矣，'义以方外'则未之有也。故滞固者入于枯槁，疏通者归于恣肆，此佛之教所以为隘也。吾道则不然，率性而已。斯理也，圣人于《易》备言之。（又云：佛有一个觉之理，可以'敬以直内'矣，然无'义以方外'，其直内者，要之其本亦不是。)"(《近思录·异端之学》)天理并不离日用伦常，天理即日用伦常的本然面貌。"无适无莫"指的是天理之自为的方面，"义之与比"落于现实世界，是天理的为他的方面。只是在程朱理学之角度，以为自为之方面需要为为他之方面服务。程颢所论，以《中庸》之理而辟佛。其辟佛的基本理路，是以是否"合道"而论，也就是对于终极本体的体贴是否真实而论，而并未从政治文化等现实的角度去论。释氏为"狭隘"之学，因为其引人入于"枯槁""恣肆"。儒家之道则广大悉备，有一内外兼有的系统结构，而释氏之学则仅有"敬以直内"的方面，遗缺了"义以方外"的方面。故而其学为有体而无用。况且，其"内"之本体，也有所不足。谢良佐亦言："释氏所以不如吾儒，无义以方外一节。义以方外，便是穷理，释氏却以理为障碍然。不可谓释氏无见处，但见了不肯就理。诸公不须寻见处，但且敬与穷理，敬以直内，义以方外，然后成德，故曰德不孤。"(《上蔡语录卷三》)朱子对此佛学之弊也深加披露："释氏只要空，圣人只要实。释氏所谓敬以直内，只是空豁豁地，更无一物，却不会方外。圣人所谓敬以直内，则湛然虚明，万理具定，方能义以方外。"(《朱子语类卷一百二十六·释氏》)朱子又称佛学是二，理学是一。"释氏虚，吾儒实。释氏二，吾儒一。释氏以事理为不紧要而不理会。"(《朱子语类卷一百二十六·释氏》)所谓"二"就是指禅学把工夫和本体、现实与本体分判为二，而不能合一，做不到真正的体用一元，即体即用，而实质上有所阻隔。所以，在根本的意义上，朱子认为本体之自然流行，才是学问所达的最高境界，只是佛学空设此目标却在理论上无法实现，只是个空架子，而惟理学凭其实功才能够做到。《宋元学案》载："朱子言：'张公始学于龟山之门，而逃儒以归于释。宗杲语之曰："左右既得把柄入手，开导之际，当改头换面，随宜说法，使殊途同归，则住世、出世间，两无遗憾矣。"用此之故，凡张氏所论著，皆阳儒而阴释。其离合出入之际，务在愚一世之耳目。'"

同时，理学家也剖析了佛学本体世界所以如此被构想出来的原因，以为其起心动念只是发于身体躯壳，成一自私之学。"所以谓万物一体者，皆有此理，只为从那里来。'生生之谓易'，生则一时生，皆完此理。人则能推，物则气昏推不得，不可道他物不与有也。人只为自私，将自家躯壳上头起意，故看得道理小了他底。放这身来，都在万物中一例看，大小大快活。释氏以不知此，去他身上起意思，奈何那身不得，故却厌恶，要得去尽根尘，为心源不定，故要得如枯木死灰。然没此理，要有此理，除是死也。释氏其实是爱身，放不得，故说许多。譬如负版之虫，已载不起，犹自更取物在身。又如抱石投河，以其重愈沉，终不道放下石头，惟嫌重也。"（《近思录·异端之学》）万物一体为仁，此仁是天地万物之本体。宋代理学建立起以天理为本体的理学体系，此天理为大真实，为大究竟，为大圆善。虽其立说与佛学相近，但是却差以毫厘，终至千里。佛学立学之根本只是从自家躯壳上起意思，不能由天道本体树立其学，其本体已差，故而，儒佛之间，只争一线。谢良佐对此也论道："余问：'佛说直下便是，动念即乖，如何？'谢子曰：'此是乍见孺子已前底事。乍见孺子底吾儒唤做心，他便唤做前尘妄想，当了是见得大高。吾儒要就上面体认做工夫，他却一切埽除却，那里得地位进步？佛家说大乘顿教一闻便悟，将乍见孺子底心一切埽除，须是他颜雍已上底资质始得。颜子欲要请事斯语，今资质万倍不如，他却便要一切埽除，怎生得且如乍见孺子底心生出来？便有是自然底天理，怎生埽除得去？佛大概自是为私心，学佛者欲脱离生死，岂不是私？只如要度一切众生，亦是为自己发此心愿。且看那一个不拈香礼佛？儒者直是放得下，无许多事。'"（《上蔡语录卷一》）

同时，禅学以心为虚灵朗照者，故以知觉作用为性，而不能见到知觉作用所由来之天道本体。朱子云："上蔡云：佛氏所谓性，正圣人所谓心。佛氏所谓心，正是圣人所谓意。心只是该得这理。佛氏元不曾识得这理一节，便认知觉运动做性。只认那能视能听能言能动底便是性。视明也得，不明也得。听聪也得，不聪也得。言从也得，不从也得。思睿也得，不睿也得。它都不管。横来竖来，它都认做性。它最怕人说这理，都要除掉了，此正告子生之谓性之说。"(《朱子语类卷一百二十六·释氏》)在这段语录之中，朱子以为，在视听言动的明聪言睿之中，存在着理。而佛家则对此中之理一概不管，均认其为性。朱子的弟子陈淳深同于乃师之意："自古圣贤相传说性，只是个理。能视能听者，气也；视其所当视，听其所当听者，理也。且如手之执捉，气也，然把书读也是手，呼卢也是手，岂可全无分别？须是分别那是非，是底便是本然之性，非底便是狗于形气之私。佛氏之说，与吾儒若同而实大异。吾儒就形气上别出个理，理极精微，极难体察。他指气做性，只见这个便是性，所以便不用工夫了。"(陈淳《北溪字义》)以理气为本体解释万有世界，佛学仅以气为本体，所以不用工夫。

通过把禅学判定为"以知觉作用为性"，朱子便把禅学与先秦时的告子之学划归为同类，也就是把禅学的"作用见性"等同于告子的"生之谓性"，视其均为经验层面的气化功能，而不能深入到作为天理的本体那里。"告子说，性无善无不善，意谓这性是不受善不受恶底物事。他说食色性也，便见得他只道是手能持，足能履，目能视，耳能听，便是性。释氏说，在目曰视，在耳曰闻，在手执提，在足运奔，便是他意思。"(《朱子语类卷五十九·孟子》)佛家以耳目鼻舌身为五蕴，但是，佛学同时强调了五蕴若不加以转化，就成为了烦恼根源。所以，在佛学看来，五蕴之作用也并不直接就是性了。因而，才需要明心见性。朱熹也看到了禅学并非即是把五蕴之官能作用等同于本体之发用，而是也需要经过明心见性和养心的工夫，但是，它却终究不能达于对于真实本体的理解，因为佛学终究未能见天理。"问：'释氏作用是性。'曰：'便只是这性，他说得也是……遍现俱该法界，收摄在一微尘。识者知佛性，不识唤作精魂。他说得也好。所以禅家说直指人心，见性成佛，他只要你见得，言下便悟，做处便彻，见得无不是此性也。说存心养性，养得来光明寂照无所不遍，无所不通。……他个本自说得是，所养者也是，只是差处便在这里。吾儒所养者是仁义礼智，他所养者只是视听言动。儒者则全体中自有许多道理，各自有分别，有是非。降衷秉彝，无不各具此理。他只是见得个浑沦底物事，无分别，无是非，横底也是，竖底也是，直底也是，曲底也是。非理而视，也是此性。以理而视，也是此性。少间用处都差。所以七颠八倒，无有是处。他只认得那人心，无所谓道心。他也说无所不周，无所不通，然眼前君臣父子兄弟夫妇上便不能周遍了。'"(《朱子语类卷一百二十六·释氏》)

总之，宋代理学家普遍认为佛学为自私之学，其内容是以"知觉作用为性"和"生之谓性"，故并非明体达用之学。其所缺失的并非仅仅为"下学"之用，更加缺失了"上达"之体。无论以天理、太极或太虚为本体建立起的理学，均以体用模式为框架建立起明体达用的融贯本体和现象的系统。相对照之下，佛学尤其是禅学，则为无体无用之学，从而不能真正地实现经验界与超验界之间的一体贯通。

（二）儒释道三教合一的哲学建构，在本体的意义世界融汇儒学之经验意义世界和佛道两家的超验意义世界

宋代哲学中有一主张三教合一的派别，在儒家的本体世界之中积极地吸收和融汇佛道之学中超验的本体意义，主张超验的本体意义对于儒学本体的经验世界是一必要而完满的补充，会为原本僵死的儒学本体世界注入新的活力。此种超验的本体意义是不可见不可知的，不可彻底地外化成为他的经验性存在，是纯然自为的本体意义。三苏为代表的蜀学，王安石为代表的荆学，张九成为代表的横浦学派，是此种学派中的重镇。在理学看来，这种看法造成了超验本体与现实经验之间的断裂关系，属于妄见。然而，理学家或许没有发现，此学派同时也揭示了本体界的超验层面和经验层面所具有的内在的圆融一体关系，正是此圆融关系最终使得儒释道三家之间的紧张关系得到了弥合。

在宋元时期，道教与佛学之间的关系已经得到极大的缓和，同时，在隋唐时期就已经开始出现的道教与佛学融合的趋势，在宋元时期更是形成了极高的成就。对于宋代道教合流三教局面的形成过程，清代的方维甸在《校刊抱朴子内篇序》中言："余尝谓汉之仙术，元与黄老分途。魏晋之世，玄言日盛，经术多歧。道家自诡于儒，神仙遂淆于道。然第假借其名，不易其实也。迨及宋元，乃缘

参同炉火而言内丹,炼养阴阳,混合元气,斥服食胎息为小道,金石符祝为旁门,黄白玄素为邪术,惟以性命交修,为谷神不死,羽化登真之诀。其说旁涉禅宗,兼附易理,袭微重妙,且欲并儒释而一之。自是而汉晋相传神仙之说,尽变无余,名实交溷矣。"(方维甸《校刊抱朴子内篇序》)

同时,儒家和道教之间的关系也出现了深度的融合。两宋之际的理学家朱震便以为理学的开山周敦颐所作的《太极图》就得自于道家的养生学说:"陈抟以《先天图》传种放,种放传穆修,穆修传李之才,之才传邵雍。放以《河图》《洛书》传李溉,李溉传许坚,许坚传范谔昌,谔昌传刘牧。穆修以《太极图》传惇颐,惇颐传程颢程颐。是时,张载讲学于二程邵雍之间。故雍著《皇极经世书》,牧陈天地五十有五之数,惇颐作《通书》,程颐著《易传》,载造《太和》《参两》篇。"

张伯端(宋太宗太平兴国八年即公元983年至神宗元丰五年即1082年),字平叔,号紫阳,后改名用成(诚),天台(今属浙江)人。北宋时期著名道士,敕封"紫阳真人"。其在《悟真篇自序》中言,"仆幼亲善道,涉猎三教经书,以至刑法、书算、医卜、战阵、天文、地理、吉凶、生死之术,靡不留心详究"。后专注于内丹学的研究,是北宋内丹学的集大成者,早于全真教。他极倡"性命双修"为内炼大旨,被全真道尊为"南宗始祖"。他和杏林翠玄真人石泰、道光紫贤真人薛式、泥丸翠虚真人陈楠、琼炫紫虚真人白玉蟾被全真道奉为"南宗五祖"。清代之《四库全书》将其所著《悟真篇》与汉代魏伯阳的《周易参同契》并称"丹经王"。他在《悟真篇自序》中倡三教合一之宗旨,以为三教同归于一道:"老释以性命学开方便之门,教人修炼以逃生死。释氏以空寂为宗,若顿悟圆通,则直超彼岸;如有习漏未尽,则尚徇于有生。老氏以炼养为真,若得其枢要,则立跻圣位;如其未明本性,则犹滞于幻形。其次,《周易》有穷理尽性至命之辞,鲁语有毋意必固我之说,此又仲尼极臻乎性命之奥也。然其言之常略,而不至于详者,何也?盖欲序正人伦,施仁义礼乐有为之教。故于无为之道,未尝显言。但以命术寓诸《易》象,以性法混诸微言耳。至于《庄子》推穷物累逍遥之性，《孟子》善养浩然之气，皆切几之矣。

迨夫汉魏伯阳引《易》道阴阳交姤之体，作《参同契》以明大丹之作用，唐忠国师于语录首叙老庄言，以显至道之本末，如此岂非教虽分三，道乃归一。奈何后世黄缁之流，各自专门，互相非是，致使三家旨要迷没邪歧，不能混而同归矣！"（张伯端《悟真篇自序》）

王重阳（公元1112—1170年），原名中孚，字允卿，后改名世雄，字德威。入道后，改名喆，字知明，号重阳子。咸阳（今陕西咸阳）人，金代道士，道教全真道的创始人。他在《重阳立教十五论》言到三界之融汇统一，便吸收佛学之心念理论，进一步肯定和丰富了道教的性命双修理论："第十三论超三界：欲界、色界、无色界，此乃三界也。心忘虑念，即超欲界。心忘诸境，即超色界。不着空见，即超无色界。离此三界，神居仙圣之乡，性在玉清之境矣。"道教本重修身炼气，在此出王重阳认为心通三界，以修心为根本工夫，无疑是对于隋唐时期道教融汇佛学之思想潮流的继承和发展。

他也力主三教之统一。他说道："儒门释户道相通，三教从来一祖风。悟彻便令知出入，晓明应许觉宽洪。精神氤候谁能比，日月星辰自可同。达理识文清净得，晴空上面观虚空。"[①] 又有："释道从来是一家，两般形貌理无差。识心见性全真觉，知汞通铅结善芽。马子休令川拨棹，猿儿莫似浪淘沙。慧灯放出腾霄外，昭断繁云见彩霞。"[②]

蜀学对于佛学的包容和融合。以三苏为代表的蜀学，把佛道中的超验的本体意义吸收入儒学的本体世界之中，表现出比较强的三教融合的倾向。苏轼作《苏氏易解》充分体现出三教融合的特征。苏轼以为超验本体当在经验世界之前，"空无"当在"阴阳"之

---

① 王重阳：《孙公问三教》，载氏著《重阳全真集》卷一，收入《道藏》，第25册，第693页。
② 王重阳：《答战公问先释后道》，载氏著《重阳全真集》卷一，收入《道藏》，第25册，第691页。

前，超验之本体不落于经验世界，故而必然为空、为无，其不可见，不可知。

"'一阴一阳之谓道，继之者善也，成之者性也'，阴阳果何物哉？虽有娄、旷之聪明，未有能得其仿佛者也。阴阳交然后生物，物生然后有象，象立而阴阳隐，凡可见者，皆物也，非阴阳也。然谓阴阳为无有，可乎？虽至愚，知其不然也。物何自生哉！是故，指生物而谓之阴阳，与不见阴阳之仿佛而谓之无有，皆惑也。

圣人知道之难言也，故借阴阳以言之曰，一阴一阳之谓道。一阴一阳者，阴阳未交，而物未生之谓也。喻道之似，莫密于此者矣。阴阳一交而生物，其始为水。水者，无有之际也，始离于无而入于有矣。老子识之，故其言曰：'上善治水。'又曰：'水几于道。'圣人之德，虽可以名，而不囿于一物，若水之无常形，此善之上者，几于道矣，而非道也。若夫水之未生，阴阳之未交，廓然无一物，而不可谓之无有，此真道之似也。

阴阳交而生物，道与物接而生善；物生而阴阳隐，善立而道不见矣，故曰：'继之者善也，成之者性也。'仁者见道而谓之仁，知者见道而谓之知，夫仁知，圣人之所谓善也。善者，道之继，而指以谓道则不可。今不识其人而识其子，因之以见其人则可，以谓其人则不可，故曰：'继之者善也。'学道而自其继者始，则道不全。"

因其本体为空，所以万物并非本体，而是资于本体所生之物，为后起的经验事物。

"'大哉乾元，万物资始，乃统天'，此论元也。元之为德，不可见也，所可见者，万物资始而已。天之德不可胜言也，惟是为能统之。

'云行雨施，品物流行'，此所以为亨也。'大明终始，六位时成，时乘六龙以御天'，此所以为利也。'乾道变化，各正性命，保合太和'，此所以为贞也。'乃利贞'，并言之也。正，直也。方其变化，各之于情，无所不至。反而循之，各直其性，以至于命。此所以为贞也。古之君子，患性之难见也，故以可见者言性。以可见者言性，皆性之似也。"

由此以空无为本的宇宙本体论出发，苏轼必以空性为性，而此空性是不可以被对象化的，不可觉知的。

"君子日修其善以消其不善，不善者日消，有不可得而消者焉。小人日修其不善以消其善，善者日消，有不可得而消者焉。夫不可得而消者，尧、舜不能加焉，桀、纣不能逃焉，是则性之所在也。又曰：'性之所在，庶几知之，而性卒不可得而言也。'

圣人以为犹有性者存乎吾心，则是犹有是心也。有是心也，伪之始也，于是又推其至者，而假之曰命。命，令也，君之命曰令，天之令曰命。性之至者，非命也，无以名之，而寄之命耳。

死生寿夭，无非命者，未尝去我也，而我未尝觉知焉。圣人之于性也，至焉，则亦不自觉知而已矣，此以为命也。又曰：'命之与性，非有天人之辨也，于其不自觉知，则谓之命。''首出庶物，万国咸宁'，至于此，则无为而物自安矣。"

于是，苏轼以孟子所论之性为"未及见性"，仅为"性之效"。"昔于《孟子》以为性善，以为至矣，读《易》而后知其未至也。孟子之于性，盖见其继者而已矣。夫善，性之效也，孟子未及见性，而见其性之效，因以所见者为性。犹火之能熟物也，吾未见火，而指天下之熟物以为火，夫熟物则火之效也。"

最后，以志气说明魂魄鬼神之差异，以凡人顺气故而死后从魄为鬼，而圣贤立志故而死后随魂而为神。实质上表达了人生在世当以志驭气，心气可以通神的思想。如此之心志一定是恍惚暧昧，不可确定和固化下来的，是随着人之在世一道展开的不可名言的意义世界。"'原始反终，故知死生之说'，人所以不知死生之说者，骇之耳。原始反终，使之了然而不骇也。'精气为物，游魂为变，是故知鬼神之情状'。物，鬼也。变，神也。鬼常与体魄俱，故谓之物。神无适而不可，故谓之变。精气为魄，魄为鬼；志气为魂，魂为神，故《礼》曰："体魄则降，知气在上。"郑子产曰："其用物也宏矣，其取精也多矣。"古之达者已知此矣。一人而有二知，无是道也。然而有魄者，有魂者，何也？众人之志，不出于饮食男女之间，与凡养生之资，其资厚者其气强，其资约者其气微，故气胜志而为魄。圣贤则不然，以志一气，清明在躬，气志如神。虽禄之天下，穷至匹夫，无所损益也，故志胜气而为魂。众人之死为鬼，而圣人为神，非有二致也，志之所以者异也。"（《宋元学案卷九十九·苏氏蜀学略》）

苏辙也把佛道本体吸收进来，成为其本体世界的根本。在《苏黄门老子解》中他以为此超验之本体为不可言不可知，礼乐名教均由此而出："孔子以仁义礼乐治天下，老子绝而弃之。或者以为不同。《易》曰：'形而上者谓之道，形下者谓之器。'孔子之虑后世也深，故示人以器而晦其道。使中人以下守其器，不为道之所眩，以不失为君子。而中人以上，自是以上达也。老子则不然，志于明道，而急于开人心。故示人以道而薄于器，以为学者惟器之知则道隐矣，故绝仁义、弃礼乐以明道。天道不可言，可言者，皆其似者也。达者因似以识真，而昧者执似以陷于伪。"（《宋元学案卷九十九·苏氏蜀学略》）

陆象山心学的以心统教。陆九渊（公元1139—1193年），字子静，号存斋，抚州金溪（今江西省金溪县）人。南宋大臣、哲学家，讲学于象山书院，人称"象山先生"。象山之学以"心"为本体，主张"吾心即宇宙，宇宙即吾心"，强调圣人无论东西南北，其"心同理同"。于是，就把佛道之超验意义的本体世界与儒家之经验意义的本体世界在"心"之概念中交融为一体，共同构成一完整的本体宇宙。

象山以心学为基本的哲学立场，故而主张学问之道当先立其大本，而不能纠结于枝叶。三家之学的分辨，也要基于"本心"而确立，而不可随人注脚。这是象山儒佛之辩的基本立场，以为若是明确本心，则三家之分判问题可迎刃而解。象山以为，在唐代韩愈之前，儒学中并无排斥异端之说，而佛学之兴盛亦是由于"理"之不明："佛入中国，在扬子之后。其事与其书入中国始于汉，其道之行乎中国始于梁，至唐而盛。韩愈辟之甚力，而不能胜。王通则又浑三家之学，而无所讥贬。浮屠老氏之教，遂与儒学鼎列于天下，天下奔走而向之者，在彼而不在此也。愚民以祸福归向之者，则佛老等；与其道而收罗天下之英杰者，则又不在老而在佛。故近世大儒有曰：'昔之入人也，因其迷暗；今之入人也，因其高明'，谓佛氏之学也。百家满天下，'入者主之，出者奴之，入者附之，出者污之'，此庄子所以有'彼是相非'之说也。

要之，天下之理，唯一是而已。彼其所以交相攻非，而莫之统一者，无乃未至于一是之地而然耶？抑亦是非固自有定，而惑者不可必其解，蔽者不可必其开，而道之行不行，亦有时与命而然耶？道固非初学之所敢轻议，而标的所在，志愿所向，则亦不可不早辨而素定之也。"（《陆九渊集卷二十四·策问》）象山基于其心学立场，以天下之"一是"即统一之义理为依归。可以预见，此统一之义理必然融贯和统摄儒释道三家之学于其中，并各获其相应之解释，从而形成一融会贯通的三家格局。

因此，象山之学反对先在学术上立人我之见，判异端之别，而是主张凭其本心先立其大，如此，则与他人之异同自然显露。如果先立一圭角，则本心便受局限，不能成就广大之学术。"攻乎异端，斯害也已。今世类指佛老为异端。孔子时佛教未入中国，虽有老子，其说未著，却指那个为异端？盖异与同对，虽同师尧舜，而所学之端绪与尧舜不同，即是异端，何止佛老哉？有人问吾异端者，吾对曰：子先理会得同底一端，则凡异此者，皆异端。"（《陆九渊集卷三十四·语录上》）故而象山主张为学当以简易直截为入手方法，不可从偏曲繁难处开端："今世儒者类指佛老为异端。孔子曰：'攻乎异端。'孔子时，佛教未入中国，虽有老子，其说未著，却指那个为异端？盖异字与同字对。虽同师尧舜，而所学端绪，与尧舜不同，此所以为异端也。先生因儆学者攻异端曰：'天下之理，将从其简且易者而学之乎？将欲其繁且难者而学之乎？若繁且难者足以为道，劳苦而为之可也；其实本不足以为道，学者何苦于繁难之说？简且易者，又易知易从，又信足以为道，学者何惮而不为简易之从乎？'"（《陆九渊集卷三十四·语录上》）

在宋孝宗淳熙三年（公元1176年），时年三十八岁的象山，与其友王顺伯书信往还，讨论儒佛之辩的问题。其中言道："大抵学术有说有实，儒者有儒者之说，老氏有老氏之说，释氏有释氏之说，天下之学术众矣，而大门则此三家也。昔之有是说者，本于有是实，后之求是实者，亦必由是说。故凡学者之欲求其实，则必先习其说。既习之，又有得与不得。有得其实者，有徒得其说而不得其实者。说之中，又有深浅，有精粗，有偏全，有纯驳。实之中，亦有之。凡此皆在其一家之中，而自有辨焉者也。论三家之同异、得失、是非，而相讥于得与不得，说与实，与夫浅深、精粗、偏全、纯驳之间，而不知其为三家之所均有者，则亦非其至者矣。"（《陆九渊集卷二·与王顺伯》）象山主张面对三家之学，不当持守门户之见，在考求各家学说之实的时候，也不当先立一是非高下在胸中，而是以本心为根本，衡定各家思想之短长，而并非人云亦云，从他人之注脚。可见，象山对于三教的学术立场是从吾心之大，以己心判断三家之学，以明生存之真相为终极目标。此立场与他"六经注我"的经学立场是一致的。

象山固然是以义利公私之辩而论儒佛之差异，然而，在象山之学中，此公私义利之差别并不是根本性和实质性的。他用公私义利之辩强调的是二家之学用心不同，并进而形成不同的教法。可是，教法虽有异，发用虽不同，但其学说之根本却并无不同，均由人之本心而来。此本心可上可下，有公有私，故而可成诸教之根本。"兄前两与家兄书，大概谓儒释同，其所以相比配者，盖所谓均有之者也。某尝以义利二字判儒释，又曰公私，其实即义利也。儒者以人生天地之间，灵于万物，与天地并而为三极。天有天道，地有地道，人有人道。人而不尽人道，不足与天地并。人有五官，官有其事，于是有是非得失，于是有教有学。其教之所从立者如此，故曰义、曰公。释氏以人生天地间，有生死，有轮回，有烦恼，以为甚苦，而求所以免之。其有得道明悟者，则知本无生死，本无轮回，本无烦恼。故其言曰：生死事大。如兄所谓菩萨发心者，亦只为此一大事。其教之所从立者如此，曰利、曰私。惟义惟公，故经世；惟利惟私，故出世。儒者虽至于无声、无臭、无方、无体，皆主于经世；释氏虽尽未来际普度之，皆主于出世。"（《陆九渊集卷二·与王顺伯》）

象山论儒佛之辩，实质上是从其心学之立场出发，以人之为人的义理为根本消弭了二者之间的差别，因为二家均从心之理而来，所以佛学与儒学之心本为一心，只是用心各别、教法有异而已。

"今习释氏者，皆人也，彼既为人，亦安能尽弃吾儒之仁义？彼虽出家，亦上报四恩。日用之间，此理之根诸心而不可泯灭者，彼固或存之也。然其为教，非为欲存此而起也，故起存不存，不足为深造其道者轻重。若吾儒则曰：人之所以异于禽兽者几希，庶民去之，君子存之。释氏之所怜悯者，为未去轮回，生死相续，谓之生死海里沉浮。若吾儒中圣贤，岂皆只在他生死海里沉浮也？彼之所怜悯者，吾之圣贤无有也。然其教不为欲免此而起，故其说不主此也。故释氏之所怜悯者，吾儒之圣贤无之；吾儒之所病者，释氏之圣贤则有之。试使释氏之圣贤，而绳之以《春秋》之法，童子知其不免也。从其教之所由起者观之，则儒释之辩，公私义利之别，判然截然，有不可同者矣。"（《陆九渊集卷二·与王顺伯》）象山以为，儒佛之本相同，其不同在于"教"法。二家之学从人心之根本处二者为同，如其指出的"彼虽出家，亦上报四恩。日用之间，此理之根诸心而不可泯灭者，彼固或存之也"。只是，佛学发端于印度，其风俗文化所形成的教化，不能在文化上把此仁义面充分体现出来，"然其为教，非为欲存此而起也"，但是其仁义之心并未泯灭。象山在此从本体论的角度，提出仁义之理，无分于儒佛，凡人所不可无者。而佛教的脱离生死之义，并非指脱离仁义，而真正的儒家君子也不会在"他生死海里沉浮"，所以佛教与儒家在此点上并不相冲突。佛学有其公私义利，儒学亦有其公私义利，本不可互相假借，然而，二者之间在根本宗旨上却并无不同，所区别者只是在于教法之差异。故而，象山才有"东方有圣人出，其心同理同；西方有圣人出，其心同理同"的说法。他认为人当返还本心，立其大体，则小者不能夺，自然明了公私义利之辩，成就合于天理之德性。

这样的看法自然会引起严于儒佛分判的朱子的反对，他不满于象山以教法之公私义利而论儒佛之辩的进路，并对此批评说："至如《与王顺伯》书，论释氏义利公私，皆说不着。盖释氏之言见性，只是虚见；儒者之言性，止是仁义礼智，皆是实事。今专以义利公私断之，宜顺伯不以为然也。"（《朱子语类》卷一二四）又提到："向见陆子静与王顺伯论儒释，某尝窃笑之。儒释之分，只争虚与实而已。"(《朱子语类》卷一二四）以朱子的看法，象山之排佛，为见理不明，故而不能真正地做到排佛，却反而在事实上接近佛学。这是由于，象山以佛学从本体上不失仁义之心，只是教法与儒学不同，此种看法抹杀了佛学与儒学在本体论上的根本差异，即佛学为虚，而儒学为实。朱子以仁义发端于实在之天理，佛学则以之发端于缘起性空，二者在本体处便完全不同。朱子以象山只凭己心去妄断，不能从儒佛之教中见到儒佛各自之理，亦是象山不知格物穷理之工夫的症候。对此，近代学者章太炎《菿汉微言》中言："问：'陆子静言东海西海圣人，此心同，此理同，然乎？'答曰：'然。以直心正趋真如，以深心乐集善行，以大悲心拔一切众生苦，此千圣之所同也。若其别愿，则有异矣。夫拔一切众生苦者，谓令入无余涅槃，此乃终局目的耳，中途苦痛固亦多端。于是西方诸圣，有发愿令地如平掌者，有发愿以方药疗病者矣，此其别愿，固不必同。而此土圣哲，悉以经国宁民为其别愿。欲经国宁民者，不得不同于世俗社会，有弊以术矫之，其迹又或近偏，非徒与佛家仪则不同，乃与自内证知亦异。儒者或呵佛为异端，以迹观之，诚亦非诬也。虽然，前者识其总相，未计其别相也。后者见其别相，未知其总相也。'"（章太炎《菿汉微言》）如此看来，则不仅朱陆二家并非水火不容，而天下学术均可相通于一更广大的哲学体系之中。

（三）宋元佛学把礼法、人情等经验性的概念统摄进来，进一步丰富了佛学本体论的意义世界，也为佛儒两家在本体上的同一性做出了说明

佛教哲学以超越之神性或佛性为其本体，此本体原本以出世为宗旨，以脱离世间之苦为基本途径。然而，佛教作为一种关乎人生真相的宗教，其基本学说亦需要寻求世界之真与善。这样便必然要求其面向和关注现实人生，并由在世的视域出发去勾画自身的学说宗旨。也就是说，佛学需要立足于现实人生而建构起关于本体的意义世界，这也决定了佛学在超验追求的同时需要给予现实经验以合理的地位和价值，也就意味着打通二者之间的壁垒与界限。

第五章 宋元时期儒家和佛道两家的融会和区别

宋代僧人在本体的意义世界之中吸收了儒道之学中有关现实经验世界的意见,以为本体世界的佛性并不离现实经验世界之人情。智圆以"复性"者为君子,以"悦情"者为小人,主张"性"对于"情"的本体意义,"情"对于"性"的显用意义。智圆说道:"山也,水也,君子好之甚矣,小人好之亦甚矣。好之则同也,所以好之则异乎。夫君子之好也,俾复其性;小人之好也,务悦其情。君子知人之性也本善,由七情而汩之,由五常而复之;五常所以制其情也,由是观山之静似仁,察水之动似知。故好之,则心不忘于仁与知也。……小人好之则不然,唯能目嵯峨、耳漏㴾,以快其情也。孰为仁乎?孰为知乎?及其动也,则必乘其道也。"(《闲居编卷二十五·好山水辩》)这种对性情的理解以性为本,情为用,是用体用关系为框架建立起超验与经验层面相结合的本体世界,这样的观点已经十分接近于理学家。

智圆自号"中庸子",对儒学之中庸精神加以吸收。其释中庸为"中道",以体用为框架,以心为本体,统摄有无、性情于其中。"或者避席曰:'儒之明中庸也,吾闻之于中庸篇矣;释之明中庸,未之闻也。子姑为我说之。'中庸子曰:'居,吾语汝。释之言中庸者,龙树所谓中道义也。曰:其义何邪?曰:夫诸法云云,一心所变。心无状也,法岂有哉?亡之弥存,性本具也;存之弥亡,体非有也。非亡非存,中义著也。此三者派之而不可分,混之而不可同,充十方而非广,亘三世而非深,浑浑尔灏灏尔。众生者迷斯者也,诸佛者悟斯者也。噫!能仁千万言说岂逾此旨乎?'"(《闲居编卷十九·中庸子传》)又进一步解释"中道"曰:"'过犹不及也,唯中道为良。敢问中道?'曰:'适言其有也,泯乎无得,谁云有乎?适言其无也,焕乎有象,谁云无乎?由是有不离无,其得也,怨亲等焉,物我齐焉,近教通焉,远理至焉;无不离有,其得也,因果明焉,善恶分焉,戒律用焉,礼义修焉。大矣哉!中道也。妙万法之名乎,称本性之谓乎。苟达之矣,空有其无著,于中岂有著乎?呜呼!世之大病者,岂越乎执儒释以相诋,限有无以相非?'"(《闲居编卷十九·中庸子传》)

他把儒教奉为外典,佛教推为内典,以二者相为表里。于是,便把儒学之修身性情之论,与佛学的养心复性之学,结合在了一起。"夫儒释者言异而理贯也,莫不化民,俾迁善远恶也。儒者饰身之教,故谓之外典也;释者修心之教,故谓之内典也。惟身与心,则内外别矣。蚩蚩生民,岂越于身心哉?非吾二教,何以化之乎?嘻!儒乎释乎,其共为表里乎?故夷狄之邦,周孔之道不行者,亦不闻行释氏之道也。世有限于域内者,见世籍之不书,以人情之不测,故厚诬于吾教,谓弃之可也。世有滞于释氏者,自张大于己学,往往以儒为戏。岂知夫非仲尼之教,则国无以治,家无以宁,身无以安。国不治,家不宁,身不安,释氏之道何由而行哉?故吾修身以儒,治心以释,拳拳服膺,罔敢懈慢,犹恐不至于道也,况弃之乎?呜呼!好儒以恶释,贵释以贱儒,岂能庶中庸乎?"(《闲居编卷十九·中庸子传》)

从而,智圆以为,儒教与佛教尽管有内外之别,但是却相互贯通。"古者能仁氏之王天竺也,象无象象,言无言言,以复群生之性,由是佛教生焉。教之高下,视根之利钝。是故有顿焉,有渐焉,然后混而为一,是谓开显。而蚩蚩群汇,率其化,复其性,蹈乎大方,安乎秘藏者,可胜言哉!逮于后汉,其道东传。时君仰其神,元元陶其训,乃与仲尼伯阳之为训三焉。原夫仲尼之为训也,扬唐虞三王之道,尊仁而尚义,俾复其王,而企于帝者也;伯阳之为训也,扬三皇朴略之道,而绝圣弃智,俾复其皇而企于结绳者也。矧兹两者,谈性命焉,则未极于唯心乎;言报应焉,则未臻于三世乎。虽然,而于治天下安国家,不可一日而无之矣。美矣哉!其为域中之教也,明矣。若夫释氏之为训也,指虚空世界也。悉我自心焉,非止言其太极生两仪,玄牝为天地根而已矣。考善恶报应也悉我自业焉,非止言其上帝无常,天网恢恢而已矣。有以见儒道乎,虽广大悉备,至于济神明,研至理者,略指其趣耳。大畅其妙者,则存乎释氏之训与!其为域外之教也,又已明矣。域内则治乎身矣,谓之外教也;域外则治于心矣,谓之内教也。昔阮孝绪正以内外之名为不诬矣,是故代人谓三教混同焉,或几乎失矣;或谓三教硕异焉,亦未为得也。何哉?复性有浅深,言事有远迩,则不得不异也。至乎迁善而远罪,胜残而去杀,则不得不同也。"(《闲居

编卷一·四十二章经序》)

契嵩亦以为佛性有情，只是"佛行情而不情"。"不情"之性为众生所共有，此为理；"行情"之情为性之所用，此为权。情所显现出来的差别性与性所展现出来的同一性是一体的。其文集载有："曰：'谓佛道绝情而所为也如此，岂非情乎？佛亦有情邪？'曰：'形象者举有情，佛独无情邪？佛行情而不情耳。'曰：'佛之为者既类夫仁义而仁义乌得不谓之情乎？'曰：'仁者何，惠爱之谓也。义者何，适宜之谓也。宜与爱皆起于性而形乎用，非情何乎？就其情而言之，则仁义乃情之善者也。情而为之而其势近权，不情而为之而其势近理。性相同也，情相异也。异焉而天下鲜不竞，同焉而天下鲜不安。圣人欲引之其所安，所以推性而同群生。圣人欲息之其所竞，所以推怀而在万物。'"（《镡津文集卷一·辅教编上·原教》）此种对于性情结构的理解和安排，与同时期的理学对于性情的理解具有深切的一致性，比如程颢就曾言："天地之常，以心普万物而无心；圣人之常，以情顺万物而无情。"

天目明本之论性情同样坚持佛学和儒学在出世和世间的差异，但是，也为佛学吸收儒学的"中和"之说提供了途径。他与智圆对二教作内外区别的理解不同，认为佛学以"复性为宗"，儒学以"防情为旨"。中庸之说，为世间之说的极致；中和之论，也是防情之学的极论。尽管"中庸"和"中和"之说都并非佛教"复性之学"，然而宗杲"以复性之学会防情之教"，苏辙"以防情之教会复性之学"，却能够融通儒佛之学，使得"中庸"之说可以融会二教，防情与复性并行不悖，为性情之间的一体关系奠定理论基础。"性起为情，情生为业，业感为物。夫万物由情业之所钟，当处出生，随处灭尽，荣枯祸福，等一梦幻，此吾佛之教之所以示。群生虽一本乎性，而有世间出世之殊。世间之学，防情之谓也；出世之学，复性之谓也。防情，有为也；复性，无为也，二说不可相滥。苏公子由注老子序，以六祖不思善不思恶之说，配中庸喜怒哀乐未发之谓中之意，一也。又谓中也者，即佛氏之言性也；和也者，即佛氏之六度万行也；致中和天地位焉万物育焉，非佛法何以当之？此说颇类妙喜以三身答子韶之甥所问，天命之谓性，率性之谓道，修道之谓教之说。盖一时善权方便，破彼情执而已，岂三身之理止于是哉？

窃闻儒之所谓中庸者，必使人之情合乎至中，则经常之道可传之无穷也，岂特人心为然？至若天地万物，一禀中庸而生化，微中庸则至眇之物亦不能自育也。……世间之说极于此矣。吾佛祖治出世之说，乃异乎其所闻，何则？如六祖谓不思善不思恶之际，孰为本来面目，乃复性之大旨也。子思谓喜怒哀乐未发之谓中，发而皆中节之谓和之说，乃防情之极论也。然致中和位天地育万物盖情业所感，非性理之有是事也。惟子由未尝不知，而曲引此说者何也？子思言天命之谓性，指中庸之体也；率性之谓道，指中庸之用也；修道之谓教，欲人依体用而契中庸也。道也者不可须臾离，可离非道者，必使其举念动心无斯须不在中庸之域，防情之论极于此矣。彼清净法身，即圣凡同禀之性元也；圆满报身，即法身所具之神通光明也；千百亿化身，即法身遍在一切处也。然法身如日轮也，报身如日之光也，化身乃由光而普。性无知也，性无为也，谓复性之说理穷于是，似未易与率性修道者同日而语也。妙喜以复性之学会防情之教，子由以防情之教会复性之学，一儒一释各秉善权而融会之，使二家之说不相悖。"（《天目中峰和尚普应国师法语·防情复性》）

总之，由智圆、契嵩、宗杲、明本、惟则等所代表的佛学主动积极地吸收儒道两家关于现实人生的理论，进一步把佛学超验的本体理论注入了世间经验化的内容，推动了一完整而圆满的本体理论的形成。

三 工夫体证的方法途径
（教理与学理）

无论儒释道都以通达本体的意义世界为其学之目标和归宿，即"复性"的追求是三教一致的追求。只是此本体的意义世界和由此意义世界所成就的现实人生都需要人实作工夫才能够获得。超验之本体世界需要以超验的工夫方式加以通达和知觉，此工夫方式与通达和知觉经验性之本体意义的工夫方式有根本的差别。理学的即经验即超验的本体意义世界，佛学的佛性意义世界与道家的神通意义世界，都有其相应的工夫论环节，使得其学中之全体大用的本体意义获得充分的释放和获得。

如果超验的本体意义世界，作为人之生存整体的自为的方面，是超越于人之经验性工夫和认知之外，那么此种工夫和认知方式同样是不为经验所囿，而必然成为不可知不可言的工夫论环节。禅宗的不立文字直指本心，便是一种超悟的工夫论方法。它是通过关闭掉所能知晓的所有经验性工夫之后，包括任何一种看似超越的理性认知方法，倒逼着而形成的一种悬崖撒手的方式，是由逼上绝路而反成就的不得不走的所谓的遮诠道路。

基于本体世界所具有的经验和超验的双重意义，理学家提供出一种与佛学迥异的工夫和认知方法。张载提出"大其心"和"诚明所知"，有所谓的"见闻之知"和"德性所知"的差别。努力把经验性的知识论与超越性的知识论相结合，从而为儒学之知识论找到超越性的基础。其实，德性所知也就是神化之知，与太虚本体的自身运动所形成的自我意识是一致的。同时，程朱理学所提供的"格物致知"的模式，以为通过学的积累，就可以达到豁然贯通的全知。这样便使得太极本体具有了鲜明的理性特征，这就使得太极本体成为理性可以通达的对象，并可以通过理性的作用下落到现实人生。故而理学家的工夫论与它对于本体的理解是一致的，其特征均为"无形而有理"。

（一）理学通达本体意义世界的认知和工夫方法

理学吸收了佛道两家的超验的工夫方法，使得其工夫具有了超越经验的维度，但是它仍旧坚守其为他的经验性的方法论原则，即方法论原则的可知性和可学性，从而与佛道两家迥异。

首先，儒家建立起以"格物致知"和"德性所知"为中心的认知模式，从认识论的角度对佛学的影响加以辨别和去除，主张只有理学之认识模式才可以实现关于本体之真知，从而确立起儒学和

佛学在认知上的"知行两异"的格局。

张载曾痛陈佛学流入中土之弊,废学而不讲是其中大端:"自其说炽,传中国,儒者未容窥圣学门墙,已为引取,沦胥其间,指为大道。乃其俗达之天下,致善恶知愚、男女臧获,人人著信。使英才间气,生则溺耳目恬习之事,长则师世儒崇尚之言,遂冥然被驱,因谓圣人可不修而至,大道可不学而知。故未识圣人心,已谓不必求其迹;未见君子志,已谓不必事其文。此人伦所以不察,庶物所以不明,治所以忽,德所以乱。异言满耳,上无礼以防其伪,下无学以稽其弊,自古诐淫邪遁之辞,翕然并兴,一出于佛氏之门者千五百年。向非独立不惧,精一自信,有大过人之才,何以正立其间,与之较是非,计得失哉!"(《近思录·异端之学》)

张载以为佛学之认知途径是基于人心之发用,故以现实世界为空幻,而不能够发动源于天命之德性所知,进而穷究万物之理。"释氏不知天命而以心法起灭天地。以小缘大,以末缘本,其不能穷而谓之幻妄,真所谓疑冰者与!(夏虫疑冰,以其不识。)释氏妄意天性而不知范围天用,反以六根之微因缘天地。明不能尽,则诬天地日月为幻妄,蔽其用于一身之小,溺其志于虚空之大。所以语大语小,流遁失中。其过于大也,尘芥六合;其蔽于小也,梦幻人世。谓之穷理可乎?不知穷理而谓尽性可乎?谓之无不知可乎?尘芥六合,谓天地为有穷也;梦幻人世,明不能究所从也。"对于张载此论,佛学当有所驳斥。因为佛学亦是以破除人心为认知途径,依托于佛心佛性,以解脱尘世之苦。然而,佛学之破除人心,直把天地万物与六合人世斥为空幻,为一倒掉洗澡水的同时倒掉婴儿的做法,所以如此,正是由于其认知方法不能尽心穷理。张载以为,通过尽心穷理的认知过程,便可显此心之广大无垠,达于天命之所知。按此理念,人间之道本在,顺其道自然而行,便不会造作人世之苦难,人人均在一礼乐大同世界之中,亦不需要佛陀在世间说法救度众生了。

朱子以为,佛学是以"人心"为认识的基本立场,而并没有了解道心的存在和作用。"释氏弃了道心,却取人心之危者而作用之。遗其精者,取其粗者以为道。如以仁义礼智为非性,而以眼前

作用为性是也。此只是源头处错了。"《朱子语类卷第一百二十六》

其次，儒学建构了"格物穷理"和"涵养主敬"的工夫范式，从工夫论的角度对佛学加以批评和驳斥，明确了儒佛两家在工夫论上的不同进路。

程朱理学以对外之格物穷理和对内的涵养主敬为工夫，以达于终极本体。无论是"格物穷理"还是"涵养主敬"均为可学可操作的方法，入手简易而明确。而佛老之学尤其是禅宗则缺少此种经验性的工夫论环节，甚至以破除任何一种经验性的为他工夫论为原则。谢良佐曾经言道："问儒佛之辨，曰：吾儒**下学而上达，穷理之至**，自然见道，与天为一。故孔子曰，知我者其天乎。以天为我也。佛氏不从理来，故不自信，必待人证明然后信。（曾本云：问佛氏见得何故不肯就理？曰：既见了自是不肯就理。因举正叔视伯淳坟侍行，问儒佛之辨。正叔指坟围曰：**吾儒从里面做，岂有不见。佛氏只从墙外见了**，却不肯入来做。不可谓佛氏无见处，吾儒下学而上达，穷理之至，自然见道，与天为一。故孔子曰，知我者其天乎。以天为我也。故自理去则见得牢，亦自信得。及佛氏不从理来，故不自信，必待人证明然后信。）"（《上蔡语录》）儒学之工夫为下学而穷理，佛学则无穷理的工夫，故而不能与天为一。

朱子以本体意义之中道不离器，故当于器中求道，于人伦世界中体会天理，把经验论和超验论的工夫环节打通为一体，而不当寻本体于纯超验的自为的无言空洞之中。在这里所透露出来的生存论的哲学立场无疑对于后来的理学家有很强的启发和警示作用。朱子对于苏辙之老学批评道："圣人之言道，曰君臣也，父子也，夫妇也，昆弟也，朋友之交也。不知此言道邪？抑言其似者而已邪？执此而行，亦有所陷者邪？然则，道岂真不可言！但人自不识道与器之未尝相离也，**而反求之于昏默无形之中**，所以为是言耳。"又言"善学老子者，如汉文、景、曹参，则亦不至乱天下。如苏氏之说，则其乱天下也必矣。学孔子者，所得亦有浅深，有过无过，未可论。且如苏氏，非不读孔子之书，而其者书立言，以惑误天下后世如此，谓之无过，其可得乎？"最后批评苏辙之学是在工夫论上分离道器之说，故而不能由器而达道："'因老子之言以达道者，不少',不知指谓何人?如何其达?而所达者何道也?且曰'不少',则非一二人而已。达道者果如是之众邪?孔子循循善诱,诲人不倦,入德之途,坦然明白,而曰'常苦其无所从入',则其未尝一日从事于此,不得其门而入,可知矣!宜其析道与器,而以仁义礼乐为无与于道也!然则,无所从入之言,非能病孔子之道,而绝学者之志,乃所以自状其不知道而妄言之实耳!"(《宋元学案卷九十九·苏氏蜀学略》)

朱子以儒学深明生死始终之理,故不为生死之情所动。苏轼之学仅知不为所动之效,却不能真正地做到,因其工夫偏差。朱子对苏轼易学批评说:"人不穷理,故不知死生之说,不知死生之说,故不能不骇于死生之变。苏氏反谓由骇之而不知其说,失其指矣。穷理者,原其始之所自出,则知其所以生;反其终之所于归,则知其所以死。夫如是,凡所以顺生而安死者,盖有道矣,岂徒以了然不骇为奇哉!苏氏于原始反终言之甚略,无以知其所谓,然以不骇云者验之,知其溺于坐亡立化,去来自在之说以为奇,而于圣人之意则昧矣。"(《宋元学案卷九十九·苏氏蜀学略》)

理学家也用理性工夫为方法去解释佛学的成就,从而更加体现出理学所具有的理性化的方法原则。朱子认为禅学的工夫其实质只是在心念上下工夫,把定一心使之凝聚,于是形成内在的觉悟。"禅只是一个呆守法,如麻三斤、干屎橛,他道理初不在这上,只是教他麻了心,只思量这一路,专一积久,忽有见处,便是悟。**大要只是把定一心,不令散乱,久后光明自发。**所以不识字底人,才悟后,便作得偈颂。悟后所见虽同,然亦有浅深。某旧来爱问参禅底,其说只是如此。其间有会说者,却吹嘘得大。如佛日之徒,自是气魄大,所以能鼓动一世。如张子韶汪圣锡辈,皆北面之。"《朱子语类卷第一百二十六》朱子认为,禅学的错误在于把定话头,其实质也是凝其神于一念。"学禅者只是把一个话头去看,如何是佛麻三斤之类,又都无义理得穿凿。看来看去,工夫到时,恰是打一个失落一般,便是参学事毕。庄子亦云:用志不分,乃凝于神也。"《朱子语类卷第一百二十六》到最后,朱子必然以为,如此之心念工夫但并不能见真实的义理,其结果是形成顾内遗外之学。"只是如此教人,但他都无义理,只是个空寂。儒者之学,则有许多义理,若看得透彻,则可以贯事物,可以洞古今。"《朱子语类卷第一百二十六》

在朱子看来,佛学所形成的顾内遗外之学,实质就是分心与物为二,造成本体世界中内与外两方面的分离。对外的偏差在于不见理,对内的偏差在于强制其心。朱子批评佛学的禅静工夫与道家的数息工夫,只是强制其心,与告子"不动心"之学一致。"问:'释氏入定,道家数息。'曰:'他只要静,则应接事物不差。孟子便也要存夜气,然而须是理会旦昼之所为。'曰:'吾儒何不效他恁地?'曰:'他开眼便依旧失了,只是硬把握。不如吾儒非礼勿视听言动,戒谨恐惧乎不睹不闻,敬以直内,义以方外,都一切就外面拦截。'曰:'释氏只是勿视勿听,无那非礼工夫。'曰:'是'。季通因曰:'世上事便要人做,只管似他坐定做甚?日月便要行,天地便要运。'曰:'他不行不运固不是,吾辈是在这里行,是在这里运,只是运用又有差处。如今胡喜胡怒,岂不是差?他是过之,今人又不及。'"《朱子语类卷第一百二十六》"只是硬把握"就是以心为二的毛病。把事物之理阻隔在外,而持守住自己的静心。一旦遇到外物,则紊乱不堪。这是禅学的差处。朱子以为,在工夫论上,儒者主动,释氏为静。然而,儒者也有静,只是定在理上。儒者之动,若失去了理之静,则成胡喜胡怒,反倒不如释氏之静了。儒者讲究的是动静合一,其关键在于理上。此理在心为性,在物为理,在事为礼,因而,理非心中之静,而是须在视听言动中实现的,而不是勿视勿听。只不过,儒者之视听言动须以理为依归,不可僭越。

以上是朱子对于禅学工夫论的批评,体现了朱子鲜明的理性的方法论原则。在朱子看来,禅学的实质只是把定一心,造成内外隔绝,成为遗外之学。这种说法,在理学家之中几乎是一个普遍的共识,前有二程以佛学为缺失"义以方外"之学,后有王夫之以佛学的工夫为"拘桎摧残"。朱子在此按其理性逻辑也解释了一下禅宗工夫所以能实现顿悟的原因,指出其理并无特出之处,只是由于心神凝聚的自然作用。而禅学所以能够赢得众心,也有其道理,但道理不是如禅学所说那般神妙，而是宣扬者的气魄大，会言语，能够荧惑人心。在他看来，佛学和道家之工夫最终所形成的就是禅学之空疏，与理学之有实功形成鲜明对照。理学在万物万事之理上下工夫，而不是空寂枯槁，也不隔心物为二。禅宗所讲真空妙有，妙有不离真空，便遗失了具体的人伦日用之理，有所逃就有所念，故而，尚不能成至理。

（二）儒道对于自为之工夫认知方法的吸收，而统摄为他之工夫论

如果超验之本体世界不可言不可知，那么必然要以不可言不可知的纯然的超验的方法才能够通达。又因其不可言不可知，所以只能够通过曲折的方式隐晦地加以表达。

苏轼在《苏氏易解》中以"声与闻"为比喻说明本体世界中超验层面意义和经验层面意义之间的关系。"敢问性与道之辨。曰，难言也，可言其似。道之似则声也，性之似则闻也。有声而后闻邪？有闻而后声邪？是二者果一乎？果二乎？孔子曰：'人能宏道，非道宏人。'又曰：'神而明之，存乎其人。'性者，所以为人者也，非是，无以成道矣。'仁者见之谓之仁，知者见之谓之知，百姓日用而不知，故君子之道鲜矣'，属目于无形者，或见其意之所存，故仁者以道为仁，意存乎仁也；知者以道为知，意存乎知也。贤者存意而妄见，愚者日用而不知，是以君子之道，成之以性者鲜矣。"之所以以比喻的方式形容本体界，是因为本体界不可言说，故而只能够"可言其似"。同时，仁义礼智仅为"意之所存"，并非实有所得，也是由于对于超验之本体不能够加以直接的知觉。

苏辙也以为天道不可言，不可学，只可通过形似者而达，却不可直达于真实。《苏黄门老子解》中言道："天道不可言，可言者，皆其似者也。达者因似以识真，而昧者执似以陷于伪。故后世执老子之说以乱天下者有之，而学孔子者无大过。因老子之言以达道者，不少；而求之于孔子者，尝苦其无所从。二圣人者，皆不得已也。全于此必略于彼矣。"

王安石学习佛理，明了佛法不囿于有限之时空，圆觉之本体随处可证。他所体证的工夫方法并非是经验知识的积累，也非理性方法的运用，而是超验性的心之觉悟。此与理学之格物致知的认识方法有根本区别："王荆公问真净和尚曰：'诸经皆首标时处，圆觉经独不然，何也？'真净曰：'顿乘所演，直示众生日用。日用现前，不属古今。今山僧与相公，同入大光明藏，游戏三昧，互为宾主，非关时处。'又问：'一切众生，皆证圆觉。而圭峰易证为具，谓之译者之讹，其义是否？'真净曰：'圆觉经若可易，维摩经亦可易。维摩岂不曰：亦不灭受而取证，不灭受蕴而取证，与皆证之义，亦何异哉？盖众生现行无明，即是如来根本大智，圭峰之说非是。'荆公脱服。"（《大慧普觉禅师语录卷上》）真净所讲之佛理，乃是无明即般若，烦恼即菩提之意，故"证"之工夫即为"具"之本然，二者本来一贯。荆公原本未见于此，经过真净和尚指示，才明了此境。

王安石的荆学在工夫论上吸收了佛教坐禅的方法，以经验性之积学方法不可见道，而以超验之体证方式则能够实现本体的作用和呈显。据载："荆公一日访蒋山元禅师。谈论次，元曰：'相公口气逼人，想著述搜索，劳役心气，何不坐禅体此大事？'公从之。又一日谓元曰：'坐禅实不亏人。数年欲作胡笳十八拍不成，夜来坐间已就。'元大笑。"（《大慧普觉禅师语录卷上》）王荆公以"著述搜索，劳役心气"的工夫方式去学习，却不能够获知道体，而以佛学之超验工夫方式却直达心体之神妙，说明了超验之工夫方式对于本体世界意义的巨大的揭示作用。

道家也积极吸收佛学的自为之工夫论原则。张伯端在《悟真篇后序》中论修道之工夫，兼收佛儒两家："窃以人之生也，皆缘妄情而有其身，有其身则有患，若无其身，患从何有？其欲免夫患者，莫若体夫至道；欲体夫至道，莫若明夫本心。故心者道之体也，道者心之用也。人能察心观性，则圆明之体自现，无为之用自成，不假施功，顿超彼岸。此非心镜朗然，神珠廓明，则何以使诸相顿离、纤尘不染、心源自在、决定无生者哉？然其明心体道之士，身不能累其性，境不能乱其真，则刀兵乌能伤，虎兕乌能害，巨焚大浸乌足为虞？达人心若明境，鉴而不纳，随机应物，和而不唱，故能胜物而无伤也，此所谓无上至真之妙道也。"

进而把佛教心性之学与道教之养生修仙之学结合起来："原其道本无名，圣人强名；道本无言，圣人强言耳。然则名言若寂，则时流无以识其体而归其真，是以圣人设教立言，以显其道，故道因言而后显，言因道而返忘。奈何此道至妙至微，世人根性迷钝，执其有身，而恶死悦生，故卒难了悟。黄老悲其贪著，乃以修生之术，顺其所欲，渐次导之。以修生之要在金丹，金丹之要在神水华池，故《道德》《阴符》之教，得以盛行于世矣，盖人悦其生也。然其言隐而理奥，学者虽讽诵其文，皆莫晓其意，若不遇至人授之口诀，纵揣量百种，终莫能著其功而成其事。岂非学者纷如牛毛，而达者乃如麟角耶？"

又在《后序》篇末提倡道家与佛学为一致之说，并把佛家之学也纳入道教之中："如其篇末《歌》《颂》，谈见性之事，即上之所谓无上妙觉之道也。然无为之道，齐物为先，虽显秘要，终无过咎。奈何凡夫，缘业有厚薄，性根有利钝，纵闻一音，纷成异见，故释迦、文殊所演法宝，无非一乘，而听学者，随量会解，自然成三乘之差。此后若有根性猛利之士，见闻此篇，则知伯端得闻达摩、六祖最上一乘之妙旨，可因一言而悟万法也。"

王重阳也说道教之工夫，其中对佛教之工夫论多有吸收："第十四论养身之法：法身者，无形之相也，不空不有，无后无前，不下不高，非短非长，用则无所不通，藏之则昏默无迹。若得此道，正可养之。养之多则功多，养少则功少。不可愿归，不可恋世，去住自然矣。"（《重阳立教十五论》）此论吸收了佛教中的三身之说。

四 境界格局中的意义世界（命理）

（一）儒学对于自为境界的吸收和融涵

儒学中所蕴含的超验之境界意义本不显明，在佛老之学的刺激之下，其超验的境界意义被充分地映照出来。

苏辙把佛道之"空无"收归儒学，其圣人境界以超越善恶知见判断之境界为"中"，以六度万行为"和"，故而圣人之中和境界便融汇超验与经验世界，兼收儒佛之道。故在《苏黄门老子解》中言："六祖所云'不思善，不思恶'，即喜怒哀乐之未发也。中者，佛性之异名，而和者，六度万行之总目也。天下固无二道，而所以治人则异。君臣父子之间，非礼法则乱。知礼法而不知道，则世之俗儒，不足贵也。居山林，木食涧饮，而心存至道，虽为人天师可也，而以之治世则乱。古之圣人，中心行道而不毁世法，然后可耳。"(《宋元学案卷九十九·苏氏蜀学略》)

理学之境界尽管其基本立场为在世的立场，但是理学之境界亦有超越之维度，可是其境界仍旧是经验性的。其超越维度体现在对于"天地""天理"等至高概念所具有的理性维度上。但是，此理性维度与经验性之层面一样，具有明确的为他性，其自为性反而不显，此即儒家所强调的境界之"至公"。其境界论之为他性与经验性层面体现在"理气合一""道不离器"的概念之中。以朱子之学的境界论为例，朱子言："近复体察，见得此理须以心为主而论之，则性情之德，中和之妙，皆有条而不紊。盖人之一身，知觉运动莫非心之所为。则心者，所以主于身而无动静语默之间者也。方其静也，事物未至，思虑未萌，而一性浑然，道义全具，其所谓'中'，乃心之所以为体，而寂然不动者也。及其动也，事物交至，思虑萌焉，则七情迭用，各有攸主，其所谓'和'，乃心之所以为用，感而遂通者也。然性之静也而不能不动，情之动也而必有节焉，是则心之所以寂然感通，周流贯彻，而体用未始相离也。"朱子以为中和之境，当为至善，通达于现实世界，而不可与之分离，故而在最高境界中，至道与世法为一。朱熹对《中庸》之"中和"注曰："喜怒哀乐，情也。其未发，则性也，无所偏倚，故谓之中。发皆中节，情之正也，无所乖戾，故谓之和。大本者，天命之性，天下之理皆由此出，道之体也。达道者，循性之谓，天下古今之所共由，道之用也。"（朱熹《中庸章句》）

故他反对蜀学之境界论。朱子曰："圣贤虽言未发，然其善者固存，但无恶耳。佛者之言，似同而实异，不可不察。"又曰：

"喜怒哀乐而皆中节谓之和,而和者,天下之达道也。六度万行,吾不知其所谓,然毁君臣,绝父子,以人道之端为大禁,所谓达道,固如是邪?天下无二道,而又有至道、世法之殊,则是有二道矣!然则,道何所用于世,而世何所资于道邪?王氏有'高明处己,中庸处人'之论,而龟山杨公以为:'如此,则是道常无用于天下,而经世之务皆私智之凿。'愚于苏氏亦云。"(《宋元学案卷九十九·苏氏蜀学略》)

从而,朱子认为圣人之境界亦当为贯通天下之学,而不可强分彼我。贯通天下之学的,即为天理,以之成就圣人之境界。朱子曰:"以孔子、老聃并称圣人,可乎?世人讥太史公先黄、老,后六经,然太史公列孔子于世家,而以老子与韩非同传,岂不有微意焉?其贤于苏氏远矣!""有彼有此,则天下当有二道也。"(《宋元学案卷九十九·苏氏蜀学略》)

(二)佛学对于为他之境界的吸收和融涵

在佛教内部主张三教融合的,远从魏晋时代的《牟子理惑论》直到宋明时期,一直不乏其人,但其所依据之理念代有不同。以"善理"为核心理念融汇各家的主张,在宋代高僧之中已然形成了一个传统,与理学家以"天理"为核心的主张旗鼓相当,其中以延寿、智圆和契嵩为代表。

延寿曾以"善"为实相,以真俗两谛分别代表儒释两教,以中观方法而论两教之间所具有的不一不异的关系。

其论儒释道三家之异,以为佛教至上,而儒老之学仅为世俗之教:"老子则绝圣弃智,抱一守雌,以清虚憺泊为主,务善嫉恶为教;报应在一生之内,保持惟一身之命。此并寰中之近唱,非象外之遐谈;义乖兼济之道,而无惠利也。仲尼则行忠立孝,阐德垂仁,惟敷世善,未能忘言神解,故非大觉也。是以仲尼答季路曰:'生与人事,汝尚未知。死与鬼神,余焉能事?'此上二教,并未逾俗柱,犹局尘笼,岂能洞法界之玄宗,运无边之妙行乎?"(《万善同归集卷下》)然而,三教以善为宗,此为儒释道三家之合一:"夫众善所归,皆宗实相。如空包纳,似地发生;是以但契一如,自含众德。然不动真际，万行常兴；不坏缘生，法界恒现；寂不阂用，俗不违真；有无齐观，一际平等。是以万法惟心，应须广行诸度，不可守愚空坐以滞真修。"(《万善同归集卷上》)

故而，以中观为方法，三教之间为不一不异之圆融无碍之关系："是以佛法如海，无所不包；至理犹空，何门不入？众哲冥会，千圣交归；真俗齐行，愚智一照。开俗谛也，则劝臣以忠、劝子以孝、劝国以绍、劝家以和；弘善示天堂之乐，惩非显地狱之苦；不惟一字以为褒，岂止五刑而作戒。敷真谛也，则是非双泯，能所俱空；收万像为一真，会三乘归圆极。非二谛之所齐，岂百家之所及。"(《万善同归集卷下》)

此种理路之实质是以善"理"为归，儒佛同归于为善，故而儒佛之间并无根本区别，区别处只在于修行者心念之间。"世出世间，以上善为本：初即因善而趣入，后即假善以助成。实为越生死海之舟航；趣涅槃城之道路。作人天之基陛；为祖佛之垣墙，在尘、出尘不可暂废。十善何过？弘在于人。若贪着，则果生有漏之天；不执，则位入无为之道。运小心，堕二乘之位；发大意，升菩萨之阶；乃至究竟圆修，终成佛果。以知非关上善能为滞阂之因，全在行人自成得失之咎。"(《万善同归集卷上》)

智圆也曾以"善"为统摄儒佛的基本理念，他说："士有履仁义、尽忠孝者之谓积善也。"佛教与儒家无论其所用之名为何，其体只要为"善"，就可以为我所用。只要其体为善，则其名为佛还是为儒并不紧要，甚至"仁义敦，礼乐作，俾淳风之不坠而名扬于青史"也可成为佛教徒的理想。

契嵩进一步认为，儒佛本一，此"一"并非魏晋时"同体而异"之"同"，而是同一之意，此同一便是同一于"善"。"善"为统一之本，儒佛为分殊之"迹"，以本迹为基本结构，以说明儒释二家之间本同而迹异的关系，故契嵩强调本末一致的方法原则："君子于事宜揣其本以齐其末，则志常得而言不失也。今也各不详其所以为教而辩其所奉教，吾未见其得之者也。"(《镡津文集卷八·寂子解》)

契嵩以为，儒释本同而迹异。其迹之差异处，一为治世，一为治心；一为大有为之学，一为大无为之学。"然佛吾道也，儒亦窃尝闻之。若老氏则予颇存意，不已而言之。诸教也亦犹同水以涉，而厉揭有深浅。儒者圣人之治世者也，佛者圣人之治出世者也。"（《镡津文集卷一·辅教编上·原教》）**"儒者圣人之大有为者也，佛者圣人之大无为者也**。有为者以治世，无为者以治心。治心者不接于事，不接于事则善善恶恶之志不可得而用也。治世者宜接于事，宜接于事则赏善罚恶之礼不可不举也。其心既治谓之情性真正，情性真正则与夫礼义所导而至之者不亦会乎？儒者欲人因教以正其生，佛者欲人由教以正其心（或云欲人正心以行其教），心也者彻乎神明，神明也者世不得闻见，故语神明者必谕以出世，今牵于世而议其出世也，是亦不思之甚也！故治世者非儒不可也，治出世非佛亦不可也。"（《镡津文集卷八·寂子解》）

三家尽管迹异，然而本同。契嵩以为，儒释道之本同处，是一作为本体之"善"理。"以儒校之，则与其所谓五常仁义者，异号而一体耳。夫仁义者，先王一世之治迹也，以迹议之，而未始不异也。以理推之，而未始不同也。迹出于理，而理祖乎迹。迹末也，理本也，君子求本而措末可也。语曰：视其所以，观其所由，察其所安，人焉廋哉，人焉廋哉？孟子曰：不揣其本而齐其末，方寸之木可使高于岑楼。谓事必揣量其本而齐等其末而后语之。苟以其一世之迹而责其三世之谓，何异乎以十步之履而诘其百步之履？曰而何其迹之纷纷也？曷不为我之鲜乎。是岂知其所适之远近，所步之多少也？然圣人为教而恢张异宜，言乎一世也，则当顺其人情为治其形生之间；言乎三世也，则当正其人神指缘业乎死生之外。神农志百药虽异，而同于疗病也；后稷标百谷虽殊，而同于膳人也。圣人为教不同，而同于为善也。"（《镡津文集卷一·辅教编上·原教》）

此中所提之"善"，并非为属性概念，而是本体概念。善即为善道，善道即为本体之大道，此与契嵩所论之"中"等概念具有一致的内涵。善道亦为善之理，善之性，凡为此性此理者，均可成立。儒释道三学为此善道之"迹"，均在此善道之中，"存本而不滞迹"，自然可以融通无间。"夫圣人之教，善而已矣。夫圣人之道，正而已矣。其人正人之，其事善事之，不必僧不必儒，不必彼不必此。彼此者情也，僧儒者迹也；圣人垂迹，所以存本也；圣人行情，所以顺性也。存本而不滞迹，可以语夫权也；顺性而不溺情，可以语夫实也。"（《镡津文集卷一·辅教编中·广原教》）

故而，契嵩言道："夫圣人之道，善而已矣；先王之法，治而已矣。佛以五戒劝世，岂欲其乱耶？佛以十善导人，岂欲其恶乎？《书》曰：世善不同，同归于治。是岂不然哉？"（《镡津文集卷十四·非韩下》）又言："儒佛者圣人之教也。其所出虽不同而同归乎治。"（《镡津文集卷八·寂子解》）

契嵩以此同一之"善"而主张儒佛之圣人并无不同："吾之喜儒也，盖取其于吾道有所合而为之耳。儒所谓仁义礼智信者与吾佛曰慈悲、曰布施、曰恭敬、曰无我慢、曰智慧、曰不妄言绮语，其为目虽不同，而其所以立诚修行善世教人岂异乎哉？圣人之为心者，欲人皆善，使其必去罪恶也。苟同有以其道致人为善，岂曰彼虽善非由我教而所以为善吾不善之也，如此焉得谓圣人耶？故吾喜儒亦欲晞圣人之志而与人为善也。又吾佛有以万行而为人也，今儒之仁义礼智信，岂非吾佛所施之万行乎？为吾万行，又何驳哉？"（《镡津文集卷八·寂子解》）

佛家言性与儒家言性本一，其教法不同，只是为了扩充其量，而其理则为一。"或曰：佛止言性，性则易与中庸云矣，而无用佛为。是又不然。如吾佛之言性，与世书一也。是圣人同其性矣，同者却之而异者何以处之？水多得其同则深为河海，土多得其同则积为山岳，大人多得其同则广为道德。呜呼！余乌能多得其同人，同诚其心，同斋戒其身，同推德于人，以福吾亲，以资吾君之康天下也！"（《镡津文集卷一·辅教编上·原教》）

此善同迹异之说，有时又被表达为心同迹异："古之有圣人焉，曰佛，曰儒，曰百家。心则一，其迹则异。夫一焉者其皆欲人为善者也，异焉者分家而各为其教者也。圣人各为其教，故其教人为善之方，有浅有奥有近有远，及乎绝恶而人不相扰，则其德同焉。中古之后，其世大漓，佛者其教相望而出，相资以广天下之为善，其天意乎？其圣人之为乎？不测也。方天下不可无儒，无百家者，不可无佛，亏一教则损天下之一善道，损一善道则天下之恶加多矣。夫教也者圣人之迹也，为之者（本或无之）圣人之心也，见其心则天下无有不是，循其迹则天下无有不非，是故贤者贵知夫圣人之心。文中子曰：观皇极谠议，知佛教可以一矣。王氏殆见圣人之心也。"（《镡津文集卷一·辅教编中·广原教》）

最后，契嵩以此同一之"善"来反驳儒佛关系中的夷夏之论："今日佛西方圣人也，其法宜夷而不宜中国，斯亦先儒未之思也。圣人者，盖**大有道者**之称也，岂有大有道而不得曰圣人，亦安有圣人之道而所至不可行乎？苟以其人所出于夷而然也，若舜东夷之人，文王西夷之人，而其道相接绍行于中国，可夷其人而拒其道乎，况佛之所出非夷也。"（《镡津文集卷一·辅教编上·原教》）此为与儒佛同归于善的意见，以儒佛同于大道之中，故而，以佛学为夷狄之学，是为分割大道之见，当然不能成立。此种看法，与慧能所言，与陆象山所论，人分南北，而佛法无分于南北，人分东西，而其心同其理同，故同为圣人，其意见是一致的。所争所论，并非门户派别之见，而是道之所存，理之所在。而在此视角关照之下，儒道两家之学均由一体之理而来，本可融会贯通，更不必争彼此短长。

天如惟则以佛学之本体为"诚"，进一步从境界论的角度融合了佛儒两家之学。**天如惟则**（约公元1280—1350年），号天如，俗姓谭，江西吉安人。元代临济高僧。他为中峰明本的法嗣，倡导禅净双修，为开宗立派的大师。惟则在一篇《示众》中言其宗旨："佛法本无玄妙，只要汝诸人各各知道眼横鼻直便休。"他直言其学之本体为"诚"，其贯通一切法界，为"自性天真之道"："诚也者信之极也。信而至于诚，则大本有所立，而道可成矣。诚之极为至真，为至纯，为至常也。真之至故无妄，纯之至故无杂，常之至故不息。无妄者诚之存乎理体也，无杂者诚之形乎事相也，不息者诚之应乎妙用也。以其理体之诚，故大而天地，细而尘毛，罔不由之而建立。以其事相之诚，故虚空法界，万象森罗，交互而不碍；以其妙用之诚，故幻化往来，始终生灭，变现而无穷。于是，吾佛世尊体是诚，而成等正觉；十方菩萨推是诚，于六度万行。其世间法曰修齐平治,亦以意诚为大本也,至是而诚之为义也博矣。今以诚为庵,则微尘刹海,曰圣曰凡,同一门而出处也。以庵为诚,则垦土诛茅,运薪汲水,竖拳竖指之类,皆自性天真之道用也。"(《天如惟则禅师语录卷六·诚庵说》)

天如惟则以为至高之境界即虚即实,即妄即真。知万物空虚,则了解万物实相,而达于万物之解脱。万物之解脱,即自身之解脱。故人之真情,按照佛教的观点,恰为虚幻,而觉其虚幻,则其情反而为真,于是获得真的解脱。并不是对于情完全的弃绝,而是于情而不情,使得情感之真相层层显露,自可入于其中而不染。物犹是原来之物,只是其心已转,故而其物情随变,其视角是纯然自为的,以获得实相为目标。其言道:"妙圆觉性本自空寂,平等清净廓若太虚。非体状可以指陈,非方所可以趣向,非门路可以进入,非五彩可以描摹。寥寥乎无一物之可取,荡荡乎无一法之可施。超越古今,离诸生灭,莫可得而形容思议之也。由业之所感,缘之所会,从毕竟无,成毕竟有。一物既立万法随生,自是万境发现万象横陈,大地山河微尘刹土靡不有焉。其所有者,非觉性之本有,乃情识与缘业交遘而妄有也。妄有者如梦幻影响,如阳焰空花,充塞世间乱生乱灭。以目前观之,不可谓无;究其始终,则非实有也。盖情识从觉性转变而生,情识如形,缘业如影,情识一生,缘业即现。未有形而不现影者,未有影而不随形者。吾之觉性虽能变现情识,而不与情识俱变。故曰觉性如虚空,平等不动转。亦如大圆镜体本净本空,而妍丑诸像随至而彰。虽诸像有妍丑有去来,而镜体未尝随其妍丑去来。夫是之谓性空也。故十方如来体此性空,成无上觉;一切菩萨依此性空,圆修圣道;无边众生迷此性空,沉坠生死。于生死中种种憎爱,种种执着,从情识而起缘业,从缘业而动情识,互相胶扰,返覆缠绵。积生积劫三界往还,而不知有性空之解脱也。于是诸佛菩萨世起而救之,形于语言,现于行事,推明缘业于尘劳烦恼之中,开示情识于见闻觉知之顷,令其即妄明真,共达性空之理耳。能达是理者,当机活脱,正念炳然。于法于尘无染无著,不离觉知闻见,转而为清净智观;不舍烦恼尘劳,发而为神妙功用。"(《天如惟则禅师语录卷三·示性空达

禅人》）

道教王重阳之修行境界亦弥合在世和出世之间的差别："离凡世：离凡世者，非身离也，言心地也。身如藕根，心似莲花，根在泥而花在虚空矣。得道之人，身在凡而心在圣境矣。今之人欲永不死而离凡世者，大愚不达道理也。"

小结　三教之分歧与融合对于各自的影响

此为三教各自完成自我革新的阶段。儒学进入到理学阶段，与佛道相抗衡。佛学主动积极地入世，以佛法而通于世间生存，必然需要与儒学建立起内在的关联。道家同样如此。故而，这是三家重构自身理论体系的时代，其中三家有分有合。

首先，三家都不再以审美情趣和美学意境为主来理解自身，而是把静观之审美意识收归于动态之生存，并把其中所蕴含的审美意境充分地释放到现实生活之中。其目标是在动态的生存之中，凸显出道德伦理生活的价值和意义，而生存之中所具有的审美意趣则被统摄进来，构成宇宙大生命的一个组成元素，从而建构起以生存论为基本立场的哲学系统。这种转向无论是体现在文学上作为"文以载道"的古文运动，还是体现在哲学上作为道德建构的理学思潮，其实质都是一种回归生存本身的转向。于是，在隋唐时期三家之学所建构的美学意境之成就，真正地找到了其本根和归宿，即为生存论上的本体。此点可以从古文运动中得到完美体现。古文运动所强调的，就是文、言与性情、道理之间所具有的内在的一体性，文章必由此心所发出，具有真情实感，才可成为至文，否则便为无病呻吟，无关现实之痛痒。从哲学的角度来说，文字、言语必由生存之本体流行而出，才可复还于表达之真实意义。在这样的意义上，文字、言语就不仅仅是一种文章技巧，而是生命自身的言说和表达，直接关联于生存主体的境界层次，同时也是生存意义的自我显明和展开过程。而当此生存本体之意义流行之时，其意义自身是不受人为的意识加以重现而操纵的，而只有在此生存论的立场之上，才会有对生存之理的体证和彻悟。

其次，此时三家所重，均为道或理，此为其所体证与建构之理论系统，由其个体和群体之生存和实践所具体展开者。此道或理为善道或善理，为三教所共同追寻与构建的目标与归宿。而此善理必包含三个基本的义理环节于其中：认识论环节为心，本体论环节为理或性，实践论环节为民，三个环节的完成为"至善"。三家之学，若仅立一空洞之心作为本体，则并无充分的说服力，因为，凡学均可说由心而起，由心而发，于是高低善恶一起混杂，故而，必须有理作为首先构建起来的系统，心才可以落实，心才具有内在真实的意义。宋元时期，所作出的工作，便是此天理的体证和建构。于此，才可以进一步达到明清时期的心学概念，完成一个所谓的哲学解释学意义上的循环，而唯有在此解释学的循环之中，心、理、性三者之内容才得到具体的充实、展开和更新，三教之学才不断地在其学之特色不断凸显的同时，与他家之学不断地交汇融合。

最后，三家之学相互刺激与融合，使得儒释道三家均完成其理论的突破和革新。宋元时期的儒学完成了自身形上体系的建构，是自身理论的一次突破和革新，使得儒学再度焕发出活力。当然，理学所赋予儒学之意义，并非是嫁接式的添加，而是儒学自身原本具有之意，并由此时期之理学重新召唤出来。故而，理学虽然受佛学刺激而来，并部分地吸收了佛学的方法论因素，也与当时的具体的历史条件具有密切的联系，但是它所以发生的根本原因并非由于诸种外缘，而是儒学主动进行自我调整和自我更新的结果，事实上，理学具有鲜明的与佛学划清界限的立场和宗旨。当然，理学中的心学一系与佛学相近，代表了儒学在自我更新过程中的多重向度。

与此同时，佛学也积极地吸收儒学的给养，一定程度上突破了传统佛学的窠臼，而实现了自身理论的更新和转化。此时佛学之旨趣不只要关注于来世，同时也要落实在现实的社会生活和人之现世生活之中。故而，佛学之面貌和内容必然也会受到儒学的影响，智圆和契嵩即是其中的代表。

第六章　明清时期儒释道三家的归于一心

明代阳明心学的致良知概念统合了本体、工夫和境界所包含的超验意义和经验意义，并真正地在人之在世生存之中贯通了二者，实现了体用和道器之间的真正的一体性。同时，本体论、工夫论和境界论的合一也在明代心学中得到了完成，人之在世生存的自为面与为他面的统一也在心之概念中得到了实现。

儒释道三教之学在此一时期均归于本心，以为三教的本质就是人之在世生存的自我觉醒的展开和实现。于是，三教之学都把自身确认为心学的自我展开，其分歧也应当由心之觉醒而消解。心学所实现的是融汇而超越三家的理论建构，其实质是人之在世生存的自我觉知和自我圆成。

三家之学归于一心之学，是由交互主体所形成的学问。在彼此视域的交织作用下，形成了一个完整而相互贯通的哲学系统。这里面贯彻了道家的"齐物"论所表达出来的主体融合的理论逻辑，体现出交互主体性哲学的方法论特征，而不以某逻各斯的系统性和独白性为其特征。中国哲学的发展史，便是交互主体哲学相互作用而最终融会贯通的例证。

一　明清时期社会政治文化与三教之间的关系

早期的明代儒学以朱学为主，尽管朱陆合流从元代就已经颇具规模，但直到明代中叶的陈献章与王阳明，儒学的主要形态才开始转入到心学。在以朱学为主流的明代早期儒学发展过程中，辟佛是多数理学家所奉行的宗旨。其中如方孝孺（公元1357—1402年），"先生之学，虽出自景濂氏……故景濂氏出入于二氏，先生以叛道者莫过于二氏，而释氏尤甚，不惮放言驱斥，一时僧徒俱恨之。"（《明儒学案卷四十三·诸儒学案上》）又如曹端（公元1376—1434年），"初，先生得元人谢应芳《辨惑编》，心悦而好之，故于轮回、祸福、巫觋、风水时日世俗通行之说，毅然不为所动。父敬祖为善于乡，而勤行佛、老之善以为善。先生朝夕以圣贤崇正辟邪之论讽于左右，父亦感悟乐闻。……诸生有丧，则命知礼者相之，有欲用浮屠者，先生曰：'浮屠之教，拯其父母出于地狱，是不以亲为君子，而为积恶有罪之小人也。其待亲不亦刻薄乎？'其人曰：'举世皆然，否则讪笑随之。'先生曰：'一乡溺于流俗，是不读书的人，子读儒书，明儒礼，不以违礼为非，而以违俗为非，仍然是不读书人也。'"（《明儒学案卷四十四·诸儒学案上》）魏校（公元1483—1543年）提学广东之时，"过曹溪，焚大鉴之衣，椎碎其钵，曰：'无使惑后人也'"（《明儒学案卷三·崇仁学案三》）。

对于明代理学排斥与批驳佛道两家的成就，黄宗羲在《明儒学案》中有精辟的总结："有明事功文章，未必能越前代，至于讲学，余妄谓过之。诸先生学不一途，师门宗旨，或析之为数家，终身学术，每久之而一变。二氏之学，程、朱阐之，未必廓如，而明儒身入其中，轩豁呈露。用巫家倒仓之法，二氏之葛藤，无乃为焦芽乎？诸先生不肯以朦懂精神冒人糟粕，虽浅深详略之不同，要不可谓无见于道者也。"（黄宗羲《明儒学案序》）这段文字描述了有明一代理学的大略样貌，而其中理学对于佛道两家的批驳为一条重要的发展脉络。

至于清代，对于佛道两家的批判仍在延续，并结合着对于明亡的反省和对于空疏之学的厌恶，佛道之学也连带着遭到了更大规模的清算。儒家学者大都严守儒家界限，不敢越雷池一步，儒释道融合之势陷入低谷。清代早期的颜元、吕留良就是其中的代表。吕留良尚尊朱而辟王，而颜元更是把宋学一起摒弃，以程朱理学为异端之学，主张回复孔子之学之中，实为一代实学风气的倡导者，后来兴起的乾嘉朴学，也是承继此种返古之精神而来。

尽管有此反对佛老的论调，但是，在有明一代以至于清朝，整个的社会文化主流却是三教融合，而并非相互攻讦。明太祖朱元璋就有"三教归儒"的三教合一的论调，其作《三教论》："于斯三教，除仲尼之道，祖尧舜，率三王，删诗制典，万世永赖。其佛仙之幽灵，暗助王纲，益世无穷，惟常是吉。尝闻天下无二道，圣人无两心，三教之立，虽持身荣俭之不同，其所济给之理一，然于斯世之愚人，于斯三教有不可缺者。"（朱元璋《明太祖文集卷十·三教论》）

明太祖之下的"开国文臣之首"宋濂也认为儒佛之间殊途而同归，尽管其教理不同，但是其宗旨一致。宋濂站在儒家立场上，提倡儒释合一之论的，以为儒佛之间"设教不同"但"其道揆一"，并认为佛教"有补治化"："成周以降，昏嚣邪僻，翕然并作，绁缧不足以为囚，斧锧不足以为威。西方圣人（佛祖）历陈因果轮回之说，使强暴闻之赤颈汗背，逡巡畏缩，虽蝼蚁不敢践履，岂不有补治化之不足？"（《宋文宪公全集卷十三·重刻护法轮题辞》）同时，更举"西方圣人以一大事因缘出现于世，无非觉悟群迷，出离苦轮；中国圣人（孔孟）受天眷命，为亿兆民主，无非化民成俗，而跻于仁寿之域。前圣后圣，其道揆一也"（《宋文宪公全集卷十三·金刚般若经新解序》）。其更明确地以为两教的宗旨为一，在下面这段，"天生圣人化导蒸民，虽设教不同，其使人趋于善，道则一而已。儒者曰：我存心养性也；释者曰：我明心养性也。究其实，虽若稍殊，其理有出于一心之外者哉？……（儒）修明礼乐刑政，为制治之具；（佛）持守戒定律，为入道之要。一处世间，一出世间……而一趋于大同。……儒释一贯也"（《宋文宪公全集卷十三·夹注辅教编序》）。

当然，明太祖及其大臣的主张到底在多大程度上影响了整个明代，尤其是明代末期的三教合一的运动，并不好加以估量。冈田武彦认为，明太祖的立场，对于整个明代所呈现出来的三教合一的动向，具有巨大的影响。他说："明末三教合一论的流行，也许是时势使然，但我认为，明太祖的宗教政策大概也有一定关系。明太祖坚持'三教归儒'的立场，认为儒教与道教、佛教是阴与阳的关系，而且道教、佛教之阴对于儒教之阳具有补充作用。因此，太祖也从道家、佛徒当中求天下之人才，其中若有精通儒学的人才，便把他们与官僚同等对待，吸纳他们参与天下的政教。"① 当然，从思想史的角度来说，一个帝王的主张对于时代的影响可以是多样的，帝王往往并不能左右时代的学术风气，只是更多地起到推波助澜的作用。

现代的学者几乎都观察到了在明末所出现的强大的三教合一的潮流和运动。冈田武彦以为，在明末的"三教合一"与之前所出现的三教调和之论有所不同，"三教之间当然有异同，但兆恩的'三教一道'说，却坚持即使在教的方面有异同，在道的方面也没有异同的三教合一的立场。兆恩谈道，孔子以三纲五常立本，老子以修心炼性入门，释迦以虚空本体为极，此乃三教之'教'而非'道'。这就好比说，江湖沟渠，虽各有别，但其水则同"②。

当代学者钱新祖发现在明末三教合一运动与之前的三教调和论之间的重大区别，在于三教从一种三足鼎立般的部门化的并列结构，发展成为一个单一的综合实体。他说道："不过，一个明显的变化发生在晚明的宗教折衷情境之中，其时一群有佛、道倾向的新儒学者，尝试去形构一个也涉及儒家思想的综合。……这个尝试是以泰州学派的'狂禅'来显示它自身的。……焦竑对于同处在晚明时期的一些宗教折衷者抱持着高度批评的态度，因为他们仍然主张部门化的逻辑，而焦竑认为三教为一并不是因为三教如同一个鼎的三脚般的分立，而是因为三教具有一个单一实体的完整性，并且能够相互解释、彼此发明。……林兆恩（公元1517—1598年）建立了一个宗教折衷主义的民间教团，同时也离开了部门化逻辑，并且坚持三教不被视为如同三个部门般的分隔。"③

---

① ［日］冈田武彦：《王阳明与明末儒学》，吴光、钱明、屠承先译，重庆出版社2016年版，第14页。
② ［日］冈田武彦：《王阳明与明末儒学》，吴光、钱明、屠承先译，重庆出版社2016年版，第13页。
③ 钱新祖：《焦竑与晚明新儒思想的重构》，东方出版中心2017年版，第15页。

在此提到的林兆恩被称为"三教先生",他明确提出三教合一于一心,并归宗于儒学。林兆恩,字懋勋,号龙江,莆田县人,三一教创始人,晚年门徒称为三教先生、三一教主。他三十岁时弃科举,专心研究宋儒和当时王阳明的心学,久之,心有所悟,以为儒、道、释"其教虽三,其道则一",于是创立"三一教"。著有《三教正宗统论》劝人为善,不入邪恶。其学说由其弟子推动,形成了全国性的三教合一运动,影响几遍天下。

林兆恩主张,三教合一并非三教混同,而是由差异性之三教共同构成一整体性之系统,从而形成道之全体。他认为儒学与佛教之功能不同,佛学为出世法,不可治理国家天下,儒学为入世法,可以治理天下国家。"故从古以来之所以治天下国家者,真有不能外于孔氏之教矣。若释氏之神机妙用,乃所谓出世间法也,而变通宜民之下,施之中国固不为滞,亦岂能不藉经纶于易书诗春秋礼乐,因政教于尧舜禹汤文武者哉?此余倡教之大都,宗孔之本旨也。"① 故而,林兆恩以为三教虽异,而其道则同,主张三教同中有异,异中有同,故成三一之局。"夫教较然而三也,若不知孔老释迦之教之所以三,则无以识其一,而为道之至;道浑然而一也,若不知孔老释迦之道之所以一,则无以统其三,而为教之大。既识其一,复统其三;较然非三,浑然非一。大矣哉,至矣哉!此儒道释之所同,而孔老释迦之能事毕矣。"②

于是,林氏以为三教合一,归于真我。"且人之性本善也,本是孔老释迦,本自时中,本自清静,本自寂定,而非有待于孔老释迦,而后能时中,而后能清静,而后能寂定,而后能孔老释迦也。《中庸》曰:'惟天下至诚,为能尽其性。'诚之有未至者,性之有未尽也。而尽人之性,尽物之性,以参天地,以赞化育,乃吾性之分量,至诚之极功也。未至乎此,而曰教曰道者,则是教其所教,而非其教之大也;道其所道,而非其道之至也。然教本于道,道本

---

① 林兆恩:《林子三教正宗统论·自序》,宗教文化出版社2016年版,第1页。
② 林兆恩:《林子三教正宗统论·三教合一大旨》,宗教文化出版社2016年版,第3页。

于性,余于是而知能性吾之性以为性,则孔老释迦之道可得而道,斯其为道也至矣;道吾之道以为道,则孔老释迦之教可得而教,斯其为教也大矣。"①

此真我即为本心:"窃以人之一心,至理咸具。欲为儒则儒,欲为道则道,欲为释则释,在我而已,而非有外也。……故天地也,太虚也;我也,太虚也。一而已矣。此孔氏圣不可知,不逾矩之时,老氏先天地生,无名之始,释氏悬崖撒手,最上一乘之教也。"② 以整体性之心为宗,而其教有三。"心宗者,以心为宗也。而黄帝释迦老子孔子非外也,特在我之心尔。夫黄帝释迦老子孔子,既在我之心矣,而我之所以宗心者,乃我之所以宗黄帝释迦老子孔子也。由是观之,我之心,以与黄帝释迦老子孔子之心,一而已矣。心一道一,而教则有三。譬支流之水固殊,而初泉之出于山下者一也。"③ 又说:"我之心清静也,我之黄帝老子也;我之心寂定也,我之释迦也;我之心时中也,我之孔子也。"④

以儒学成就心之真实广大,故倡导三教归儒:"余所谓三教合一者,欲以群道释者流而儒之,以广儒门之教而大之也。然三教合一之旨有二:若谓三教之本始不待合而一者,非余所谓三教合一之大旨也;余所谓三教合一之大旨者,盖欲合道释者流,而正之以三纲,以明其常道而一之也;合道释者流而正之以四民,以定其常业而一之也。如此,则天下之人,无有异道也,无有异民也;而天下之人,亦无曰我儒也,亦无曰我道也,亦无曰我释也。此其唐虞三代之盛,而无有乎儒道释之异名者,故谓之一,一之而归于正也。"⑤ 又言:"余之所谓三教合一者,譬之植桃李梅于其庭,庭且

---

① 林兆恩:《林子三教正宗统论·三教合一大旨》,宗教文化出版社 2016 年版,第 3 页。
② 林兆恩:《林子三教正宗统论·三教合一大旨》,宗教文化出版社 2016 年版,第 4 页。
③ 林兆恩:《林子三教正宗统论·三教以心为宗》,宗教文化出版社 2016 年版,第 18 页。
④ 林兆恩:《林子三教正宗统论·真心》,宗教文化出版社 2016 年版,第 18 页。
⑤ 林兆恩:《林子三教正宗统论·三教合一大旨》,宗教文化出版社 2016 年版,第 5 页。

隘，而木又拱，不得已乃择其种之美者，而存其一。若仲尼之仁，乃种之美者也。余故曰道归于儒也，释归于儒也。古人有言曰：'天不生仲尼，万古如长夜。'仲尼以其道以照临万古，而见之六经四书，如日中天矣。由汉以来至于今，岂特道释者流，自外于仲尼之照临已哉？余窃惧焉，不自揣分，欲以披三门之云雾，以揭仲尼之秋阳，俾复中天，万古不夜。"① 故而，林兆恩总结说："合一者，合而为一也，非谓同也。合一谓同，则一字足矣。合而为一者，儒道佛三教之流合而为一也，是孔子之儒也。"（《林子全书性命札记》）

除其思想主张之外，林兆恩也把三教合一之宗旨在全国推行，形成了一个全国性的宗教运动，造成了现实性的社会影响。如此的社会运动可以想见，必然会对当时的知识界造成思想上的触动和冲击，对于在明代社会早期便已具有的三教融合潮流，起到了重要的推波助澜的作用。这场运动也体现出与之前的三教合一运动不同的特点，最突出的就是它是由民间人物自发形成并深入到民间的，而并不是由官方酝酿和组织的，如与北周所立的"通道观"相比就体现出这样的特点。

二 本体意义世界归于一心

明代心学至于阳明达到最高成就，其本体世界实为心理气三者的贯通和统一，它即是本体之自我明觉，又是本体之实质内容，又是本体之内在条理，心理气三者共同构成阳明学的良知概念。在这个意义上，良知概念把超越之"神性"和"佛性"融摄进来，形成三教融合的哲学基础。同时，心学之本体世界是一个历史与未来于此交汇的不断生成自身的意义世界，并把人之生存展开为一个整体而动态的生存结构。

---

① 林兆恩：《林子三教正宗统论·三教合一大旨》，宗教文化出版社2016年版，第6页。

（一）理学对虚无本体的融摄

首先，明代的程朱理学与气学的融汇。明代前期的理学以程朱之学为主，曹端、薛瑄、吴与弼、胡居仁等理学家都能谨守程朱藩篱，有继承之功，而多无创新之力。明代中叶以后，心学大起，而程朱理学仍被一众旧派学者所坚守，罗钦顺与黄佐等人为其代表。然而此时之程朱理学的面貌已然发生了重大变化，主要体现在对理气关系的理解上面。理在气中，而并非先于气而存在，已经成为明代学者的共识。于是从明代中期开始，就逐渐形成一新朱子学的传统，此股涌动之思潮发展到明末便形成了东林学派，使得新朱子学臻于完善。最后，刘宗周作为心学的殿军，把新朱子学的理论成就融摄进心学之中，使得心理气三者融会贯通，在生存论的哲学立场上复归于整体性的人性。

新朱子学主张超越性的理即在流行之气中，气内在具有超越的意义内涵。于是，气自身便具有超越性即神性，其自我创生、自我显明，并自我转化，而在其生存流行之中显现出内在之秩序和条理，即理。其根本之工夫必然为主静，而区别于旧派朱子学的主敬和格物穷理。"理在气中"的主张把规范性的条理落实于具体的当下生存中，实质上实现了由知识论向生存论的哲学立场的转变。此种生存论立场的转变，使得朱子学与超验性本体之间的关系也随之发生变化，并最终实现了统一。

章懋（公元1437—1522年）以为只有做到尽性之学，方可真正地辟佛。他言道："佛、老之教行于世久矣，后之儒者，非不倡言以排之，而卒不能胜之者，学之不明，性之未尽也。老氏以无名为天地之始，无欲观人心之妙，无为为圣人之治；而佛家者流，则又生其心于无所住，四大不有，五蕴皆空，其道以性为心之体，吾惟修吾心炼吾性而已，明吾心见吾性而已，不必屑屑于其外也。是以其学陷于自私自利之偏，至于天地万物为刍狗，为幻化，弃人伦遗物理，不可以治天下国家焉。"（《明儒学案卷四十五·诸儒学案上》）

罗钦顺也以理学之心性论反对佛教明心见性之学。罗钦顺

（公元1465—1547年），字允升，号整庵，泰和（今江西省泰和县）人，明代理学家。弘治六年（公元1493年）进士及第，为官不畏权贵，官至南京吏部尚书。后丁忧辞官，隐居著述。在明代中期，罗钦顺与王阳明各守门庭，有着很大的影响，时称"江右大儒"。著有《困知记》《整庵存稿》《整庵续稿》等。

　　罗钦顺拒斥超验之佛性本体，以为佛性之空虚、知觉和神灵为三位一体的存在，而认同理学中具有超越性的"性即理"。此超越之性不囿于经验世界，无形而精微，"精微纯一，性之真也"，故而成就其超越性。但是，它却并非是佛学式的自为之本体，而是具有鲜明的为他品格，是可以被知觉和被体证的，此为"尽心知性"。"道心，性也；人心，情也。心一也，而两言之者，动静之分，体用之别也。凡静以制动则吉，动而迷复则凶。惟精所以审其几也，惟一所以存其诚也，允执厥中，从心所欲不逾矩也，圣神之能事也。释氏之明心见性，与吾儒之尽心知性相似，而实不同。盖虚灵知觉，心之妙也，精微纯一，性之真也。释氏之学，大抵有见于心，无见于性。故其为教，始则欲人尽离诸象，而求其所谓空，空即虚也。既则欲其即相即空，而契其所谓觉，即知觉也。觉性既得，则空相洞彻，神用无方，神即灵也。凡释氏之言性，穷其本末，要不出此三者。然此三者，皆心之妙，而岂性之谓哉？使据其所见之及，复能向上寻之帝降之衷，亦庶乎其可识矣。"（《明儒学案卷四十七·诸儒学案中一》）

　　罗钦顺所发现的本体意义世界所具有的超越性又与小程子与朱子不同，小程子和朱子的超越性是一种建基于理性上的超越性，而罗钦顺之超越性却是建基于在世之生存体证内容上的超越性，从这个意义上说，罗钦顺的本体世界更加强调了在世的哲学立场，而不再如朱子般以一种先在的理性立场来建构其本体。"薛文清《读书录》甚有体认工夫，然亦有未合处。所云'理气无缝隙，故曰器亦道，道亦器'，其言当矣。至于反覆证明气有聚散，理无聚散之说，愚则不能无疑。夫一有一无，其为缝隙也大矣，安得谓之器亦道，道亦器耶？盖文清之于理气，亦始终认为二物，故其言未免时有窒碍也。窃尝以为气之聚，便是聚之理，气之散，便是散之理，惟其有聚有散，是乃所谓理也。推之造化之消长，事物之始终，莫不皆然。……胡敬斋力攻禅学，但于禅学本末未尝深究，动以想像二字断之，安能得其心服耶？盖吾儒之有得者，固是实见，禅学之有得者，亦是实见，但所见有不同，是非得失，遂于此乎判尔。彼之所见，乃虚灵知觉之妙，亦自分明脱洒，未可以想像疑之。然其一见之余，万事皆毕，卷舒作用，无不自由，是以猖狂妄行，而终不可与入尧、舜之道也。愚所谓有见于心，无见于性，当为不易之论。使诚有见乎性命之理，自不至于猖狂妄行矣。盖心性至为难明，是以多误。谓之两物，又非两物，谓之一物，又非一物，除却心即无性，除却性即无心，惟就一物中剖分得两物出来，方可谓之知性。学未至于知性，天下之言未易知也。"（《明儒学案卷四十七·诸儒学案中一》）

因其辟佛，矛头所向又及于象山，以为象山之心学本体为只见心不见性。"盖尝遍阅象山之书，大抵皆明心之说，其自谓所学，因读《孟子》而自得之。时有议之者云：'除了先立乎其大者一句，全无伎俩。'某亦以为诚然。然愚观孟子之言，与象山之学自别，于此而不能辨，非惟不识象山，亦不识孟子矣。孟子云：'耳目之官不思而蔽于物，物交物则引之而已矣。心之官则思，思则得之，不思则不得也。此天之所以与我者，先立乎其大者，则其小者不能夺也。'一段言语，甚是分明，所贵乎先立其大者，何以其能思也？能思者心，所思而得者性之理也。是则孟子吃紧为人处，不出乎思之一言。故他日又云：'仁义礼智非由外铄我也，我固有之也，弗思耳矣。'而象山之教学者，顾以为'此心但存，则此理自明，当恻隐处自恻隐，当羞恶处自羞恶，当辞逊处自辞逊，是非在前自能辨之'。又云：'当宽裕温柔自宽裕温柔，当发强刚毅自发强刚毅。'若然，则无所用乎思矣，非孟子先立乎其大者之本旨也。夫不思而得，乃圣人分上事，所谓生而知之者，岂学者之所及哉？苟学而不思，此理终无由而得。凡其当如此自如此者，虽或有出于灵觉之妙，而轻重长短，类皆无所取中，非过焉，斯不及矣。遂乃执灵觉以为至道，谓非禅学而何？盖心性至为难明，象山之误，正在于此。故其发明心要，动辄数十百言，而言及于性者绝少。间因学者有问，不得已而言之，只是枝梧笼罩过，并无实落，良由所见不的，是诚不得于言也。"（《明儒学案卷四十七·诸儒学案中一》）

对于罗钦顺基于朱子学而拒斥佛学的超验本体观念，黄宗羲评论道："先生以释氏有见于明觉自然，谓之知心，不识所谓天地万物之理，谓之不知性。羲以为释氏亲亲仁民爱物，无有差等，是无恻隐之心也；取与不辨，而行乞布施，是无羞恶之心也；天上天下，唯我独尊，是无辞让之心也；无善无恶，是无是非之心也。其不知性者，由于不知心尔。然则其所知者，亦心之光影，而非实也。高景逸先生曰：'先生于禅学尤极探讨，发其所以不同之故，自唐以来，排斥佛氏，未有若是之明且悉者。'呜呼！先生之功伟矣！"（《明儒学案卷四十七·诸儒学案中一》）

罗钦顺的理学反对朱子理在气先的哲学，而主张理在气中。同时，在心性关系上面，却主张性先心后，从而陷入理论上的矛盾。对于此，黄宗羲论道："明明先立一性以为此心之主，与理能生气之说无异，于先生理气之论，无乃大悖乎？岂理气是理气，心性是心性，二者分，天人遂不可相通乎？……先生之言理气不同于朱子，而言心性则与朱子同，故不能自一其说耳。"（《明儒学案卷四十七·诸儒学案中一》）此种矛盾情况的出现说明了在向新朱子学转变的过程中，知识论的知性立场还未能完全统一于生存论的哲学立场的过渡情形。

对于东林学派的学术脉络，黄宗羲总结说："东林之学，泾阳（顾宪成）导其源，景逸（高攀龙）始入细，至先生（孙慎行）而集其成矣。"（《明儒学案卷五十九·东林学案二》）顾宪成（公元1550—1612年），字叔时，号泾阳，因创办东林书院而被人尊称"东林先生"。明代思想家，东林党领袖，江苏无锡人。顾宪成在万历八年（公元1580年）中进士，后历任多官，以敢言直谏而闻名。万历二十二年（公元1594年），因触怒神宗，被革职归家。在家乡，他同弟弟顾允成复建东林书院，与高攀龙等人讲学其中。万历三十二年（公元1604年），顾宪成会同顾允成、高攀龙、安希范、刘元珍、钱一本、薛敷教、叶茂才（时称东林八君子）等人，发起东林大会，订立《东林会约》。顾宪成等人在讲学之余，往往讽议朝政，影响时局，被目为"东林党"。万历四十年（公元1612年），顾宪成于家中去世。高攀龙（公元1562—1626年），字存之，南直隶无锡（今江苏无锡）人，世称"景逸先生"。明朝思想家，东林党领袖。万历十七年（公元1589年）进士。万历二十三年（公元1595年），高攀龙与顾宪成兄弟复建东林书院，讲学历二十余年。天启元年（公元1621年），高攀龙被朝廷重新起用，天启六年（公元1626年），高攀龙被阉党诬陷，不堪屈辱而投水自尽，时年六十四岁。著有《高子遗书》12卷等。

顾宪成以在世之生存为其基本的哲学立场，以为此气之意义充盈横亘当下，于一气纵横流行之中而见其中之性。"当下者，即当时也。此是各人日用间，现现成成一条大路，但要知有个源头在。何也？吾性合下具足，所以当下即是合下。以本体言，通摄见在过去未来，最为圆满；当下以对境言，论见在不论过去未来，最为的切。究而言之，所谓本体，原非于对境之外另有一物，而所谓过去未来，要亦不离于见在也。特具足者，委是人人具足，而即是者，尚未必一一皆是耳。是故认得合下明白，乃能识得当下，认得当下明白，乃能完得合下。此须细细参求，未可率尔也。"（《明儒学案卷五十八·东林学案一》）他于当下而见性，以为性横亘古今上下，充实圆满，不为空虚。

高攀龙也以为生存流行之气充盈宇宙，而其中之理为性。"圣人之学，所以异于释氏者，只一性字。圣人言性，所以异于释氏言性者，只一理字。理者，天理也。天理者天然自有之条理也。故曰天叙、天秩、天命、天讨，此处差不得针芒。先圣后圣，其揆一也。明道见得天理精，故曰：'《传灯录》千七百人，若有一人悟道者，临死须寻一尺布里头而死，必不肯削发僧服而终。'此与曾子易篑意同。此理在拈花一脉之上，非穷理到至极处，不易言也。"（《明儒学案卷五十八·东林学案一》）

此建立在生存论立场上的性理具有形上的超越性，但是其超越性存在与佛老的超验本体相区别。顾宪成言道："无声无臭，吾儒之所谓空也；无善无恶，二氏之所谓空也。名似而实远矣。是故讳言空者,以似废真,混言空者,以似乱真。"(《明儒学案卷五十八·东林学案一》)高攀龙也言道:"老氏气也,佛氏心也,圣人之学,乃所谓性学。老氏之所谓心,所谓性,则气而已。佛氏之所谓性,则心而已。非气心性有二,其习异也。性者天理也,外此以为气,故气为老氏之气,外此以为心,故心为佛氏之心。圣人气则养其道义之气,心则存其仁义之心,气亦性,心亦性也。或者以二氏言虚无,遂讳虚无,非也。虚之与实,有之与无,同义而异名,至虚乃至实,至无乃至有,二氏之异,非异于此也。性形而上者也,心与气形而下者也。老氏之气极于不可名、不可道,佛氏之心,极于不可思、不可议,皆形而上者也。二氏之异,又非异于道器也。其端绪之异,天理而已。"(《明儒学案卷五十八·东林学案一》)

于是,与天理合一之性便并非"无善无恶"的超验存在,而是纯然的至善。顾宪成以为:"异教好言父母未生前,又好言天地未生前,不如《中庸》只说个喜怒哀乐之未发,更为亲切。于此体贴,未生前都在其中矣。"(《明儒学案卷五十八·东林学案一》)高攀龙也以性体具有是非善恶,不可以空无言之:"佛氏最忌分别是非,如何纲纪得世界?纪纲世界只是非两字,亘古亘今,塞天塞地,只是一生机流行,所谓易也。"(《明儒学案卷五十八·东林学案一》)

此由生存流行之气透显而出的至善之性具有为他性和自为性相结合的特色。顾宪成言道:"性太极也,知曰良知,所谓乾元也;能曰良能,所谓坤元也;不虑言易也,不学言简也。故天人一也,更不分别。自昔圣贤论性,曰'帝衷',曰'民彝',曰'物则',曰'诚',曰'中和',总总只是一个善。告子却曰'性无善无不善',便是要将这善字打破。自昔圣贤论学,有从本领上说者,总总是个求于心;有从作用上说者,总总是个求于气。告子却曰'不得于言,勿求于心;不得于心,勿求于气',便是要将这求字打破。善字打破,本体只是一个空,求字打破,工夫也只是一个空,故曰告子禅宗也。"(《明儒学案卷五十八·东林学案一》)此性理具有可知可求的特征,所以具有为他的意义。

进而，顾宪成又说道："平居无事，不见可喜，不见可嗔，不见可疑，不见可骇，行则行，住则住，坐则坐，卧则卧，即众人与圣人何异？至遇富贵，鲜不为之充诎矣；遇贫贱，鲜不为之陨获矣；遇造次，鲜不为之扰乱矣；遇颠沛，鲜不为之屈挠矣。然则富贵一关也，贫贱一关也，造次一关也，颠沛一关也。到此直令人肝腑具呈，手足尽露，有非声音笑貌所能勉强支吾者。故就源头上看，必其无终食之间违仁，然后能于富贵贫贱造次颠沛处之如一；就关头上看，必其能于富贵贫贱造次颠沛处之如一，然复算得无终食之间违仁耳。"（《明儒学案卷五十八·东林学案一》）"就源头上看"是自为而不为人知的一面，"就关头上看"是为他而不为己私的一面，两者的结合共同构成了性所具有的完整含义。此种对于性的理解，与刘宗周的"慎独"与"诚意"在自为与为他两面的整全意义的建构上具有异曲同工之处。

基于此性理之学，顾宪成批评佛学未能见性，故以生死为大事。顾宪成言道："孔、孟之言，看生死甚轻。以生死为轻，则情累不干，为能全其所以生、所以死。以生死为重，则惟规规焉躯壳之知，生为徒生，死为徒死。佛氏之谓生死事大，正不知其所以大也。"（《明儒学案卷五十八·东林学案一》）同时，他批评佛学轮回果报之说，不知尽心知性而知天，是对经验世界之人伦秩序的伤害和破坏："道者，纲常伦理是也。所谓天叙有典，天秩有礼，根乎人心之自然，而不容或已者也。有如佛氏之说行，则凡忠臣孝子，皆为报夙生之恩而来，凡乱臣贼子，皆为报夙生之怨而来。反诸人心之自然，而不容或已处，吾见了不相干也。于是纲常伦理，且茫焉无所系属，而道穷矣。法者，黜陟予夺是也。所谓天命有德，天讨有罪，发乎人心之当然，而不容或爽者也。有如佛氏之说行，则凡君子而被戮辱，皆其自作之孽，而戮辱之者，非为伤善；凡小人而被显荣，皆其自贻之休，而显荣之者，非为庇恶。揆诸人心之当然，而不容或爽处，吾见了不相蒙也。于是黜陟予夺，且贸然无所凭依，而法穷矣。"（《明儒学案卷五十八·东林学案一》）而此经验世界所具之条理，即为超越之天理。《明儒学案》载顾宪成与其弟子在观音寺前的对话道："一日游观音寺，见男女载道，余谓季时曰：'即此可以辨儒佛已。凡诸所以为此者，一片祸福心耳。未见有为祸福而求诸吾圣人者也。佛氏何尝邀之使来？吾圣人何尝拒之使去？佛氏何尝专言祸福？吾圣人何尝讳言祸福？就中体勘，其间必有一段真精神，迥然不同处。'季时曰：'此特愚夫愚妇之所为耳，有识者必不然。'曰：'感至于愚夫愚妇，而后其为感也真；应至于愚夫愚妇，而后其为应也真。真之为言也，纯乎天而人不与焉者也。研究到此，一丝莫遁矣。'"（《明儒学案卷五十八·东林学案一》）

东林学把天理落实于生存之气的当下流行之中，以性为至善无恶的心灵主宰者，从而完成了朱子学的生存论转向。此新朱子学的成果与心学相结合，构成整体人性意义上的"心"学体系，从而把超验之本体融涵进来。

其次，心学对于理气概念的融摄：

明代中叶之后，心学兴盛。作为明代心学开先河者，陈献章主张严于辨析儒佛之差异："禅家语，初看亦甚可喜，然实是儱侗，与吾儒似同而异，毫厘间便分霄壤，此古人所以贵择之精也。如此辞所见大体处，了了如此，闻者安能不为之动？但起脚一差，立到前面，无归宿，无准的，便日用间种种各别，不可不勘破也。"（《明儒学案·白沙学案上》）

阳明心学对于佛学的融摄和批评。王守仁（公元1472—1529年），本名王云，字伯安，号阳明，浙江余姚人。弘治十二年（公元1499年），中进士，忤于刘瑾，被贬谪贵州龙场驿丞，后历任庐陵知县、右佥都御史、南赣巡抚、两广总督、南京兵部尚书、左都御史等职，在事功上颇有成就，接连平定南赣、两广盗乱及朱宸濠之乱，获封新建伯。嘉靖七年逝世，时年五十七。阳明一生戎马倥偬，事务缠身，但是他不忘讲学，大力提倡心学，以"致良知"为其学宗旨，弟子众多，世称"姚江学派"，有《王文成公全书》传世。

首先，阳明以为，超验之虚无本体，并非佛道之专属，而是人之为人之原理所具有的超验本体意义。故而，它实是作为任何本体建构时不可缺失的部分。佛道之偏差，并不是由于两家对于虚无之超验本体的揭示，而是在于两家基于意见而不能揭示此超验本体的真相。阳明并未把"虚"从儒学中排斥出去，而是强调了唯有儒学才了悟真正的"空"，从而在儒学之中融摄进了"空"概念。这个"太虚"之空，与"天"之实，一体存在，此一体存在即为"心"或"良知"。阳明先生基于心学之立场，对于佛学的看法，可与张子相参看，也可与朱子的看法相比照。阳明以为，良知方为虚无之本色，其本体自然为虚，并无人欲停留于其间，固为本体之本来面目。佛道两家对于本体，被其私意隔断，故而成本体之蔽障，恰失良知本来面目。"仙家说到虚，圣人岂能虚上加得一毫实？佛氏说到无，圣人岂能无上加得一毫有？但仙家说虚，从养生上来；佛氏说无，从出离生死上来，却于本体上加却这些子意思在，便不是**虚无的本色**，便于本体上有障碍。圣人只是还他良知的本色，便不着些子意在。良知之虚，便是天之太虚，良知之无，便是太虚之无形。日月风雷，山川民物，凡有象貌形色，皆在太虚无形中发用流行，未尝作得天的障碍。圣人只是顺其良知之发用，天地万物俱在我良知发用流行中，何尝又有一物超于良知之外，能作得障碍？"（《明儒学案·姚江学案》）阳明从本体上批评佛道两家，以为佛道均未能见真实之本体。之所以佛道二家所论之本体有不足，是由于二家均为私欲所隔断，"仙家说虚，从养生上来；佛氏说无，从出离生死上来"，故以佛学为自私自利之学："随物而格，是致知之功，即佛氏之常惺惺，亦是常存他本来面目耳。体段功夫大略相似，但佛氏有个自私自利之心，所以便有不同。"（《明儒学案·姚江学案》）由此佛道之学不能真正地指出超验本体之真相。

其次，阳明以为，既统一自为与为他的两面存在，又融贯超验与经验的意义世界的人之实存即是良知，由此良知所具有的推致天下的刚健不已的品格，又可称之为"致良知"。从而，良知本体以彻上彻下的人性整体为其基本内涵，将其十字打开，则身、心、意、知、物为此整体之诸环节。

诚正格致与意心知物也需要从其一体性中把握。相比于朱子《大学》之注解所具有的节节分析的特色，阳明则更加强调诸环节之间所具有的整体的流动性和贯通性。朱子对于《大学》中诸环节的注解言:"明明德于天下者,使天下之人皆有以明其明德也。心者,身之所主也。诚,实也。意者,心之所发也。实其心之所发,欲其一于善而无自欺也。致,推极也。知,犹识也。推极吾之知识,欲其所知无不尽也。格,至也。物,犹事也。穷至事物之理,欲其极处无不到也。此八者,大学之条目也。物格者,物理之极处无不到也。知至者,吾心之所知无不尽也。知既尽,则意可得而实矣,意既实,则心可得而正矣。修身以上,明明德之事也。齐家以下,新民之事也。物格知至,则知所止矣。意诚以下,则皆得所止之序也。"(朱熹《四书集注》)朱子此论便缺乏对于诚正格致与意心知物的一体性把握,仅有由先而后之步骤,而并无由后到先的回返,导致诸环节之间缺失了内在的流动性和一体性,而体现出由理性所设定的单一性和抽象性。阳明则基于一在世的生存论立场明确了诸环节处于一个整体流通之中,此生命事物之主宰为心,此心对于生命的引导形成气之发动,气之流行觉知构成了理,这才最终达到了作为生命本真之"性"的凸显。"盖身、心、意、知、物者,是其工夫所用之条理,虽亦各有其所,而其实只是一物。格、致、诚、正、修者,是其条理所用之工夫,虽亦皆有其名,而其实只是一事。何谓身心之形体?运用之谓也。何谓心身之灵明?主宰之谓也。何谓修身?为善而去恶之谓也。吾身自能为善而去恶乎?必其灵明主宰者欲为善而去恶,然后其形体运用者始能为善而去恶也。故欲修其身者,必在于先正其心也。然心之本体则性也,性无不善,则心之本体本无不正也。"(王阳明《大学问》)阳明总结诸环节之关系:"盖其功夫条理虽有先后次序之可言,而其体之惟一,实无先后次序之可分。其条理功夫虽无先后次序之可分,而其用之惟精,固有纤毫不可得而缺焉者。此格致诚正之说,所以阐尧舜之正传而为孔氏之心印也。"(王阳明《大学问》)此即为阳明"随时知是知非,随时无事无非"之境。此心自然会知,此心自然会明,但是,它并不仅仅是一个超越的"虚灵不昧"的空洞知觉,而是完整的生命整体。人心所发之善与不善,均为本体所知,并能为本体所主宰和调适。事物在善恶上所具有的复杂现实性,并不是一种二元对立的"理气"模式所能解释,而是由作为本体的"心"

的无蔽或者蒙蔽状态而决定的，或者说是"妄"或者"不妄"来决定的。

最后，阳明指出良知本体贯通本体世界中的超验与经验之意义。在阳明晚年出征思田之前，与门人指出"王门四句教"："已后讲学，不可失了我的宗旨。无善无恶心之体，有善有恶意之动，知善知恶是良知，为善去恶是格物。这话头随人指点，自没病痛，原是彻上彻下工夫"（王畿《天泉证道记》）。基于此种人之实存的看法，阳明并不反对佛道之学，而是视其为通达本体的不同途径，有其偏私，亦有其实见，最终以直达本体的意义世界为终极取舍标准。故其言道："不思善，不思恶，时认本来面目，此佛氏为未识本来面目者设此方便。本来面目，即吾圣门所谓良知。今既认得良知明白，即已不消如此说矣。"（《明儒学案·姚江学案》）对此，黄宗羲评论道："是辨三教异同大头脑处，可见惟吾儒方可担得虚无二字起，二氏不与也。"（《明儒学案·姚江学案》）如此，良知概念便把本体世界之超验意义真正地吸收进自身体系之中，把自为之心体一面充分地发展出来。它并不仅仅是照搬佛道之虚空概念，而是由人之实存出发而确立起超验本体世界所具有之意义。

阳明之后，心学之中亦有辟佛之一派，坚守理学之矩镬，与佛老划清界限。其学尽管亦立足于心之本体，但是以心体不离工夫，而最终之境界即是天理，具有不可撼动之严正性，与佛老之学具根本之差异。其学派代表是所谓江右王门，以邹守益、王时槐、刘文敏等人主导，被称为王门正统。

邓元锡（公元1529—1593年），字汝极，号潜谷，江西南城人。师从于罗近溪、邹东廓与刘三五，为阳明心学第三代的传人。他潜心学术，勤于著述，留下大量的著作。清代人所编《四库全书》对其著作多所贬抑，颇有微词。黄宗羲在《明儒学案》中称其力辩儒释之别，以为邓氏代表了儒佛之辩中主张"同本异用"的流别，但并未越出前辈矩镬，只是重提"本同而末异"的主张。"时心宗盛行，谓'学惟无觉，一觉无余蕴，九思、九容、四教、六艺，桎梏也。'先生谓：'九容不修，是无身也；九思不慎，是无心也。'每日晨起，令学者静坐收摄放心，至食时，次第问当下心体，语毕，各因所至为觉悟之。先生之辨儒释，自以为发先儒之所未发，然不过谓本同而末异。先儒谓：'释氏之学，于敬以直内则有之矣，义以方外则未之有也。'又曰：'禅学只到止处，无用处。'又曰：'释氏谈道，非不上下一贯，观其用处，便作两截。'先生之意，不能出此，但先儒言简，先生言洁耳。"也有学者对其评价甚高，会稽人陶望龄给予其学高度评价，他在《潜学稿》序中说："潜谷先生，据道也实矣，然后绎之乎经；离经也通矣，然后函之乎史；肆史也洽矣，然后摛之为文。其文意行理谴而命于法，凝立万行而余于态，庄严雅奏而极于情。若茧丝有绪，布帛有幅，纩有温，珠玉有泽。盖明兴以来，为《六经》之文者，自先生始。"（陶望龄《潜学稿》）

邓元锡之判儒佛，已然把儒学之本体立于无声无臭之上，此体自有其用，成为一整体性的存在。"盖悟其无矣，而欲以无者空诸所有；悟其虚矣，而欲以虚者空诸所实。欲空诸所有，而有物有则，有典有礼者，不能不归诸幻也。欲空诸所实，而明物察伦，惇典庸礼者，不能不归诸虚也。故其道虚阔胜大，而不能不外于伦理；其言精深敏妙，而不能开物以成务。"邓元锡以佛教明虚无之本体但并未达用，而因其不能达用，故而其对于本体的了解也是差之毫厘。黄宗羲在《明儒学案》里极表彰其辟佛之文章，以为他对于儒佛同本而异归的辨析广大细密，代表了此流别的极透彻的理论深度，他认为，儒佛之辩，前人多有见地，其大旨不出数种："有以为主于经世，主于出世，而判之以公私者矣。有以为吾儒万理皆实，释氏万理皆虚，而判之以虚实者矣。有以为释氏本心，吾儒本天，而判之以本天本心者矣。有以为妄意天性，不知范围天用，以六根之微，因缘天地，而诬之以妄幻者矣。有以为厌生死，恶轮回，而求所谓脱离，弃人伦，遗事物，而求明其所谓心者矣。"邓元锡以为以上诸说并未触及儒佛分别之根本，从而提出儒佛之辩在于"本同而末异"。"本同"则是儒佛均以"道"之无声无臭之超验存在为其本体，把佛学本体之超验维度吸收进来。"盖道合三才而一之者也，其体尽于阴阳而无体，故谓之易；其用尽于阴阳而无方，故谓之神。其灿然有理，谓之理；其粹然至善，谓之性；其沛然流行，谓之命。无声无臭矣，而体物不遗；不见不闻矣，而莫见莫显。是中庸之所以为体，异教者欲以自异焉而不可得也。圣人者知是道人之尽于心，是心若是其微也。知此而精之之谓精，守此而固之之谓一，达此于五品、五常、百官、万务之交也，之谓明伦，之谓察物。变动不拘，周流六虚矣，而未始无典常之可揆；成文定象，精义利用矣，而未始有方体之可执。故无声无臭，无方无体者，道之体也。圣人于此体未尝一毫有所增，是以能立天下之大本。"

同时，儒佛之间的区别在于末用之异："有物有则，有典有礼，道之用也。圣人于此体未尝一毫有所减，是以能行天下之达道。立大本，行达道，是以能尽天地人物之性，而与之参。《易》象其理，《诗》、《书》、《礼》、《乐》、《春秋》致其用，犹之天然，上天之载，无声无臭，而四时百物，自行自生也。故穷神知化，而适足以开物成务，广大悉备，而不遗于周旋曲折，几微神明，而不出于彝常物则，三至三无而不外于声诗礼乐。上智者克复于一日，夕死于朝闻，而未始无密修之功。中下者终始于典学，恒修于困勉，而未始无贯通之渐。同仁一视，而笃近以举远，汎爱兼容，而尊贤以尚功。夫是以范围不过，曲成不遗，以故能建三极之大中。释氏之于此体，其见甚亲，其悟甚超脱敏妙矣。然见其无声臭矣，而举其体物不遗者，一之于无物；见其无睹闻矣，而举其生化自然者，一之于无生。既无物矣，而物之终不可得无者，以非有非无，而一之于幻妄；既无生矣，而生之终不可得尽者，以为不尽而尽，而一之于灭度。明幻之为幻，而十方三界，亿由旬劫者，此无生之法界也。明生之无生，而胎卵湿化，十二种生者，此无生之心量也。弘济普度者，此之谓济也；平等日用者，此之谓平也；圆觉昭融者，此之谓觉也。虽其极则至于粟粒之藏真界，干屎橛之为真人，嘘气举手，瞬目扬眉，近于吾道之中庸，而吾学之道中庸者，终未尝以庸其虑。虽其授受至于拈花一笑，棒喝交驰，拟议俱泯，心行路绝，近于圣门之一唯，而吾学之尽精微者，终未尝以撄其心。虽其行愿至于信住回向，层次阶级，近于圣门之积累，而圣门之《诗》、《书》、《礼》、《乐》经纬万古者，终未尝一或循其方。

虽其功德至于六度万行，普济万灵，近于圣门之博爱，而圣门之《九经》三重范围曲成者，终未尝一以研诸虑。盖悟其无矣，而欲以无者空诸所有；悟其虚矣，而欲以虚者空诸所实。欲空诸所有，而有物有则，有典有礼者，不能不归诸幻也。欲空诸所实，而明物察伦，惇典庸礼者，不能不归诸虚也。故其道虚阔胜大，而不能不外于伦理；其言精深敏妙，而不能开物以成务。……精义至于入神，理障亡矣；利用所以崇德，事障绝矣。孝弟通于神明，条理通於神化，则举其精且至者，不旁给他借而足，又何必从其教之为快哉？"（《论儒释书》）

章潢（公元1527—1608年），字本清，江西南昌人，明代理学家，与江右王门中之王时槐、邹元标等游学，著有《周易象义》《图书编》等。心为一，为生存之整体，有其超验之意义，即无声无臭，超越于聪明睿思之知，而成为无知之知。心为一，则又纳经验世界之意于其中，而不能割裂分离于本体之外。故而，释家以虚寂为妙道，隔绝于名教世情之外，却反成蔽障。于是，更见心与天合一的统一性。

"道之得名，谓共由之路也。南之粤，北之燕，莫不各有荡平坦夷之途，而圣仁义之途，皆实地也。在贤智者，可俯而就，在愚不肖者，可企而及。爱亲敬长，日用不知，而尽性至命，圣人岂能舍此而他由哉！此教之所以近，道之所以一也。若二氏既以虚寂认心性，因以虚寂为妙道，曰'旁日月，挟宇宙，挥斥八极，神气不变，日光明照，无所不通，不动道场，周遍法界'，直欲纵步太虚，顿超三界，如之何可同日语也？尝观诸天时，物皆在其包涵遍覆中之，然万有异类矣，并育不相害，四时异候矣，并行不相悖，孰主张是？《易》曰：'乾知大始'，'乾以易知'，宜乎有知莫若天也。然天命本于穆也，天载无声臭也，天之知终莫之窥焉，人独异于天乎？

故知一也，在耳为聪，在目为明，在心为思、为睿智也。声未接于耳，聪与声俱寂也，然听五声者聪也，虽既竭耳力，随其音响，悉听容之不清焉，似乎聪之有定在矣。即此以反听之聪，则毕竟无可执也。苟自以为聪，执之以辨天下之声，则先已自塞其聪，何以达四聪乎？色未交于目，明与色俱泯也，然见五色者明也，虽既竭目力，随其形貌，悉详睹之不紊焉，似乎明之有定方矣。即此以反观之明，则毕竟无可象也。苟自以为明，执之以察天下之色，则先已自蔽其明，何以明四目乎？思虑未萌，睿智与事物而俱敛矣，然神通万变者思之睿也，虽竭心思，随其事物以酬酢之而尽。入几微，似乎睿智有所定矣。即此以自反焉睿，则毕竟无可窥也。若自以为睿，执之以尽天下之变，则先已自窒其思，何以无思无不通乎？"

黄宗羲（公元1610—1695年），浙江余姚人，字太冲，号南雷，学者称其"梨洲先生"。明末清初思想家、史学家。"东林七君子"之一黄尊素长子。黄宗羲师承刘蕺山，其学以心学为宗，学问渊博，著述等身。其思想史名著《明儒学案》论罗汝芳之学，其中可见黄氏自身对于儒禅之间的辨析。"先生之学，以赤子良心、不学不虑为的，以天地万物同体、彻形骸、忘物我为大。此理生生不息，不须把持，不须接续，当下浑沦顺适。工夫难得凑泊，即以不屑凑泊为工夫，胸次茫无畔岸，便以不依畔岸为胸次，解缆放船，顺风张棹，无之非是。学人不省，妄以澄然湛然为心之本体，沉滞胸膈，留恋景光，是为鬼窟活计，非天明也。论者谓龙溪笔胜舌，近溪舌胜笔。顾盼呿欠，微谈剧论，所触若春行雷动，虽素不识学之人，俄顷之间，能令其心地开明，道在现前。一洗理学肤浅套括之气，当下便有受用，顾未有如先生者也。然所谓浑沦顺适者，正是佛法一切现成，所谓鬼窟活计者，亦是寂子速道，莫入阴界之呵，不落义理，不落想像，先生真得祖师禅之精者。盖生生之机，洋溢天地间，是其流行之体也。自流行而至画一，有川流便有敦化，故儒者于流行见其画一，方谓之知性。若徒见气机之鼓荡，而玩弄不已，犹在阴阳边事，先生未免有一间之未达也。夫儒释之辨，真在毫釐。今言其偏于内，而不可以治天下国家，又言其只自私自利，又言只消在迹上断，终是判断不下。以義论之，此流行之体，儒者悟得，释氏亦悟得，然悟此之后，复大有事，始究竟得流行。今观流行之中，何以不散漫无纪？何以万殊而一本？主宰历然。释氏更不深造，则其流行者亦归之野马尘埃之聚散而已，故吾谓释氏是学焉而未至者也。其所见固未尝有差，盖离流行亦无所为主宰耳。若以先生近禅，并弃其说，则是俗儒之见，去圣亦远矣。"（《明儒学案·泰州学案三》）黄宗羲在《明儒学案》中着重点出罗汝芳之学，以其为明代儒学的重镇，故而，对于其学说分析得纤毫毕至，不敢轻忽。一方面黄宗羲点出罗氏"真得祖师禅之精者"，另一方面批评他"有一间之未达"，所谓儒释之间，只争一线。在黄宗羲看来，心体之流行为二家兼具，此中的辨别的关键在于是否透出"主宰"之天理。黄宗羲的说法，仍然是以所见之本体的不同来辨别二家，此心体之流行为儒禅兼有，为两家之同；此心体由天理所主宰，为儒学所宗，为二家之异。以心学为本体的哲学立场是与之前诸人一致的。

　　黄宗羲又论到胡居仁之学的时候，提到了心学与佛学之间的辨析。此处所论，佛学与心学之差异，在于其所见之境界不同，折射出二者之本体之不同。释氏所见为流行中的变动之体，而心学所见为流行中不变之理。盖此体均为心体，均由此场域所展现，却有理气之不同。儒者为理，佛家为气。佛家之气为无主宰者，儒家之气为有主宰者。然而，它们都源于心，而归于心，其本体相通，只是所见不同。此心、此气之主宰，并非外铄而来，而是于世间存在中的意义澄明，此意义召唤与引领人实践前行。"先生之辨释氏尤力，谓其'想像道理，所见非真'，又谓'是空其心、死其心、制其心'。此皆不足以服释氏之心。释氏固未尝无真见，其心死之而后活，制之而后灵，所谓'真空即妙有也'，弥近理而大乱真者，皆不在此。盖大化流行，不舍昼夜，无有止息，此自其变者而观之，气也；消息盈虚，春之后必夏，秋之后必冬，人不转而为物，物不转而为人，草不移而为木，木不移而为草，万古如斯，此自其不变者而观之，理也。在人亦然，其变者，喜怒哀乐、已发未发、一动一静、循环无端者，心也；其不变者，恻隐羞恶、辞让是非、梏之反覆、萌蘖发见者，性也。儒者之道，从至变之中，以得其不变者，而后心与理一。释氏但见流行之体，变化不测，故以知觉运动为性，作用见性，其所谓不生不灭者，即其至变者也。层层扫除，不留一法，天地万物之变化，即吾之变化，而至变中之不变者，无所事之矣。是故理无不善，气则交感错综，参差不齐，而清浊偏正生焉。性无不善，心则动静感应，不一其端，而真妄杂焉。释氏既以至变为体，自不得不随流鼓荡，其猖狂妄行，亦自然之理也。当其静坐枯槁，一切降伏，原非为存心养性也，不过欲求见此流行之体耳。见既真见，儒者谓其所见非真，只得形似，所以遏之而愈张其焰也。"（《明儒学案·崇仁学案二》）黄氏以为，儒佛之实，均由生命之体贴而来，即由生命之自然呈显而出，只是儒学以理主心，故与佛学不同。

阳明心学思想中以心体融汇三教的倾向在后世所谓的王门浙中学派和泰州学派的心学后劲中得到了极大的发挥。此派以为道并非可由儒释道三家所分，而只是一个道。此道理即为自性，为自心。故而，儒道释仅为不同的达于自心的教法，其根本的学理则是一致的。冈田武彦所著《王阳明与明末儒学》以"赵大洲、焦澹园、陶石篑、管东溟"等人为"容禅派"，他们相信良知本体自然现成，不假工夫安排，从而反对宋儒的存养工夫论，以为凡工夫所为均为对本心之遮蔽和束缚。

王畿（公元1498—1583年）字汝中，号龙溪，学者称龙溪先生。绍兴府山阴（今浙江绍兴）人。受业于阳明，与钱德洪辅助其师教授后学，是阳明最赏识的弟子。往来江、浙、闽、越等地讲学40余年，虽年过八十仍周游不辍，其从学弟子遍于天下，有《王龙溪先生全集》行世。

王畿提倡"现成良知"之学，以心统一本体界之超验意义和经验意义，"良知两字范围三教之宗。良知之凝聚为精，流行为气，妙用为神。无三可住，良知即虚，无一可还。此所以为圣人之学"（《王龙溪全集卷七·南游会纪》）。以心统摄三界，便是把本体所具有之超验和经验层面的意义贯通于心，"三界亦是假名，总归一心。心忘念虑即超欲界；心忘境缘，即超色界；心不着空，即超无色界"（《语录卷六》）。"心不着空"即是良知妙用生生不已，打破世间与出世间的分离。

他以为三教会同于"良知"，以良知为"范围三教之宗"，并强调"大抵我师良知二字，万劫不坏之元神，范围三教之大总持"

(《王龙溪全集卷九·与魏水州》)。并从良知之不同时机之自我显现来说明三教的教义:"二氏之学与吾儒异,然与吾儒并传而不废,盖亦有道在焉。均是心也,佛氏从父母交媾时提出,故曰'父母未生前',曰'一丝不挂',而其事曰'明心见性';道家从出胎时提出,故曰'囡地一声,泰山失足','一灵真性既立,而胎息已忘',而其事曰'修心炼性';吾儒却从孩提时提出,故曰'孩提知爱知敬','不学不虑',曰'大人不失其赤子之心',而其事曰'存心养性'。夫以未生时看心,是佛氏顿超还虚之学;以出胎时看心,是道家炼精气神以求还虚之学。……若以未生时兼不得出胎,以出胎时兼不得孩提,孩提举其全。天地万物,经纶参赞,举而措之,而二氏之所拈出者未尝不兼焉,皆未免于臆说。或强合而同,或排斥而异,皆非所以论于三教也。"(《王龙溪全集卷七·南游会纪》)

龙溪又言澈悟之学,以会通三教,"从知解而得者谓之解悟,……从静中而得者谓之证悟;从人事练习而得者,忘言忘境,触处逢缘,愈摇荡愈凝寂,始谓之澈悟。澈悟于人事之摇荡之中,二氏得之而绝念,吾儒得之而感通"(《语录卷六》)。由澈悟而观照,则万物万事均为良知之用,三教均于其中。"天积气耳,地积块耳,千圣过影耳。一念灵明,从混沌立根基,从此生天生地,生人生物,是谓大生广生,生生而未尝息。"(《语录卷七》)范围三教之学与范围天地之间本相一致。

倡导以心为一而统合三教的王门子弟不在少数,其说常以心为贯通统一超验和经验意义世界的本体,从而打通儒释道三家之本体教义。黄宗羲对于江右王门弟子邹元标的近禅倾向有很中肯的评说,其评说指出了其学说的根本宗旨:"先生之学,以识心体为入手,以行恕于人伦事物之间、与愚夫愚妇同体为功夫,以不起意、空空为极致。离达道,无所谓大本;离和,无所谓中,故先生禅学,亦所不讳。求见本体,即是佛氏之本来面目也。其所谓恕,亦非孔门之恕,乃佛氏之事事无碍也。佛氏之作用是性,则离达道无大本之谓矣。然先生即摧刚为柔,融严毅方正之气,而与世推移,其一规一矩,必合当然之天则,而介然有所不可者,仍是儒家本

色，不从佛氏来也。"(《明儒学案卷二十三·江右王门学案八》)

泰州学派以王艮、罗汝芳等人为领军，提倡"当下良知"，并以之会通三教之学。黄宗羲在《明儒学案》中论泰州学派之狂禅倾向，"阳明先生之学，有泰州、龙溪而风行天下，亦因泰州、龙溪而渐失其传。泰州、龙溪时时不满其师说，益启瞿昙之秘而归之师，盖跻阳明而为禅矣。然龙溪之后，力量无过于龙溪者，又得江右为之救正，故不至十分决裂。泰州之后，其人多能以赤手搏龙蛇，传至颜山农、何心隐一派，遂复非名教之所能羁络矣。顾端文曰：'心隐辈坐在利欲胶漆盆中，所以能鼓动得人，只缘他一种聪明，亦自有不可到处。'羲以为非其聪明，正其学术也。所谓祖师禅者，以作用见性。诸公掀翻天地，前不见有古人，后不见有来者。释氏一棒一喝，当机横行，放下拄杖，便如愚人一般。诸公赤身担当，无有放下时节，故其害如是。"(《明儒学案·泰州学案一》)

李贽（公元1527—1602年），福建泉州人，字宏甫，号卓吾，别号温陵居士、百泉居士等。曾为姚安知府，随即弃官，寄寓黄安、湖北麻城芝佛院，在多地讲学。后被诬下狱，于狱中自刎而亡。

李贽以为儒释道三家之学目标一致，皆为求道。此道皆有出世之超验意义，并非仅为经验世俗之学。"儒、道、释之学，一也，以其初皆期于闻道也。必闻道然后可以死，故曰：'朝闻道，夕死可矣。'非闻道则未可以死，故又曰：'吾以女为死矣。'唯志在闻道，故其视富贵若浮云，弃天下如敝屣然也。然曰浮云，直轻之耳；曰敝屣，直贱之耳：未以为害也。若夫道人则视富贵如粪秽，视有天下若枷锁，唯恐其去之不速矣。然粪秽臭也，枷锁累也，犹未甚害也。乃释子则又甚矣：彼其视富贵若虎豹之在陷阱，鱼鸟之入网罗，活人之赴汤火然，求死不得，求生不得，一如是甚也。此儒、道、释之所以异也，然其期于闻道以出世，一也。盖必出世，然后可以免富贵之苦也。"(李贽《续焚书卷二·三教归儒说》)

三家之学均由本心所发，为人之本体意义世界所自有。故而，三教之学均指向自性之本地风光，其面貌各自不同，但所指则一般无二。"凡为学皆为穷究自己生死根因，探讨自家性命下落。……唯三教大圣人知之，故竭平生之力以穷之，虽得手应心之后，作用各各不同，然其不同者特面貌尔。既是分为三人，安有同一面貌之理？强三人面貌而欲使之同，自是后人不智，何干三圣人事，曷不于三圣人之所以同者而日事探讨乎？能探讨而得其所以同，则不但三教圣人不得而自异，虽天地亦不得而自异也。夫妇也，天地也，既已同其元矣，而谓三教圣人各别可乎？则谓三教圣人不同者，真妄也。'囚地一声'，道家教人参学之话头也；'未生以前'，释家教人参学之话头也；'未发之中'，吾儒教人参学之话头也。同乎？不同乎？唯真实为己性命者默默自知之，此三教圣人所以同为性命之所宗也。"（李贽《续焚书卷一·答马厉山》）

故即本体即境界，儒释道三家之学，并无差别。"夫大人之学，其道安在乎？盖人人各具有是大圆镜智，所谓我之明德是也。是明德也，上与天同，下与地同，中与千圣万贤同，彼无加而我无损者也。既无加损，则虽欲辞圣贤而不居，让大人之学而不学，不可得矣。然苟不学，则无以知明德之在我，亦遂自甘于凡愚而不知耳。故曰：'在明明德。'夫欲明知明德，是我自家固有之物，此《大学》最初最切事也。是故特首言之。"（李贽《续焚书卷一·与马厉山》）

焦竑（公元 1540—1620 年），字弱侯，号漪园、澹园，生于江宁（今南京），祖籍山东日照。明神宗万历十七年（公元 1589 年）会试北京，得中状元，官翰林院修撰，皇长子侍读等职。明代著名学者，他师从于泰州学派的耿定向、罗汝芳，笃信李贽之学，能够博览群书，精于经史，为晚明杰出的思想家和考据学家。著有《澹园集》（正、续编）《焦氏笔乘》《焦氏类林》《国朝献徵录》《国史经籍志》《老子翼》《庄子翼》等。

焦竑以为，心之本体无上下内外之别。此心充塞天地，是为本心。"仲晋曰：'心只在方寸间。'先生曰：'此血肉心，非真心也。'谢生曰：'浑身皆是心。'先生曰：'盈天地间皆心也。古人云："若人识得心，大地无寸土。"晦翁亦甚喜此语。'"[①] 故而，

[①] 焦竑：《澹园集卷四十八·古城答问》，中华书局 1999 年版，第 728 页。

道无上下，觉无内外，并非由佛或由儒出发而主张，而是均由一融会儒释的自性本体出发而立论。"'程伯淳言："释氏说道，如以管测天，只是直上去。"如何？'曰：'否，道无上下。''伯淳言："佛有个觉之理，可谓敬以直内矣。然无义以方外。"如何？'曰：'觉无内外。'"①

儒佛之本体世界即是心之世界，无论是佛性抑或良知，均是此心之名与此心之用，从而相即相入，并无区别。"即孝弟，即尧舜，与即心即佛，本非二说。盖人心一物，而仁也，良知也，孝弟也，则皆其名耳。诚因其名以造其实，则知所谓良知，则知舍人伦物理，无复有所谓良知。"②

故而，佛典与五经，也均为心体之朗现与发用。所有经典，不离本心。"周茂叔言：'看一部《华严经》，不如看一《艮卦》。'如何？"曰："此言是也。学者苟能知《艮卦》，何须佛典？苟能知自性，又何须《艮卦》也？"（《明儒学案卷三十五·泰州学案四》）

同时，佛学的本体意义世界亦包含经验性的一面，佛学亦有开物成务之学，即为他的应世之学，并非仅成自我之私。焦竑以佛学能开物成务："'伯淳言："佛穷神知化，而不足以开物成务。"如何？'曰：'学不能开物成务，则神化何为乎？伯淳尝见寺僧趋进甚恭，叹曰："三代威仪，尽在是矣。"又曰："洒扫应对，与佛家默然处合。"则非不知此理，而必为分异如是，皆慕攻异端之名而失之者也。不知天下一家，而顾过伞曲防，自处于偏狭固执之习，盖世儒牵于名而不造其实，往往然矣。乃以自私自利讥释氏，何其不自反也。'"③

又以佛学不失下学之经验性的一面："'伯淳言："佛唯务上达，而无下学。"然则其达岂有是也？'曰：'离下学无上达。佛说种种方便，皆为未悟者设法，此下学也。从此得悟，即名上达。学

---

① 焦竑：《澹园集卷十二》，中华书局1999年版，第91页。
② 焦竑：《澹园集卷十二》，中华书局1999年版，第87页。
③ 焦竑：《澹园集卷十二》，中华书局1999年版，第92页。

而求达，即掘井之求及泉也，泉之弗及，掘井奚为？道之弗达，学将安用？'"①

再以佛学为善，不离人伦物理。"孔子耳顺，悟意于沧浪，孟子引言，不遗于阳货。圣贤之心，空洞无物，何善不取，而何必过为分别乎？佛氏有三千威仪，八万细行，未尝屏物理也。以净饭王为父，以罗睺罗为子，未尝灭人伦也。若学之者，如二乘断灭之见，则其徒往往有之，非释迦之罪也。"②

基于以上的看法，焦竑以为佛学自成体用，分门别户之见为不见真相之偏见。"友问：'佛氏之道与吾道不同，于何处分别？'先生曰：'道是吾自有之物，只烦宣尼与瞿昙道破耳，非圣人一道，佛又一道也。大氏为儒佛辨者，如童子与邻人之子，各诧其家之月曰："尔之月不如我之月也。"不知家有尔我，天无二月。'"③

儒佛之间的差别，并不在于真伪，而是应世所显之变化。"问'儒释同异'。先生曰：'内典所言心性之理，孔孟岂复有加？然其教自是异方之俗，绝不可施于中国。苏子由有言：天下固无二道，而所以治人则异，君臣父子之间，不可一日无礼法。知礼法而不知道，世之俗儒，不足贵也。居山林，木食涧饮，而心存至道，虽为人天师可也，而以之治世则乱。儒者但当以皇极经世超数越形，而反一无迹，何至甘为无用之学哉！'"④儒释之别，是由自性所发，而应世之具的差别。其差别是功能性的，而并非根本性的差别，"'伯淳言："传灯千七百人，无一人达者。不然何以削发胡服而终？"'曰：'削发胡服，此异国土风，文中子所云"轩车不可以适越，冠冕不可以之胡"者也。然安知彼笑轩车冠冕，不若我之笑削发胡服者耶？故老聃至西戎而效夷言，禹入裸国忻然而解裳。局曲之人，盖不可道此。'"⑤

---

① 焦竑：《澹园集卷十二》，中华书局1999年版，第91页。
② 焦竑：《澹园集卷十二》，中华书局1999年版，第87页。
③ 焦竑：《澹园集》，中华书局1999年版，第745页。
④ 焦竑：《澹园集》，中华书局1999年版，第738页。
⑤ 焦竑：《澹园集卷十二》，中华书局1999年版，第91页。

第六章 明清时期儒释道三家的归于一心

基于以上三家合一之立场，焦竑力主辟佛之错误，而要"平反其狱"复其声誉。"'伯淳言："释氏之学，若欲穷其说而去取之，则其说未能穷，固已化而为佛矣。"且于迹上攻之，如何？'曰：'伯淳唯未究佛乘，故其掊击之言，率揣摩而不得其当。大似听讼者，两造未具，而臆决其是非，赃证未形，而悬拟其罪案，谁则服之？为士师者，谓宜平反其狱，以为古今之一快，不当随俗尔耳也。'"①

并主张不可以佛老之权宜教法，而定其本真之体。"来论云：'耽寂者谓佛氏之空足以不灭，谈玄者谓老氏之虚足以长生。'夫既空矣，则不灭者何寄？既虚矣，则长生者何物？盖二氏原无此说，而传之者之谬也。昔人云：'黄老悲世人贪著，故以长生之说，渐次引之入道。'知黄老则知佛矣。盖佛因人之怖死也，故以出离生死引之，既闻道，则知我本无生死。老因人之贪生也，故以长生久视引之，既闻道，则知我自长生，初非以躯壳论也。观老子曰：'死而不亡曰寿'，亦可见已。人之性体，自定自息。《大学》之'知止'，易之'艮'，正论此理，非强制其心之谓也。"②

杨起元（公元1547—1599年）对于心体的认知与焦竑一致，故而对佛老之学，亦加以包容。杨起元字贞复，别号复所。早年从湛甘泉之学，后拜泰州学派罗汝芳为师，其学不讳禅学，也多涉道教。黄宗羲以为其学，"先生所至，以学淑人，其大指谓：'明德本体，人人所同，其气禀拘他不得，物欲蔽他不得，无工夫可做，只要自识之而已。故与愚夫愚妇同其知能，便是圣人之道。愚夫愚妇之终于愚夫愚妇者，只是不安其知能耳。'虽然，以夫妇知能言道，不得不以耳目口鼻四肢之欲言性，是即释氏作用为之性说也"（《明儒学案卷三十四·泰州学案三》）。

杨起元的心学思想以良知本与万物一体，自然现成，不落善恶对待之中。心体涵容万物，此即以礼为体。"天地万物真机，于一

---

① 焦竑：《澹园集卷十二》，中华书局1999年版，第92页。
② 焦竑：《澹园集卷十二》，中华书局1999年版，第89页。

时一事上全体融摄，但应一声、转一瞬，无不与万物同体，顾人不善自识取耳。"(《明儒学案卷三十四·泰州学案三》）其言："体之为言，礼也。天地万物一体者，天地万物一于礼也。仁者以礼为体，不以形骸为体，故曰'克己复礼为仁'。"(《明儒学案卷三十四·泰州学案三》）

此万物一体之心由当下识得，此当下之心体即万物之体。此当下之心体为自为之体，故而为"无"，又统摄万物，故而为"有"。心体即为此"有无"之一体者也。"当下者，学之捷法，无前无后，无善无不善，而天地之大，万物之富，古往今来之久，道德功业之崇广，人情世态之变幻，管是矣。非天下之至巧，不足以语此。"(《明儒学案卷三十四·泰州学案三》）

方以智（公元1611—1671年）是明代以心学会通三教的集大成者。方以智，字密之，出家后改名大智，字无可，别号弘智，人称药地和尚，南直隶安庆府桐城（今安徽桐城）人。方以智的生平正当明清交替之际，时局动荡。明亡后，他积极参加反清运动，失败后便遁入空门。康熙十年（公元1671年），方以智殁于万安城外的惶恐滩，时年六十一岁。方以智家学渊源，博采众长，以"通几"与"质测"之学为基本内容，兼采中西，主张儒、释、道三教归一。其学问内容广博，文、史、哲、地、医药、物理，无所不包。"通几"与"质测"之学，是在"学"之意义上把"心"之意蕴充分地显露和释放，也就是唯有通过此两种学问途径，使得心之理获得其完整的实现。

他以"统均"统其"随""泯"二均，使得"儒释道"三家，以"不自欺"之火，一起熔而炼之，成"易"统三教的格局："我以十二折半为炉，七十二为鞴，三百六十五为课簿，环万八百为公案，金刚智为昆吾斧，劈众均以为薪，以勿自欺为空中之火，逢场烹饪，煮材适用，应供而化出，东西互济，反因对治，而坐收无为之治，无我、无无我，圜三化四，不居一名。可以陶五色之素器，烧节乐之大壎，可以应无商之圜钟，变无徵之四旦；造象无定，声饮归元。知文殊中无中、边之中，又不碍常用子华庭皇之中。是名全均，是名无均，是名真均。"①

以心体不落于善恶对待之中，以成自为之体。而此自为之体即为贯通三教之道。"新建曰：'无善无恶心之体，有善有恶意之动。'或驳之，非也。无善恶可言者，善至矣。京山曰：'继善成性，非有次第先后也，强分疏之示人耳！'性与善非二也，犹乎理也：于穆不已，无声无臭，未发之中，称之为善可也；无者善之长，曰明善，曰止至善，皆性也。善之混然即无，无之粹然即善。空中之色，色可无，空可无乎？至善岂有对待乎？言本体者，犹言本色也。本色者，素也；染画加彩，彩不加者，其地也，留其素而已。谓本体为善，犹本色为素也。龙溪专主四无，学单提耳。抑知无所得仍属方便，而舍存无泯为同时六相乎？"②

其解"一贯之道"，以为不必回护、不必玄妙、不必矛盾，人当学天地之一贯，此为真一贯。其言曰："世知言一贯矣，必每事每物提之曰：勿背吾心宗。多少回避，多少照顾，偶然权可耳，以为绝技而习之，岂真一贯者乎！究竟一际相应之实相，茶则茶，饭则饭，山则山，水则水，各事其事，物其物，如手其手，足其足，而即心其心；未尝有意曰：吾持时贯心于手，行时贯行于足也；此天地之一贯也。赞述罕雅，分合浅深，随得自得，不待安排。"③

天地自然即一真法界，其无碍通贯，无心自得，即是本体："正信之子，只学天地，更为直捷。是故设教之言必回护，而学天地者，可以不回护。设教之言必求玄妙，恐落流俗，而学天地者不必玄妙。设教之言惟恐矛盾，而学天地者不妨矛盾。不必回护，不必玄妙，不妨矛盾。一是多中之一，多是一中之多。一外无多，多外无一；此乃真一贯者也。一贯者，无碍也。通昼夜而知，本无不一，本无不贯。一真法界，放去自在。若先立一意，惟恐其不贯，惟恐其不一，则先碍矣。故有为碍所碍，有为无碍所碍。于四不碍

---

① 《东西均注释·东西均开章》，方以智撰，庞朴注释，中华书局2016年版，第41页。
② 《东西均注释·公符》，方以智撰，庞朴注释，中华书局2016年版，第149页。
③ 《东西均注释·一贯问答注释·问一贯》，方以智撰，庞朴注释，中华书局2016年版，第423页。

中，始得一贯。若是执定四不碍，则又为一贯所碍；是为死一，非活一贯也。"①

不落有无，即贯通有无，即成自为为他贯通之本体，以通达于三教之学："《大学》心有所，是有病；心不在，是无病。去健羡，无适莫，无可无不可，则不落有无矣。执则俱病，化则双妙。《庄子》言照天寓庸，即是庸有，此妙有也。其曰环中，即未始有，此妙无也。中是妙无，庸是妙有。《无妄》是妙无，《大畜》是妙有。天是妙无，地是妙有。德是妙无，业是妙有。知崇礼卑，进修即是崇广。悟学妙无，则两端之中又有两端，交网连枝，无不回互。究竟妙无即妙有，犹真空即幻有也。我特要裂破之，说个不落有无之妙无妙有。会者妙会，岂可执定我所说耶！总来地之成能皆天，夜气用于日中，下学上达，即是贯代错之真天。卦爻无不反对，而贯其中者，即是贯寂感之《易》，即是贯《震》《艮》之无息，即是贯是非之公是、化善恶之至善，即是贯生灭之真如，即是贯住来之无住，即是超罗汉、菩萨之佛，即是融性相之无性实相。"②

故而，在心体之中，本末上下物我天人，俱一体打通，归于三教圆融之体："物物而不物于物，格物物格，心物不二，即可谓之无物，无物即是无心。践形、复礼、博文，俱是打通内外，不作两橛。祖师令人于机境上逆破，正是此旨。若能转物，即同如来，以此合参，更见全体作用，一直辊去，自然不落两边。其执格去物欲之说者，未彻此耳。心一物也，天地一物也，天下国家一物也，物格直统治平参赞，而诵诗读书，穷理博学俱在其中。但云今日格一物、明日格一物，以为入门，则胶柱矣。知即是行，诚明合一，非穷理博物而一旦贯通之说，亦非自得本莫愁末之说。然未尝不可曰：穷理博物而一旦贯通，又未尝不可曰：既得本莫愁末。至于善巧方便更不拘此，尽心者果能当下豁然，心意知俱无，并甚么觉

---

① 《东西均注释·一贯问答注释·问一贯》，方以智撰，庞朴注释，中华书局2016年版，第424页。

② 《东西均注释·一贯问答注释·问一贯》，方以智撰，庞朴注释，中华书局2016年版，第433—435页。

字、明字、一齐打破放下，更有何物可格。此是格致到极化处，便刻刻在事物中打滚放赖不沾灰矣。此处难以语人！"①

（二）佛老之学对现实经验世界的贯通

随着宋代开始的佛教世间化运动与善理的展开，佛老之学已然吸收了现实经验层面的理论内容，丰富了佛老两家本体的意义世界。明清时期的佛学进一步把物、理、气等概念纳入到心学的框架之中，使得社会现实和历史文化的经验世界与佛学的超验性意义世界相结合，构成一个完整而动态的哲学结构。佛老归于心学与理学归于心学的潮流，在明代形成了一个三教本体归于一心的总体动向。而此总体动向也说明了儒释道之学只有在以生存论为立场的整体人性学说中才能够实现融会贯通。

明代初年的姚广孝（公元 1335—1418 年）字斯道，号独庵老人、逃虚子，长洲（今江苏苏州）人。元末明初政治家，佛学家，文学家，明代靖难之役的主要策划者，中国历史上最著名的黑衣宰相。姚广孝年轻时在苏州妙智庵出家为僧，精通三教，与明初儒释道各家学术领袖都有不错的关系。洪武十五年，结识当时的燕王朱棣，主持庆寿寺，为朱棣出谋划策，辅佐朱棣称帝。成祖继位后，姚广孝身居要职，被称为"黑衣宰相"，除行政事务之外，他还担任了《永乐大典》和《明太祖实录》的最高编撰官。

姚广孝晚年针对理学家的排佛言论而作《道余录》，攻击理学家辟佛之言论偏激失实，其立言宗旨倡导儒释合一。他说道："三先生因不多探佛书，不知佛之底蕴，一以私意出邪诐之辞，枉抑太过，世之人心，亦多不平，况宗其学者哉？二程先生遗书中，有二十八条。晦庵朱先生语录中，有二十一条，极为谬诞，余不揣，乃为逐条据理，一一剖析。"（《道余录序》）

姚广孝以为佛学兼容世间经验之学，其本体世界固然具有超验之意义，但是并不缺乏经验性之意义维度："明道先生曰：'佛学

---

① 《东西均注释·一贯问答注释·问格致》，方以智撰，庞朴注释，中华书局 2016 年版，第 442 页。

大概且是绝伦类，世上不容有此理。又其言待要出世，出那里去？又其迹须要出家，然则家者，不过君臣、父子、夫妇、兄弟，此等事皆以为寄寓，故其为忠孝仁义，皆以为不得已尔。又要脱世网，至愚迷者也。毕竟学之者至似佛。佛者，一懒胡尔！他是个自私、独善、枯槁、山林自适而已。毕竟学之者，不过世上少这一个人，却又要周遍，谓既得本，不患不周遍，要知决无此理。'逃虚曰：'明道谓佛学，大概是绝伦类，世上不容有此理，而不知佛未尝绝伦类也。佛当日出家，已纳妃生子，然后入雪山修道，苦行六年，而成正觉，岂是绝伦类者邪？若言绝伦类，世上不容有此理，如吴泰伯让王位，断发文身，逃于荆蛮，孔子称其为至德，而于吴庙食万世。又如伯夷叔齐，谏周武王，不听欲兵之。太公曰：此义人也。隐于首阳山，遂饿而死，孟子称其为圣之清者；而未尝言其绝伦类也。又言佛待要出世，出那里去，殊不知佛之学，无有定法，名阿耨菩提。所以《华严》云：**世间法即出世间法，出世间法即世间法**。《法华》云：是法住法位，世间相常住。佛几曾执著于世出世者哉？又言：又其迹须要出家，然则家者，不过君臣、父子、夫妇、兄弟，此等事皆以为寄寓，故其为忠孝仁义，皆以为不得已。夫佛之学，有出家在家之分焉。出家者为比丘，割爱辞亲，剃发染衣，从佛学道。在家者为居士，君臣父子夫妇兄弟此等事，何尝无之。皆以为寄寓者，佛书有云：旅泊三界，茫茫大化之中，何物而非寄寓也哉！忠孝仁义，皆以为不得已者，此是程夫子自说，佛不曾有此说。佛但教人持戒修善，念报君亲师友檀信之恩也。'"（姚广孝《道余论》）

故而理学家之驳斥佛教无世间之学，称佛教有本而无迹，是一偏见："伊川先生曰：'或问佛之道是也，其迹非也。曰所谓迹者，果不出于道乎？然吾所攻其迹耳！其道则吾不知也。使其道不合于先王，固不愿学也。如其合于先王，求之六经足矣。奚必佛？'逃虚曰：'程夫子不知释氏之道，而攻其迹，迹本乎道，既不知其本，焉知其迹之是非而攻乎？孔子圣人，学无常师、师郯子、老聃、苌弘、师襄、项橐，所以集大成也。佛岂卑于老聃诸子者哉？伊川不愿从而师之亦陋矣！伊川言使其道不合于先王固不愿学，如其合于先王，求之六经足矣，奚必佛？斯言是已，如何却又偷佛说，为已使如此，则求之六经亦不足矣。程夫子何其谬哉！'"

因为佛法之本体世界贯通超验与经验意义，统一自为与为他两面，故而佛性兼具本体与显用，是一圆融之本体存在，并非固化成以作用为性。"晦庵先生曰：'释氏专以作用为性，如某国王问某尊者曰：如何是佛？曰：见性为佛。曰：如何是性？曰：作用是性。曰：如何是作用？我今不见。尊者曰：今现作用，王自不见。王曰：于我有否？尊者曰：王若作用，无有不是，王若不用，体亦难见。王曰：若当用时，几处出现？尊者曰：若出现时，当有其八。王曰：其八出现，当为我说。波罗提即说偈曰：在胎为身，在世为人，在眼曰见，在耳曰闻云云。禅家有黠者曰：若尊者答国王时，国王何不问尊者曰：未作用时，性在何处？'逃虚曰：'晦庵言释氏专以作用为性，作用为性，如义学之即体之用，即用之体也。若言专以作用为性，吾未之闻也。假如传灯一千七百则公案，那里都说作用为性。佛祖说法，随机应用，只如晦庵言禅家有黠者，云尊者答国王时，国王何不问尊者曰：未作用时，性在何处？此是后来祖师，拈这公案，开示学人，岂是黠也！晦庵盖未知禅门中事，惟逞私意以诋佛，其可笑乎！'"（姚广孝《道余论》）

最后，姚广孝反对从任何一种外在而抽象的立场去臆测佛学之立意，以为任何一种评说都应当建立在自身实存之基础之上。"晦庵先生曰：'佛氏之失，出于自私之厌。老氏之失，出于自私之巧。得厌薄世故，而尽空了一切者，佛氏之失也。关机巧便，尽天下之术数者，老氏之失也。故世之用兵算数形名等，本于老氏之意。'逃虚曰：'《华严》云：居有为界，示无为法，而不坏灭，有为之相；居无为界，示有为法，而不分别，无为之相。《法华》云：若说俗间，经书治世，语言资生业等，皆顺正法。佛氏何尝言要尽空了一切也。自私之厌，二乘外道，断灭之见，非佛之究竟法也。老氏之失，非吾所知。'"（姚广孝《道余论》）

如果说姚广孝在明代为佛学之重振发其先声的话，那么明代四大高僧即云栖袾宏、紫柏真可、憨山德清和蕅益智旭，则把佛学本体之圆融性理论推到了高峰，也进一步推进了三教合一的实质性进程。

云栖袾宏（公元 1535—1615 年），俗姓沈，名袾宏，字佛慧，别号莲池，因久居杭州云栖寺，又称云栖大师。莲池大师三十二岁落发为僧，并受具足戒。大师全力弘扬净土法门，并力图融合禅净二宗，定十约，僧徒奉为科律。明神宗万历四十三年（公元 1615 年）七月逝世。莲池大师因弘扬净土宗贡献颇大，被后世尊为中国净土宗第八代祖师。

云栖大师以为佛学之本体并非仅有超验层面之意义，同时更加具有经验层面之意义，共同构成了一圆满神妙的本体世界。"宋儒谓释氏只要心如槁木死灰，遂斥为异端虚无寂灭之教，此讹也。为此说者，盖未曾博览佛经，止见小乘枯定，未见大乘定慧双修中道第一义谛。止见空如来藏，未见不空如来藏。又何况中道不居，空不空如来藏耶？彼以为槁木，吾以为万树方春；彼以为死灰，吾以为太阳当午。识者自应平心等量，勿以先入之言为主，而被宋儒误却大事。"（《云栖法汇·竹窗三笔·槁木死灰》）

云栖大师称佛学之本体为真知本体，至为圆满，而理学家所提倡之"良知""精神"与"寂感"等均未能达到此圆满本体。良知本体并非佛学之真知本体，良知所涉必有爱敬，而非佛学本体之真常寂照。即佛学本体最圆满地实现了融涵超验与经验世界意义于其中，而良知本体之意义世界尽管对此本体世界有所窥知，却不能够达到如此广大圆满。"良知：新建创良知之说，是其识见学力深造所到，非强立标帜以张大其门庭者也。然好同儒释者，谓即是佛说之真知，则未可。何者？良知二字，本出子舆氏。今以三支格之，良知为宗，不虑而知为因，孩提之童无不知爱亲敬长为喻，则知良者美也，自然知之而非造作者也。而所知爱敬涉妄已久，岂真常寂照之谓哉？真之与良固当有辨。"（《云栖法汇·竹窗随笔》）而"精神"之概念更加不具有本体世界的圆满意义。"心之精神是谓圣：'孔丛子云"心之精神是谓圣"，杨慈湖平生学问以是为宗，其于良知何似，得无合佛说之真知欤？'曰：'精神更浅于良知。均之水上波耳，恶得为真知乎哉？且精神二字，分言之则各有旨。合而成文，则精魂神识之谓也。昔人有言无量劫来生死本，痴人认作本来人者是也。'"(《云栖法汇·竹窗随笔》)理学中所言之"寂感"亦是如此,不能达到佛学本体的维度。"寂感:'慈湖儒者也。不观仲尼之言乎?操则存,舍则亡,出入无时,莫知其乡,则进于精神矣,复进于良知矣。然则是佛说之真知乎?'曰:'亦未也。真无存亡,真无出入也。莫知其乡,则庶几矣,而犹未举其全也。仲尼又云:无思也,无为也,寂然不动,感而遂通天下之故。夫泯思为而入寂,是莫知其乡也。无最后句,则成断灭,断灭则无知矣;通天下之故,无上三句,则成乱想,乱想则妄知矣。寂而通,是之谓真知也。然斯言也,论易也,非论心也,人以属之蓍卦而已。盖时未至,机未熟,仲尼微露而寄之乎易,使人自得之也。甚矣,仲尼之善言心也!信矣,仲尼之为儒童菩萨也!''然则读儒书足了生死。何以佛为?'曰:'佛谈如是妙理,遍于三藏,其在儒书,千百言中而偶一及也。仲尼非不知也。仲尼主世间法,释迦主出世间法也。心虽无二,而门庭施设不同。学者不得不各从其门也。'"(《云栖法汇·竹窗随笔》)此为真知与寂感之辩。

基于此本体立场,云栖大师对于儒学和道家都加以辨析。他以为儒学中有诚实之儒、偏僻之儒和超脱之儒的分别:"儒者辟佛:儒者辟佛,有迹相似而实不同者,不可概论也。儒有三:有诚实之儒,有偏僻之儒,有超脱之儒。"(《云栖法汇·竹窗三笔》)

诚实儒者以求真之诚,以探索生命之真知为基本出发点与佛学相通,而其面向在于现实经验世界,故而其本体学说停留于经验理性之意义世界。"诚实儒者,于佛原无恶心,但其学以纲常伦理为主,所务在于格致诚正修齐治平,是世间正道也。即佛谈出世法自不相合,不相合势必争,争则或至于谤者,无怪其然也。伊川、晦庵之类是也。"故而,云栖基于此种立场去评价道学家,以为其学之真有补于学问之道。"或问今世道学先生,有敬信之如神明者,有非诋之如草芥者,孰是而孰非欤?曰:皆非也。夫子云:学之不讲是吾忧也。圣人忧学之不讲,而今人非之可乎?但宜察其真实处何如耳。口如是,心亦如是,身亦如是,是全体圣贤,日亲之犹恐其或后也;口之所说,与心之所存,身之所行,了不相似,是商贾之辈,远之惟恐其不早也,而可等视乎哉!人告晦庵先生,正心诚意之说，上所厌闻。先生曰：吾平生所学，惟此四字。又蔡季通临贬，而志不少挫。又尹和靖入试，见题以正士为伪学，不对而出。又一贤者云：自幼习读二程遗书，未委是伪非伪。如以为伪，不愿考较。讲学诚如数君子，是之谓真道学也。吾惟恐讲堂之不宽，讲徒之不众，讲时之不久也，而可议其非哉？"（《云栖法汇·直道录·讲道学》）偏僻之儒对佛学持有偏见，又不能以真实之生存为基本的哲学立场，只是以抽象之先入之见出发诋毁佛学。"偏僻儒者，禀狂高之性，主先入之言，逞讹谬之谈，穷毁极诋，而不知其为非。张无尽所谓闻佛似寇仇，见僧如蛇蝎者是也。"

超脱儒者则能融会贯通儒学佛法，在其在世生存之中贯彻佛学之本体精神。云栖所指大概就是明代之心学家群体。"超脱儒者，识精而理明，不惟不辟，而且深信，不惟深信，而且力行，是之谓真儒也。虽然，又有游戏法门，而实无归敬，外为归敬，而中怀异心者，非真儒也。具眼者辨之。"（《云栖法汇·竹窗三笔》）

可见，云栖大师以为儒学和佛学各不相同，佛学主于超验之世界，儒学主于经验之世界："**儒主治世，佛主出世**；治世，则自应如大学，格致诚正修齐治平足矣，而过于高深则纲常伦理不成安立；出世，则自应穷高极深，方成解脱，而于家国天下不无稍疏，盖理势自然，无足怪者。"（《云栖法汇·竹窗二笔·儒佛配合》）故而，云栖大师反对儒释混同之说，"有聪明人，以禅宗与儒典和会。此不惟慧解圆融，亦引进诸浅识者不复以儒谤释。其意固甚美矣。虽然，据粗言细语皆第一义，则诚然诚然。若按文析理，穷深极微，则翻成戏论，已入门者又不可不知也。"（《云栖法汇·竹窗随笔·儒释和会》）

于是，云栖大师倡导儒佛配合之论。他认为，尽管儒释二教不可混同，却可相互配合，构成一整体性的兼具出世和入世功能的。儒佛之分合只在心之圆通，可以随机而用。"儒佛配合：儒佛二教圣人，其设化各有所主，固不必歧而二之，亦不必强而合之，何也？……若定谓儒即是佛，则六经论孟诸典璨然备具，何俟释迦降诞，达摩西来？定谓佛即是儒，则何不以楞严法华理天下，而必假羲农尧舜创制于其上，孔孟诸贤明道于其下？故二之合之，其病均

也。虽然，圆机之士，二之亦得，合之亦得，两无病焉，又不可不知也。"(《云栖法汇·竹窗二笔·儒佛配合》)

同时，云栖大师也对于道家之学加以辨析。他以为佛学之神为究竟圆满之本体显现，而道家之神仅为经验性之粗迹，不能够识得神之本体。"或问：'仙出神，禅者能之乎？'曰：'能之而不为也。楞严云：其心离身反观其面是也。而继之曰：非为圣证。若作圣解，即受群邪。是能之而不为也。'又问：'神之出也，有阴有阳。楞严所云，阴神也。仙出阳神，禅者能之乎？'曰：'亦能之而不为也。'或者愕。曰：'毋愕也。尔不见初祖已殁，只履西归乎？尔不见宝志公狱中一身市中一身乎？尔不见沩山晏坐静室，乃于庄上吃油餈乎？然亦不名圣证，宗门呵之。昔一僧入定出神，自言我之出神，不论远近，皆能往来，亦能取物，正阳神也。先德责云：圆顶方袍，参禅学道，奈何作此鬼神活计！是故吾宗大禁，不许出神。'

又问'神有何过？'曰：'神即识也，而分粗细。有出有入者，粗也。直饶出入俱泯，尚住细识。细之又细，悉皆浑化，始得本体耳，而著于出入以为奇妙。前所谓无量劫来生死本，痴人认作本来人也。'"(《云栖法汇·竹窗随笔·出神》)

他认为道家以"道"为本体，此本体落于经验性之存在，未能如佛学之本体圆满神通。"或问：'道德经云：吾不知其名，字之曰道。则道之一言自老子始，而万代遵之。佛经之所谓道者，亦莫之能违也，则何如？'曰：'著于易则云履道坦坦，纪于书则云必求诸道，咏于诗则云周道如砥，五千言未出，道之名已先立矣。况彼之所谓道者，乃法乎自然。如其空无来原，自然生道，则清凉判为无因；如其本于自然。方乃生道，则清凉判为邪因。无因邪因，皆异计耳，非佛之所谓道也。**佛道则万法繇乎自心，非自然非不自然**。经言阿耨多罗三藐三菩提者，是无上正觉之大道也。尚非自然，何况法自然者。'"(《云栖法汇·竹窗随笔》)

因而，云栖大师以为，佛道之间的区别十分重要，应领会佛学之本体不可动摇。"佛法本出老庄：宋儒云：佛典本出老庄，世人不知，骇谓奇语。譬之被虏，劫去家珍，反从虏借用。此讹也。老庄之书具在，试展而读之，其所谈，虚无自然而已。虚无自然，彼说之深深者也，尚不及佛法之浅浅。而谓佛从老庄出，何异谓父从子出耶？清凉大师以邪因无因二科断老氏为外道，况庄又不及老。而宋儒肤见至此，可哂也。或又云：解佛经者，多引用六经诸子，何也？噫。此方文字，惟孔老为至极。不此之引，而将谁引？然借其语，不用其意，深造当自得之。"（《云栖法汇·正讹集·佛法本出老庄》）

由上可见，云栖大师主张三家之学不可混同，尽管同可归于一理，但其次序分别历然可辨。他说道："人有恒言曰，三教一家，遂至漫无分别，此讹也。三教则诚一家矣，一家之中，宁无长幼尊卑亲疏耶？佛明空劫以前，最长也，而儒道言其近。佛者天中天，圣中圣，最尊，而儒道位在凡。佛证一切众生本来自己，最亲也，而儒道事乎外。是知理无二致，而深浅历然。深浅虽殊，而同归一理。此所以为三教一家也，非漫无分别之谓也。"（《云栖法汇·正讹集·三教一家》）

紫柏真可（公元1543—1603年），明代四大高僧之一。俗姓沈，字达观，晚年自号紫柏，门人称为尊者。紫柏年少时，性格刚烈勇猛，慷慨激烈，颇具侠气。十七岁，剃发于虎丘山明觉大师。受具足戒后，仗策云游，居无定所，足迹遍于天下，对于世教佛理，无不参究。后因陷于东林党争，被东厂所拘，伤重圆寂。

紫柏以心之迷悟论性与情之分别，如是，则心融贯超验之意义世界与经验之意义世界，成为"理"之意义世界，这就是佛学版本的"心即理"。此理并非隔绝于物理人情，而是无累于物理人情之自然流行。故而，此理此心乃融为一体者，作为人之生存的实相。"夫理，性之通也；情，性之塞也。然理与情而属心统之，故曰心统性情。即此观之，**心乃独处于性情之间者也**。故心悟，则情可化而为理；心迷，则理变而为情矣。若夫心之前者，则谓之性。性能应物，则谓之心。应物而无累，则谓之理。应物而有累者，始谓之情也。故曰：无我而通者，理也；有我而塞者，情也。而通塞之势，自然不得不相反者也。如曰'性相近也，习相远也'，'相近'则'不远复'之谓也，'相远'则'不知复'之谓也。'不远复'，根于心之悟也；'不知复'，根于心之迷也。故通塞远近悟迷，初皆无常者也。心悟，则无塞而不通；心迷，则无近而不远也。呜呼！心果何物乎？能使人为圣人，又能使人为众人。圣人与众人，亦皆无常者也。顾我善用心，不善用心何如耳。"（《紫柏老人集卷一·法语》）

紫柏又把儒学中的性情之说和易理之学吸收进来，并兼容道教的修身复命之方，来论复归本体之学，这就使得其本体世界中融贯了为他性之意义，使得其本体世界具有了更加充盈的在世品格："苏子瞻曰：君子与小人之心皆正，君子与小人之肾皆邪。然君子能以理养心，故心行而肾从之；小人不能以理养心，故肾行而心从之。心行而肾从之，此邪从正也；肾行而心从之，此正从邪也。邪从正，则情消而理渐明；正从邪，则理昧而情渐流。情消而理明，则心将复于性也；理昧而情流，则心渐累于物。心将复于性，则坤复乾有日矣；心渐累于物，则坤终不能复乾矣。盖乾即理也，坤即情也。心之为物，以理养之则终复性；不以理养之，则渐将流于情矣。情如水，故以坠为性；理如火，故以升为性。坠则必堕于污暗，升则必升于高明。故污暗是肾之气分，高明是心之气分。心常近于理，肾常近于情。惟性也，处于理情之间，苟以正学之水浇灌之，则灵苗日茂；不幸以邪学之水浇灌之，则稊稗日长。灵苗，心之譬也；稊稗，肾之喻也。昔人有言曰，取将坎位中心实，点化离宫腹内阴。从此变成乾健体，潜藏飞跃尽由心。此诗意谓性变而为情，乾变而为离，坤变而为坎矣。则乾之一阳，陷于坤之二阴；坤之一阴，处乎乾之二阳。离，心之象也；坎，肾之象也。至人知其如此，故穷理尽性。则坎之一阳，可得复而为乾也；离之一阴，亦当还其坤也。予以理观之；则坎离既济之说，乾坤反覆之机，本自了然，何必疑滞？而道家者流，或以铅汞名之，至于龙虎梨枣，婴儿姹女，种种名之者，不过劝人于此道。"（《紫柏老人集卷一·法语》）

由以上之彻上彻下的本体主张，紫柏当然以为佛学本体世界不当与世俗礼法隔绝，而是其意义世界中的应有之义，故而佛学亦当研究世法，佛教徒也当遵从世俗礼法。他说道："夫礼者，身之干也。干而不端，其余虽多，恶足道哉？自大觉应世，迦叶而降，虽宗教支分，而礼则一耳。大人俱没，典刑废弛。凡后尘之徒，莫识大体，不以端干资本，惟竞浮华。所谓干者，摧折尽矣。汝等念报佛恩，束力于兹。凡见晚进，未识大体者，切慈勤奖劝之，使其干端则本华，根固则本壮。毋爱人以姑息，宜爱人以大德。是以远别近聚，晨昏相见。务要行列弗苟，长幼有伦，先后据礼，勿得恣情。……仲尼曰必也正名乎，盖名不正，则分不定，分不定，则礼不可立。人而忽礼，尚弗敢，况为佛弟子而不端此，则剃染奚为？"（《紫柏老人集卷五·法语》）

总之，紫柏以心为本体世界，此本体世界贯通世法出世法，统一自为和为他的意义世界，最终贯通儒释道三学于其中。"中国微言，不越乎六经；西来大法，宁出乎三藏？至于庄老之书，亦不可不读者。此古人博达君子之所务也。是以白首穷经，然灯精法，代不阙人。虽求之于纸墨，十年之功，不若求之于心性，一朝可敌也。王安石谒周茂叔，一谒不见，再谒亦不见。安石怒曰：我自求之六经，亦可得之，何必卑卑求人乎？自是读书彻旦。少睡，即嚼石莲以破昏。及其学问大成，至于入参大政。自谓孔孟不足多，致君尧舜不足难，慨然以经世自负。一切贤才，程能献策，皆不合意，唯恣执拗俱逐之。究其初心志非不大，学非不博，心非不远，卒于坏宋元气，而自招不美之名。大都学问虽渊博，于心法不曾妙悟一番。譬如学大匠者，规矩方圆曲直非不了了。而疾徐之节，未应手故，不免伤手之患耳。规矩方圆，法也；疾徐之妙，心也。执法而不妙悟自心，能成大器，未之有也。无论若儒若道若释，先妙悟自心，而博达群书，谓之推门落臼，自然之妙。用之出世，则谓之最上乘；以之经世，则谓之王道，此真学真才也。再次，由博而约，博则学耳，约即心也。此又其次也。至于读书虽多，临机无用。如叶公画龙，望之非不头角宛然，遇亢旱欲其雷雨，无有是处。故先约而后博，禅门诸祖十中七八；先博而后约，自古及今，一切座主十中一二耳。佛者既然，儒老之徒，大抵亦皆如此。于约言之，此心爱人即仁，施仁得宜即义，于义合节即礼，于礼通变无滞即智，于智诚恪克敏即信。以此观之，五者妙用，本在吾心，而不在于书也。且道一心不生，僧耶老耶儒耶？于此直下廓然无疑。

在儒谓之真儒，在老谓之真道，在佛谓之真僧。不然，则皆圣人出而大盗生，赃物现在，据款结案，罪难免诛，谁敢拍大奶诳吓小儿？故学问量人根器，斤斧随机，十人十成，反是成希矣。汝自今而后，当先熟永嘉集，勿读注。次则读肇论，再次则读圆觉。已上既熟，当熟四书白文，及老子道德经。则六经三藏，若博若约，工夫成熟，自知好恶矣。"（《紫柏老人集卷五·法语》）

憨山德清（公元1546—1623年），俗姓蔡，字澄印，号憨山，法号德清，谥号弘觉禅师，安徽人，为临济宗门下。是当时复兴禅宗的重要人物，与紫柏真可是至交，被认为是明末四大高僧之一。憨山德清倡导禅净双修，其禅宗思想直承六祖曹溪，是禅宗重兴的主要推动者。他深研释、道、儒三家学说，主张三家思想的融合。憨山德清有《中庸直指》《老子解》《庄子内篇注》等书。憨山亦以心为本体而融摄万法，"以心外无法，故法法皆真"，故而此本体世界与紫柏所见一致，皆为融摄自为与为他的意义世界。他自言求学之心路历程，即为在世生存之理的澄明过程："余幼师孔不知孔，师老不知老。既壮，师佛不知佛。退而入于深山大泽，习静以观心焉。由是而知三界唯心，万法唯识。既唯心识观，则一切形，心之影也；一切声，心之响也。是则一切圣人，乃影之端者；一切言教，乃响之顺者，由万法唯心所现。故治世语言资生业等，皆顺正法。以心外无法，故法法皆真。迷者执之而不妙，若悟自心，则法无不妙。心法俱妙，唯圣者能之。"（《憨山老人梦游集卷第四十五·观老庄影响论》）

最终依据此本心可统贯三教，以心为实相，心实兼通天人菩萨佛乘，即兼通儒释道三教。故心当包含自为为他之两面，形成一应世之具。"孔子人乘之圣也，故奉天以治人；老子，天乘之圣也，故清净无欲，离人而入天；声闻缘觉，超人天之圣也，故高超三界，远越四生，弃人天而不入；菩萨，超二乘之圣也，出人天而入人天，故往来三界，救度四生，出真而入俗；佛则超圣凡之圣也，故能圣能凡，在天而天，在人而人，乃至异类分形，无往而不入。且夫能圣能凡者，岂圣凡所能哉？据实而观，则一切无非佛法，三教无非圣人。若人若法，统属一心，若事若理，无障无碍，是名为

佛。……"（《憨山老人梦游集卷第四十五·观老庄影响论》）

蕅益智旭（公元 1599—1655 年），明代僧人。被奉为净土宗第九祖。俗姓钟，字蕅益，名际明，号"八不道人"，苏州人。早年因读袾宏著作开始信仰佛教，二十四岁出家，曾历游江浙闽皖诸省，对佛教各宗均有研究，主张以天台宗为主而融合天台、华严、唯识各派，尤其重视净土信仰。其著作类别颇多，有《四书解》《周易禅解》等融汇儒道之书，今人辑其著作为《蕅益大师全集》。

蕅益大师亦将佛家的心性之学与儒家的心性之学融为一体，指出天地万物、国家、根深、器界以及富贵贫贱等，皆为心所显现，皆是自心所现境界；此心离开天地万物、国家、根器、器界以及富贵贫贱等，别无他物。故而，人皆当明体达用，以用证体，明其不变随缘随缘不变之真如妙心。他在注释儒家之《四书》时谈到自身求学之心路历程："蕅益子年十二，谈理学而不知理。年二十，习玄门而不知玄。年二十三，参禅而不知禅。年二十七，习律而不知律。年三十六，演教而不知教。逮大病几绝，归卧九华。腐滓以为馔，糠粃以为粮；忘形骸，断世故；万虑尽灰，一心无寄，然后知儒也，玄也，佛也，禅也，律也，教也，无非杨叶与空拳也。随婴孩所欲而诱之，诱得其宜，则哑哑而笑；不得其宜，则呱呱而泣。泣笑自在婴孩，于父母奚加损焉？顾儿笑，则父母喜；儿泣，则父母忧。天性相关，有欲罢而不能者。伐柯伐柯，其则不远。今之诱于人者，即后之诱人者也。倘犹未免随空拳黄叶而泣笑，其可以诱他乎？"（《四书蕅益解序》）此心路历程即为在时间中展开之心体展开过程，而所学之教仅为此心体展开过程的诱导与启发者，并非心体自身。故而，此心作为本体才是真相之源头，并呈显自身为可见可知的方面，这就是心之本体世界兼具自为与为他之两面意义。

憨山以心学而解"大学"之义："大者，当体得名，常遍为义。即指吾人现前一念之心，心外更无一物可得。无可对待，故名当体。此心前际无始，后际无终。生而无生，死而不死，故名为常。此心包容一切家国天下，无所不在，无有分剂方隅，故名为遍。学者觉也，自觉觉他觉行圆满，故名大学。大字即标本觉之体，学字即彰始觉之功。本觉是性，始觉是修。称性起修，全修在性。性修不二，故称大学。"（《大学直指》）又以明心见性而解"明明德、亲民与止于至善"，他说道："道者，从因趋果所历之路也。只一在明明德，便说尽大学之道。上明字，是始觉之修。下明德二字，是本觉之性。性中本具三义，名之为德。谓现前一念灵知洞彻，而未尝有形，即般若德。现前一念虽非形像，而具诸妙用，举凡家国天下，皆是此心中所现物，举凡修齐治平，皆是此心中所具事，即解脱德。又复现前一念，莫知其乡而不无，位天育物而非有，不可以有无思，不可以凡圣异，平等不增不减，即法身德。我心既尔，民心亦然。度自性之众生，名为亲民。成自性之佛道，名止至善。亲民止至善，只是明明德之极致。恐人不了，一一拈出。不可说为三纲领也。此中明德、民、至善，即一境三谛；明、亲、止，即一心三观。明明德即自觉，亲民即觉他，止至善即觉满。自觉本具三德，束之以为般若。觉他令觉三德，束之以为解脱。至善自他不二，同具三德，束之以为法身。不纵不横，不并不别，不可思议，止理名为大理。觉此理者，名为大学。从名字觉，起观行觉；从观行觉，得相似觉；从相似觉，阶分证觉；从分证觉，归究竟觉，故名大学之道。"（《大学直指》）

最后，蕅益主张三教合一于本心，其间同异权实均依于此心。他在《性学开蒙》中言道："所云天命之谓性者，天非望而苍苍之天，亦非忉利夜摩等天，即涅槃经所谓第一义天也。命非命令之解，即第八识执持色身相续不断之妄情也，谓生灭与不生灭，和合而成阿赖耶识。此识即是有生之性，以其全真起妄，故天而复称为命，以其全妄是真，故命而复称为天。全真起妄，即不变而随缘，全妄是真，即随缘而不变也。言率性之谓道者，谓此藏性之中具有染净善恶一切种子，若率其染恶种子而起现行，即为小人之道，亦名逆修。若率其净善种子而起现行，即为君子之道，亦名顺修。孔子云道二，仁与不仁而已矣，正是此意，亦合台家性具宗旨。言修道之谓教者，小人之道修除令尽，君子之道修习令满，此则圣贤教法惟欲人返逆修而归顺修，又欲人即随缘而悟不变也。此三句既合圆宗，则头正尾正，举凡一文一字皆可消归至理矣。以要言之，若得法华开显之旨，则治世语言资生产业，乃至戏笑怒骂、艳曲情词，尚顺实相正法，况此原是世间理性之谈耶？……

故今约三圣立教之本意，直谓之同亦可以无非为实施权故也。约三教施设之门庭，直谓之异亦可，以儒老但说权理，文局人天，佛则说权说实，皆悉出世故也。约权则工夫同而到家异，谓之亦同亦异，可也；约实则本不坏迹，迹不掩本，谓之非同非异，可也。"（《性学开蒙》）

道教在明清时期也以"太虚一气"贯通经验与超验的本体意义世界，此"太虚"与心体一般无二，进而主张三教合一。清代的黄元吉以"理气"为架构去说明三教所具有的内在的一贯性。他言道，"三教之道，圣道而已，儒曰至诚，释曰真空，道曰金丹，要皆太虚一气，贯乎天地人物之中者也。惟圣人独探其源，造其极，与天之虚圆无二，是以成为圣人。能刚能柔，可圆可方，无形状可拟，无声臭可拘，所由神灵变化，其妙无穷，有不可得而窥测者。若皆自然天然本来物事，处圣不增，处凡不减，即等而下之，鸟兽草木之微，亦莫不与圣人同此一气，同此一理"。其观想心肾之间，空空如也，由静而动之几，由无生有之感，是由人而拟天，返之于太极创生之初，冥契于造化之程式。

三　工夫方法论归于一心

明代心学在工夫论上实现了动与静的统一，成就了即动即静、知行合一的致良知的工夫方法。心学之工夫论也实现了自为与为他之内与外的统一，打通了学与思、尊德性与道问学、格物致知与慎独诚意之间的内在脉络。从而真正实现了儒释道三家在工夫论上的融通。

（一）心学对于工夫体证方法的统摄和融合

理学中程朱一系在明代仍旧以为他的知性工夫方法为主，主张通达本体的复性需以可见可知可求之工夫为方法，而不可落于超验自为之恍惚暧昧之中。在此系学者之中，黄佐为其代表。黄佐

（公元1490—1566年），明代广东广州府香山县（今属珠海）人，字才伯，号希斋，晚号泰泉。曾拜谒王守仁，讨论为学异同，后筑室山谷之中，潜心研习理学。其学以"博文约礼"为宗旨，博文即格物致知之工夫，约礼即主敬涵养之方法，不出于程朱正统之方法论范围。故而，其学以佛学谈禅论道为空疏，以为他性的工夫方法而论学。他自言道："迩来学术分裂，立门户，尊德性者，厌弃圣经而喜诵佛书，如曰'佛氏之学，亦有同于吾儒，而不害其为异者'，又曰'心随《法华》转，非是转《法华》'，谓之何哉？谓之何哉？生今与后进讲学，只博约二语而已，读书以明之。闻见之知，研究此理，博文也，反身以诚之；德性之知，惇庸此理，约礼也。自愧浅薄，未见有谨信者尔。不能谈禅，以应变现，奈何！奈何！（《与郑抑斋》）"（《明儒学案卷四十七·诸儒学案中五》）后来的黄宗羲也强调他的治学方法以"博约"为宗旨："先生以博约为宗旨，博学于文，知其根而溉之者也。约之以礼，归其根则千枝万叶，受泽而结实者也。博而反约于心，则视听言动之中礼，喜怒哀乐之中节，彝伦经权之中道，一以贯之而无遗矣。盖先生得力于读书，典礼乐律词章无不该通，故即以此为教。是时阳明塞源拔本论，方欲尽洗闻见之陋，归并源头一路，宜乎其不能相合也。然阳明亦何尝教人不读书？第先立乎其大，则一切闻见之知，皆德性之知也。先生尚拘牵于旧论耳。"（《明儒学案卷四十七·诸儒学案中五》）

其工夫论也批评阳明心学为代表的超验自为式的方法论原则："人喜其直截，遂以知为行，而无复存养省察之功。资质高者，又出妙论以助其空疏，而不复谈书以求经济。此则弊流于为我，而不自知矣。吾不知其于杨、墨为何如也！执事所指摘者，谓阳明陷溺于佛氏三十年，然后以致良知为学，本不过一圆觉耳。如曰：'目可得见，耳可得闻，口可得言，心可得思者，皆下学也。目不可得见，耳不可得闻，口不可得言，心不可得思者，皆上达也。'此则佛氏不可思议之说也，吾儒下学而上达，惟一理耳，岂可歧而二之哉？既以亲亲即为仁民，又以良知即为良能，至此则又不合而为一，口给禦人，阳儒阴释，误人深矣（《答汪方塘思》）。"（《明儒

学案卷四十七·诸儒学案中五》）

与理学本体论的转变相一致，明代理学的工夫论也发生了相应的转变。王夫之的气性之学的工夫论是此种转变的集中体现者。王夫之（公元 1619—1692 年），字而农，号姜斋，人称"船山先生"，湖广衡阳县（今湖南省衡阳市）人。崇祯年间，凭诗文闻名，以匡扶天下为己任。明亡之后，积极参加反清斗争。为躲避清兵追捕，他化身徭民，过着艰苦卓绝的生活，尽管环境艰辛，他仍孜孜以学，笔耕不辍，创作了大量的作品。康熙三十一年，病逝于湘西草堂，现有《船山全书》行于世。

王夫之严于儒佛、儒道之辩，而纯然以儒学为依归，力图使得儒学摆脱佛道两家的夹杂。他以乾坤并建为本，其工夫强调直内方外、致知格物，故反对道家之柔弱守雌、偏于阴柔之说，其言："斯唯异端之欲抑其气为婴儿者则然。故曰'为善无近名，为恶无近刑'，以遁于'知雄''守雌'之诡道。其绪余以为养生，则于取与翕辟之际，不即不离，而偷其视息。若圣贤之学，无论经大经、立大本、云行雨施、直内方外者，壁立万仞；即其祈天永命以保其生者，亦'所其无逸'，而忧勤惕厉，以绝伐性戕生之害。又奚火之必伏而文武兼用者乎？"（《读四书大全说》）

又从工夫论而言三家之区别，以儒学之"养"为直养，故而为广大正直之道，而佛道则戕害阻隔，不能养成正气。如此，以工夫论三家之区别，就是儒家为直，佛道为邪曲，对于天地正气之养成，无益而有害。王夫之云："诸儒之失，在错看一'养'字，将作驯服调御说，故其下流遂有如黄四如伏火之诞者。孟子之所谓养，乃长养之谓也。直到北宫黝恁般猛烈，亦谓之养，岂驯服调御之谓乎？孟子于此，看得吾身之有心有气，无非天理。故后篇言养心，而曰'无物不长'，直教他萌蘖发达，依旧得牛山之木参天。此言养气，只是以义生发此不馁不慊之气，盛大流行，塞乎天地之间而无所屈。异端则不然。将此心作猕猴相似，唯恐其拘桎之不密；而于气也，则尤以为害苗之草，摧残之而唯恐其不消。庄子木鸡，沩山水牯，皆此而已。古人即在闻和鸾、听佩玉时，亦不作此蚰蜒倒缩气象。森森栗栗中，正有'雷雨之动满盈'在内，故曰

'立于礼'。'立'字中，便有泰山严严意。后人不察，夹杂佛老，遂有静养气之说，极为害事。圣贤静而存养，乃存养此仁义之心于静中，虽静不息。岂撞机息牙，暴害其气而使不能动，如三日新妇，婉娩作闺态耶？"（《读四书大全说》）故养为"直养"而不害，非是可以勉强，把心气分为二之谓。

王夫之晚年对于《老子》《庄子》与佛学均作了深入的研究，对其思想也并不是全盘地批评，而是有所取舍。其在《老子衍·自序》中言其对于《老子》的研究方法，为"入其垒，袭其辎，暴其恃，而见其瑕矣，见其瑕而后道可使复也"，其中对于道家与佛家之短长，所述颇精："夫其所谓瑕者何也？天下之言道者，激俗而故反之，则不公；偶见而乐持之，则不经；凿慧而数扬之，则不祥。三者之失，老子兼之矣。故于圣道所谓文之以礼乐以建中和之极者，未足以与其深也。虽然，世移道丧，覆败接武，守文而流伪窃，昧几而为祸先，治天下者生事扰民以自敝，取天下者力竭智尽而敝其民，使测老子之几，以俟其自复，则有瘳也。文、景踵起而迓升平，张子房、孙仲和异尚而远危殆，用是物也。较之释氏之荒远苛酷，究于离披缠棘，轻物理于一掷，而仅取欢于光怪者，岂不贤乎？"（王夫之《老子衍·自序》）

阳明心学兼容贯通工夫论中的为他与自为两面，融合了儒释道三家之经验性和超验性的工夫论，把物、气、理、心诸环节统一起来，为人之在世生存的复性目标提供了完整的工夫论体系。阳明以致良知为工夫，致良知兼有动静之工夫，虚实之涵养，自为与为他之学，是阳明心学的成熟的工夫论原则。"一友静坐有见，驰问先生。答曰：'吾昔居滁时，见诸生多务知解，口耳异同，无益于得，姑教之静坐。一时窥见光景，颇收近效；久之渐有喜静厌动，流入枯槁之病，或务为玄解妙觉，动人听闻。故迩来只说"致良知"。良知明白，随你去静处体悟也好。随你去事上磨练也好，良知本体原是无动无静的：此便是学问头脑。我这个话头，自滁州到今，亦较过几番，只是"致良知"三字无病。医经折肱，方能察人病理。'"（《传习录下》）静坐为一教法，以收敛为主，然而却有弊端。而致良知则兼通动静，无偏于主静之弊。阳明提出"致良知",便把良知之静,拓展为动静合一与知行不二。而且,也通过致良知的概念把心与万物之理,一起纳入到整体的有机环节之内,形成一系统性的兹事体大,真正地打通了陆学与朱学,使得朱学获得了头脑,陆学获得了肢体。"人者,天地万物之心也,心者,天地万物之主也。心即天,言心则天地万物皆举之矣。(《答李明德》)"(《传习录》)又言道:"大抵学问工夫,只要主意头脑的当,若主意头脑专以致良知为事,则凡多闻多见,莫非致良知之功。盖日用之间,见闻酬酢,虽千头万绪,莫非良知之发用流行。除却见闻酬酢,亦无良知可致矣。(《答欧阳崇一》)"(《传习录》)

致良知即无分于内外动静,是对于内外动静之贯通和统一,进而达到对于在世生存的整体性理解。"理无内外,性无内外,故学无内外。讲习讨论,未尝非内也,反观内省,未尝遗外也。夫谓学必资于外求,是以己性为有外也,是义外也,用智者也。谓反观内省为求之于内,是以己性为有内也,是有我也,自私者也。是皆不知性之无内外也。故曰:'精义入神,以致用也;利用安身,以崇德也;性之德也,合内外之道也。'此可以知格物之学矣。格物者,《大学》之实下手处,彻首彻尾,自始学至圣人,只此工夫而已,非但入门之际有此一段也。夫正心诚意致知格物,皆所以修身而格物者,其所以用力,实可见之地。故格物者。格其心之物也,格其意之物也,格其知之物也。正心者,正其物之心也。诚意者,诚其物之意也。致知者,致其物之知也。此岂有内外彼此之分哉!(《答罗整庵少宰书》)"(《明儒学案·姚江学案》)

致良知可以统摄儒释道三家之治学方法,避免为学中的偏差。"问'释氏亦务养心,然不可以治天下,何也?'曰:'吾儒养心,未尝离却事物,只顺其天则自然,就是工夫。释氏却要尽绝事物,把心看作幻相,与世间无些子交涉,所以不可治天下。'"(《明儒学案·姚江学案》)佛学中有隔绝物理的弊端,此弊端常被程朱一系的理学家加以口诛笔伐,阳明对此亦并不讳言。只是阳明心学强调不离却事物的心学方法,以为超验经验在工夫论上本不可分割,故此与佛学不同,亦与程朱一系的为他式的理学方法不同。

于是,必然强调所谓工夫,即是无工夫或反工夫,因本体之心无意于工夫。王心斋言,"一友持功太严,先生觉之曰:'是学为子累矣。'因指斩木者示之曰,'彼却不曾用功,然亦何尝废学。'"(《明儒学案卷三十二·泰州学案一》)又言:"只心有所向,便是欲。有所见,便是妄。既无所向,又无所见,便是无极而太极。良知一点,分分明明,停停当当,不用安排思索。圣神之所以经纶变化,而位育参赞者,皆本诸此也。"(《明儒学案卷三十二·泰州学案一》)

方以智之工夫论以公因统摄正因和反因,公因即在正因与反因之中,从而形成一兼具超验性和经验性的工夫论原则。此工夫论原则并非仅为佛学式的,而是一建立在心学立场上的人之实存的展示。方以智言道:"愚尝以无对待之公因,在对待之反因中,本无顿渐,犹本无迷悟也。而即有迷悟,即有顿渐,顿渐即相反相因,此一消息也。天与地交,人与天交,天生人是顺,人学天是逆。交则为爻,爻即是学,故孔子只说学字,而不以悟道挂招牌,此是孔子大悟处。世人乐便畏难,一闻最高扫荡之说,则一切迁就、一切避忌。近见人习龙溪、海门之说者,不知其苦心,而竟谓有顿无渐,乃大误也。意在合禅,而禅亦绝非如此。佛祖明言:须尽今时,由次第尽。一了百了者,贵看破也。看破之后,安能不茶饭乎?直捷示人,要说尖峭陡绝话耳。赤子即大人,此顿也。赤子必学而后成大人,此顿即渐也。岁即四时,此顿也。知冬即夏,而仍旧春、夏、秋、冬,此顿即渐也。《华严》因该果海,果彻因原,人法齐彰,包含顿渐。统因果者,乃真圆也。"[①]

方以智把为他性的三教之学、六经、诸子、理学、三藏、五灯皆视为迹,而把自为性的神明之学视为根本工夫方法。故当"不泥于迹"归于神明,又当不偏于神明而化于迹,以心学之方法彻上彻下,通于经验与超验世界的本体意义。"神而明之,不可迹也。迹迹者泥,不泥则迹亦神矣。偏言迹,其神失;偏言神,其神亦尘。以不生灭之神寓生灭之迹,以增减之迹存不增减之神。以不

---

① 《东西均注释·一贯问答注释·说学》,方以智撰,庞朴注释,中华书局2016年版,第487页。

迹迹，以不神神；迹仍可以救迹，神祇贵于传神。知此者，知圣人真有大不得已者乎？六经传注，诸子驰骋，三藏、五灯，皆迹也；各食其教而门庭重——门庭，迹之迹也。名教寓神于迹，迹之固非，犹可以循；真宗者，欲忘其神迹，迹之则毫厘千万里矣。"①

总之，心学方法把天下之学融汇在一心之中，并非外在地生搬硬套把各家学说统合起来，而是把各家思想有机地构成一动态系统。此系统凝结为一身心性命之学，把身心性命之概念完整而本真地建构起来。于是，三家之学不再是各自独立的教理，而均是通往身心性命之资源。明末学者一般都持有这样的意见，并从这样的角度来观察三家之学，来理解和规定三家之学的意义和教理。于是，随着视角的确立，三家之学的面貌和相互的关系也发生了鲜明的变化。它们之间不再争论孰高孰低，孰对孰错，而是均为一个生命整体之学的展现和构成。它们所具有的仅仅是"学"的意义，其真实的价值并不在已成之"学"的积累，而是启发和澄明人之生命存在，把人之生存之中所具有的自为与为他、超验与经验的意义全部澄明出来。

（二）佛学工夫论归于内外合一之心

紫柏真可强调工夫当求于自心："孔子没，发挥孔子者，孟子一人而已。夫何故？盖孟子得孔子之心也。孔子之心当如何求？求诸孟子而已。欲求孟子之心者，求诸己而已。自心既得，孔孟之心，得矣。自心如何求？当于日用中求也。日用闲人欲虽众，不出逆顺昏昧放逸而已。何谓逆？凡不可意处，皆谓之逆，顺则反是。何谓昏昧？触道义事，闻道义言，不耸然奋为，因循废弃，皆谓之昏昧。何谓放逸？读圣贤书，全不体认做去，见善人君子，略不收敛，情驰欲境，神思飞扬，不生自返之心，皆谓之放逸。汝等于此四种关头，挺然精进做去，即经纶宇宙，整顿苍生，收功当世，垂芳千古，尚且不难，况目前一第哉？然求此放心，贵在知心起处。起于道义，竭力充之；起于不道义，竭力制之。制之要，又在先

---

① 《东西均注释·公符》，方以智撰，庞朴注释，中华书局2016年版，第220页。

悟自心。自心不悟，虽强制之，终难拔根。根既不拔，工夫稍懈，则人欲之芽，勃然难遏矣。必于穿衣吃饭处，饮食男女处，迎宾待客处，屙屎放尿处，百凡所为，务审此心。为生于我耶？生于物耶？若生于我，生于身中耶？生于身外耶？生于身中，如何不见五藏？生于身外，则与自己了无交涉。如他人吃饭，我必不饱也。若生于物，无我应之。心本自无，若无我应，而物能生心。则击钟磬于木偶人傍，胡不见其生心耶？心虽变幻不测，出入无时，然不出物我之间。若离物我求心，即如泼波觅水也。若即物我是心，又成认贼为子也。离不是心，即不是心。毕竟如何是心？于此参之，真积力久，一旦豁然而悟，则孟子求放心效验，不待求于孟子矣（求放心说示弟子）。"（《紫柏老人集卷五·法语》）

同时，求放心并非有意求取，只因此心体不可求，不可为，只能以忘而无知的方式去得到。"心之为物，不可以内外求，不可以有无测。内求不免计心于身内，外求则不免计心于身外。有求则不免计心于声色形骸，无求则不免计心于寂灭虚空。如是求悟心者，皆不善求者也，故曰：离心意识参。若然者，若攀缘心不歇，则情根终不枯；情根不枯，则心意识终不能离；心意识不能离，则神不凝；神不凝，则不一；不一，则不能独立；不能独立，则有外；有外，则有待；有待，则物我宛然。故触不可意事，不免勃然而怒；遇可意事，不觉欣然而喜。喜怒交战，窹寐无停。要而言之，不过总为心意识搬弄坏了也。故真参学者，寒不知寒，饥不知饥，劳逸相忘，形如枯木，心如死灰。方此之时，知得心意识无坐地处，如是积久，一旦根尘迥脱，常光现前。至此则心之内外有无，非内外有无，皆凭我说雌说黄，皆自然与修多罗合。所谓闭门造车，出门合辙是也。古德有云：不是死中发活一番，终是药汞银，触火必飞去矣。又曰：不是一番寒彻骨，怎得梅花扑鼻香。此皆亲证实悟之样子也。年来禅学与道学之徒，初不知心是何物，便泼口谈禅，孟浪讲学，一涉危疑，便丧胆亡魂，被境风吹坏了。娘生鼻孔，作不得一些主宰。实不如三家村里，一丁不识不知，但种田博饭吃人也。"（《紫柏老人集卷一·法语》）

憨山德清论学问，以为三教之学不同，此不同并非隔绝，而是一心之法的体现，最终统归于一心。这样的说法，与莲池大师的看法相近而侧重不同。"余每见学者披阅经疏，忽撞引及子史之言者，如拦路虎，必惊怖不前。及教之亲习，则曰彼外家言耳，掉头弗顾。抑尝见士君子为庄子语者，必引佛语为鉴。或一言有当，且曰：佛一大藏，尽出于此。嗟乎！是岂通达之谓耶？质斯二者，学佛而不通百氏，不但不知是法，而亦不知佛法。解庄而谓尽佛经，不但不知佛意，而亦不知庄意。此其所以难明也。故曰：自大视细者不尽，自细视大者不明。余尝以三事自勖曰：不知春秋，不能涉世；不知老庄，不能忘世；不参禅，不能出世。知此，可与言学矣。"（《憨山老人梦游集卷第四十五·观老庄影响论》）

他强调工夫论上以"心悟之妙"为根本方法，此根本方法超于言语知觉，为一纯然超验的自为性的方法。然而心悟之方法并不废人伦物理之经验性维度，而是与之合一。他言道："尝观世之百工技艺之精，而造乎妙者，不可以言传。效之者，亦不可以言得。况大道之妙，可以口耳授受，语言文字而致哉？盖在心悟之妙耳。是则不独参禅贵在妙悟，即世智辩聪治世语言，资生之业，无有一法，不悟而得其妙者。妙则非言可及也。故吾佛圣人说法华，则纯谭实相。乃至妙法，则未措一词，但云如是而已。至若悟妙法者，但云善说法者。治世语言，资生业等，皆顺正法。而华严五地圣人，善能通达世间之学。至于阴阳术数，图书印玺，医方辞赋，靡不该练，然后可以涉俗利生。故等觉大士，现十界形。应以何身何法得度，即现何身何法而度脱之。由是观之，佛法岂绝无世谛，而世谛岂尽非佛法哉？由人不悟大道之妙，而自画于内外之差耳。道岂然乎？窃观古今卫道藩篱者，在此，则曰彼外道耳；在彼，则曰此异端也。大而观之，其犹贵贱偶人。经界太虚，是非日月之光也。是皆不悟自心之妙，而增益其戏论耳。盖古之圣人无他，特悟心之妙者。一切言教，皆从妙悟心中流出，应机而示浅深者也。故曰，无不从此法界流，无不还归此法界。是故，吾人不悟自心，不知圣人之心；不知圣人之心，而拟圣人之言者，譬夫场人之欣戚，虽乐不乐，虽哀不哀，哀乐原不出于己有也。哀乐不出于己，而以己为有者，吾于释圣人之言者，见之。"（《憨山老人梦游集卷第四

十五·观老庄影响论》）

以心解释八条目之工夫次第，则格物致知正心诚意，均为一心所化。"心乃本体，为主；意乃妄想思虑，属客，此心意之辨也。今要心正，须先将意根下一切思虑妄想，一齐斩断，如斩乱丝。一念不生，则心体纯一无妄。盖心邪由意不诚，故谓之贼。今意地无妄，则心自正矣。故曰：欲正其心，先诚其意。知与意，又真妄之辨也。意乃妄想，知属真知。真知即本体之明德。一向被妄想障蔽，不得透露。故真知暗昧受屈，而妄想专权，譬如权奸挟天子以令诸侯。如今要斩奸邪，必请上方之剑，非真命不足以破僭窃。故曰：欲诚其意，先致其知。知乃真主，一向昏迷不觉。今言致者，犹达也。譬如忠臣志欲除奸，不敢自用，必先致奸邪之状，达于其主，使其醒悟，故谓之致。若真主一悟，则奸邪自不容其作祟矣。故曰：欲诚其意，先致其知。

物即外物，一向与我作对者，乃见闻知觉视听言动所取之境。知即真知，乃自体本明之智光。此一知字，是迷悟之原。以迷则内变真知为妄想，故意不诚。不诚故不明，外取真境为可欲，故物不化。不化故为碍。是则此一知字，为内外心境，真妄迷悟之根宗。古人云：知之一字，众妙之门，众祸之门是也。今拨乱反正，必内仗真知之力，以破妄想。外用真知之照，以融妄境。格即禹格三苗之格，谓我以至诚感通，彼即化而归我。所谓至诚贯金石，感豚鱼，格也。且知有真妄不同，故用亦异。而格亦有二，以妄知用妄想，故物与我相捍格。此格为斗格之格，如云与接为构，日与心斗是也。以真知用至诚，故物与我相感通。此格乃感格之格，如云格其非心是也。且如驴鸣蛙噪窗前草，皆声色之境。与我作对为捍格。而宋儒有闻驴鸣蛙噪，见窗前草而悟者。声色一也，向之与我捍格者，今则化为我心之妙境矣。物化为知，与我为一。其为感格之格，复何疑？"（《憨山老人梦游集卷第四十四·大学纲目决疑》）

三家之教法皆为一心之用，是接引后学之工夫法门。"三教之学，皆防学者之心。缘浅以及深，由近以至远。是以孔子欲人不为虎狼禽兽之行也，故以仁义礼智援之。……观其济世之心，岂非据菩萨乘，而说治世之法者耶？经称儒童，良有以也。而学者不见圣人之心，将谓其道如此而已矣。故执先王之迹以挂功名，坚固我执，肆贪欲而为生累，至操仁义而为盗贼之资，启攻斗之祸者，有之矣。故老氏愍之曰：斯尊圣用智之过也。若绝圣弃智，则民利百倍；剖斗折衡，则民不争矣。甚矣！贪欲之害也。故曰：不见可欲，使心不乱。故其为教也，离欲清净以静定持心。不事于物，澹泊无为。此天之行也。使人学此，离人而入于天。由其言深沉，学者难明。故得庄子起而大发扬之。……苟不见其心而观其言，宜乎惊怖而不入也。且彼亦曰，万世之后而一遇大圣，知其解者，是旦暮遇之也。然彼所求之大圣，非佛而又其谁耶？若意彼为吾佛破执之前矛，斯言信之矣。世人于彼尚不入，安能入于佛法乎？"（《憨山老人梦游集卷第四十五·观老庄影响论》）

  最后憨山以为儒释道之工夫论相互贯通，而共为一心之用。"吾教五乘进修工夫，虽各事行不同，然其修心，皆以止观为本。故吾教止观，有大乘、有小乘、有人天乘、四禅八定、九通明禅。孔氏亦曰：知止而后有定。又曰：自诚明。此人乘止观也。老子曰：常无欲以观其妙，常有欲以观其徼。又曰：万物并作，吾以观其复。庄子亦曰：莫若以明。又曰：圣人不由而照之于天。又曰：人莫鉴于流水，而鉴于止水。惟止，能止众止也。又曰：大定持之，至若百骸九窍，赅而存焉，吾谁与为亲？又曰：咸其自取，怒者其谁耶？至若黄帝之退居，颜子之心斋，丈人承蜩之喻，仲尼梦觉之论，此其静定工夫，举皆释形去智，离欲清净。所谓厌下苦粗障，欣上净妙离。冀去人而入天。按教所明，乃舍欲界生，而生初禅者。故曰：宇泰定者，发乎天光。此天乘止观也。"（《憨山老人梦游集卷第四十五·观老庄影响论》）"是知孔老心法，未尝不符。第门庭施设，藩卫世教，不得不尔。以孔子专于经世，老子颛于忘世，佛颛于出世。然究竟虽不同，其实最初一步，皆以破我执为主，工夫皆由止观而入。"（《憨山老人梦游集卷第四十五·道德经解发题》）

  蕅益智旭之工夫论强调"教"法，主张自为与为他之工夫论的统一，以可见而入于不可见，以善恶而入于超善恶。他在注解《中庸》"天命之谓性"一句云："不生不灭之理，名之为天。虚妄生灭之原，名之为命。生灭与不生灭和合，而成阿赖耶识。遂为万法之本，故谓之性。盖天是性体，命是功能。功能与体，不一不异，犹波与水也。体，则非善非恶。功能，则可善可恶。譬如镜体非妍非媸，而光能照现妍媸。今性亦尔。率其善种而发为善行，则名君子之道；率其恶种而发为恶行，则名小人之道。道，犹路也。路有大小，无人不由。故曰道二，仁与不仁而已矣。然善种发行时，性便举体而为善；恶种发行时，性亦举体而为恶。如镜现妍时，举体成妍；镜现媸时，举体成媸。妍媸非实，善恶亦然。无性缘生，不可思议。圣人见无性缘生之善，可以位天地，育万物，自成成物也，故设教以修习之。见无性缘生之恶，可以反中庸，致祸乱，自害害他也，故设教以修除之。除其修恶，恶性元无可除；习其修善，善性元无可习。故深达善恶之性，即是无性者。名为悟道。断无性之恶，恶无不尽；积无性之善，善无不圆者。名为修道也。……夫天命之谓性，真妄混而难明。率性之谓道，善恶纷而杂出。研真穷妄，断染育善，要紧只在教之一字。全部中庸，皆修道之教也。故曰自明诚，谓之教。"（《中庸直指》）

总之，佛学之工夫论亦归于一心，以为心贯通经验与超验之工夫，统一自为与为他，从而为一个完整的工夫论做出努力。

四　终极境界之归于一心

明代心学之境界论，至阳明臻于完善。其境界连通本体和工夫，构成一完整的心学体系。同时，其心学境界统摄物、理、性、气等内含于其中，真正地实现了自为与为他两面的圆融统一，从而复归于原始儒学和原始道家所开启的生存境界。心学的境界论也真正地实现了儒释道三家境界论的统一。

（一）心之境界贯通内外上下，即成"中和"

阳明之良知本体当以理为主，良知本体即中，心即理，如此则中亦为天理。"性无不善，故知无不良。良知即是未发之中，即是廓然大公寂然不动之本体，人人之所同具者也。但不能不昏蔽于物欲，故须学以去其昏蔽，然于良知之本体，初不能有加损于毫末也。理，无动者也。常知常存，常主于理，即不睹不闻无思无为之谓也。不睹不闻，无思无为，非槁木死灰之谓也。睹闻思为一于理，而未尝有所睹闻思为，即是动而未尝动也。所谓动亦定，静亦定，体用一原者也。未发之中，即良知也，无前后内外而浑然一体者也。有事无事可以言动静，而良知无分于有事无事也；寂然感通可以言动静，而良知无分于寂然感通也。动静者所遇之时，心之本体固无分于动静也。理，无动者也，动即为欲。循理，则虽酬酢万变而未尝动也；从欲，则虽槁心一念而未尝静也。（能戒慎恐惧者是良知）"（《传习录上》）

"曰：'澄于中字之义尚未明。'曰：'此须自心体认出来，非言语所能喻。中只是天理。'曰：'何者为天理？'曰：'去得人欲，便识天理。'曰：'天理何以谓之中？'曰：'无所偏倚。'曰：'无所偏倚是何等气象？'曰：'如明镜然，全体莹彻，略无纤尘染着。'曰：'偏倚是有所染着。如着在好色、好利、好名等项上，方见得偏倚；若未发时，美色名利皆未相着，何以便知其有所偏倚？'曰：'虽未相着，然平日好色、好利、好名之心，原未尝无；既未尝无，即谓之有；既谓之有，则亦不可谓无偏倚。譬之病疟之人，虽有时不发，而病根原不曾除，则亦不得谓之无病之人矣。须是平时好色、好利、好名等项一应私心扫除荡涤，无复纤毫留滞，而此心全体廓然，纯是天理，方可谓之喜怒哀乐未发之中，方是天下之大本。'"（《传习录上》）

回归中道，此在阳明看来，便是《大学》中之"止于至善"："盖昔之人固有欲明其明德者矣，然惟不知止于至善，而骛其私心于过高，是以失之虚罔空寂，而无有乎家国天下之施，则二氏之流是矣。固有欲亲其民者矣，而惟不知止于至善，而溺其私心于卑琐，生意失之权谋智术，而无有乎仁爱恻怛之诚，则五伯功利之徒是矣。是皆不知止于至善之过也。故止至善之于明德、亲民也，犹之规矩之于方圆也，尺度之于长短也，权衡之于轻重也。故方圆而不止于规矩，爽其则矣；长短而不止于尺度，乖其剂矣；轻重而不止于权衡，失其准矣；明明德、亲民而不止于至善，亡其本矣。故止于至善以亲民，而明其明德，是之谓大人之学。"（《大学问》）

以敬畏与洒脱，戒慎恐惧与洒落通达不相反对，来说明心学所达到的独特境界。"夫君子之所谓敬畏者，非有所恐惧忧患之谓也，乃戒慎不睹，恐惧不闻之谓耳。君子之所谓洒落者，非旷荡放逸，纵情肆意之谓也，乃其心体不累于欲，无入而不自得之谓耳。夫心之本体，即天理也。天理之昭明灵觉，所谓良知也。君子之戒慎恐惧，惟恐其昭明灵觉者或有所昏昧放逸，流于非僻邪妄而失其本体之正耳。戒慎恐惧之功无时或间，则天理常存，而其昭明灵觉之本体，无所亏蔽，无所牵扰，无所恐惧忧患，无所好乐忿懥，无所意必固我，无所歉馁愧作。和融莹彻，充塞流行，动容周旋而中礼，从心所欲而不逾，斯乃所谓真洒落矣。是洒落生于天理之常存，天理常存生于戒慎恐惧之无间。"（《王阳明全集·文录二·答舒国用》）王艮以为心即理，即心即物，其言人心境界之乐处云："人心本自乐，自将私欲缚。私欲一萌时，良知还自觉。一觉便消除，人心依旧乐。乐是乐此学，学是学此乐。不乐不是学，不学不是乐。乐便然后学，学便然后乐。乐是学，学是乐。呜呼！天下之乐，何如此学？天下之学，何如此乐？"（《明儒学案卷三十二·泰州学案一》）

方以智解中庸，以为其贯通物我，究极天人，自为而为他，成为统摄儒释道三家的圆融境界："《中庸》则并蛾眉、热流而泯之而又容之，此所以为中庸也。中以内摄外，庸以外摄内。无内外而不坏内外，乃为中庸。中如庸，庸如中。古如今，今如古。凡如圣，圣如凡。心如境，境如心。佛如魔，魔如佛。以此觉体无成坏，内外如如，自然平等；不必解定平等为如如，而自如其如，无往不自如；高平俱是平，参差俱是等，中边俱是中，奇庸俱是庸，异即无异，动即不动，故曰：'如如不动'；非以我如真如若贤贤之解也。中庸不可能也，一切不居，一切俱浑，自然到此。到此依然好学不息，是谓中庸。才欲竭力以为能之，已非中庸矣。中庸时中，一时自有一时之中；前后不相到，而中节恰当。断不矜高而高不可及,断不好奇而奇到极处。无过不及,而不可以无过不及为中。不在两边,而不可以不在两边为中。如蹈白刃,亦有蹈白刃之中庸;辞爵禄,亦有辞爵禄之中庸。中庸与乡愿异处在此。时时直心,时时是中。无心即是直心,直心只是一真,周子曰:'诚无为,几善恶';诚则无事矣。剥复继以无妄,无妄继以大畜,无妄之往何之,多识日新其德。此即修词立诚时中寓庸之道,即天全用日、日妙代月之道也。诚则无妄,则诚伪善恶所不论;学到大畜,则一多损益所不论矣!至矣!"①

解智、仁、勇,以为此三德相即相入,为一心之境界。此境界兼具儒学之实与佛学之空,为贯通自为与为他之圆融生存整体。"智、仁、勇即是三谛。《论语》尝举不惑、不忧、不惧,故《中庸》拈舜之知、颜之仁、路之勇。知统一切,仁入一切,勇断一切。因孔子言三近,而愚以三谛近之。大约贯、泯、随即理、行、教,统则自贯,入则能随,断则能泯,究竟一三三一,无分别也。"② 又言道:"心王若正,则十大弟子即自心十善数。……《华严》十藏,曰:'信、戒、惭、闻、施、慧、念、持、辩。'十度,曰:'施、戒、忍、进、定、慧、方便、愿、力、智'。愚开耻、愿、力、巧与六为十,十不出六,六即五,五即四,四即三,三即二。曰仁、义,即仁、即智也。总归于知,知即心也。曰:'好学近乎智',则了悟为大智;'力行近乎仁',则自在为大仁;'知耻近乎勇',则解脱为大勇。然智不学则荡,仁不学则愚,勇不学则乱狂,故必以好学为首,而义悟于中。"③

(二) 佛学对于为他一面的吸收,形成心之境界

姚广孝《道余录》言佛学之境界贯通现实经验世界,不离于

---

① 《东西均注释·一贯问答注释·问格致》,方以智撰,庞朴注释,中华书局2016年版,第447—448页。

② 《东西均注释·一贯问答注释·问仁智》,方以智撰,庞朴注释,中华书局2016年版,第452页。

③ 《东西均注释·一贯问答注释·问仁智》,方以智撰,庞朴注释,中华书局2016年版,第455页。

人之具体情感,而并非槁木死灰般之抽象和隔绝:"伊川先生曰:'今语道则须要寂灭湛静,形如槁木,心若死灰,岂有直做墙壁木石,而谓之道?所贵智周天地万物而不遗,几时要如死灰?动容周旋而中礼,几时要如槁木?论心术,无如孟子,孟子谓必有事焉。今既如死灰槁木,却于何处有事?'逃虚曰:'形如槁木,心若死灰者,此是二乘灰断,及外道邪禅也。大乘圆教,菩萨所修诸戒定慧及淫怒痴,俱是梵行,何曾死吃怛地,便为究竟也。灰心泯智之徒,禅祖叱之为魂不散底死人,实为生死根本尔。伊川未知佛氏此说。'"

"逃虚曰:'世儒言释氏寂灭,不知所以,但把寂灭做空无看了,而不知佛书有云:诸行无常,是生灭法,生灭灭已,寂灭为乐。又曰:诸法从本来,常自寂灭相,寂灭者,言此道不生不灭也。离生灭,求寂灭则不是,即生灭而证寂灭乃是,此即有为而无为,无为而无不为也。晦庵言他只要理会个寂灭,不知须是强要它寂灭,做甚既寂灭后,却作何用?何况号为尊宿禅和者,亦何曾寂灭得。"近世如宗杲做事全不通,点检喜怒更不中节。"晦庵所言,可谓差之毫厘,谬以千里也。杲大慧,宋朝僧,资性高妙,参禅第一,自言我是参禅精子法嗣,圆悟勤住径山,大机大用,非寻常俗流。可知当时士林中,称其忠孝两全。何也?不阿秦桧为忠,俗家无后,为其立嗣,治家舍以正彝伦为孝,载在方册。晦庵言其做事全不通,点检喜怒更不中节,殊不知他生灭心灭,寂灭现前,嬉笑怒骂,无非佛事。再要点检个甚么?头头上明,物、物上显。更问甚么中节不中节!所以永嘉云:大象不游于兔径,大悟不拘于小节也。晦庵言晋末以前远法师之类,所谈只是庄列,那时士大夫所谈,亦是庄列,盖时尚也。……'"

莲池大师以佛学之清净本心为依归,通过工夫所达之至高境界即为佛性清净法身佛之境界,兼有报身和化身于其中。此境界贯通超验和经验之意义世界,即体即用,涵摄圆满。他解释"中庸性道教义"以为儒学之境界仍停留于经验理性之有限范围之内,故而不能达至真正之心体境界:"妙喜以中庸性道教,配清净法身圆满报身千百亿化身,体贴和合,可谓巧妙。细究之,则一时比拟之权辞，非万世不易之定论也。作实法会则不可。何也？彼以仁义礼智言性，岂不清净，然非法身纤尘不立之清净也。彼以事物当然之理言道，岂不圆满，然非报身富有万德之圆满也。彼以创制立法化民成俗为教，岂无千百亿妙用，然一身之妙用非分身千百亿之妙用也。大同而小异，不可以不察也。或曰仁义礼智，孟子之言也。中庸止言天命而已。予谓至诚能尽其性，而继之以宽裕温柔十六字，非仁义礼智而何？故曰孟轲受业子思之门人也，不可不察也。"（《云栖法汇·竹窗三笔》）

他以为佛学兼有性命双修之效，而成就比道家更加深远。如此，便把佛学之境界与道家之境界相通，其所成就者为可世间化和对象化之一面。当然，其境界所具有的超越性的一面仍旧保持下来。"道家者流，谓己为性命双修，谓学佛为修性不修命。此讹也。彼盖以神为性，气为命，使神驭气，神凝气结而成丹，名曰性命双修。以佛单言见性，不说及气，便谓修性缺命，目为偏枯，自不知错认性字了也。佛所言性，至广至大，至深至玄，奚可对气平说？气在性中，如一波在沧海耳。见佛性者，尽虚空法界无不具足，何况一身之气而不该摄？故曰：但得本不愁末，则一修一切修，又岂止二事双修而已？学仙如张紫阳真人，其论性命极分晓，而大尊佛法。谓佛法先性，尤有胜焉。可谓灼有见处。又李清庵真人论内外药，以精气神为外药，元精元气元神为内药。而云高上之士不炼外药便炼内药，亦先性尤胜之说也。世人学仙者多，其知二公之微者盖寡。吾是以阐之。"（《云栖法汇·正讹集·性命双修》）

憨山德清论《大学》，一以心为根本，解释"至善"为"无善无恶"，无内外古今，即为内外古今在此凝聚，即成内外古今之学。此与高攀龙所论之性体，相通一致。"问：'如何是至善。'答：'自古以来，人人知见，只晓得在善恶两条路上走。只管教人改恶迁善，此是旧来知见，有何奇特？殊不知善恶两头，乃是外来的对待之法，与我自性本体，了不干涉。所以世人作恶的可改为善，则善人可变而为恶。足见善不足恃也。以善不到至处，虽善不善，故学人站立不住。以不是到家去处，非可止之地。以此看来，皆是旧日知见习气耳。今言至善，乃是悟明自性本来无善无恶之真体。只是一段光明，无内无外，无古无今，无人无我，无是无非。所谓独立而不改，此中一点着不得，荡无纤尘。若以善破恶，恶去善存，此犹隔一层。即此一善字，原是客尘，不是本主。故不是至极可止之地。只须善恶两忘，物我迹绝，无依倚，无明昧，无去来，不动不摇，方为到家时节。到此，在己不见有可明之德，在民不见有可新之民，浑然一体，乃是大人境界。无善可名，乃名至善。知此始谓知止。'"（《憨山老人梦游集卷第四十四·大学纲目决疑》）

以心融涵三教宗趣，把孔老摄于戒定之学。"古德尝言：孔助于戒，以其严于治身。老助于定，以其精于忘我。二圣之学，与佛相须而为用，岂徒然哉？据实而论，执孔者涉因缘，执老者堕自然，要皆未离识性，不能究竟一心故也。佛则离心意识。故曰：本非因缘，非自然性，方彻一心之原耳。此其世出世法之分也。"（《憨山老人梦游集卷第四十五·观老庄影响论》）

他论三教归趣，则儒为涉世之法，道为顺情之法，均为心所涵摄。佛学之空，不可离孔老之学而立，三教之教义均是心之所现。"愚尝窃谓孔圣若不知老子，决不快活；若不知佛，决不奈烦。老子若不知孔，决不口口说无为而治；若不知佛，决不能以慈悲为宝。佛若不经世，决不在世间教化众生。愚意孔老，即佛之化身也。后世学佛之徒，若不知老，则直管往虚空里看将去。目前法法，都是障碍，事事不得解脱。若不知孔子，单单将佛法去涉世，决不知世道人情。逢人便说玄妙，如卖死猫头，一毫没用处。故祖师亦云：说法不投机，终是闲言语。所以华严经云：或边地语说四谛。此佛说法，未尝单夸玄妙也。然随俗以度生，岂非孔子经世之心乎？又经云：五地圣人，涉世度生，世间一切经书技艺，医方杂论，图书印玺，种种诸法，靡不该练，方能随机。故曰：世谛语言资生之业，皆顺正法。故儒以仁为本，释以戒为本。若曰孝弟为仁之本，与佛孝名为戒，其实一也。以此观之，佛岂绝无经世之法乎？由孔子攘夷狄，故教独行于中国。佛随边地语说四谛，故夷狄皆从其化。此所以用有大小不同耳。是知三教圣人，所同者心，所异者迹也。以迹求心，则如蠡测海。以心融迹，则似芥含空。心迹

相忘，则万派朝宗，百川一味。"（《憨山老人梦游集卷第四十五·道德经解发题》）

蕅益智旭注中庸，以离断离常的"中道"解释"中"，其境界涵摄一切法，本体末用一时兼具，有言无言并行不悖。他言道："中之一字，名同实异。此书以喜怒哀乐未发为中，若随情解之，只是独头意识边事耳。老子不如守中，似约第七识体。后世玄学，局在形躯，又非老子本旨矣。藏教所诠真理，离断离常，亦名中道。通教即物而真，有无不二，亦名为中。别教中道佛性，有名有义，而远在果地。初心绝分，惟圆人知一切法。即心自性，无非中道。岂得漫以世间中字，滥此极乘？然既秉开显之旨，则治世语言，皆顺实相。故须以圆极妙宗，来会此文。俾儒者道脉，同归佛海。中者，性体；庸者，性用。从体起用，全用在体。量则竖穷横徧，具乃彻果该因。"（《中庸直指》）

又注解何谓"未发""已发"之中和时，解中和境界为贯通有无隐显，由自为性之慎独而达喜怒哀乐之和："炽然喜怒哀乐时，喜怒哀乐不到之地，名之为中。非以无喜怒哀乐时，为未发也。无不从此法界流，故为大本。无不还归此法界，故为达道。中，虽是性，须约出缠真如，方显其妙。发而中节，全从慎独中来，全是以修合性。若稍不与性合，便不名和。"（《中庸直指》）

又注《中庸》"自诚明，谓之性；自明诚，谓之教。诚，则明矣；明，则诚矣"一句："自诚明者，犹大佛顶经所谓，性觉必明。此则但有性德，而无修德。凡圣平等，不足为贵。直须以始觉合本觉，自明而诚，则修德圆满，乃为修道之教。此下二句，皆承此句说去。谓自明而诚，诚极则明亦极，是妙觉寂照之义。单指修德极果言之。又即正在明善之时，明则必诚，是等觉以下照寂之义。乃约修德从因至果言之。故此二句皆约教说，不取但性，为诚则明也。盖但性无修，不免妄为明觉，郤成生灭之始矣。"（《中庸直指》）

最后言到必入于一心之境界才可会通三教。"章初天命之谓性，率性之谓道，是明不变随缘，从真如门，而开生灭门也。修道之谓教一语，是欲人即随缘而悟不变，从生灭门，而归真如门也。

一部中庸，皆是约生灭门，返妄归真，修道之事。虽有解行位三，实非判然三法。一一皆以真如理性，而为所悟所观所证。直至今文，结归无声无臭。可谓因果相符，性修不二矣。但此皆用法华开显之旨，来会权文，令成实义，不可谓世间儒学。本与圆宗无别也。观彼大孝至孝，未曾度亲成佛。尽性之极，不过与天地参。则局在六合之内，明矣。读者奈何坚执门庭，漫云三教究竟同耶？若欲令究竟同，除是开权显实，开迹显本。则又必归功法华，否则谁能开显，令与实相不相违背？思之思之。"（《中庸直指》）

综上可见，佛学之境界论也已然统摄经验之世界于其中，不止对于境界之追寻需立足于在世之基本立场，同时，此境界内在蕴含为他的经验性内容。这样的境界论融摄圆满，是对于从魏晋南北朝以来佛学境界论的提升和总结，使得佛学境界原本所具有的与现实在世相割裂的维度被完全地修正过来，而与儒道两家所具有的心性境界更相一致，成为对于人性整体存在加以理解之哲学建构和完成。

小结　三家归于一心的哲学史意义

首先，生存论的哲学立场的确立。从朱子学到新朱子学的转变，从阳明心学到方以智的融通之学，从云栖祩宏到蕅益智旭的佛教心学，三家之学都确立起生存论的哲学立场。心气理三者的统一，即是此生存论立场的确立。三家都认为，只有立足于在世之生存，同时，面向在世之生存，才会给予人之实存以本真的意义。此意义并非主观的构想，而是由当下之实存所赋予。此实存即为整全之人性，为独体，既无古无今，又融摄古今。无古无今，指的是实存之意义不断的生成创造；融摄古今，指的是其意义必然在当下凝聚成型。在这个意义上，只有以生存论的哲学立场出发，人类原初的世界经验才有可能被唤醒，人类未来的世界图景才有可能被勾画，从而人类对于当下生存世界的明觉才有可能被通达。三家之学在长期的争辩与融合之中终于确认，只有以生存论为基本的哲学立场，才会为三家的融会贯通提供合理的路径。

明清时期生存论立场的确立，也为宇宙论的、美学的、知识论的立场的统一奠定了基础，从而把前期儒释道三家融合之成果汇聚起来。三家在明清时期归于一心，从哲学史的角度说明了宇宙论、知识论和美学式的哲学立场需要进入到生存论的立场当中，才会找到自身的根据。从中国哲学发展逻辑的角度也可以论证，只有在生存论的基础之上，其他的哲学立场才会具有合理性，进而为诸立场的整合为一提供哲学基础。

再次，整全人性的哲学体系的建构和完成。儒佛两家在明代均发生了向整体性的人性学说复归的动向，这就是归于本心的哲学运动。此处的心概念既是对张载之气、象山之心和朱子之理三者的贯通和统一，同时也是对魏晋隋唐时期的玄理与佛性的贯通和统一。以心作为本体意义的自我明觉，以气作为本体意义的生存内容，以理作为本体意义的内在条理，三者的贯通统一构成整全性的"心"概念。

同时，明清时期的本体论、工夫论和境界论中的超验性与经验性的世界、自为面与为他面的意义也统一于心的概念中。心即是生存论意义上的"当下"，也是此意义上的"独体"。"当下"并不是抽象的时间片段，而是历史和未来的统一体。"独体"也不是指单纯的个体，而是自为和为他的融合体，从而又有心理和文化两方面的基本内涵。于是，"独体"在"当下"融汇历史与未来、文化与心理、社会与个体，形成一整全的人性哲学体系。

心理气三者合一的整全人性学说也使得儒释道所发展出来的天人、心物、理气、性情等概念真正地实现了合一。明清时期所发展出来的心概念便是心理气合一之"本心"，此本心把自身融汇在一个当下流行的实存之中。此实存既是意义的创生者，也是意义的承载者；既是外化之客观的现实和文化，也是内在之主观的意识和心理；它既是自为而不可有的超验意义，也是为他而不可无的经验世界。所有的一切观念均交汇于人之实存，由此实存打开一个完整而本真的意义世界。于是，本心就成了纯然自为的存在，也是纯然为他的存在，此两面在生存论的立场上实现了统一。

最后，明清时期的心理气合一之学是中国古代哲学的终结阶段。本心之学使得三家内部所具有的理论张力和矛盾，得到了充分的释放和完成。终结并不是意味着其学说的消亡，而是达到了其学说的充分的完成形态，是原初哲学形态中所具有的逻辑含义的充分实现，也是三家之学的内在义理相互融通的历史完成。

无论是生存论的哲学立场，还是整全人性的哲学内容，在中国哲学创建之初便已蕴含在其中。原始儒道两家把诸哲学立场和人性学说圆融地创设起来，并对其哲学体系加以整体性地建构。后世的儒释道三家多从此圆融立场的一偏出发，在特定的角度上丰富三家之学的内容的同时，也丧失了人性学说的整全性。明清时期的生存论立场的确立，使得三家自身所具有的整全人性的哲学内涵得以复归，完成了中国哲学从原初阶段到其完成阶段的大循环。

总　结

一　三教与社会现实政治文化的一体性

儒释道三教的历史形态并非仅是一纯粹的学理形态或哲理形态，它们都作为社会文化的重要教派或学派，具有与社会生活紧密的关联，体现出三教与社会现实政治的一体性。三教哲学也必然要落实于社会现实的实践之中，才真正地具有生命力。这就使得三教不仅仅在学理方面不断深化和发展，同时，也作为现实的社会力量在历史中不断形塑自身。

这样的一体性表现在，三教之发展一方面受到社会政治文化的影响，同时，三教的存在也对于社会政治文化的发展产生作用。三教构成了社会政治文化生活的重要组成部分，而并不是作为三种与之外在而分离的异化因素，尽管三教也都发挥着对于社会政治文化的反思和批判功能。在这个意义上，三教与社会政治生活是一体的。在三教之中，儒家大多受到各朝统治者的支持和保护，从而形成儒家在社会文化中的中坚地位。这当然推动了儒家在中国历史中的发展和兴盛，但同时，也使得儒教具有浓厚的官方色彩，极易受到古代王朝的国运盛衰兴亡的影响。道家与佛家在社会政治文化中的地位通常不如儒学，只是在个别的朝代中会有例外。但是，释老两家同样具有与社会现实政治文化的一体性，此充分表现在魏晋南北朝和隋唐时期。

儒释道三家共同存在于一社会政治文化的统一体中，尽管世运有兴衰起落，王朝有分合聚散，但是此统一体一直把各家牢牢地绑定在自己身上。此统一体便为儒释道三家在学理上的融合提供了现实的社会文化基础。因而，尽管存在着儒释道三家在个别朝代中的对抗和分歧局面，但是，从整体上而言，三家基本的方向还是趋于融合。无论是三家在此统一体中的融合还是对抗，在三家之学中都会对此有所反思，并构成其学说的有机部分从而推动其自身学说的丰富和发展。这些都体现出三教与社会现实政治文化的一体性关联。

二 三教在基本的学理框架和内容上的融合

首先，儒释道在道器合一的意义世界中的融合。"道"是儒释道哲学体系中的一个核心概念。道一方面有着自为而超验的意义，在此意义上的道不可见不可言，并非人可刻意求之。道者自道，而可道非常道，均强调道所具有的自为而超验的一面。同时，道也具有为他而经验的一面，此意义上的道可见可言可思，其通过现实之器显现出来。道不离器，天下惟器而已，均强调此道所具有的为他之经验的一面。此两面之意义均在"道"的概念之中不可分割。

尽管在源头处，三家之学的道器观均圆融通达，具有理论的内在相通性，但是在儒释道三家之学的发展过程中，对于道器本体意义世界的理解常出现分歧。儒学之成就常表现于器实的为他性一面的构建，所以在修身、名教、治国等方面大有建树。道家之贡献常表现在对道体的自为性一面的构建，重视虚静之体，所以在炼神、知命、养生等方面更加突出。佛学之伟业也常表现在对道体的自为性一面的构建，所以在观心、禅定、出尘等方面成绩斐然。尽管三家之学在特定的时期会有关于道器意义的差异化理解，但是，它们在总体上趋于回归整体性的道器意义世界之中，从而在本体上融通了儒释道三家的哲学。此整体性体现在儒学对于自为的超验意义的融摄，也体现在佛老之学对于为他的现实经验层面的贯通，从而使得三家之学都具有了融通道器的整体性特征。

此道器意义世界的整体并非由知性所设计和构建，而是落实在具体的当下实存之中，立足于鲜明的生存论立场之上。三家之学也在此生存论立场之上，最终实现了融会贯通。

其次，儒释道在人性整体中的融合。

整体人性便是人之实存中的自为面与为他面、超验面与经验面的统一。此整体人性的显露是基于生存论的哲学立场而实现的。三家所论之性不是在知识论意义上的本质，其并非由理性的知识建构而成，而是在世实存的真相呈露。此人性之两面的统一体在人之实存的过程中，在时间和空间相统一的场域中显现出来。超验面与经验面、自为面与为他面的关系为体用之间的关系，体用一元，即体即用，显微无间。

此整体人性就是真善美相统一的人性。儒家主流倡性善之论，实则兼具真性和美感。中土佛教亦主张性善，如来藏系即以人性中本有佛性，禅宗甚至认为即心即佛，自性即佛，这都是性善论的讲法，同时，禅境亦具美感和真意。道家同样如此。所以三家均主张真善美的统一为人性之整体。同时，三家也都认为，真善美之统一体，非是有意为之，而是本心的自然呈露和展开，如天地万物般的自然流行，山峙水流，花开鸟鸣，一派天真。此即为本然之心与超然之乐，为由本体所达至之境界，为三家所共同具有。当然，由此本体而达于境界需要相应的工夫，三家都对此取长补短，形成圆融通达的工夫论。由上可见，整体人性的理论所包含的本体、工夫和境界三个基本环节，也是儒释道三家之学融会贯通之所在。

最后，儒释道在仁义礼智四种基本德性上的融合。

在生存论的立场上的整体人性即显现为仁义礼智四种德性，儒释道三家在此四种德性之中融会贯通。

仁义礼智为三家之学共有之义，其意义上达于超验之天道，下落于经验之人伦物理，在本心之中以不容己的良知形态流行而出。仁为生生，为感通，为慈悲，儒释道三家均把自身之学汇聚于仁体，而成仁民爱物、悲天悯人之学。义为适宜，为正直，为正道，三家之学亦汇聚于义道，而成与时俱化、随时处中之学。礼为节文，为履践，为戒律，三家之学又汇聚于礼法，而成知行合一、恭俭庄敬之学。智为智慧，为权衡，为般若，三家之学也汇聚于智识，而成洁净精微、通权达变之学。在此四种德性的统一体中，人性整体得以完成，而儒释道三家的融合也在此得到了实现。

三 心学作为中国古代哲学发展的归结

心学所建构起的本心概念把心、理、气、物等概念真正地统一起来，形成一整体的人性概念。同时，心学也把本体、工夫和境界三个环节圆融地统一起来，搭建起古代哲学的整体架构。在这个意义上，心学成为中国古代哲学的逻辑归结。

首先，心兼含有理、气、物等环节在其中。

本心即是在气化流行之中自我明觉的天理，在生存论的意义上融贯着心、理、气、物。本心与天地万物自为一体，而并非相互割裂。此为孟子所指的"大丈夫"之"上下与天地同流"，也为庄子所言的"真人"之"天地与我并生，万物与我为一"，也为佛家的"本来面目"之"挑水担柴，无非妙道"。

心与理一：心之发动中自有其主宰，恒定常驻，知进知止，耿然不昧。故心与理不可为二，为二则本心不见。朱子以心为"虚灵明觉"，分心为道心与人心，以为"心统性情"，从而把心与理一分为二，故而未能见心之真相。

心与气一：本心即是在世生存的气化流行，在时间之流中自然生成、发展和完成。在情感的未发与已发中，在言语的沉默与振聋中，在行为的静穆和鼓舞中，此本心得以觉知并确立自身。

心与物一：他人和万物俱在此大化流行之气中一体存在，即在本心之中一体存在着。故而，本心之外无物，亦无物理。物理亦不处于天理和性理之外。此为大程子所言"浑然与物一体"之"仁"，也为阳明所言之"良知"，他说道："目无体，以万物之色为体。……心无体，以天地万物感通之是非为体。"（《明儒学案·姚江学案》）故而，盈天下皆物，盈天下皆心，盈天下皆气，皆相通而无碍。

当然，此心为本然之心而并非私我之心，孔子绝"意必固我"，老子"为天下浑其心"，庄子逍遥之"至人之心"，慧能之"无念、无相和无住"，均为对私我之破除，以回复本然之性。

其次，本体、工夫、境界三个环节在本心概念上的统一。在本心的整体架构之中，本体即工夫，工夫即境界，本体即境界，三者可分而言之，也可统而论之，其均指向一整体性的人之在世生存。本心是作为本体论、工夫论和境界论相结合的整体性存在。

由本体而贯通工夫和境界。本体既是工夫所生发的逻辑起点，也是工夫所以发动的基本动力。工夫必然由本体所发动，如此才能保证工夫的正当性。同时，本体也贯穿在境界的完成形态之中，境界即是此本体意义的充实和实现。

由工夫而贯通本体和境界。若无工夫，则本体仅为挂空的抽象存在。本心须直接体现于情感和行为，而并不是内在之知识，此即阳明所说之"一念发动处就是行了"，也即为知行合一。同时，由工夫而来，境界才能实现。通过工夫的磨练和提升，本体意义才会最终完成自身而达于境界。境界也唯有流行于现实，在知觉中显明，在言语中表达，在行为中安顿，在事物中贯彻，此境界方能得到落实。至于工夫环节，本心则不成无善无恶，而是有善有恶之格局。然而，因为本体与境界的作用，此善恶之意义又不仅于此，而是以本体为意义根据，以境界为其意义指向，故工夫又具无善无恶的超越意义。故此本心不受一丝杂染，如阳明所言："如明镜然，全体莹彻，略无纤尘染着。"［王阳明（《传习录上》）］

由境界而贯通本体和工夫。境界便是此本体和工夫结合而成的终极目标。境界即贯穿在对于本体和工夫的意义指引和主宰中。此意义的指引与主宰，并不外在于本体和工夫，而是贯穿于在世实存的本体和工夫之中。从而，本体与工夫的本真意义在本心之境界之中最终完成自身。

本心概念即是此本体、工夫和境界三者的合一，共同指向一整体性的人之在世生存，最终形成一整体性的人性概念。

最后，本心作为三教合流的依归概念。

心、理、气、物相统一的本体概念，贯通本体、工夫和境界三个环节，把人之生存所具有的经验和超验、自为和为他、心理和文化的意义都作为人性整体统摄在自身之中。从而为三教合流奠定了理论基础，也为三教合流指出了依归的方向。

事实上，儒释道三家从其初建学理之始，至于其教法之充分展开，均体现出三家之学所具有的人性整体性和圆融性的立场，此立场从未发生过偏移或转换。这也说明，儒释道三家之学亦终将以在世之整体人性学说为其依归。

此本心概念与现西哲梅洛庞蒂的"肉身"概念，具有深刻的相通性。对此义深入发掘，当可见中国古代哲学与西方哲学所具有的深切关联。当然，本心概念与梅洛庞蒂的肉身概念也有差异，此差异首先在于本心并非纯然反思的结果，而有工夫为其基本环节。同时，本心具有虚化自身的无形的一面，此一面是不可思议的，事实上，它是不可能被绝对地对象化的。在此异同之中，本心不仅为三教合流指出了依归的概念，同时亦为连通西方哲学的义理提供了一条可能的路径。

四　中国古代哲学发展的内在逻辑

在生存论立场上建立起来的心气理三者的统一体即是本心或良知，它便是由人之实存所显的整全人性。此整全人性在三家之学的原初形态中就已经圆融地建立起来。在后来的发展过程中，三家之学在相互的刺激与推动之下，都进一步丰富和扩充了其学说内容。在此过程之中，三家之学不断动态地向人性整体的学说复归。此种复归式的发展或发展式的复归的实质便是对于本真意义世界的复归，是向人生之本来面目的复归。心理气三者统一的本心概念并不是所谓的主观意识或心理机能，而是摆脱了二元论的实存本体，是实存自身的自我创生、自我流行与自我觉知。

本真的生存意义和人性整体的学说在孔子和老子的哲学反思之中，被圆融地构建起来。此圆融的哲学架构在经过不断地分化演进和多向发展之后，尤其在佛学的刺激和推动之下，最终在明代心学之中重新回归于整体化的圆融理论。明代心学所形成的复归运动并非简单的重复，而是在消化与统摄前期的诸环节的前提下所形成的动态整体。

此三家复归式的逻辑展开过程并非一古希腊式的逻各斯（理性）的自我展开过程，而是教派主体间的相互作用的历史进程。三教之间的义理差异，使得三教之间形成互为"他者"的动态格局。他者形成了对于"自我"理论的限度，也构成了"自我"理解自身并丰富自身的特定维度。三家之学在这样互为他者的主体间的场域之中，推动了自身理论的发展，并最终融合成为一相互融通的整体性哲学。故而，中国古代哲学的逻辑展开过程以主体间性为其逻辑特质。

儒释道三家之学在明代所形成的心学运动，并不仅仅是哲学发展史意义上的学术现象，更加具有对于人之生存真相揭示的意义和价值。人之生存意义展开自身为超验与经验、自为与为他、心理与文化的双重意涵，并最终融合成为一完整而至善的整体人性。此融合是在哲学反思的意义上对于人之本真存在的复归。同时，三家之学在历史中的分立和融合，也并不仅仅是学派意义上的对抗和和解，而是表征了人之实存意义的展开和汇聚，从而反映出人作为类之实存的逻辑展开过程。所以，无论从三家学说自身的发展历程，还是从三家分合的互动过程，都体现出人在实存的意义上所具有的历史与逻辑的合一性。

参考文献

[1]（汉）司马迁：《史记》，中华书局1982年版。
[2]（汉）班固：《汉书》，中华书局1962年版。
[3]（汉）董仲舒：《春秋繁露》，中华书局1992年版。
[4]（魏）何晏：《论语集解》，上海古籍出版社1997年版。
[5]（魏）王弼：《王弼集校释》，中华书局1980年版。
[6]（魏）刘劭：《人物志》，中州古籍出版社2007年版。
[7]（晋）嵇康：《嵇康集》，中华书局2014年版。
[8]（晋）阮籍：《阮籍集》，中华书局1987年版。
[9]（晋）陈寿：《三国志》，中华书局2006年版。
[10]（刘宋）刘义庆：《世说新语》，中国书店1985年版。
[11]（刘宋）范晔：《后汉书》，中华书局2000年版。
[12]（梁）僧祐：《弘明集》，中华书局2013年版。
[13]（唐）道宣：《续高僧传》，中华书局2014年版。
[14]（唐）道宣：《广弘明集》，同心出版社1994年版。
[15]（唐）宗密：《华严原人论校释》，中华书局2019年版。
[16]（宋）周敦颐：《周敦颐集》，中华书局2009年版。
[17]（宋）陈淳：《北溪字义》，中华书局1983年版。
[18]（宋）胡宏：《胡宏集》，中华书局1987年版。
[19]（宋）司马光：《资治通鉴》，中华书局2009年版。
[20]（宋）朱熹：《朱子语类》，中华书局1986年版。
[21]（宋）陆九渊：《陆九渊集》，中华书局1980年版。
[22]（宋）张载：《张载集》，中华书局1978年版。
[23]（宋）邵雍：《邵雍集》，中华书局2010年版。
[24]（宋）程颐、程颢：《二程集》，中华书局2004年版。

［25］（宋）朱熹：《四书章句集注》，中国书店1985年版。
［26］（宋）朱熹：《周易本义》，中国书店1985年版。
［27］（宋）叶采：《近思录集解》，中华书局2017年版。
［28］（宋）张伯端：《悟真篇》，中华书局1990年版。
［29］（宋）契嵩：《镡津文集》，上海古籍出版社2016年版。
［30］（宋）普济：《五灯会元》，中华书局1984年版。
［31］（宋）蔡沈：《书集传》，中国书店1985年版。
［32］（宋）赞宁：《宋高僧传》，中华书局1987年版。
［33］（明）罗钦顺：《困知记》，中华书局2013年版。
［34］（明）焦竑：《老子翼》，华东师范大学出版社2011年版。
［35］（明）焦竑：《澹园集》，中华书局1999年版。
［36］（明）方以智：《东西均注释》，中华书局2016年版。
［37］（明）方以智：《方以智全书》，黄山书社2019年版。
［38］（明）王守仁：《王文成公全书》，中华书局2015年版。
［39］（明）李贽：《焚书》，中华书局2009年版。
［40］（清）张廷玉等：《明史》，中华书局1974年版。
［41］（清）章学诚：《文史通义校注》，中华书局1985年版。
［42］（清）王夫之：《船山全书》，岳麓书社2011年版。
［43］（清）颜元：《习斋四存编》，上海古籍出版社2000年版。
［44］（清）戴震：《孟子字义疏证》，中华书局1982年版。
［45］（清）黄宗羲：《明儒学案》，中华书局2008年版。
［46］（清）黄宗羲、全祖望：《宋元学案》，中华书局1986年版。
［47］（清）孙奇逢：《理学宗传》，凤凰出版社2015年版。
［48］（清）惠栋：《周易述》，中华书局2007年版。
［49］（清）郭庆藩：《庄子集释》，中华书局2012年版。
［50］（清）刘宝楠：《论语正义》，上海书店出版社1986年版。
［51］（清）李颙：《二曲集》，中华书局1996年版。
［52］（清）焦循：《孟子正义》，上海书店出版社1986年版。
［53］（清）王先谦：《荀子集解》，中国书店1985年版。
［54］（清）王先谦：《庄子集解》，中华书局2012年版。

［55］（清）段玉裁：《说文解字注》，浙江古籍出版社 2006 年版。

［56］（清）洪亮吉：《春秋左传诂》，中华书局 1987 年版。

［57］（清）孙希旦：《礼记集解》，中华书局 1989 年版。

［58］（清）马瑞辰：《毛诗传笺通释》，中华书局 1989 年版。

［59］（清）李道平：《周易集解纂疏》，中华书局 1994 年版。

［60］（清）董诰等：《全唐文》，上海古籍出版社 1990 年版。

［61］（清）唐晏：《两汉三国学案》，中华书局 2008 年版。

［62］陈来：《有无之境》，人民出版社 1991 年版。

［63］崔大华：《儒学引论》，人民出版社 2001 年版。

［64］蒋维乔：《中国佛教史》，商务印书馆 2015 年版。

［65］李泽厚：《美学三书》，天津社会科学院出版社 2003 年版。

［66］牟宗三：《心体与性体》，吉林出版集团 2013 年版。

［67］钱新祖：《焦竑与晚明新儒思想的重构》，东方出版中心 2017 年版。

［68］钱穆：《中国近三百年学术史》，商务印书馆 1997 年版。

［69］钱穆：《两汉经学今古文平议》，商务印书馆 2001 年版。

［70］任继愈：《中国佛教史》，中国社会科学出版社 1985 年版。

［71］石峻等编：《中国佛教思想资料选编》，中华书局 1987 年版。

［72］汤一介等编：《中国儒学史》，北京大学出版社 2011 年版。

［73］汤用彤：《汉魏两晋南北朝佛教史》，北京大学出版社 2011 年版。

［74］汤用彤：《魏晋玄学论稿》，上海古籍出版社 2001 年版。

［75］唐君毅：《中国哲学原论原教篇》，中国社会科学出版社 2005 年版。

［76］唐君毅：《中国哲学原论原性篇》，中国社会科学出版社 2005 年版。

［77］唐君毅：《中国哲学原论原道篇》，中国社会科学出版社2006年版。

［78］熊十力：《原儒》，中国人民大学出版社2006年版。

［79］王洪军：《中古时期儒释道整合研究》，天津人民出版社2009年版。

［80］韦政通：《中国思想史》，吉林出版集团2009年版。

［81］许地山：《道教史》，上海古籍出版社1999年版。

［82］［荷］许理和：《佛教征服中国》，江苏人民出版社2017年版。

后　　记

本书尝试论述儒释道三家哲学思想分立与融通的历史进程，试图分析和阐发在三家之论辩和融合之中，三家哲学理论各自的形成过程以及各自学理所具有的精神内核。任何一种学派的确立，常是在与别家的互动中才完成自身的，离开了这个互动的历史过程，某学派自身理论的自我理解会有所偏失。同时，此种互动的过程也是学派自身确立起学问宗旨和精神内核的过程，恰是在与其他各家的激荡交融之中，其血脉精神才会充分展露。此血脉精神常集中体现在对于关键概念的诠释之中，故而，每一章节对此都有较详细的考察和论述。

本书也力图在儒释道三家哲学的互动之中，分析和寻绎中国古代哲学自身发展的逻辑线索。因为在各家互动的发展以及在自身义理内涵确立的基础之上，此线索和逻辑能够得到具体化的揭示。各个历史时期的儒释道哲学发展各有成果，组成不同的发展节点，其内在发展之逻辑把各个节点贯穿起来，形成一整体性的对于中国古代哲学的把握，由之把中国古代哲学的义理精神加以立体化地呈显。这也是笔者所要尽力达到的终极目标。

儒释道三家均立足于自身之意义世界，在其世界之中形成自足的对于本体、工夫和境界的理论，其理论自身亦有其自我更新的一面，但仍旧在一个自身理论的范围之内加以考量，从而形成一自我封闭的自为的意义世界。然而，其理论除开自为的一面以外，还有为他的一面。此为他的一面就成为另两家关照下所形成的本己的意义世界，如在道家和佛家关照下的儒家意义世界与儒家自身所理解的意义世界，便大不相同，从而构成儒家的意义世界中的为他的一面。此为他的意义世界与自为的意义世界常大不相同，出入明显，并常常为自为的意义世界所拒斥和否认,却总是在历史中不断地受到滋扰,最终其合理的成分被原本的自为世界所吸收。于是,形成自为和为他的意义世界的历史性融合,凝结为更加广阔和动态的哲学结晶。此结晶由于兼具自为和为他的意义,因而具有融汇三家之学的特性,这就使得三家各自的哲学结晶具有了相通性。

三教之融合与冲突,在历史上常表现为一个"有意"的历史事件,它常由某个统治者所精心推动,也常被某些有权势者所刻意阻挠,这些推动和阻挠在史书中屡见不鲜,并引发了三教或融通或冲突之历史后果。然而,三教之融通和冲突,实则并非是由统治者或其下的某位大臣所能决定,也就是说并非"有意"为之的结果,而是有其内在的必然理路,在其中表征出了历史之大势,这些君臣只是顺应或违背了这个大势,对之形成了个体的历史性的回应而已,因而,只有理解了三教发展之整体趋势,才能理解在各个历史时期某政权之具体的宗教文化策略,而不是相反。不过,毕竟三教学理发展之大势常透过当时的社会文化政策而显露出来,所以离开了当时具体的历史政治,单纯地考察三教学理之发展,即有架空之嫌。因而,在对于三教发展的具体历史论述之中,三教之间所发生的政治历史事件,是本书所兼顾的一个重要方面。这是在每一个章节往往都对社会政治格局有所交代的原因。当然,关注政治事件的旨趣并非是考察历史事件本身,而是由此透视三教发展的整体趋势。若是过多地论及历史政治,便会喧宾夺主,势必偏移作为重心的三教整体发展的理论论述。所以,尽管在每一个章节都有对于政治格局之中三教情况的论述,但其论述历史事件的粗细多寡,一视其相关于整体理论发展架构阐述的关联程度为准,如果历史政治事件所包含的思想意义和哲学意涵无多,则往往一笔带过,不对事件的细节进行考察。

付梓之际,要感谢我的中国哲学的启蒙老师张连良教授,书中的许多观点都是受张师的启发而来,他在中国古代哲学内在逻辑方面的教诲让我受益终生。同时,也感谢吉林大学哲学社会学院的各位同人,没有他们的鼎力相助,本书的出版是不可能的。本书的出版得到了吉林大学基本科研业务费项目的资助,项目名称为"中国传统哲学的现代转型研究",项目编号为"2019QW005",在此表示由衷的感谢。

孔子在两千数百年前便教诲到"人能弘道,非道弘人",以为人当勇于承担大道,否则其有湮没无闻之忧。今日之吾辈非敢以大道自专,也深感学识粗浅愧对先人之训教,然而愚者千虑或有一得之幸,故不揣固陋,求教于方家之前。望不吝指正,在此一并致谢。

赵海英

2022年5月于长春